CONCORRÊNCIA E ESPORTES

COORDENAÇÃO
AMANDA ATHAYDE
VICTOR OLIVEIRA FERNANDES

CONCORRÊNCIA E ESPORTES

1ª EDIÇÃO
SÃO PAULO • 2024

AMANUENSE

Edição: Rodrigo Haidar
Revisão: Rafael Baliardo
Projeto gráfico e diagramação: Luciana Huber
Foto de capa: 123RF

Dados Internacionais de Catalogação na Publicação (CIP)
(Câmara Brasileira do Livro, SP, Brasil)

Concorrência e esportes / organização Amanda Athayde , Victor Oliveira Fernandes. – 1. ed. – São Paulo : Amanuense, 2024.

Vários autores.
Bibliografia.
ISBN 978-65-80788-37-8

1. Direito da concorrência - Legislação - Brasil 2. Contratos profissionais desportivos - Brasil 3. Esportes 4. Futebol - Leis e legislação - Brasil I. Athayde, Amanda. II. Fernandes, Victor Oliveira.

24-232213   CDU-34:796.332

Índices para catálogo sistemático:
1. Futebol : Direito desportivo 34:796.332
Aline Graziele Benitez - Bibliotecária - CRB-1/3129

AMANUENSE

Amanuense Livros Ltda.
Rua Nilo 241, Sala 02 – CEP 01533-010 São Paulo SP
contato@amanuense.com.br
www.amanuense.com.br

AUTORES

ADEMIR ANTONIO PEREIRA JR
Doutor e mestre em Direito pela USP. Mestre em Direito (LLM) pela Stanford University. Sócio do Del Chiaro Pereira Advogados.

ALEXANDRE BARRETO DE SOUZA
Superintendente-geral do Conselho Administrativo de Defesa Econômica (Cade). Foi presidente da autarquia entre 2017 e 2021. Mestre em Administração Pública pela Universidade de Brasília (UnB) e doutorando em Ciência Política pela Universidade de Lisboa (ULisboa).

ALEXANDRE CORDEIRO MACEDO
Presidente do Conselho Administrativo de Defesa Econômica (Cade).

ALEXANDRE HORN PUREZA OLIVEIRA
Associado no escritório Pinheiro Neto Advogados. Bacharel em Direito pela Universidade de Brasília (UnB).

AMANDA ATHAYDE
Advogada e Professora Doutora da Universidade de Brasília (UnB). Consultora no Pinheiro Neto Advogados. Atua nas áreas de Direito da Concorrência, Comércio Internacional, Defesa Comercial e Interesse Público, Compliance, Anticorrupção, Acordos de Leniência e Negociação de Sanções, Direito Empresarial. Doutora em Direito Comercial pela USP, Bacharel em Direito pela UFMG e em Administração de Empresas com habilitação em Comércio Exterior pela UNA. Ex-aluna da Université Paris I - Panthéon Sorbonne. É autora de livros, organizadora de livros, autora de diversos artigos acadêmicos e de capítulos de livros. Co-fundadora da rede Women in Antitrust (WIA). Idealizadora e entrevistadora do podcast Direito Empresarial Café com Leite. Mãe do Pedro (2018) e do Lucas (2020).

ANA FRAZÃO
Advogada. Professora de Direito Civil, Comercial e Econômico da Universidade de Brasília. Especialista em Direito Econômico e Empresarial pela Fundação Getulio Vargas. Mestre em Direito e Estado pela Universidade de Brasília. Doutora em Direito Comercial pela Pontifícia Universidade Católica de São Paulo. Líder do Grupo de Estudos Constituição, Empresa e Mercado (GECEM).

ANA PATRIZIA GONÇALVES LIRA RIBEIRO
Graduada em Direito pela Universidade Federal do Pará (UFPA) com especialização em Direito Tributário e Regulação dos Serviços de Transportes Terrestres. Diretora Executiva da Associação Nacional dos Transportadores de Passageiros sobre Trilhos (ANPTrilhos).

ANGELO PRATA DE CARVALHO
Advogado, doutor e mestre em Direito pela Universidade de Brasília. Professor voluntário na Faculdade de Direito da Universidade de Brasília. Vice-líder do Grupo de Estudos Constituição, Empresa e Mercado (GECEM/UnB).

ANNA OLIMPIA DE MOURA LEITE
Diretora da LCA Consultoria Econômica, em que lidera projetos complexos de concorrência e de políticas públicas. Doutoranda em Políticas Públicas pela The New School (NY/EUA), além de mestre e bacharel em Economia pela FEA-USP. Conselheira fiscal do Instituto Alziras, coordenadora do Comitê de Concorrência do Ibrac e diretora institucional da WIA. Seu interesse por esporte e futebol surgiu das arquibancadas e atualmente contribui em temas relacionados a finanças e promoção de um futebol mais contemporâneo.

ARTHUR SADAMI
Pesquisador do CTS da FGV Direito Rio, do Núcleo de Pesquisa em Concorrência, Política Pública, Inovação e Tecnologia (Comppit) da FGV Direito SP e do Grupo Poder Econômico e Crise da Democracia (GPED) do Cebrap. Mestre pela Faculdade de Direito da Universidade de São Paulo (2024).

BÁRBARA DE' CARLI CAUHY
Bacharel em Direito pelo Centro Universitário de Brasília (Uniceub). Advogada associada ao escritório Hadmann & Dutra Advogados. Secretária-geral da Comissão de Defesa da Concorrência da OAB/DF.

BRUNO DE LUCA DRAGO
Sócio da área de Investigações Corporativas do Demarest, focado na prática de Direito Concorrencial. Doutor em Direito Comercial, com ênfase em Direito Concorrencial, pela USP e mestre em Direito Concorrencial pelo King's

College of London. Ex-presidente do Instituto Brasileiro de Estudos da Concorrência, Consumo e Comércio Internacional (Ibrac), além de ocupar outras diretorias em gestões anteriores. Possui experiência internacional, tendo trabalhado como associado junto ao escritório Howrey LLP em questões concorrenciais, em Bruxelas (2005/2006) e Washington DC (2007).

BRUNO POLONIO RENZETTI
Doutor em Direito Comercial pela USP, *Master of Laws* (LL.M.) pela Yale Law School, mestre em Direito e Desenvolvimento pela FGV/SP e bacharel em Direito pela UFPR. Professor da graduação em Direito do Insper. Chefe de Assessoria do Gabinete 1 do Conselho Administrativo de Defesa Econômica (Cade).

CAMILA PIRES DA ROCHA
Mestre em Direito Econômico pela Faculdade de Direito da Universidade de São Paulo. Graduada em Direito pela mesma instituição. Autora de artigos e livro. Advogada atuante em Direito Concorrencial desde 2014.

CAMILLA PAOLETTI
Sócia da área de Direito Concorrencial do BMA Advogados.

CARLOS JACQUES VIEIRA GOMES
Conselheiro do Tribunal do Conselho Administrativo de Defesa Econômica (Cade). Mestre em Direito pela Universidade de Brasília e bacharel pela Universidade de São Paulo.

DANIEL OLIVEIRA ANDREOLI
Sócio da área de Investigações Corporativas com foco em Direito Concorrencial do Demarest Advogados. *Co-chair* do Grupo de Conduta Unilateral da International Bar Association (IBA), NGA (non-governmental advisor) do Cade e membro do conselho do Instituto Brasileiro de Estudos da Concorrência, Consumo e Comércio Internacional (Ibrac). Mestre (LL.M) em Direito Societário e Concorrencial aprovado com mérito em Direito Concorrencial Europeu e Inglês pela King's College (University of London) e graduado em Direito pela Pontifícia Universidade Católica de São Paulo (PUC-SP).

DIOGO THOMSON DE ANDRADE
Bacharel e mestre em Direito pela PUC-SP. Doutorando em Direito pelo Instituto Brasileiro de Ensino, Desenvolvimento e Pesquisa (IDP). Professor convidado dos cursos de pós-graduação do IE, da FGV e do IDP. Procurador Federal (AGU) desde 2004. Conselheiro do Cade (mandato de dez/2023. a dez/2027). Foi superintendente-adjunto do Cade de 2012 a 2023, tendo sido superintendente-geral interino por dois períodos (julho a outubro de 2017 e de julho de 2021 a abril de 2022).

EDUARDO CAMINATI ANDERS
Sócio em Caminati Bueno Advogados. Foi presidente do Ibrac, fundador e presidente da Comissão de Concorrência da ICC no Brasil e presidente da Comissão de Estudos da Concorrência e Regulação Econômica da OAB-SP/CECORE. Graduado em Direito pela USP. Pós-graduado em Direito Administrativo pela PUC-SP. Contribuiu como NGA na ICN.

EDUARDO FRADE
Sócio da prática de Direito Concorrencial do escritório Mattos Filho e ex-superintendente-geral do Conselho Administrativo de Defesa Econômica (Cade).

ERIC HADMANN JASPER
Mestre em Direito (LL.M) pela Columbia Law School e em Filosofia pela Universidade de Brasília. Integrou o governo federal de 2004 a 2009 em cargos relativos a Concorrência, Regulação e Direito do Consumidor. Foi associado ao escritório Freshfields Bruckhaus Deringer, em Bruxelas. Foi professor substituto de Direito Comercial e Propriedade Industrial da Universidade de Brasília. É professor de Direito Econômico e Concorrencial do Instituto Brasileiro de Ensino, Desenvolvimento e Pesquisa (IDP) e da pós-graduação lato sensu da Fundação Getulio Vargas (FGV), bem como de compliance no IBMEC-DF. Membro eleito do Conselho do Instituto Brasileiro de Estudos de Concorrência, Consumo e Comércio Internacional (Ibrac) desde 2020.

FABIANA PEREIRA VELLOSO
Doutoranda em Direito Comercial na Faculdade de Direito da Universidade de São Paulo. Bacharela em Direito pela mesma instituição, com período de mobilidade internacional na Sciences Po Paris. Chefe de Assessoria no Gabinete do conselheiro Victor Fernandes no Tribunal do Conselho Administrativo de Defesa Econômica (Cade).

FABIANA TITO
Doutora em Teoria Econômica pela Faculdade de Economia, Administração, Contabilidade e Atuária da Universidade de São Paulo (FEA-USP), mestre em Economia da Concorrência e Regulação pela Barcelona School of Economics (BSE) e bacharel em economia na FEA-USP. Sócia e diretora executiva da Tendências Consultoria, responsável pelas áreas concorrencial e regulatória. É também diretora de Economia do Instituto Brasileiro de Estudos de Concorrência, Consumo e Comércio Internacional (Ibrac - 2024-2025), diretora de eventos do Women in Antitrust (WIA - 2024-2025) e consultora não governamental da International Competition Network (ICN). Reconhecida pelo Global Competiton Review (GCR) - Who's Who Legal nas categorias Consulting Expert e Thought Leaders in Competition (2021-2024).

FERNANDA LOPES MARTINS
Mestre e bacharel em Direito pela Faculdade de Direito de Ribeirão Preto (FDRP-USP). Integrante da Women in Antitrust (WIA). Pesquisadora no Centro de Tecnologia e Sociedade da Fundação Getulio Vargas Rio de Janeiro (CTS-FGV Rio). Advogada e professora. Consultora não-governamental (NGA) na International Competition Network (ICN).

GABRIELA PEREIRA LUIZ
Graduada em Direito pela Faculdade de Direito da Universidade de São Paulo. Advogada atuante em Direito Concorrencial.

GABRIELA WILXENSKI
Graduanda em Direito pela UFPR, pesquisadora bolsista do PET Direito e estagiária do Cade.

GIULIANA BELTRAME MANGRICH
Estagiária da prática de Direito Concorrencial do escritório Mattos Filho.

GUILHERME TENO CASTILHO MISALE
Sócio em Caminati Bueno Advogados. Mestre e Doutorando em Direito Comercial pela Faculdade de Direito da USP. Conselheiro do Ibrac. Foi fundador e secretário-executivo da Comissão de Concorrência da ICC no Brasil. Participou do PinCADE.

GUSTAVO AUGUSTO FREITAS DE LIMA
Conselheiro do Tribunal do Cade, procurador federal e mestre em Direito e Políticas Públicas. Foi coordenador do Grupo de Auxílio Jurídico aos Jogos Olímpicos Rio 2016, organizado pela AGU.

JOSÉ CARLOS BERARDO
Advogado em São Paulo.

JOYCE MIDORI HONDA
Sócia da área concorrencial do Cescon, Barrieu, Flesch & Barreto Advogados. Formada em Direito pela Pontifícia Universidade Católica de São Paulo (PUC-SP), especialista em Direito Econômico pela Fundação Getulio Vargas (FGV) e mestre (LL.M) em Direito pela London School of Economics and Political Science. Presidente da Comissão Especial de Direito da Concorrência e Regulação Econômica da OAB-SP (CECORE).

JOYCE RICARTE
Advogada da área de Direito Concorrencial do BMA Advogados.

JULIA BRAGA
Mestre e bacharel em Direito pela Universidade de Brasília. Advogada na área de Direito Concorrencial.

JULIANA OLIVEIRA DOMINGUES
Professora doutora de Direito Econômico, Direito Antitruste, Regulação e Defesa Comercial da FDRP/USP. Foi visiting-scholar na Georgetown University (2018) com pesquisa de pós-doutorado financiada pela American Bar Association (Scholar-in-Residence). Ex-procuradora-chefe do Conselho Administrativo de Defesa Econômica (Cade). Foi Secretária Nacional do Consumidor, presidente do Conselho Nacional de Combate de Pirataria e do Conselho Nacional de Defesa do Consumidor.

LEONARDO ROCHA E SILVA
Sócio do escritório Pinheiro Neto Advogados, Master of Laws (LL.M.) pela University of Warwick, bacharel em Direito pelo Centro Universitário de Brasília (UniCeub) e em Relações Internacionais pela Universidade de Brasília (UnB).

LEONOR CORDOVIL
Professora de graduação e mestrado da Escola de Direito da FGV/SP. Sócia em Grinberg Cordovil Advogados. Doutora em Direito Internacional (Panthéon Sorbonne) e em Direito Econômico (USP). Mestre em Direito Internacional (Panthéon Sorbonne) e em Direito Econômico (UFMG). Autora de livros e artigos. Vice-chair do Antitrust Committee da International Bar Association. Presidente do Conselho Deliberativo do Ibrac. Co-fundadora do Women in Antitrust.

LÍLIAN SANTOS MARQUES SEVERINO
Professora nos cursos de Graduação de Economia e Administração e Mestrado Profissional em Economia do Instituto Brasileiro de Ensino, Desenvolvimento e Pesquisa (IDP). Doutora em Economia e mestre em Economia de Empresas pela Universidade Católica de Brasília (UCB). Economista-chefe do Conselho Administrativo de Defesa Econômica (Cade).

LORENA LEITE NISIYAMA
Sócia em Todorov, Giannini & Nisiyama com atuação em Direito da Concorrência e Comércio Internacional. Bacharel em Direito pela Universidade de Brasília, LL.M pela Columbia University in the City of New York (laureada James Kent Scholar) e Pós-Graduada em EU Competition Law pela King's College of London (com mérito acadêmico).

MARCELA MATTIUZZO
Sócia de VMCA Advogados nas áreas de tecnologia e concorrência. Doutora em Direito Comercial e mestra em Direito do Estado pela Universidade de São Paulo. Professora do mestrado profissional do Centro de Estudos em Direito Econômico e Social e do MBA em Inteligência Artificial e Big Data do Instituto de Ciências Matemáticas e Computacionais da USP. Foi assessora e chefe de gabinete da Presidência do Conselho Administrativo de Defesa Econômica (Cade).

MARCELO CALLIARI
Ex-Conselheiro do Cade (de 1998 a 2000), doutor em Direito Internacional pela USP (Universidade de São Paulo), mestre em Direito pela Harvard University, EUA, e graduado pela Faculdade de Direito da Universidade de São Paulo e em Ciências Econômicas pela PUC-SP (Pontifícia Universidade Católica de São Paulo). Líder da área de Direito da Concorrência de TozziniFreire, e membro do conselho deliberativo e ex-presidente do Ibrac (Instituto Brasileiro de Estudos de Concorrência, Consumo e Comércio Internacional). Membro dos conselhos editoriais do Global Competition Review e da publicação Competition Law International da IBA (International Bar Association). Atuou como NGA convidado pelo Cade junto à ICN por mais de 10 anos. Autor de diversos artigos relevantes sobre concorrência publicados no Brasil e no exterior, também já trabalhou como editorialista e correspondente em Nova York para a Folha de S.Paulo.

MARCELO GUARANYS
Mestre em Direito Público pela Universidade de Brasília (UnB), pós-graduado (MBA) em Direito Econômico e das Empresas pela Fundação Getulio Vargas (FGV), bacharel em Direito pelo Centro Universitário de Brasília (CEUB) e em Economia pela Universidade de Brasília (UnB). Sócio no Demarest Advogados. Ampla experiência no Governo Federal como Secretário Executivo do Ministério da Economia (2019-2022), Subchefe de Análise e Acompanhamento de Políticas Governamentais (SAG) da Casa Civil da Presidência da República (2016-2018), Diretor-Presidente (2011-2016) e Diretor de Regulação Econômica da Agência Nacional de Aviação Civil – ANAC (2007-2010).

MARCELO GUIMARÃES
Doutor em Direito pela Universidade de Brasília e Especialista de Concorrência da OCDE.

MARCIO DE CARVALHO SILVEIRA BUENO
Sócio em Caminati Bueno Advogados. Foi Presidente do Ibrac. Graduado em Direito pela PUC-SP. Pós-graduado em Direito Administrativo pela PUC-SP. Participou do PinCADE. Contribuiu como NGA na ICN.

MARCIO DE OLIVEIRA JUNIOR
Graduado em Economia e em Direito e doutorado em Economia. É professor Instituto Brasileiro de Ensino, Desenvolvimento e Pesquisa (IDP) e Consultor Sênior da Charles River Associates (www.crai.com) no Brasil. É também consultor Legislativo do Senado Federal. Foi conselheiro e presidente interino do Conselho Administrativo de Defesa Econômica (Cade). Trabalhou como economista do Instituto de Pesquisa Econômica Aplicada (IPEA). Foi também professor do Departamento de Economia da UFMG e do Centro Universitário de Brasília (UniCEUB).

MARCO ANTONIO FONSECA JR.
Mestre em Direito pela Universidade de Brasília (UnB), pós-graduado (MBA) em Direito do Estado e da Regulação pela Fundação Getulio Vargas (FGV). Autor de diversos artigos acadêmicos na área de Direito Concorrencial. Professor em cursos de pós-graduação e extensão em Direito da Concorrência. Advogado no Demarest Advogados.

MARCOS CASTRO
Graduando em Direito pela Universidade de São Paulo (USP) e pela Université Lumière Lyon 2. Auxiliar jurídico em Lefosse Advogados, com foco em Direito Concorrencial e Antitruste.

MARIA EUGÊNIA NOVIS
Sócia da Área Antitruste do Machado Meyer Advogados. Especialista em atos de concentração, processos administrativos por infrações à ordem econômica, acordos com o Conselho Administrativo de Defesa Econômica (Cade) e programas de *compliance* antitruste. Conselheira (2011 a 2015) e diretora de *compliance* (2016) no Instituto Brasileiro de Estudos da Concorrência, Consumo e Comércio Internacional (Ibrac). LL.M. International Business Law pela Universidade de Leiden, Holanda. Bacharel em Direito pela UFBA.

MARIA LUIZA BITTAR KHOURI
Assessora técnica da Presidência do Conselho Administrativo de Defesa Econômica (Cade).

MATHEUS MENDES NASARET
Advogado especializado em Direito Concorrencial. Associado sênior no escritório Todorov, Giannini e Nisiyama Advogados. Mestre em Direito pela Universidade de Chicago (LL.M), bacharel em Direito pela Universidade de Brasília.

MAURÍCIO GUIDI FRÓES
Advogado, sócio de Pinheiro Neto Advogados.

MILENA MUNDIM
Sócia no Lefosse Advogados. Pós-Graduação Latu Sensu em Direito Empresarial, LL.M pela Queen Mary University of London.

NICOLO ZINGALES
Professor da FGV Direito Rio e coordenador do Centro de Tecnologia e Sociedade (CTS) na mesma instituição. Doutor pela Università Bocconi (2013).

PAULO BURNIER DA SILVEIRA
Professor-adjunto da Universidade de Brasília e especialista sênior de Concorrência da OCDE. As opiniões são pessoais e não refletem necessariamente a visão da OCDE ou de seus Estados-Membros.

PAULO HENRIQUE DE OLIVEIRA
Economista pela EPPEN-UNIFESP (Universidade Federal de São Paulo), mestre em Política e Economia do Setor Público (Administração Pública e Governo) pela FGV-EAESP e doutorando pela mesma instituição. Pesquisador colaborador do Centro de Direito e Democracia do CEBRAP (Centro Brasileiro de Análise e Planejamento) e chefe de gabinete do conselheiro Diogo Thomson de Andrade no Cade (Conselho Administrativo de Defesa Econômica).

PRISCILA BROLIO GONÇALVES
Doutora e mestre em Direito Comercial pela Universidade de São Paulo. Graduada em Direito pela mesma instituição. Pesquisadora visitante na London School of Economics. Autora de livros e artigos. Advogada atuante em Direito Concorrencial desde 1999.

RAFAEL LUÍS MÜLLER SANTOS
Graduando em Direito pela Universidade de Brasília (UnB). Assessor no gabinete da Superintendência-Geral do Conselho Administrativo de Defesa Econômica (Cade). Co-organizador do Grupo de Estudos e Pesquisa em Jurisprudência e Constituição (GEPJuC/FD-UnB). Integrante do Grupo de Estudos em Constituição, Empresa e Mercado (GECEM/FD-UnB) e do Grupo de Estudos em Direito Concorrencial (GDC/FD-USP). Foi editor-gerente eleito na Revista dos Estudantes de Direito da Universidade de Brasília (RED|UnB) e gerente de projetos na Advocatta (Empresa Júnior de Direito da UnB).

RAFAELLA SCHWARTZ JAROSLAVSKY
Advogada da área de Direito Concorrencial do Cescon, Barrieu, Flesch & Barreto Advogados. Mestra em Direito da Regulação pela Fundação Getulio Vargas do Rio de Janeiro (FGV/RJ) e pós-graduada em Direito Societário e Mercado de Capitais pela FGV/RJ.

RAÍSSA MAMEDE
Advogada em Sturzenegger e Cavalcante Advogados Associados. Mestranda em Direito Empresarial e bacharel em Direito pela UnB.

RAVVI AUGUSTO DE ABREU C. MADRUGA
Bacharel em Relações Internacionais pela UnB, bacharel em Direito pelo Ceub e LL.M. pela Universidade de Indiana (EUA) com especialização em Direito Empresarial. É membro da carreira de especialistas em Políticas Públicas e Gestão Governamental desde 2001, tendo ocupado diversos cargos na extinta Secretaria de Direito Econômico do Ministério da Justiça (SDE/MJ) de 2001 a 2012 e coordenador-geral no Conselho Administrativo de Defesa Econômica (Cade) de 2012 a 2021. Atualmente é o coordenador-geral de Promoção da Concorrência da Subsecretaria de Acompanhamento Econômico e Regulação do Ministério da Fazenda (Seae/MF).

RENATA ARCOVERDE
Advogada em TozziniFreire Advogados, com mais de dez anos de experiência assessorando clientes em uma variedade de temas relacionados às áreas de direito antitruste, compliance e comércio internacional. Atuou em inúmeras investigações abertas pelo Cade a respeito de condutas anticompetitivas, incluindo na negociação de termos de compromisso de cessação de conduta e de acordos de leniência, bem como em numerosas notificações de operações complexas e multijurisdicionais ao Cade.

RENATA FONSECA ZUCCOLO GIANNELLA
Sócia da prática de Direito Concorrencial do escritório Mattos Filho e Vice-Diretora do Comitê de Concorrência do Instituto Brasileiro de Estudos da Concorrência, Consumo e Comércio Internacional (Ibrac).

RICARDO GAILLARD
Sócio do escritório Cescon, Barrieu, Flesch & Barreto com atuação destacada na área concorrencial. Graduado pela PUC-SP e especialista em Direito Societário pelo Insper. Foi associado internacional do escritório Cleary, Gottlieb, Steen & Hamilton LLP, em Washington DC (2011/2012). Co-fundador do podcast Vantagem Auferida, que trata de temas de Direito da Concorrência e mercado jurídico. É atual conselheiro do Instituto Brasileiro de Estudos de Concorrência, Consumo e Comércio Internacional (Ibrac).

RICARDO MEDEIROS DE CASTRO
Chefe da Assessoria Técnica da Presidência do Conselho Administrativo de Defesa Econômica (Cade).

RICARDO MOTTA
Doutorando em Direito Comercial pela Universidade de São Paulo (USP). Mestre em Direito Comercial pela USP. Especialista em Direito Econômico pela Fundação Getulio Vargas – FGV (GVLaw). Bacharel em Direito pela Pontifícia Universidade Católica (PUC/SP). Sócio em Direito Concorrencial e Defesa Comercial do escritório Grinberg Cordovil Advogados. Diretor de Mercados Digitais do Instituto Brasileiro de Estudos de Concorrência, Consumo e Comércio Internacional (Ibrac). Membro efetivo do Instituto Brasileiro de Direito e Ética Empresarial (IBDEE) e professor do curso de Chief Compliance Officer, organizado pela mesma instituição. Autor de artigos e publicações na área.

RONEY OLIMPIO
Graduando em Direito pela UnB e graduado em comércio exterior pela UNIASSELVI. Assistente de serviços jurídicos na prática de Direito Concorrencial do Mattos Filho, Veiga Filho, Marrey Jr e Quiroga Advogados.

SÍLVIA FAGÁ DE ALMEIDA
Sócia da ecoa consultoria econômica. Doutora em Economia e professora da Fundação Getulio Vargas.

TATIANA DE MACEDO NOGUEIRA LIMA
Especialista em políticas públicas e gestão governamental em exercício no Conselho Administrativo de Defesa Econômica (Cade), onde atua como economista-adjunta no Departamento de Estudos Econômicos. Doutora em Teoria Econômica pela Universidade de São Paulo.

TATIANA LINS CRUZ
Sócia da área antitruste de TozziniFreire Advogados. Mestre em Direito Internacional pela USP. Graduada em Direito pela PUC-SP. Parte do programa de capacitação de jovens advogados para atuar na Missão do Brasil em Genebra na OMC.

TICIANA NOGUEIRA DA CRUZ LIMA
Doutora em Direito Econômico e mestre em Direito do Estado pela Universidade de São Paulo. LL.M. Harvard Law School. Visiting Researcher Georgetown Law School. Conselheira do Ibrac. Sócia do escritório VMCA.

VICENTE COSTA PITHON BARRETO
Bacharel em Direito pela Universidade Federal da Bahia e mestre em Relações Internacionais pela Universidade de Brasília.

VICTOR OLIVEIRA FERNANDES
Professor de Direito Econômico e de Direito da Concorrência nos cursos de Graduação, Pós-Graduação Latu Sensu, Mestrado e Doutorado do Instituto Brasileiro de Ensino, Desenvolvimento e Pesquisa (IDP). Doutor em Direito Comercial pela Universidade de São Paulo (FDUSP). Conselheiro do Conselho Administrativo de Defesa Econômica (Cade).

VITOR SCAVONE DAMASIO
Bacharelado em Direito pelo Instituto Brasileiro de Mercado de Capitais (IBMEC), atua como advogado no Machado Meyer, Sendacz e Opice Advogados em diversas matérias de natureza concorrencial, bem como em temas de natureza regulatória relacionados ao setor de telecomunicações.

VIVIAN FRAGA
Tem mais de quinze anos de experiência em Direito da Concorrência, tendo trabalhado para o Conselho Administrativo de Defesa Econômica (Cade) como técnica do departamento responsável por investigar infrações antitruste, incluindo casos de cartel internacional. Possui sólida experiência em Atos de Concentração, investigações de cartéis, acordos de leniência e negociações de termos de compromisso de cessação de conduta, acordos comerciais verticais e horizontais, abuso de poder dominante e programas de compliance. Membro do Asia Desk do escritório. NGA (consultora não governamental) da ICN (International Competition Network) para o Cade. Mestre em Direito Internacional pela USP em 2012. Graduada pela Faculdade de Direito da Universidade Presbiteriana Mackenzie, em 2004. Especializada em Direito Econômico Regulatório pela FGV (Fundação Getulio Vargas), em 2003. Graduada em Ciências Políticas e Relações Internacionais pela Suffolk University, EUA, em 2002. Recomendada por relevantes guias jurídicos, como Chambers, The Legal 500, Latin Lawyer 250 e Análise Advocacia 500 e Women in Business Law, do Expert Guides.

YAN VILLELA VIEIRA
Mestre em Direito pela Universidade de São Paulo (USP). Pós-graduado em Business Economics pela Escola de Economia de São Paulo da Fundação Getulio Vargas (FGV-EESP). Bacharel em Direito pela USP, com intercâmbio na Universität Leipzig. Advogado em São Paulo.

SUMÁRIO

PARTE 1 | ESPORTES E POLÍTICA ANTITRUSTE

PARTE 2 | ESPORTES E ATOS DE CONCENTRAÇÃO

PARTE 3 | ESPORTES E CONDUTAS UNILATERAIS

APRESENTAÇÃO

É COM GRANDE SATISFAÇÃO QUE APRESENTAMOS esta obra pioneira sobre a interface entre o Direito da Concorrência e o setor esportivo no Brasil. Fruto da colaboração de renomados especialistas, este livro oferece uma análise abrangente e multifacetada de um tema cada vez mais relevante no cenário jurídico e econômico nacional.

O esporte, muito além de sua dimensão cultural e social, tornou-se uma indústria bilionária com complexas relações econômicas. No Brasil, o futebol ocupa posição de destaque, mas outras modalidades também ganham espaço nesse mercado dinâmico e competitivo. Nesse contexto, a aplicação do Direito Antitruste no setor esportivo torna-se fundamental para garantir um ambiente concorrencial saudável e benéfico para atletas, clubes, torcedores e toda a sociedade.

Esta obra mapeia os principais debates e desafios na interseção entre concorrência e esportes. Aborda temas cruciais como os direitos de transmissão de eventos esportivos, a organização de ligas e campeonatos, as relações trabalhistas no meio esportivo, as plataformas digitais de serviços esportivos, entre outros. O livro traz um panorama da jurisprudência do Cade nessa seara, analisando casos emblemáticos e tendências na atuação da autoridade antitruste brasileira.

Ao longo dos capítulos, os autores exploram as particularidades do setor esportivo que impactam a análise concorrencial, como a necessidade de cooperação entre rivais, a importância do equilíbrio competitivo e as estruturas singulares de governança. São discutidos ainda os desafios regulatórios e a interação entre as normas esportivas e a legislação antitruste.

O livro não se limita ao cenário nacional, trazendo também reflexões sobre as discussões internacionais mais recentes nessa temática. São abordadas experiências de outros países e debates em fóruns como a OCDE, oferecendo uma visão comparada que enriquece a análise.

Esta obra nasce em um momento oportuno, quando o setor esportivo brasileiro passa por transformações significativas, como a criação das Sociedades Anônimas do Futebol (SAFs) e a regulamentação das apostas esportivas. Tais mudanças trazem novos desafios concorrenciais que demandarão atenção das autoridades e dos operadores do Direito nos próximos anos.

Esperamos que este livro contribua para o aprofundamento do debate sobre a aplicação do Direito da Concorrência no setor esportivo brasileiro. Que ele sirva como referência para acadêmicos, advogados, reguladores e todos aqueles interessados nessa fascinante interseção entre esporte e antitruste.

Boa leitura!

Luís Otávio Veríssimo Teixeira
PRESIDENTE DO SUPERIOR TRIBUNAL DE JUSTIÇA DESPORTIVA DO FUTEBOL (STJD)

PREFÁCIO

PARECE INCRÍVEL QUE O ESPORTE mais praticado no Brasil – e no planeta – não tenha sido, até hoje, objeto de uma inequívoca política de Estado, voltada não apenas ao desenvolvimento esportivo, mas, também, ao desenvolvimento econômico e social da Nação.

E faria – como ainda faz – todo sentido: afinal, de sua origem elitista e lúdica, o futebol se tornou, com o passar das décadas, um negócio de alcance global, que movimenta pessoas, recursos, empresas e interesses, públicos e privados.

Um dado externo impressiona: há mais associados à FIFA, entidade que controla o futebol, do que países integrantes da ONU.

No plano interno, os números são expressivos, sob qualquer perspectiva. Três saltam aos olhos: (i) mais de 140 milhões de pessoas acompanham, com maior ou menor intensidade (mesmo que apenas durante Copa do Mundo), o futebol; (ii) o Brasil é responsável pelo maior número de jogadores "transacionados" no planeta (conforme relatório da FIFA, brasileiros representaram, em 2023, 11% dos negócios mundiais); e (iii) no país há mais de 20 clubes com torcida superior a 1 milhão de pessoas (ou torcedores).

Apenas esses dados já indicam que o mercado brasileiro de futebol poderia ser, senão o maior, ao menos um dos dois ou três maiores mercados do planeta.

Apesar desse cenário (ou de tal vocação), o Brasil vinha (e ainda vem), ao contrário, se afirmando como exportador de atletas (ou, como se diz, exportador de pé-de-obra); em muitos casos, jovens ainda impúberes e, invariavelmente, sem a devida formação para lidar com a mudança e com a dura realidade imposta em países estranhos e, por vezes, hostis.

Transformações começaram a ocorrer em 2021, com o advento da Lei 14.193/2021 (Lei da SAF), de autoria do senador da República e atual presidente do Congresso Nacional, Rodrigo Pacheco.

Se ela ainda não indicasse a construção de uma política de Estado que pudesse alçar o futebol a um dos alicerces sociais e econômicos, vem provocando, porém, (i) uma revisão do modelo de propriedade do futebol e, para o seu bem, (ii) uma série de outras iniciativas, legislativas e regulatórias.

No primeiro plano, destaca-se a existência, em apenas 3 anos de vigência da Lei da SAF, de mais de 70 destas sociedades (e em torno de ao menos outras 10, ainda em fase de concepção).

No segundo, iniciativas como as promovidas pelo DREI, por intermédio da Instrução Normativa 112, de 20 de janeiro de 2022; pela CVM, com o seu Parecer de Orientação 41, de 21 de agosto de 2023; e, não menos relevante (muito ao contrário), pela inserção, na PEC 45 (que trata da Reforma Tributária), das atividades desenvolvidas por SAF dentre as que podem ser contempladas com regimes especiais de tributação.

Esse estado de coisas revela que, enfim, após décadas de esquecimento (exceto por conta do acionamento de medidas emergenciais ou oportunistas, que beneficiavam a irresponsabilidade, para dizer o menos, e sustentavam uma pequena casta cartolarial preocupada somente com os seus próprios interesses), já se identificam medidas que podem levar – e assim se espera – à percepção, por algum governo, qualquer que seja ele, da importância de se considerar o futebol como um tema de Estado, e, a partir da Lei da SAF, finalizar a construção do modelo que alicerçará o maior mercado do planeta.

A propósito, a Lei da SAF foi concebida como um excerto da Lei 6.404, de 15 de dezembro de 1976, a Lei das Sociedades por Ações. Em outras palavras, como um subsistema de um sistema maior, que o alimenta.

Assim, além das normas contidas na Lei da SAF, que se aplicam apenas às sociedades anônimas cujos propósitos sejam especificamente o futebol e que, de modo expresso, as adotem e se caracterizem como SAF, incidem sobre elas, de modo necessário, em sua organização, manejo e execução, a Lei das Sociedades por Ações (exceto naquilo que for incompatível com a Lei da SAF).

A SAF foi projetada, portanto, para ser recebida e operar num mercado já maduro, com algumas regras especiais, dentre as quais aquelas protetivas da história e da tradição dos times que passarem a se organizar sob o novo regime societário.

E justamente por esses motivos podem se sujeitar às normas de outros sistemas ou subsistemas, que incidem e tutelam, por exemplo, o Sistema Brasileiro da Concorrência.

Daí a pertinência da obra que tive a honra de ser convidado para prefaciar, idealizada pela professora Amanda Athayde e pelo conselheiro do Cade, Victor Oliveira Fernandes, e composta por textos de ilustres operadores do Direito, conhecedores do tema que a motiva: a concorrência no âmbito esportivo (e do futebol).

Ela será útil, sem a menor dúvida, para formulação de uma robusta doutrina em matéria que, no futuro próximo, terá um papel relevante no mercado do futebol – e, consequentemente, do esporte.

Isso porque, se até o momento todos (ou quase todos) os negócios realizados com SAF envolveram agentes que não ostentavam critérios objetivos de submissão às autoridades antitruste, o desenvolvimento desse mercado, que está em curso, atrairá mais agentes, investidores e investidos, de outros patamares, que, inevitavelmente, farão com que o Sistema da Concorrência seja provocado, inclusive para, com direcionamentos inequívocos, oferecer a segurança jurídica que dele se espera.

Sem contar, como já se tem visto, os inevitáveis negócios laterais, ou vendas de participações em SAF por investidores para outros investidores, como a realizada no Cruzeiro, que tendem a dinamizar o setor.

Todos esses motivos me levam a celebrar a obra e a convidar o leitor a mergulhar no seu conteúdo.

Rodrigo R. Monteiro de Castro
ADVOGADO, COAUTOR DOS PROJETOS
DE LEI QUE DERAM ORIGEM À
SOCIEDADE ANÔNIMA DO FUTEBOL (SAF).

PARTE 1

ESPORTES E POLÍTICA ANTITRUSTE

Concorrência e esportes: o estado da arte das discussões na OCDE

Marcelo Guimarães
Paulo Burnier da Silveira

1. INTRODUÇÃO

O tema da interface entre defesa da concorrência e indústria esportiva tem atraído atenção das autoridades de concorrência ao redor do mundo nos últimos anos, tendo sido inclusive objeto de discussões no âmbito do *Latin-American and Caribbean Competition Forum* (LACCF) da OCDE-BID e no Comitê de Concorrência da OCDE em 2023.

Este breve capítulo tem como objetivo apresentar o estado da arte destas discussões. Para tanto, o capítulo abordará, primeiramente, as especificidades da indústria esportiva; em seguida, focará em questões-chave para a defesa da concorrência nesta indústria (mais precisamente, nos direitos de transmissão esportiva, no mercado de trabalho esportivo e na organização dos campeonatos esportivos); e, por fim, concluirá com considerações finais.

2. PARTICULARIDADES DA INDÚSTRIA ESPORTIVA

Os esportes fazem parte das culturas dos países e tradições locais. Eles também são uma ferramenta importante na promoção do desenvolvimento social, como redução da criminalidade, melhoria da saúde e coesão social. Na América Latina, o futebol é o esporte mais popular, embora outros esportes também sejam populares na região, como atletismo, basquete, boxe, tênis e vôlei.

Os esportes apresentam uma relação única não econômica entre consumidores (torcedores) e fornecedores (atletas individuais ou clubes/

equipes), pois sua conexão não resulta do resultado em si (ou seja, produtos melhores ou mais baratos), mas de outros elementos como ligação com uma comunidade ou simples familiaridade. De fato, os consumidores geralmente estão pessoalmente ligados a atletas ou clubes/equipes específicos, e tendem a não migrar para outros atletas ou clubes/equipes caso eles não vençam ou se seus concorrentes entregarem melhores resultados. Por sua vez, os torcedores também são consumidores que demandam transmissão de esportes em uma relação econômica com os fornecedores de transmissão esportiva, como os canais televisivos. A conexão pessoal entre torcedores e atletas ou clubes/equipes tem, portanto, uma consequência importante para a competição no plano econômico, pois leva à inelasticidade da demanda ou ao baixo grau de substituibilidade nos mercados de transmissão esportiva, resultando frequentemente em mercados relevantes sendo definidos de forma restrita pelas autoridades de concorrência em todo o mundo.

Além de sua dimensão social e cultural, os esportes (sobretudo quando exercidos de forma professional) têm uma importância econômica em vista de sua progressiva comercialização. Isso se reflete, por exemplo, na receita de grandes eventos esportivos internacionais, como a Copa do Mundo da FIFA e os Jogos Olímpicos, mas também em ligas nacionais, como o Brasileirão (Série A).

A noção de competição esportiva (em contraste com a competição econômica ou, simplesmente, concorrência) também é um aspecto relevante da indústria. Ao contrário da competição econômica, aumentar o "poder de mercado" de um jogador e excluir concorrentes não é um resultado desejado da competição esportiva, pois as atividades esportivas requerem um número mínimo de competidores. Na verdade, os competidores precisam uns dos outros para fornecer um produto economicamente viável, e, portanto, um certo grau de cooperação entre os participantes de uma competição esportiva é imprescindível.

Além disso, a competição esportiva repousa na chamada hipótese de incerteza de resultado, segundo a qual os consumidores valorizam competições acirradas e competitivas. Para garantir a incerteza dos resultados, é necessário ter uma rivalidade sustentada entre os competidores, que idealmente devem ter força de jogo semelhante. Isso envolve não apenas garantir a integridade da competição e o alcance com base no mérito (ou seja, ausência de manipulação de resultados e *doping*), mas também um equilíbrio competitivo (ou seja, proximidade competitiva dos concorrentes, que devem estar suficientemente pareados).

Outra especificidade do setor esportivo diz respeito a uma peculiar estrutura de governança, que geralmente é conduzida por associações privadas (como federações/associações esportivas nacionais e internacionais). Essas entidades geralmente desempenham três funções diferentes: (i) legislativa/regulatória (estabelecimento das regras do jogo); (ii) executiva/organizacional (organização e promoção de competições esportivas, como ligas e outros torneios); e (iii) resolução de controvérsias (monitoramento e aplicação das regras, gerenciamento de procedimentos disciplinares e arbitragem de disputas).

Na América Latina, a maioria das jurisdições e esportes segue o chamado modelo europeu, onde há um único quadro de governança para cada esporte, integrando todos os níveis do esporte (desde a base até os profissionais de alto nível) em uma estrutura piramidal, permitindo que os participantes progridam de baixo para cima através de um sistema de promoção e rebaixamento baseado em mérito esportivo (sistema aberto). Por outro lado, no chamado modelo americano, os esportes amadores e profissionais são independentes e funcionam sob estruturas separadas. Os esportes profissionais geralmente são organizados por ligas de propriedade dos clubes que participam da liga (chamados de franquias): os participantes são pré-determinados e não há promoção ou rebaixamento (sistema fechado). Apenas excepcionalmente novas franquias são admitidas, sujeitas à aprovação de uma supermaioria das franquias existentes e ao pagamento de uma taxa de entrada substancial.

Diante das particularidades do setor esportivo, ao aplicar a legislação concorrencial neste setor, as autoridades de concorrência têm seguido a regra da razão, exceto para comportamentos específicos prejudiciais que são considerados infrações "per se" ou "por objeto" (acordos de fixação de salários e acordos de não-concorrência). Isso significa que restrições potenciais à concorrência podem ser justificadas se forem necessárias para alcançar objetivos legítimos dos esportes e proporcionais a eles (em outras palavras, quando não houver opções menos restritivas para fazê-lo). Tal abordagem fornece às autoridades de concorrência flexibilidade suficiente para levar em conta as especificidades do setor esportivo.

3. QUESTÕES-CHAVES PARA A DEFESA DA CONCORRÊNCIA

As principais questões concorrenciais discutidas nas *roundtables* da OCDE se referem à transmissão esportiva, ao mercado de trabalho esportivo e à organização de campeonatos esportivos.

A transmissão esportiva é a questão-chave em que as autoridades de concorrência na América Latina têm sido mais ativas. Isso não é surpreendente, pois esta é uma indústria multibilionária, que geralmente representa a principal fonte de renda de ligas e clubes esportivos. Além disso, os direitos de transmissão esportiva são considerados conteúdo *premium*, dando aos radiodifusores uma vantagem competitiva relevante. Portanto, diante da alta demanda e da oferta limitada resultante da escassez de eventos esportivos, os direitos de transmissão de esportes têm preços em geral elevados.

A indústria de transmissão esportiva é complexa, compreendendo vários mercados verticalmente relacionados, incluindo a produção e o licenciamento de conteúdo audiovisual (mercado atacadista de "conteúdo bruto"); a agregação de conteúdo (produzido internamente ou adquirido de terceiros) e a embalagem em canais (fornecimento atacadista de canais); bem como a prestação de serviços de varejo aos clientes finais (distribuição de conteúdo).

As autoridades de concorrência na América Latina têm examinado ativamente esses mercados, como em casos de abuso de posição dominante no Brasil e no Chile, bem como na transação internacional Disney/Fox, notificada na Argentina, Brasil, Chile e México, sendo aprovada com remédios comportamentais e estruturais. Na Europa, as autoridades de concorrência tendem a desempenhar um papel ainda mais central na preservação da concorrência em matéria de direitos de transmissão esportivos, muitas vezes comercializados coletivamente pelos clubes.

Recentemente, os mercados de trabalho desportivos surgiram como outra área que vem sendo cada vez mais examinada pelas autoridades de concorrência. Essa tendência parece fazer parte de um movimento mais amplo em direção à aplicação da legislação de concorrência aos mercados de trabalho em geral. Os mercados de trabalho esportivos são particularmente vulneráveis a comportamentos anticompetitivos, especialmente em esportes coletivos, dadas as curtas carreiras dos atletas, a grande lacuna salarial de gênero e a limitada empregabilidade intersetorial (em esportes individuais, os atletas geralmente são contratados independentes ou trabalhadores autônomos, não sendo sujeitos a benefícios trabalhistas).

As principais preocupações nos mercados de trabalho esportivos dizem respeito a acordos de fixação de salários e acordos de não-concorrência. Acordos de fixação de salários envolvem o estabelecimento de salários entre clubes (geralmente com a participação da entidade governante esportiva relevante), mais comumente por meio de tetos salariais. Já os acordos de não-concorrência ocorrem quando clubes concordam em se abster de solicitar, contratar ou recrutar jogadores uns dos outros. Em ambos os casos, a concorrência nos mercados de trabalho esportivos pode ser restringida, resultando em uma alocação ineficiente de atletas entre clubes e reduzindo a qualidade do jogo e sua atratividade para os consumidores.

Uma terceira questão-chave em matéria concorrencial se refere à organização de torneios esportivos. Embora a indústria esportiva exija um número mínimo de competidores para funcionar (não havendo incentivos para um clube se tornar o único em um torneio), as entidades de governança dos esportes tendem a monopolizar o mercado da organização de competições esportivas. Na maioria dos esportes e jurisdições, as entidades de governança dos esportes detêm um monopólio de fato neste mercado. Além disso, como mencionado anteriormente, tais entidades concentram funções regulatórias, administrativas e de soluções de controvérsias, o que pode criar um conflito sistemático de interesses, permitindo-lhes alavancar seu poder de mercado de uma atividade para outra, assim inviabilizando a entrada de novos concorrentes. Isso pode dar às organizações esportivas incentivos para se envolver em comportamentos anticompetitivos.

No mercado da organização de eventos esportivos, existem duas principais categorias de práticas por parte das organizações esportivas que podem distorcer a concorrência. Primeiro, condutas contra ligas concorrentes (as chamadas ligas dissidentes). Em segundo lugar, práticas contra clubes ou atletas que participam de outro campeonato.

Embora as autoridades de concorrência na América Latina ainda não tenham se envolvido ativamente na discussão da organização de ligas esportivas, experiências de jurisdições estrangeiras indicam que preocupações concorrenciais relevantes podem surgir nessa área, especialmente no que diz respeito a ligas dissidentes. Na Europa, existem vários casos relacionados a restrições de exclusão de ligas dissidentes. Em geral, obrigações de não-competição ou regras de elegibilidade são impostas pelas organizações esportivas a seus membros, criando um regime de controle *ex-ante* sobre eventos de terceiros. Na prática, novos campeonatos precisam ser previamente autorizados pela organização esportiva incumbente sob pena de clubes e atletas enfrentarem sanções, incluindo multas e exclusão de competições oficiais. Neste contexto, o controle *ex-ante* de novos campeonatos pode configurar um comportamento anticompetitivo se tais poderes não forem "inseridos em um quadro de critérios substanciais ou regras procedimentais detalhadas adequadas para garantir que sejam transparentes, objetivas e não discriminatórias".[1]

De fato, há uma jurisprudência crescente na União Europeia – incluindo decisões recentes proferidas pelo Tribunal de Justiça da União Europeia em dezembro de 2023 – destacando que as organizações esportivas podem ser sancionadas por comportamento anticompetitivo ao impedir, sem razões objetivas, a entrada de ligas dissidentes no mercado, com efeitos negativos sobre organizadores concorrentes de eventos esportivos, clubes, atletas, consumidores e audiências de transmissão.[2]

1 Decisão C-333/21 (European Superleague Company SL v. FIFA and UEFA) do Tribunal de Justiça da União Europeia de 21 de dezembro de 2023.

2 Por exemplo, decisão C-333/21 (European Superleague Company SL v. FIFA and UEFA) do Tribunal de Justiça da União Europeia de 21 de dezembro de 2023, decisão C-124/21 P (International Skating Union v. European Commission) do Tribunal de Justiça da União Europeia de 21 de dezembro de 2023. Vários casos nacionais na Europa também sancionaram organizações esportivas por restrições de exclusão semelhantes em diversos esportes.

4. CONSIDERAÇÕES FINAIS

Apesar de suas especificidades, a indústria esportiva não está imune à aplicação da legislação de concorrência. Nos últimos anos, as autoridades de concorrência têm sido ativas na avaliação desses mercados. Essa tendência internacional também é refletida na América Latina, onde diferentes casos foram apresentados pelas autoridades de concorrência em relação a vários aspectos da indústria esportiva. Enquanto em algumas áreas o escrutínio foi mais intenso (por exemplo, transmissão de eventos esportivos), nos próximos anos mais casos também devem surgir em outras áreas, como no mercado da organização de eventos esportivos. Ao final, isso poderá contribuir para que os mercados esportivos sejam mais competitivos do ponto de vista econômico, fornecendo aos consumidores produtos mais baratos e melhores.

O Cade e os mercados esportivos: desafios e perspectivas na atuação da autarquia

Alexandre Cordeiro Macedo
Ricardo Medeiros de Castro
Maria Luiza Bittar Khouri

1. INTRODUÇÃO

A Carta Internacional de Educação Física e Esporte da UNESCO, promulgada em 21 de novembro de 1978, afirma que a prática de educação física e esporte é um direito fundamental de todos. A Constituição Federal Brasileira, em seu art. 217, prevê que é "*dever do Estado fomentar práticas desportivas formais e informais*", preservando a autonomia das entidades desportivas e associações quanto à sua organização e funcionamento (FEUZ & SOUZA, 2023).

Recentemente, no Brasil, a Lei Geral do Esporte (Lei 14.597/2023) consolidou diversas legislações esportivas. Entre elas estão o Estatuto do Torcedor (Lei 10.671 de 2003), a Lei das Relações de Trabalho dos Treinadores Profissionais de Futebol (Lei 8.650 de 1993) e a Lei da Bolsa-Atleta (Lei 10.891 de 2004). Essas leis, juntamente com a Lei Pelé (Lei 9.615 de 1998), a Lei de Incentivo ao Esporte (Lei 11.438 de 2006), o Programa de Modernização da Gestão e de Responsabilidade Fiscal do Futebol Brasileiro (PROFUT) pela Lei 13.155 de 2015 e a Lei da Sociedade Anônima do Futebol (Lei 14.193 de 2021), formam um conjunto robusto de normas para o setor esportivo nacional.

Há, também, a possibilidade de a legislação estadual incorporar normas do Direito desportivo internacional à legislação interna. Isso foi exemplificado durante os Jogos Olímpicos Rio 2016, quando a Lei 13.284/2016 foi integrada às normas brasileiras originalmente parte da *lex olympica* (GOMES, 2024, p. 97; NICOLAU, 2018).

Além da regulamentação estatal, existem as confederações e federações esportivas, as quais são organizações privadas que operam tanto em âmbito nacional quanto estadual, encarregadas de organizar diversos aspectos das modalidades esportivas. Essas entidades são responsáveis pela condução de campeonatos e pela regulação das atividades esportivas. Por exemplo, a Confederação Brasileira de Futebol (CBF) supervisiona as regras do futebol e a organização dos campeonatos nacionais, enquanto as federações estaduais, como a Federação de Futebol do Estado do Rio de Janeiro (FERJ) e a Federação Paulista de Futebol (FPF), são responsáveis pela administração dos campeonatos em nível estadual.

Da mesma forma, quando as modalidades esportivas são praticadas em equipes, é comum que sejam conduzidas por meio de clubes. Esses clubes são organizações privadas, tradicionalmente estruturadas como entidades sem fins lucrativos, que participam de campeonatos específicos.

Há inúmeros outros mercados e agentes econômicos que são parte integrante das atividades centrais do setor esportivo. Isso inclui conglomerados de mídia, fundos de investimento, agências de publicidade, anunciantes e diversos outros *stakeholders* neste setor dinâmico.

Outro aspecto é que o conceito do que constitui um esporte também é um terreno contestado. Os Jogos Olímpicos frequentemente incorporam e reconhecem novas modalidades esportivas, como skate, surfe e *breaking*. Atualmente, há autores que também defendem o reconhecimento dos esportes eletrônicos (ou eSports) como uma atividade distinta dos jogos eletrônicos comuns (MIGUEL, 2023).

Independentemente de tal definição precisa, a Lei Brasileira de Defesa da Concorrência, Lei 12.529/2011, aplica-se a diversos setores econômicos, sem qualquer imunidade antitruste prevista nesta legislação, incluindo qualquer atividade esportiva.

Diante desse cenário, o objetivo deste artigo é avaliar, por meio de uma análise exploratória, como a Lei Brasileira de Defesa da Concorrência tem analisado o setor esportivo. Assim, este artigo busca fornecer uma visão geral não-exaustiva da jurisprudência atual do Cade sobre o tema, bem como discutir alguns casos em andamento. Além disso, pretende-se descrever brevemente um recente debate judicial sobre agentes de futebol, no qual o Cade atua como *amicus curiae*.

2. ANÁLISE DA JURISPRUDÊNCIA DO CADE

Para avaliar com precisão a compreensão do Cade sobre essa questão, o estudo utilizou uma metodologia de *"contagem de termos"* em documentos oficiais para avaliar a intensidade do discurso e dos argumentos. Essa metodologia já foi utilizada em outros trabalhos científicos por Cronin (1984), Feist (1997) e sugerida em estudos jurídicos por Posner (2000).

A tabela a seguir apresenta uma lista curta e não-exaustiva de termos que contêm várias modalidades esportivas. Em seguida, foi verificado no Sistema Eletrônico de Informações do Cade quantos documentos faziam referência a cada uma dessas modalidades, tanto em geral quanto em decisões proferidas por membros do Tribunal. Esta análise é resumida na tabela abaixo:

Temos referente a esportes no SEI	Total de documentos que fazem referência ao termo específico	Decisões do Tribunal que fazem referência ao termo
Futebol	3020	83
Ginástica	1339	15
Tênis	1245	12
Basquete	296	8
Vôlei	263	6
Surf	125	6
Natação	517	3
Boxe	339	2
Judô	1286	0
Karatê	312	0
Automobilismo	166	0
Atletismo	164	0
Futsal	116	0
Ciclismo	80	0
Esgrima	26	0
Canoagem	18	0
Fisiculturismo	10	0
Basebol	3	0

Tabela 1 – Contagem de quantas vezes o termo em português, referente à atividade esportiva específica, apareceu em documentos armazenados no Sistema Eletrônico de Informações do Cade
Fonte: elaboração própria com base no SEI

De acordo com a lista especificada, o futebol foi o esporte mais frequentemente mencionado e discutido em documentos submetidos ao Cade, bem como em decisões proferidas pelo Tribunal do Cade.

Muitos dos documentos mencionados, no entanto, contêm apenas referências indiretas às atividades esportivas. Por exemplo, entre os 83 documentos categorizados como votos, 57 foram elaborados por dois ex-conselheiros, João Paulo Resende e Cristiane Alkmin Junqueira Schmidt, em casos nos quais eles apresentaram uma visão minoritária. Esses conselheiros buscavam discutir a adequação da base de cálculo para determinados Termos de Compromisso em casos envolvendo cartéis relacionados à construção de estádios de futebol. No entanto, a maioria dos Conselheiros do Cade considerou apropriado assinar os referidos Termos de Compromisso, nos quais a base de cálculo para as multas não englobaria o mercado geral de "*Construção de edifícios e habitação*", mas, sim, por um critério de proporcionalidade, deveria ser restrita ao mercado nacional de obras de construção civil, modernização e/ou reforma de instalações esportivas (estádios de futebol) destinadas à Copa do Mundo da FIFA de 2014 no Brasil.

De qualquer forma, foi determinado no contexto do Pedido 08700.007078/2016-45 (Ref. Autos Restritos 08700.006737/2016-26) que a receita do subsetor de construção de estádios de futebol poderia servir como base para o cálculo de multas e contribuições em Termos de Compromisso específicos que tratassem de condutas anticompetitivas. O Conselheiro Gustavo Augusto Freitas de Lima fez outras referências no contexto do Recurso Voluntário 08700.005936/2022-62. Embora este caso não se referisse a esportes, mas à exclusividade de pontos de venda no mercado de cerveja, ele destacou que o consumo de cerveja aumenta durante as partidas de futebol, indicando considerações estratégicas de negócios durante esses períodos de campeonatos esportivos. Segundo o Conselheiro Gustavo, dada a proximidade de eventos dessa magnitude, havia uma urgência para que o Cade examinasse a legalidade da exclusividade de vendas de cerveja em determinados pontos. No entanto, neste caso, como em muitos outros no Sistema Eletrônico de Informações do Cade, a referência ao futebol é incidental e apenas aborda o tópico indiretamente.[1]

2.1. Alguns casos sobre direitos de transmissão

Um tema recorrente na jurisprudência do Cade tem sido o entendimento sobre os direitos de transmissão de esportes em geral, e do futebol em particular.

No Processo 08700.009574/2022-81, o Conselheiro Victor Fernandes reconheceu que canais especializados em esportes (notadamente aqueles que transmitem torneios nacionais, como o campeonato brasileiro de futebol transmitido pelo SporTV) possuem características que os tornam essenciais para o sucesso de uma operadora de TV por assinatura, razão pela qual foram considerados mercados relevantes distintos em alguns precedentes do Cade.

Sobre este tema, o Cade analisou e aprovou o caso de fusão 08012.003675/2001-72, por meio do qual o Groupe Canal+ e a RTL adquiriram controle conjunto da GJCD. A GJCD operava como uma joint venture com o objetivo de consolidar as atividades da Sport+ e UFA para a comercialização de direitos de transmissão esportiva e exploração de direitos de publicidade e marketing de eventos esportivos.

Neste caso, o Cade analisou a comercialização de direitos de transmissão segmentados de acordo com o esporte transmitido, distinguindo-o de outras programações televisivas com base nos seguintes pontos: (i) o apelo dos eventos esportivos, especialmente as transmissões ao vivo, geralmente supera o valor de outros direitos exercidos no mercado publicitário e para assinantes; (ii) o valor do patrocínio de eventos esportivos varia particularmente para esportes populares e grandes eventos internacionais como os Jogos Olímpicos ou Copas do Mundo; (iii) a natureza efêmera de um evento esportivo, em que o público valoriza principalmente sua apresentação ao vivo, diminuindo o valor da transmissão significativamente após o evento.

1 Outra referência indireta foi feita no voto do ex-Conselheiro Eduardo Pontual Ribeiro no Processo 08012.010215/2007-96, onde membros de um cartel de revenda de combustíveis líquidos em Caxias do Sul, Rio Grande do Sul, estariam supostamente organizando uma partida de futebol entre si. Outros exemplos de referências indiretas e incidentais ao futebol podem ser encontrados nos votos dos ex-Conselheiros Carlos Emmanuel Joppert Ragazzo (DocSEI 907793 no Processo 08700.006317/2020-26) e Mauricio Oscar Bandeira Maia (DocSEI 846569 no Processo 08700.006317/2020-26).

Naquela época, havia uma discussão sobre a definição correta do mercado relevante, se deveria ser amplamente definido para englobar a venda de direitos de transmissão em geral ou definido de forma mais restrita para incluir apenas a venda de direitos de transmissão de futebol. Embora a Secretaria de Acompanhamento Econômico do Ministério da Fazenda, na época, recomendasse a definição ampla, o Conselheiro Relator optou por analisar ambas as abordagens possíveis, dado que o futebol raramente encontra substitutos na transmissão de outros esportes.

Durante a investigação aprofundada do caso do Clube dos 13 (08012.006504/1997-11), o Conselheiro Relator compreendeu que o futebol se diferencia dos outros esportes, especialmente devido à recorrência de vários campeonatos transmitidos ao longo do ano e à receita que esses eventos geram na televisão. O Conselheiro também destacou que os campeonatos de futebol não têm a mesma relevância para o público brasileiro. O Campeonato Brasileiro é a competição que reúne os melhores e mais tradicionais times do país, especialmente aqueles com as maiores torcidas. Nesse sentido, pode proporcionar jogos mais interessantes do ponto de vista da transmissão televisiva quando comparado a outros torneios nacionais (Campeonatos Estaduais e a Copa do Brasil) ou internacionais, onde a participação de clubes brasileiros é limitada (Libertadores e Sul-Americana) [0037996, p.267].

Na operação ESPN/Globo (caso de fusão 08012.005864/2000-07), a Secretaria de Acompanhamento Econômico do Ministério da Fazenda debateu se o mercado de aquisição de direitos de transmissão de eventos esportivos poderia ser segmentado por esportes, como futebol, automobilismo, basquete e tênis, entre outros, e até mesmo segmentações mais específicas, como eventos regulares de futebol (campeonatos nacionais, por exemplo) e eventos ocasionais (como a Copa do Mundo). No entanto, como tanto a Globosat quanto a ESPN Brasil adquiriram direitos de transmissão para vários esportes, a SEAE entendeu que não havia necessidade de definir múltiplos mercados relevantes segmentados por esporte. O entendimento era de que a definição mais ampla do mercado relevante não comprometeria a análise do impacto da fusão neste mercado específico. No entanto, não houve uma conclusão sobre essa questão devido às especificidades do caso (SEI 0167464, p.168).

Na operação DirecTV/NewsCorp (casos de fusão 53500.002423/2003 e 53500.029160/2004), o Conselheiro Relator entendeu que os programadores poderiam adquirir direitos de transmissão de futebol de terceiros e que direitos de exclusividade no segmento de futebol poderiam ter efeitos prejudiciais à concorrência entre programadores, dado que o futebol é conteúdo essencial para um programador brasileiro. Consequentemente, para aprovar a fusão, o Cade impôs algumas obrigações à NewsCorp, exigindo que essa empresa se abstivesse de exercer direitos de exclusividade sobre a transmissão dos cinco campeonatos profissionais de futebol mais importantes do Brasil [SEI 0169347, p. 310-313].

Além disso, no contexto da operação AT&T/Time Warner (caso de fusão 08700.001390/2017-14), a Ancine respondeu a uma consulta do Cade, afirmando que o público não poderia facilmente substituir o futebol por outros esportes, especialmente dado que o futebol é o esporte mais popular no Brasil. Transmissões ao vivo de partidas de futebol também são essenciais para atrair audiência, obter investimentos publicitários, construir uma imagem e estabelecer a marca do programador.

Embora o Cade tenha considerado a possibilidade de ampliar o segmento para incluir a venda de direitos de transmissão de eventos esportivos em geral, o caso de fusão 08700.006955/2017-41 (Perform Group e WME Entertainment Parent) deixou em aberto uma definição precisa do mercado para a venda de direitos de transmissão.

Embora não haja uma conclusão definitiva sobre o assunto, esses casos demonstram a complexidade do debate.

2.2. Clube dos 13

O Processo Administrativo 08012.006504/1997-11 representa um caso significativo no domínio da concorrência no Brasil, envolvendo o "Clube dos 13". Esse clube, oficialmente conhecido como União dos Grandes Clubes do Futebol Brasileiro, foi uma organização brasileira criada em 11 de julho de 1987 para defender os interesses políticos e comerciais de 13 importantes clubes de futebol do Brasil. Na época de sua fundação, os clubes membros eram os treze primeiros colocados no ranking da CBF: Atlético-MG, Bahia, Botafogo, Corinthians, Cruzeiro, Flamengo, Fluminense, Grêmio, Internacional, Palmeiras, Santos, São Paulo e Vasco. Anos depois, a organização expandiu sua adesão para 20 clubes associados, mantendo seu nome original. Este clube negociava os direitos de transmissão de campeonatos, como o Campeonato Brasileiro, com redes de rádio e televisão. Também interagia com a Confederação Brasileira de Futebol (CBF) a respeito dos formatos dos campeonatos nacionais. A Rede Globo, como rede de televisão, negociava com este clube os direitos exclusivos de transmissão dos jogos do Campeonato Brasileiro, cobrindo as cinco plataformas de mídia relevantes: TV aberta, TV a cabo, Pay-Per-View, Internet e telefones móveis.

Em 1997, uma denúncia foi apresentada à Secretaria de Direito Econômico (SDE) sobre os direitos de transmissão exclusivos adquiridos pela Globo para a Liga Brasileira de Futebol (BFL), a venda conjunta desses direitos pelo "Clube dos 13" (que, segundo a denúncia, poderia constituir um cartel), e o empacotamento dos direitos em várias plataformas de mídia. Após investigação, a SDE recomendou intervenção no mercado para limitar a exclusividade e propôs a separação das plataformas de mídia. Em 2010, o Cade encerrou o caso, levando à renúncia da cláusula de preferência de renovação pela Globo, ao acordo do "Clube dos 13" para leiloar os direitos de transmissão com regras claras, à celebração de contratos separados para diferentes plataformas de mídia, e à permissão para sublicenciamento dos direitos de transmissão (MATTOS, 2012).

Por fim, o Clube dos 13 parou de negociar coletivamente, e vários clubes começaram a negociar diretamente com as emissoras de televisão, como a Rede Globo.

2.3. Fusão - Galo Holding/Atlético SAF

Outro caso interessante refere-se à primeira fusão envolvendo uma Sociedade Anônima do Futebol (SAF), notificada em 5 de setembro de 2023. No Processo de Concentração 08700.006273/2023-87, a Galo Holding S.A. (Galo Holding) adquiriu o controle da Atlético Mineiro S.A.F. (Atlético SAF), anteriormente detida pela CAM.

Os controladores da Galo Holding também detêm participações no Banco BMG, MRV Engenharia, LOG e Banco Inter. O Cade aprovou esta transação em 20 de setembro de 2023.

A transação diz respeito ao acordo de investimento entre CAM, Galo Holding e Atlético SAF, por meio do qual CAM e Galo Holding aportariam capital e direitos de exploração da Arena MRV para o Atlético SAF.

Os direitos transferidos pela CAM para o Atlético SAF incluem contratos de patrocínio, produção e comercialização de produtos do time, direitos de operação da Arena MRV, times de futebol masculino e feminino, categorias de base, bem como direitos de transmissão e exploração de propriedade intelectual do time.

De acordo com o Parecer 379/2023/CGAA5/SGA1/SG emitido pela Superintendência-Geral, a operação diz respeito ao mercado de futebol profissional e resultou em uma integração vertical entre as atividades de futebol profissional e o mercado nacional de direitos de publicidade, patrocínio e marketing de eventos esportivos.

Em relação ao primeiro mercado relevante, a Superintendência-Geral do Cade declarou que não havia uma definição consolidada do mercado relevante para as atividades de futebol profissional pelo Cade. Este mercado só foi mencionado no contexto da Análise Gun Jumping 08700.003312/2022-11 (envolvendo Cruzeiro Esporte Clube - Sociedade Anônima de Futebol & Tara Sports) e 08700.003313/2022-58 (envolvendo S.A.F. Botafogo & Eagle Holding). No entanto, a Superintendência-Geral do Cade considerou uma discussão iniciada pela Autoridade Francesa de Concorrência (Autorité de la Concurrence) no contexto da aquisição do controle do SASP Olympique Gymnaste Club de Nice pelo Grupo Ineos. Em sua análise, a autoridade francesa considerou a existência de um mercado onde clubes profissionais de futebol compram e vendem contratos de jogadores. Para estimar o mercado total, a Autorité de la Concurrence usou o relatório global de transferências da FIFA.

Em outras palavras, o mercado foi analisado de uma perspectiva internacional.

Apesar dessa definição, a Superintendência-Geral do Cade também avaliou esse mercado, tanto em nível nacional (analisando a receita dos clubes de futebol brasileiros segundo o Relatório Ernst & Young de 2022) quanto em nível estadual. Em todos esses cenários, a participação de mercado das partes envolvidas foi baixa. Entendeu-se que, devido à relação vertical (e dado que em todos os cenários possíveis a participação de mercado foi mínima), uma definição precisa do produto e das dimensões geográficas não eram necessárias neste caso. Os dados coletados nesta matéria foram considerados suficientes para afastar qualquer hipótese de dano concorrencial.

Em relação ao segundo mercado afetado, a Superintendência-Geral esclareceu de forma semelhante que o mercado de publicidade, patrocínio e marketing de eventos esportivos inclui a venda desses direitos e consiste em serviços de relações públicas, gestão de relações com o consumidor e venda de espaço publicitário, tanto em estádios quanto nas camisas dos atletas. Essas atividades estão intimamente relacionadas aos direitos de transmissão e à premiação garantida aos clubes de futebol, desde mercados acessórios até a exploração de direitos esportivos.

Em relação à abrangência geográfica do mercado de venda de direitos de publicidade, patrocínio e marketing, embora não haja restrições ou limites físicos às atividades relacionadas aos direitos de publicidade e marketing de jogos de futebol, entendeu-se que este tende a ser nacional, em linha com os interesses dos anunciantes.

Mais uma vez, o Cade deixou em aberto a definição do mercado relevante, analisando todos os cenários possíveis. A Superintendência-Geral do Cade concluiu que a fusão deveria ser aprovada incondicionalmente em todos os casos devido às baixas participações de mercado.

2.4. Academias de ginástica

No Processo Administrativo 08700.001313/2021-32, o Cade analisou a aquisição pela Smartfit Escola de Ginástica e Dança S.A. (Smartfit) de 100% das ações representativas do capital social total e votante da Just Fit Participações em Empreendimentos S.A. (Just Fit). No Parecer 156/2021/CGAA5/SGA1/SG, a Superintendência-Geral do Cade esclareceu que, em precedentes anteriores[2], o mercado de academias era analisado de forma agregada, sem segmentações específicas, embora não fosse necessária a adoção de uma definição precisa do mercado relevante.

Portanto, quanto à dimensão do produto do mercado relevante, as requerentes da concentração Smartfit/Just Fit inicialmente definiram "academias" como todos os tipos de estabelecimentos voltados para atividades físicas, abrangendo atividades cardiovasculares, musculação, atividades funcionais, pilates, dança, crossfit e natação, excluindo esportes coletivos e tênis, bem como atividades recreativas em clubes.

Apesar desse aspecto, o Cade já avaliou dimensões mais segmentadas do mercado de produtos. De fato, no Processo Administrativo 08700.006225/2023-99, envolvendo a MC Brazil Fitness Holding S.A. e a Bluefit Academias de Ginástica e Participações S.A., as requerentes solicitaram uma definição mais restrita, que focasse nos aspectos do produto e incluísse apenas atividades cardiovasculares, musculação e atividades funcionais. O caso se referiu à aquisição do controle pela MC Brazil Fitness Holding S.A. (Compradora) da Bluefit Academias de Ginástica e Participações S.A. (Bluefit ou "Empresa Alvo" e, em conjunto com a Compradora, "Partes") (Transação), por meio da subscrição de novas ações e aquisição de ações existentes correspondentes, em conjunto, a 51% do capital social da Bluefit. No aspecto geográfico, foram propostos diferentes cenários de mercado com base na distância máxima que os consumidores estariam dispostos a percorrer para acessar os serviços. Foi utilizada uma "área de influência", definida por um raio de 4 km ou 15 minutos de deslocamento. A pedido da Superintendência-Geral do Cade, também foram criados cenários mais restritivos com distância de deslocamento de 10 minutos e raio de 2 km. Por outro lado, foi considerado um "mercado dinâmico", onde foi verificada a existência de diversas redes de academias concorrentes no Brasil, com perfis de atuação semelhantes,

2 Foram mencionados os seguintes casos: Processo Administrativo 08700.008463/2016-18 (aquisição pela Stratus SCP Brasil Fundo de Investimento em Participações de participação no capital social da Just Fit Participações em Empreendimentos S.A); e Processo Administrativo 08012.005872/2012-89 (aquisição pela BPMB Lambda Participações S.A., mediante subscrição de debêntures conversíveis em ações, de participação no capital social da A! Bodytech Participações S.A.).

preços de mensalidade competitivos e intensa rivalidade, como Smartfit, Bluefit, Fórmula Academia, Monday, Panobianco, Runner, Selfit, Ultra e Skyfit, entre outras. A transação foi aprovada sem restrições pelo Cade em 22 de setembro de 2023.

Na análise do processo administrativo 08012.005524/2010-40, foi apresentada denúncia pela Smart Rio Academia de Ginástica Ltda. contra o Sindicato das Academias de Ginástica do Estado do Rio de Janeiro SINDACAD/RJ e seu Presidente Ricardo Marques de Abreu. Neste caso, o Cade constatou que o SINDACAD agiu de forma a dificultar o desenvolvimento do modelo de academias de baixo custo, buscando impedir os preços baixos da Smart Rio, restringindo o número de alunos por professor e fazendo campanha ativa contra o modelo de preços baixos. Após análise das provas, o Cade decidiu punir os réus por criarem campanhas e dificuldades injustas para os concorrentes. A análise do Cade, neste caso, limitou-se às academias, estúdios e escolas de ginástica, musculação e outras atividades físicas (dimensão produto), no Município do Rio de Janeiro (dimensão geográfica).

Há também o Processo Administrativo 08700.005683/2019-24, que ainda está em andamento no Tribunal Administrativo do Cade. Neste caso, as autoras são a Smartfit Escola de Ginástica e Dança S.A. (Smart Fit) e a Self It Academias Holdings S.A. (Self It), e os réus são o Sindicato das Academias de Ginástica do Rio de Janeiro (Sindacad/RJ), Maria José Montenegro Marques Dale, o Sindicato dos Profissionais de Educação Física do Rio de Janeiro (Sinpef/RJ) e Diego Gonçalves Marques. O caso discute se foi inserida nova cláusula na Convenção Coletiva de Trabalho 2019/2020, limitando o número mínimo de Profissionais de Educação Física nas academias, e se essa limitação poderia configurar influência de conduta anticompetitiva uniforme, tipificada no art. 36, caput, incisos I e IV, em conjunto com o § 3°, incisos II e IV, da Lei 12.529/2011. Assim, a Superintendência-Geral do Cade, a Procuradoria Federal Especializada e o Ministério Público do Cade sugeriram a condenação da conduta supracitada. Atualmente, o caso encontra-se em análise no Tribunal do Cade.

2.5. Caso Gympass (Plataformas digitais)

Um caso interessante envolvendo uma ampla gama de modalidades esportivas diz respeito ao Inquérito Administrativo 08700.004136/2020-65. Neste precedente, o Cade analisou o setor de plataformas digitais que agregam academias no Brasil.

Fundada em 2012, a Gympass fornece aos funcionários de empresas registradas acesso a diversas academias localizadas no Brasil e em outros países com uma única assinatura. Por meio da plataforma Gympass, os funcionários podem escolher planos de passes diários ilimitados ou passes diários individuais nas academias registradas.

As investigações tiveram como objetivo avaliar se a Gympass estaria abusando de sua posição dominante no mercado, principalmente por meio da imposição de cláusulas de exclusividade com academias na plataforma, bem como outras cláusulas contratuais que permitiriam à Gympass controlar o preço mínimo definido pelas plataformas registradas, influenciando, assim, os preços praticados no segmento em todo o país.

O Cade celebrou um acordo com a empresa Gympass, que restringiu as cláusulas de exclusividade a 20% (vinte por cento) de sua base de academias em municípios ou zonas municipais.[3]

2.6. Ato de concentração entre Fox e Disney

O caso de concentração 08700.004494/2018-53 diz respeito à proposta de aquisição da Twenty-First Century Fox pela The Walt Disney Company.

Na operação, o Cade analisou o efeito da transação em diferentes mercados relevantes. No entanto, o mercado de programação básica de canais esportivos para TV por assinatura foi o mais debatido dentro do Conselho. Segundo o voto do ex-conselheiro Paulo Burnier, considerando essa definição de mercado, a transação praticamente resultaria na formação de um duopólio no mercado de canais

3 Entendeu-se, neste caso, que academia seria todo estabelecimento comercial com o qual a Gympass tenha contrato para a prática de atividades físicas, incluindo, mas não se limitando a estabelecimentos que ofereçam atividades cardiovasculares (em esteiras, bicicletas, elípticos ou sem equipamentos), musculação, atividades funcionais, crossfit, pilates, dança, natação, entre outros esportes.

esportivos básicos, pois, no cenário pós-fusão, a Globosat (SportTV) e as Requerentes, juntas, controlariam mais de 90% (noventa por cento) da audiência.

Argumentou-se que a redução de 3 (três) para 2 (dois) players no mercado tinha o potencial de afetar diretamente o bem-estar dos consumidores, seja por perda de qualidade no conteúdo veiculado em canais esportivos (com menos comentaristas, por exemplo), diminuição da diversidade de conteúdo (esportes menos demandados, além de futebol) ou aumento nos preços de acesso a esses conteúdos.

As Requerentes argumentaram também que a transação possibilitaria a formação de um player mais bem posicionado para competir com o grupo Globo. No entanto, segundo a Superintendência-Geral e ex-Conselheiro Paulo Burnier, o Grupo Globo tinha um perfil distinto das Requerentes. Enquanto o Grupo Globo ou Globosat, por meio dos canais SporTV e Première, transmitiam essencialmente campeonatos nacionais, como as Séries A e B do Campeonato Brasileiro, a Copa do Brasil e os principais campeonatos estaduais de futebol, as Requerentes controlavam os direitos de transmissão dos principais campeonatos internacionais. Com efeito, o Grupo Fox (por meio da Fox Sports) era responsável pela transmissão das Copas Sul-Americanas e da Copa Libertadores, enquanto o Grupo TWDC, por meio dos canais ESPN, transmitia vários campeonatos e ligas europeias de grande apelo ao consumidor brasileiro, como o Campeonato Inglês, a Copa da Itália, a Supercopa da Espanha, o Campeonato Espanhol (La Liga), além de jogos de importantes ligas esportivas, como a NBA (basquete) e a NFL (futebol americano).

No caso, o ex-Conselheiro João Paulo Resende mencionou em seu voto (SEI 0590014) que não havia garantia de que a transação intensificaria a concorrência entre as Requerentes e o grupo Globo. Ao contrário, poderia haver maior incentivo para colusão tácita, onde as Requerentes poderiam se especializar na transmissão de esportes estrangeiros, especialmente dos Estados Unidos (como NBA, NFL, US Open, MLB) e alguns campeonatos internacionais de futebol, enquanto a Globo transmitiria futebol e vôlei com abrangência nacional.

Considerando esses argumentos, o Cade elaborou um Termo de Ajustamento de Conduta no qual as partes concordaram em alienar um conjunto de ativos necessários à operação da Fox Sports no Brasil no mercado de produção e licenciamento de canais lineares esportivos básicos para TV por assinatura no Brasil. Considerando as dificuldades específicas da pandemia da Covid-19, entre outras questões, o remédio estrutural inicialmente proposto se mostrou inviável. Nesse sentido, o Cade alterou as obrigações estruturais para comportamentais e, em agosto de 2023, por meio do Despacho Presidencial 74/2023, o cumprimento dessas obrigações foi integralmente certificado.

2.7. Investigação em andamento sobre cartel para construção de estádios de futebol

Um caso ainda em análise pelo Cade diz respeito ao Processo Administrativo 08700.006630/2016-88. Este caso, descrito na Nota Técnica 22/2024/CGAA8/SGA2/SG/Cade, trata de um Processo Administrativo instaurado em 17/07/2019, por meio da Nota Técnica 68/2019 (SEI 0633553; 0634265) e seu anexo (SEI 0634334; 0634342), aprovado pelo Despacho SG 19/2019 (SEI 0634338), publicado no Diário Oficial da União (SEI 0639479; 0639842), para apurar suposto cartel no mercado nacional de obras de construção civil, modernização e/ou reforma de Estádios de Futebol para a Copa do Mundo FIFA de 2014 no Brasil. Essa conduta poderia ser potencialmente enquadrada nos arts. 20, I a IV, e 21, I, III, IV e VIII, da Lei 8.884/1994, bem como no art. 36, I a IV em conjunto com seu § 3º, I, alíneas "a", "c" e "d" e III, da Lei 12.529/2011, de acordo com o art. 69 e seguintes da Lei 12.529/2011.

De acordo com a acusação, as infrações à ordem econômica consistiram em acordos para (i) fixação de preços, condições e vantagens entre concorrentes; (ii) divisão de mercado e alocação de projetos; e (iii) troca de informações concorrencialmente sensíveis. Esses acordos supostamente envolveram a troca de informações sobre interesses estratégicos nos estádios, a formação de consórcios, a supressão de propostas, a apresentação de propostas de cobertura e a promessa de subcontratação futura.

A acusação alega que os contatos entre concorrentes começaram com a designação do Brasil como sede da Copa do Mundo de 2014 pela Fédération Internationale de Football Association (FIFA), em outubro de 2007, intensificando-se no segundo semestre de 2008 e perdurando pelo menos até meados de 2011, quando foram assinados os contratos para as obras públicas dos estádios da Copa do Mundo. O caso ainda está sob análise do Tribunal do Cade.

2.8. Investigação em andamento sobre tratamento injusto relacionado aos direitos de transmissão de jogos de futebol

Outro caso em análise pelo Cade diz respeito ao Inquérito Administrativo (AI) 08700.004453/2019-48, instaurado em 25/09/2020 por meio do Despacho SG 28/2020 (SEI 0809547), para apurar infrações à ordem econômica supostamente cometidas pela Globo Comunicações e Participações S.A. (GCP) no mercado de transmissão de jogos de futebol, nos termos dos arts. 13, III, e 66, § 1º, da Lei 12.529/2011. A decisão de instauração do presente Inquérito foi motivada pela análise expressa na Nota Técnica 1/2020/GAB-SG/SG/CADE (SEI 0802187), lavrada no âmbito do Procedimento Preparatório de Inquérito Administrativo (PP) relativo ao mercado de direitos de transmissão de jogos de futebol, instaurado de ofício pelo Despacho 27/2019 (SEI 0657936), onde se concluiu que havia indícios de suposta conduta da GCP no mercado investigado, que, se comprovadas, poderiam configurar infrações à ordem econômica. Ressalta-se que após o início da investigação, foi juntada denúncia de conduta anticompetitiva apresentada por representante do Fortaleza Esporte Clube (SEI 0663213). Na denúncia, o clube alegou que foi prejudicado em seu contrato com a Turner International Inc., pois outros clubes contratados pela emissora receberam condições remuneratórias mais favoráveis. Nesse cenário, o clube apontou violação ao art. 36, § 3º, IV, VIII e X da Lei 12.529/2011. Posteriormente, em 20 de agosto de 2020, o clube solicitou a retirada da denúncia e o arquivamento do processo (SEI 0795278). No entanto, o caso ainda está sob investigação pela Superintendência-Geral.

3. DEBATE JUDICIAL SOBRE REGULAÇÕES ATINENTES A AGENTES DE FUTEBOL

Um caso intrigante de advocacia de concorrência surgiu em uma discussão judicial recente sobre Agentes de Futebol.

Um agente de futebol atua como representante e intermediário de jogadores de futebol, gerenciando vários aspectos de suas carreiras. Esses profissionais negociam contratos com clubes e patrocinadores, lidam com relações públicas e identificam oportunidades para promover as carreiras de seus clientes. Consequentemente, os agentes precisam de um conhecimento profundo do mercado de futebol e da indústria esportiva, juntamente com experiência em gestão e questões legais. Agências esportivas, escritórios de advocacia ou *freelancers* podem empregar agentes de futebol. Além disso, alguns clubes de futebol contratam agentes para recrutar jogadores.[4]

A Associação Brasileira de Agentes de Futebol (ABAF ou "Autora") ajuizou uma ação coletiva contra a Fédération Internationale de Football Association (FIFA) e a Confederação Brasileira de Futebol (CBF), registradas sob o 0837583-33.2023.8.19.0209, em razão dos seguintes fatos.

Em 1° de dezembro de 2023, dezenas de agentes de futebol, a maioria de outros estados e não filiados à ABAF, entraram com uma ação judicial em face da Confederação Brasileira de Futebol. Esta ação foi registrada sob o 0837583-33.2023.8.19.0209 e distribuída ao Exmo. Juízo da 7ª Vara Cível do Foro Regional da Barra da Tijuca na Comarca da Capital, onde atualmente tramita.

Ambas as ações buscam cessar imediatamente a aplicação das disposições do novo Regulamento Nacional de Agentes de Futebol da CBF de 2023. No entanto, a ABAF alega que seu caso tem uma causa de ação e pedido mais amplos, pois também visa o novo Regulamento de Agentes de Futebol da FIFA (FFAR), que não foi contestado na demanda inicial.

A ABAF explicou que o art. 95, §2° da nova Lei Geral do Desporto (Lei 14.957/2023) delegou a expedição de atos normativos que regem sua atividade à FIFA e à CBF. Esclareceu-se que, após um período de

---

4 Conforme https://uk.indeed.com/career-advice/finding-a-job/how-to-become-a-football-agent Acesso em 30 de agosto de 2024

transição iniciado em 9 de janeiro de 2023, o Regulamento de Agentes de Futebol da FIFA (FFAR) entrou em vigor integralmente em 1º de outubro de 2023. Além disso, em 4 de outubro de 2023, a CBF emitiu o novo Regulamento Nacional de Agentes de Futebol (RNAF) de 2023, substituindo o modelo de Intermediários que vigorou de 2015 a 2023. A ABAF contesta disposições específicas desses dois regulamentos, argumentando que eles impõem restrições severas à prática profissional. A ABAF argumenta, por exemplo, que as taxas máximas de serviço fixadas como porcentagens no art. 15, nº 2 representam restrições à concorrência. A ABAF alega que essas taxas constituem um comportamento uniforme prescrito para todos os clientes potenciais de serviços de agentes de futebol, o que corresponde a um comportamento anticompetitivo.

As preocupações da ABAF, conforme descritas no texto, giram em torno de várias disposições do FFAR que eles veem como restrições intencionais à concorrência. A ABAF ressalta que essas regras podem influenciar a remuneração ao atrasar os pagamentos, restringindo assim o fluxo financeiro para os agentes. As regulamentações também padronizam a atividade de mercado e eliminam termos e condições competitivos, restringindo ainda mais a liberdade dos agentes e seus clientes. Além disso, a exigência de que os pagamentos dos agentes sejam processados por meio da Câmara de Compensação da FIFA é considerada um mecanismo de controle que rastreia e restringe as atividades de mercado. A proibição de agentes que representam várias partes em uma transação também é vista como uma limitação à escolha e à competição. O licenciamento obrigatório e a conformidade com os estatutos da FIFA, de acordo com a ABAF, criam barreiras à entrada no mercado, excluindo efetivamente os agentes que não cumprem. Portanto, a ABAF alega que essas regras limitam coletivamente a autonomia econômica dos participantes do mercado e têm um impacto significativo no mercado brasileiro devido à natureza internacional do futebol.

Tendo em vista a solicitação em comento, a Presidência do Cade, no Ofício 1822/2024/GAB-PRES/PRES/CADE, declarou que a autarquia não teve acesso total aos autos judiciais e não houve tempo suficiente para ouvir as partes envolvidas. Por outro lado, o debate internacional sobre o assunto foi mencionado. Foram prestadas informações ao Judiciário brasileiro sobre a decisão arbitral que analisou a legislação suíça e decidiu a favor da FIFA, entendendo que a questão não afetava a concorrência.[5]

Esclareceu-se também que, no início de 2023, o Tribunal de Justiça da União Europeia (TJUE) recebeu um pedido de decisão preliminar no Processo C-209/23, referente à compatibilidade do FFAR com o Direito da Concorrência da UE, a livre circulação de serviços e as regras de proteção de dados da UE. Este pedido foi apresentado pela Nona Câmara Cível do Tribunal Regional de Mainz (Landgericht Mainz, Alemanha) em um caso movido por um agente (FT) e RRC Sports GmbH (Autores) contra a FIFA (Réu).[6]

Assim, um tribunal europeu solicitou esclarecimentos ao Tribunal de Justiça sobre se essas regulamentações poderiam representar uma forma de conduta anticompetitiva. Até o momento, não houve nenhuma decisão sobre o mérito do caso, destacando a complexidade da questão.

A Comissão Europeia recentemente apresentou suas observações sobre o assunto ao TJUE. Embora o Cade não tenha tido acesso à posição completa da Comissão, Ali Walker (2023) indicou que a Comissão Europeia está apoiando a tentativa da FIFA de regulamentar os principais agentes de futebol do mundo, sugerindo que a restrição à competição causada pelo Regulamento de Agentes de Futebol poderia ser justificada por objetivos legítimos perseguidos pela FIFA. A Comissão enfatizou a importância de proteger a estabilidade contratual, limitar conflitos de interesse e salvaguardar jogadores que não têm experiência ou informações sobre o sistema de transferência.

Em relação ao limite de taxas de agentes, o serviço jurídico da Comissão declarou que:

5 Conforme https://www.tas-cas.org/fileadmin/user_upload/CAS_Award_9370.pdf; https://erkutsogut.com/blog/2024/01/14/why-did-the-court-of-arbitration-for-sports-find-in-favour-of-the-fifa-football-agent-regulations/; https://inside.fifa.com/legal/football-regulatory/agents/media-releases/fifa-welcomes-cas-decision-on-fifa-football-agent-regulations Acesso em 30 de agosto de 2024

6 Conforme https://curia.europa.eu/juris/document/document.jsf;jsessionid=3D40AAB0833C520F5FDE1E89F4AF8E61?text=&docid=275084&pageIndex=0&doclang=PT&mode=lst&dir=&occ=first&part=1&cid=93174, Acesso em 30 de agosto de 2024

> "o réu plausivelmente salientou que comissões de agência muito elevadas, que são completamente dissociadas do custo da contrapartida, criam um forte incentivo para exercer uma influência maciça sobre os jogadores, em particular, a fim de forçar uma transferência antecipada." (WALKER, 2023)

Sobre a proibição de agentes representarem o jogador, o clube comprador e o clube vendedor no mesmo negócio, a Comissão afirmou que o regulamento também "parece adequado" para combater este potencial conflito de interesses:

> "Na medida em que um agente do jogador é mandatado simultaneamente pelo clube que libera, pelo jogador e pelo clube que recebe, não é evidente como o agente do jogador pode agir simultaneamente no melhor interesse de todos os três principais." (WALKER, 2023)

Por outro lado, há debates sobre esses tópicos em vários países, incluindo Reino Unido, Alemanha, Espanha e Bélgica.

Conforme referenciado na petição inicial, na Espanha, a Asociación Española de Agentes de Futbolistas e outros entraram com uma ação contra a FIFA e a Real Federación Española de Fútbol (RFEF). Neste caso, de acordo com o DOC.1345376, o Tribunal Comercial nº 3 de Madri, em uma decisão proferida em 2 de novembro de 2023, pelo Juiz Dr. Jorge Montull Urquijo, proibiu a FIFA e a RFEF de aplicar partes de seus novos regulamentos a agentes de futebol naquele país, especificamente em relação à limitação de comissões.

Da mesma forma, conforme mencionado na petição inicial (DOC.1345376), no caso envolvendo agentes de futebol contra a FIFA e a Deutscher Fußball-Bund e. V. (DFB – Federação Alemã de Futebol), a 8ª Câmara Cível do Tribunal Regional de Dortmund (Landgericht Dortmund), em decisão proferida em 24 de maio de 2023, proibiu a FIFA e a DFB de aplicarem certas disposições do FFAR que violam a Lei da Concorrência na Alemanha, sob pena de multas de até € 250.000 por violação. (LICHTENBERG, 2023).

No Reino Unido, também há decisões contestando as regras da FIFA (REUTERS, 2023).

Dado esse contexto, é razoável afirmar que não há consenso sobre o efeito desse tipo de conduta, mesmo entre os diferentes órgãos responsáveis por entender e interpretar as leis da concorrência em todo o mundo. Há decisões arbitrais e posições da Comissão Europeia que apoiam os efeitos das regulamentações analisadas, enquanto alguns países emitiram decisões para se opor a elas.

De qualquer forma, tendo em vista que compete à Superintendência-Geral do Cade instaurar investigações sobre condutas anticompetitivas, tais fatos foram reportados à autoridade competente, bem como à Procuradoria Federal Especializada junto ao Cade, que representa o Cade no Poder Judiciário.

4. CONSIDERAÇÕES FINAIS

O objetivo deste artigo foi fornecer uma visão geral da jurisprudência do Cade e dos debates recentes sobre a intersecção entre o Direito esportivo e o Direito antitruste no Brasil.

Após analisar todos esses casos e discussões, é possível concluir que o cenário intrincado da regulamentação esportiva e do Direito da concorrência no Brasil destaca o papel crítico do Cade. A Constituição Federal Brasileira e a Lei Geral do Esporte estabelecem uma estrutura robusta para a regulamentação esportiva. Investigações e análises contínuas de práticas anticompetitivas ressaltam a vigilância do Cade neste mercado. Ao monitorar e abordar essas questões, o Cade garante um mercado esportivo justo e dinâmico, protege os interesses de todas as partes interessadas e mantém a integridade do esporte no Brasil. Essa abordagem proativa é crucial para navegar na complexidade global da regulamentação esportiva e promover um ambiente competitivo.

Referências bibliográficas

CRONIN, B. (1984). The citation process: the role and significance of citation in Scientific Communication. London: Taylor Graham.

FEIST, G. J. (1997). Quantity, quality and depth of Research as influences ons cientific Eminence: is quantity most important? Creativity Research Journal, 325-35.

FEUZ, P. S., & SOUZA, F. O. (2023). Esporte e Dignidade da Pessoa Humana. DIGE -Direito Internacional e Globalização Econômica, v.10, n.10, pp. 149-166. doi:10.23925/2526-6284

GOMES, C. C. (2024). Regulação Estatal de Esporte de Rendimento. Dissertação em Direito. Rio de Janeiro: FGV. Acesso em 11 de June de 2024, disponível em https://repositorio.fgv.br/server/api/core/bitstreams/12d110e8-627d-452b-9911-4f5da0f-0fc4e/content

LICHTENBERG, T. (20 de July de 2023). FIFA's Football Agents Regulation Violates Competition Law. Kluwer Competition Law Blog. Acesso em 13 de June de 2024, disponível em https://competitionlawblog.kluwercompetitionlaw.com/2023/07/20/fifas-football-agents-regulation-violates-competition-law/

MATTOS, C. (apr.-jun. de 2012). Broadcasting Football Rights in Brazil. Est. Econ., vol. 42, n.2, pp. p. 337-362. Acesso em 11 de June de 2024, disponível em https://www.scielo.br/j/ee/a/QPgTLWRrBZXH47sp5GTRFVm/?format=pdf&lang=en

MIGUEL, R. G. (2023). A função social do esporte eletrônico (Esports). Doutorado em Direito Desportivo. São Paulo: Pontifícia Universidade Católica de São Paulo. Acesso em 11 de June de 2024, disponível em https://repositorio.pucsp.br/jspui/bitstream/handle/40779/1/RICARDO%20GEORGES%20AFFONSO%20MIGUEL.pdf

NICOLAU, J. E. (2018). Direito internacional privado do esporte. São Paulo: Quartier Latin.

POSNER, R. (Fall de 2000). An Economic Analysis of the Use of Citations in the Law. American Law and Economics Review, Vol. 2, No. 2 , pp. 381-406.

REUTERS. (1 de December de 2023). FIFA's agent fee cap breaches British competition law: FA Tribunal. Reuters. Acesso em 13 de June de 2024, disponível em https://www.reuters.com/sports/soccer/fifas-agent-fee-cap-breaches-british-competition-law-fa-tribunal-2023-12-01/#:~:text=FIFA's%20agent%20fee%20cap%20breaches%20British%20competition%20law%3A%20FA%20Tribunal,-Reuters&text=Dec%201%20(Reuters)%20%2D%20Pro

WALKER, A. (31 de October de 2023). EU Commission supports FIFA in row with football agents. Politico. Fonte: https://www.politico.eu/article/european-commission-support-fifa-row-football-agents-court/

Concorrência e esportes: a visão da Superintendência-Geral do Cade

Alexandre Barreto de Souza
Rafael Luís Müller Santos

1. INTRODUÇÃO

Recentemente, a OCDE publicou *Background Paper* sobre Direito da Concorrência e o mercado de esportes, o qual trouxe alguns relevantes pontos de reflexão para a comunidade antitruste. Dentre eles está o forte impacto social, para além do desenvolvimento econômico, e também o crescente aumento da indústria de comercialização do esporte.

Nos últimos quatro anos, o Cade foi acionado pelo mercado, tanto em sede do controle de estruturas via atos de concentração econômica (ACs) quanto no que tange ao controle de condutas a partir de procedimentos administrativos para apuração de ato de concentração (APACs), para se manifestar acerca de mercados envolvendo o setor de esportes.

Seja em casos de ACs seja em casos de APACs, se levantou balizas relevantes que serão tomadas como base para o diálogo entre Autoridade e administrados nos próximos casos. Arranjos societários envolvendo a formação de Sociedades Anônimas do Futebol (SAFs); vendas de direitos de transmissão; organização de eventos; comercialização de direitos de publicidade, patrocínio e marketing; e mercado de streaming são todas questões inseridas nesse contexto amplo de debate. Dessa forma, faz-se essencial compreender as discussões atinentes a análise de cada caso, que serão objeto do presente artigo.

2. CASOS CONCRETOS

2.1. SAFs

Não há como travar um debate acerca de antitruste e esportes sem remeter às novas discussões atinentes aos casos envolvendo Sociedades Anônimas de Futebol. Em maio de 2022 essa discussão foi levada ao Cade por meio de denúncia endereçada à Superintendência-Geral, a qual tratava acerca da compra de ações do Cruzeiro Esporte Clube – Sociedade Anônima de Futebol pela Tara Sports e a possibilidade de enquadramento no disposto no art. 88 c/c o art. 90, ambos da Lei 12.529/2011.

Na instrução do caso em tela, a SG/Cade oficiou as representadas de forma a averiguar informações relativas à suposta operação e, posteriormente, diante dos fatos trazidos aos autos, instaurou, em agosto do mesmo ano, procedimento administrativo para apuração de ato de concentração[1].

Por ser um caso piloto no tema, a Nota Técnica[2] da SG/Cade teve o cuidado de tecer importantes balizas e pontos a serem analisados em possíveis casos envolvendo SAFs. Questões como o fenômeno da sucessão do clube para a SAF, além do enquadramento da constituição das SAFs como atos de concentração notificáveis ao Cade.

No caso em análise, entendeu-se que a pretensão de aquisição de 90% do capital social da SAF do Cruzeiro pela Tara Sports, configura um ato de concentração conforme o inciso II do art. 90 da Lei 12.529/2011. Também em virtude desse percentual, entende-se que a Operação atende a exigência prevista no art. 9º, inciso I, da Resolução Cade 2/2012, já que ao menos haveria a aquisição de controle compartilhado.

A SG/Cade passou a análise dos critérios de faturamento[3] e, tendo como base os dados fornecidos pelas Representadas, não se configurou ato de concentração de notificação obrigatória. Foi realizada uma análise concorrencial em adicional para se avaliar a perspectiva da operação frente ao mercado, sendo que foram descartadas hipóteses de

---

1 APAC 08700.003312/2022-11.

2 NOTA TÉCNICA 13/2022/SG-TRIAGEM AC/SGA1/SG/CADE (SEI 1139317).

3 Conforme determinado nos incisos I e II do art. 88 da Lei Antitruste brasileira, posteriormente alterado pela Portaria Interministerial MF/MJ 994/12, são de submissão obrigatória ao Cade os atos de concentração nos quais um dos grupos envolvidos na operação tenha registrado faturamento bruto igual ou superior a R$ 750 milhões, no Brasil, e um outro grupo relacionado à operação tenha alcançado R$ 75 milhões de faturamento, no Brasil – em ambos os casos no ano anterior à operação.

sobreposição horizontal ou integração vertical; não havendo, portanto, preocupações concorrenciais relevantes. Diante dessas conclusões, entendeu-se pelo arquivamento do APAC.

Ainda em maio de 2022, a SG/Cade instaurou outro APAC[4] no que tange ao tema das SAFs, este relacionado a compra de ações da S.A.F. Botafogo pela empresa Eagle Holding. Da mesma forma que o caso Cruzeiro relatado acima, as empresas foram oficiadas, a fim de subsidiar a investigação do Cade com mais informações.

Assim como na SAF Cruzeiro, o caso Botafogo estava inserido no contexto de aquisição de participação societária. Isso se deve pelo fato de, na opção pelo arranjo societário, ter se optado pelo aumento do capital social, sendo que um determinado acionista teria participação de 80% na SAF. Apesar de configurar como ato de concentração[5] justamente por esta razão, o caso em tela também foi arquivado[6], tendo em vista não restarem preenchidos os critérios de faturamento, além do fato de não terem sido observados possíveis danos ao ambiente concorrencial tanto no aspecto horizontal quanto vertical.

Na mesma linha dos precedentes envolvendo SAFs, cabe mencionar o Ato de Concentração envolvendo o Atlético Mineiro[7], notificado ao Cade em setembro de 2023. A operação consistiu na aquisição, pela Galo Holding, do controle da Atlético Mineiro S.A.F. (Atlético SAF), de propriedade do Clube Atlético Mineiro. Diferentemente dos outros dois casos citados acima, aqui restaram preenchidos os critérios de faturamento. Por ser ato de concentração de notificação obrigatória, a SG/Cade realizou a análise concorrencial para averiguar se a aprovação da operação não geraria prejuízos à concorrência[8].

No caso concreto, verificou-se que não havia hipótese de sobreposição horizontal[9], tendo em vista que as Requerentes protocolaram

4 APAC 08700.003313/2022-58.
5 Base no inciso II do art. 90 da Lei 12.529/2011 e art. 9°, inciso I, da Resolução Cade 2/2012.
6 NOTA TÉCNICA 14/2022/SG-TRIAGEM AC/SGA1/SG/CADE (SEI 1139319).
7 AC 08700.006273/2023-87.
8 PARECER 379/2023/CGAA5/SGA1/SG (SEI 1287873).
9 *"Em teoria, poder-se-ia cogitar de eventual sobreposição horizontal entre as atividades do CAM e as do Coimbra Esporte Clube S.A.F (Coimbra, entidade na qual o Sr. Ricardo Annes Guimarães detém participação indireta. Contudo, segundo as Requerentes, como condição precedente à implementação da Operação, haverá desvinculação do Sr. Ricardo Annes Guimarães do Coimbra, em cumprimento ao que determina a Lei das Sociedades Anônimas do Futebol, não havendo que se falar em sobreposição horizontal decorrente da Operação."*

compromisso de desinvestimento. Entretanto, havia integração vertical nos setores de prática de futebol profissional e direitos de publicidade, patrocínio e marketing de eventos esportivos. Diante das baixas participações, não se vislumbrou maiores riscos à ordem econômica como risco de fechamento de mercados verticalmente relacionados.

Diante desses precedentes elencados, pode-se concluir que as operações envolvendo SAFs representam atos de concentração como qualquer outro mercado em termos de análise.

Cabe pontuar que podem ser observados, também, alguns benefícios da análise dessas operações pelo Cade, tendo em vista que esta vai impedir que haja sobreposições ou participações cruzadas com o intuito de evitar eventuais prejuízos à competitividade no mercado de futebol, além de outra externalidade positiva da análise da Autoridade: a efetividade e promoção do *enforcement* da Lei das SAFs[10], demonstrando um relevante aspecto complementar entre concorrência e legislação do futebol.

2.2. Mercado de streaming de esportes

Seguindo na linha de convergência entre antitruste e esportes, outro caso que vale trazer à baila é Ato de Concentração que consistiu na aquisição, pela Discovery, Inc., dos negócios, operações e atividades que constituem o segmento Warner Media, LLC, que era detido pela AT&T, Inc[11]. A operação, representada pela combinação das atividades da Discovery com as da WarnerMedia para criação de uma empresa global de entretenimento independente e de capital aberto (Warner Bros. Discovery), foi aprovada sem restrições em 2022 pela SG/Cade após detalhada análise[12] do AC em rito ordinário.

Foram verificadas possíveis sobreposições horizontais nas atividades de: i) produção de conteúdo audiovisual; ii) licenciamento de conteúdo audiovisual; iii) licenciamento para produtos de consumo; iv) serviços

10 Tal fato pode ser observado com base na Art. 4° da Lei das SAFs: "O acionista controlador da Sociedade Anônima do Futebol, individual ou integrante de acordo de controle, não poderá deter participação, direta ou indireta, em outra Sociedade Anônima do Futebol."

11 AC 08700.004954/2021-49.

12 PARECER 1/2022/CGAA4/SGA1/SG (SEI 1018707).

de streaming e v) licenciamento de canais de TV, total e dividido por gênero. Cabe mencionar que, nos quatro primeiros, foi possível afastar as preocupações concorrenciais, uma vez que as participações de mercado conjuntas das Requerentes não superavam os 20% e/ou a variação do HHI era inferior aos 200 pontos. No quinto mercado esses patamares foram superados, o que levou a uma análise mais profunda por parte da SG/Cade. Entretanto, neste caso também foi afastada a probabilidade de exercício de poder de mercado e eventuais prejuízos à concorrência nos variados segmentos de mercados elencados na nota técnica.

Em relação a eventuais preocupações verticais, cabe pontuar que o caso até mesmo elimina uma integração vertical julgada problemática num Ato de Concentração anterior – especificamente, aquela existente entre a Operadora AT&T e a WarnerMedia[13].

2.3. Transmissão de eventos

Ainda neste breve apanhado, vale destacar alguns casos recentes envolvendo o mercado de transmissão de eventos. Um dos casos analisados foi a aquisição de controle unitário da IMM Holding pelo Grupo Mubadala, por meio da MIC 84[14]. Como resultado da Operação, a Mubadala Capital passou a deter integralmente os direitos relacionados à classe de torneio masculino da ATP Tour, Inc. (ATP – Associação dos Tenistas Profissionais), que diz respeito especificamente ao torneio de tênis ATP 500 conhecido como "Rio Open" (Torneio ATP 500) – operado e promovido pela Sociedade-Alvo.

No caso citado foi constatado reforço de sobreposição horizontal no mercado de entretenimento ao vivo[15]. Entretanto, verificou-se participação não superior a 10%, o que afastou possíveis preocupações concorrenciais e levou à aprovação sem restrições em janeiro de 2023.

---

13 AC 08700.001390/2017-14.

14 AC 08700.000249/2023-34.

15 PARECER 46/2023/CGAA5/SGA1/SG (SEI 1180027) "O mercado de entretenimento ao vivo compreende, conforme precedentes do Cade[11], a produção nacional de eventos em sentido amplo, incluindo atividades de shows ao vivo e festivais, peças teatrais, exposições de arte e eventos esportivos. Nesta perspectiva, o mercado de entretenimento ao vivo considera tanto a promoção de evento quanto a venda de ingressos, comida e bebida, gerenciamento dos locais dos eventos, venda de patrocínios e gerenciamento de artistas. A partir de uma definição mais restrita[12], Cade já considerou a segmentação deste mercado por tipo de evento; como o mercado de eventos de moda, o mercado esportivo ou o mercado de festivais de restaurantes, todos em dimensão geográfica nacional."

Outro caso relevante no tema foi a aquisição de controle compartilhado, pela TKPAR, de 37,09% das ações ordinárias da H+ Participações, mediante aporte em aumento de capital social[16]. Para a TKPAR, a operação representa uma oportunidade de inovação e desenvolvimento de novos negócios baseados em comunicação e em experiência, considerando a força das marcas, o alcance dos veículos e a proximidade do Grupo RBS com os seus diferentes públicos. Já para o Grupo RBS, a Operação possibilitará a capitalização da companhia, com o objetivo de crescimento e desenvolvimento de novos negócios. A partir dos dados fornecidos pelas requerentes, não foram verificadas hipóteses de sobreposição horizontal, tampouco integração vertical.

Por fim, vale mencionar também a aquisição, pela General Atlantic, LLC, de ações representativas do capital social da LiveMode Serviços Digitais S/A[17], promovendo, segundo as requerentes, oportunidades como o investimento nos segmentos de esportes no brasil e produção, distribuição e monitorização de conteúdo para criação de valor. O mercado alvo dessa operação, enquadrada em substituição de agente econômico, é o de transmissão e patrocínios para as entidades esportivas da Liga Forte União, esta sendo composta por 25 clubes de futebol brasileiro. Não se verificou preocupações concorrenciais relevantes no caso em tela.

3. CONCLUSÃO

Da análise dos casos citados acima, pode-se depreender que se está diante de um setor crescente na economia e com grande potencial de geração de riquezas em diferentes setores, atividades e mercados.

Diante de todo o exposto, compreende-se que os presentes casos seguem as diretrizes já trabalhadas e bem consolidadas pelo Cade no que tange ao processo de análise. O Cade possui expertise reconhecida para analisar possíveis efeitos prejudiciais (esportes também) Questões sensíveis muitas vezes são vistas no olhar do caso concreto, tendo em

16 AC 08700.002944/2024-11.
17 AC 08700.000024/2024-69.

vista a amplitude de possibilidades e arranjos societários, em linha com a análise proposta pela OCDE (2023), que deve levar em consideração as peculiaridades dos variados setores.

Apesar dos desafios e de o interesse no tema pelas Autoridades Antitruste ser recente, o Cade está atento aos mercados envolvendo o setor de esportes, que representam um instrumento com potencial poderoso no desenvolvimento econômico e social do país, de forma a incentivar a inovação neste âmbito e ao mesmo tempo prezar pela manutenção e promoção da livre concorrência.

REFERÊNCIAS BIBLIOGRÁFICAS

OECD (2023), Competition and Professional Sports, OECD Competition Policy Roundtable Background Note, www.oecd.org/daf/competition/competition-and-professional-sports-2023.pdf. Acesso em junho/2024.

Concorrência e esportes: a visão do Departamento de Estudos Econômicos do Cade

Lílian Santos Marques Severino
Tatiana de Macedo Nogueira Lima

1. INTRODUÇÃO

Estima-se que a receita do setor de esportes em 2022, no mundo, tenha sido de mais de 403 bilhões de dólares[1]. No Brasil, embora não se tenham estimativas das receitas totais do setor, o total estimado de receita com publicidade, patrocínio e marketing apenas de futebol foi de R$ 1,165 bilhões em 2022[2]. Já as negociações internacionais envolvendo futebolistas ou clubes nacionais movimentaram quase um bilhão de dólares[3]. O setor de esportes é, assim, tão relevante economicamente quanto culturalmente. Por isso, não surpreende que questões relativas a ele tenham sido alvo de julgamentos e debates no Direito concorrencial.

Pode-se segmentar os principais tópicos de discussão em dois grandes grupos. O primeiro refere-se aos debates envolvendo a negociação de jogadores; o segundo são discussões referentes a direitos de transmissão de jogos e temas correlatos. Além desses tópicos, recentemente, no Brasil, com a entrada em vigência da Lei 14.193, de 2021, que instituiu as Sociedades Anônimas do Futebol (SAF), discutiu-se a obrigatoriedade de operações envolvendo esses agentes serem notificadas ao Conselho Administrativo de Defesa Econômica (Cade).

1 STATISTICA. Sports industry revenue worldwide in 2022, with a forecast for 2028. Disponível em: https://www.statista.com/statistics/370560/worldwide-sports-market-revenue/#:~:text=Total%20sports%20market%20revenue%20worldwide%202022%2D2028&text=In%202022%2C%20the%20industry's%20revenue,over%20680%20billion%20U.S.%20dollars. Acesso em 23/05/2024

2 CADE, 2023. Parecer no 379/2023/CGAA5/SGA1/SG (SEI 1287873).

3 MUNDIM, Daniel. Brasil soma 11% das transferências em 2023 e movimenta R$ 4,6 bilhões. https://ge.globo.com/futebol/futebol-internacional/noticia/2024/01/31/brasil-soma-11percent-das-transferencias-em-2023-e-movimenta-r-46-bilhoes.ghtml

O Departamento de Estudos Econômicos (DEE) do Cade teve a oportunidade de manifestar-se no âmbito de discussões referentes aos direitos de transmissão de jogos de futebol e no debate prévio à votação da Medida Provisória 984/2020, que tratava do direito de arena em jogos de futebol.

Neste artigo, serão revistos os pareceres do DEE nos casos mencionados para, a partir daí, tratar da visão do Departamento referente à concorrência nos esportes.

2. MANIFESTAÇÕES EM PROCESSOS ADMINISTRATIVOS SANCIONATÓRIOS E ATOS DE CONCENTRAÇÃO

Entre o final da década de 1990 e o início dos anos 2000, dois processos referentes à transmissão de jogos de futebol no Brasil foram analisados no Sistema Brasileiro de Defesa da Concorrência. Ambos foram encerrados por meio da assinatura de Termos de Cessação de Conduta (TCC). Especificamente no Processo Administrativo 08012.003048/2001-31 o DEE foi chamado a analisar os efeitos econômicos do TCC firmado no mercado de TVs por assinatura.

O processo em questão tinha como Representadas empresas do grupo Globo, que foram acusadas de adquirir direitos de exibição de eventos esportivos, com destaque aos futebolísticos, para TV por assinatura e restringir o acesso de concorrentes a esses eventos. Isso seria possível porque as empresas detinham exclusivamente os direitos de transmissão de eventos, como o campeonato brasileiro de futebol. No TCC firmado, as Representadas comprometeram-se a negociar e contratar, em termos e condições transparentes, objetivos e não-discriminatórios com operadoras de TV por assinatura a programação denominada por assinatura "Canais Globosat", que incluíam os canais que transmitiam jogos de futebol do campeonato de futebol brasileiro. Foi, ademais, estabelecido que, a partir de 2009, somente seria "permitida a utilização no território brasileiro, com exclusividade, de direitos de exibição no mercado de TV por assinatura de (i) 3 (três) do 5 (cinco) principais torneios de futebol de interesse nacional" (item 2.3 do TCC firmado entre o Cade e GLOBOSAT PROGRAMADORA LTDA.)[4].

4 CADE; GLOBOSAT PROGRAMADORA LTDA. Termo de Compromisso de Cessação. 2006. SEI 0172060.

Nesse sentido, vale mencionar que a Representante Associação Neo TV alegou que o acordo, ao determinar a venda em pacote de diversos canais, teria provocado efeitos anticompetitivos. A conclusão do Departamento, em sua Nota Técnica, foi de que não teria havido efeitos concorrenciais negativos decorrentes do acordo firmado porque este permitiu que todas as operadoras de TV por assinatura passassem a ter acesso aos canais esportivos de conteúdo exclusivo das Representadas e impediu que apenas uma empresa detivesse, com exclusividade, os direitos de transmissão de todos os torneios de futebol do qual participavam clubes brasileiros.

Tão importante quanto essa conclusão, foi a visão exposta pelo DEE, naquele momento, de que os canais esportivos representavam "um verdadeiro insumo essencial (*essential facility*)"[5]. Isso porque seria impossível duplicar seu conteúdo ou desenvolver produtos substitutos. Mais ainda, seriam muito relevantes para a tomada de decisão por parte do consumidor de TV paga sobre quais operadoras contratar. Essa visão coaduna com a dos principais órgãos decisórios do Sistema Brasileiro de Defesa da Concorrência (SBDC) à época. Contudo, não se pode afirmar que o Departamento chegaria a essa mesma conclusão em uma análise atual do mercado.

No âmbito de controle de estruturas, o DEE se manifestou no Ato de Concentração 08700.0091390/2017-14, no qual a AT&T pretendia adquirir a Time Warner. A primeira atuava no mercado de tv por assinatura, e a Time Warner atuava no âmbito da programação. A análise do DEE calcou-se na investigação da capacidade, dos incentivos e dos possíveis efeitos de um eventual fechamento[6]. Não se julgou necessário avaliar se um determinado canal ou item da programação poderia ser considerado como *essential facility*. Isso porque, independentemente de como se caracterizasse o produto, a análise da capacidade das firmas de fecharem o mercado, dos incentivos para fechamento e dos possíveis efeitos permitiram concluir se a operação poderia ter efeitos competitivos adversos. Assim, é muito provável que uma análise de operação que

5 CADE. Nota técnica nº 001/2011/DEE. 2011. SEI 0172559.
6 CADE. Nota técnica 28/2017/DEE/CADE. SEI 0376999.

envolvesse a transmissão de eventos esportivos atualmente, fosse feita também nestes termos: capacidade de fechar o mercado para concorrentes; incentivos para tal; possíveis efeitos.

3. MANIFESTAÇÃO NO ÂMBITO DA ADVOCACIA DA CONCORRÊNCIA

Em 2020, foi proposta a Medida Provisória nº 984, que alterava dispositivos da Lei 9.615, de 1998 (Lei Pelé), em especial os direitos de arena. Esses direitos, conforme a Lei 14.205, de 2021, atualmente vigente, consistem na prerrogativa exclusiva de negociar, de autorizar ou de proibir a captação, a fixação, a emissão, a transmissão, a retransmissão ou a reprodução de imagens de espetáculo desportivo, por qualquer meio ou processo. Até então, o direito de arena de jogos de futebol no Brasil era compartilhado pelos dois times que participavam da partida. As implicações disso já haviam sido discutidas no âmbito do processo 08012.006504/1997-11. Um dos motivos pelo qual a SDE havia entendido que não havia infração concorrencial na negociação de direitos de transmissão conjunta pelos clubes era que os clubes participantes de um jogo necessariamente teriam de coordenar-se para negociarem os direitos de transmissão.

Em sua manifestação, o DEE[7] primeiramente diferenciou a titularidade do direito de arena da forma como ele é negociado. A mudança na regra da titularidade dos direitos de arena poderia mitigar algumas preocupações concorrenciais, tais como:

- Apagões, que poderiam ocorrer se os dois times que jogavam não chegassem a um acordo para comercialização do direito de transmissão. Nesse caso, o bem-estar do consumidor final seria diretamente afetado, por não poder assistir uma partida de futebol que desejava. Mais ainda, isso poderia ser resultado de uma conduta abusiva, na qual uma empresa dominante contrataria o direito de transmissão de uma partida com um dos clubes e estabeleceria no contrato proibição para que a partida fosse transmitida também por um outro agente, que teria firmado contrato com o outro clube.

---

7 CADE. Nota técnica 35/2020/DEE/CADE. 2020. SEI 0800736.

- Açambarcamento, conduta pela qual uma determinada emissora retiraria um jogo de sua programação e da de sua concorrente, retendo assim um bem de consumo. Essa conduta poderia ocorrer quando os clubes envolvidos na partida tivessem contratos com empresas diferentes que não permitissem a transmissão concomitante. Também seria viável por meio da compra do direito de transmissão de outros esportes ou competições do mesmo esporte sem o intuito de transmiti-los, sendo a aquisição apenas uma estratégia para evitar a rivalidade em programações esportivas.
- Cláusulas de exclusividade, que não necessariamente são anticompetitivas, mas cujos efeitos negativos, se existentes, poderiam ser mitigados por não haver a necessidade do consentimento da equipe oponente para a transmissão dos jogos.

Em relação às negociações dos direitos de transmissão, o DEE considerava positivo que a proposta legislativa não vedasse as negociações coletivas. Estas poderiam gerar efeitos positivos porque a venda de uma competição inteira ou de grandes fatias dela poderia gerar maior resultado econômico que a soma dos resultados de negociações individuais de cada entidade esportiva. Para o comprador dos direitos, haveria maiores incentivos para investir-se na promoção do evento. Eventualmente, poderiam advir efeitos negativos de negociações coletivas, tais como restrições no fornecimento de jogos para transmissão, limitação da concorrência nos mercados de transmissão e menor incentivo à inovação na transmissão. Mesmo considerando essas possibilidades, em sua Nota Técnica, o DEE ponderou que os resultados econômicos obtidos pelas ligas que adotaram a negociação coletiva em outros países tinham sido positivos. Posteriormente, entrou em vigência a Lei 14.205, de 2021, que estabeleceu o direito de arena ao mandante da partida.

Pouco antes da votação da referida lei, foi sancionada a Lei 14.193, de 2021, que instituiu a Sociedade Anônima do Futebol (SAF). A possibilidade de criação de SAFs viabiliza o acesso de clubes de futebol a mecanismos mais sofisticados de capitalização e financiamento[8]. O DEE não se manifestou sobre essa Lei, mas, entendemos que essa foi uma inovação importante e que pode trazer mais concorrência ao setor de futebol brasileiro.

4. A VISÃO DO DEE SOBRE CONCORRÊNCIA E ESPORTES

Os casos analisados pelo Cade restringiram-se a um esporte (futebol) e tratam, principalmente, dos direitos de transmissão. Além dos casos citados, há ainda em trâmite no Cade, no momento em que escrevemos, outros processos[9]. Destaca-se que nos casos em que teve a oportunidade de manifestar-se, o DEE expôs sua visão sobre as questões específicas discutidas nos processos.

De forma mais abrangente, é possível identificar diferentes mercados associados ao esporte. Primeiramente, há o mercado de jogadores. No Brasil, não houve ainda processos nesse mercado, mas na jurisprudência internacional, há diversos casos envolvendo negociações de atletas. A National Collegiate Athletic Association (NCAA), associação que regula o esporte estudantil de mais de mil escolas nos Estados Unidos, enfrenta, por exemplo, enfrenta uma série de processos referentes às negociações e remunerações de atletas[10]. Recentemente, a Comisión Federal de Competencia Económica (Cofece), autoridade antitruste mexicana, puniu diversos clubes por conluio no mercado de contratação de jogadores e jogadoras de futebol. Os clubes determinaram um salário máximo para as jogadoras e estabeleceram regras que restringiam a mobilidade dos jogadores[11]. Em nosso entendimento, avaliamos que questões nesse mercado devem ser analisadas considerando-se o mesmo princípio da possibilidade de se causar dano à concorrência e aos consumidores.

---

8 ATHAYDE, Amanda; MAMEDE, Raíssa; CASTRO, Rodrigo. SAF, CVM e o Cade: novas interseções? In Jota. 05/12/2023. Disponível em: https://www.jota.info/opiniao-e-analise/artigos/saf-cvm-e-o-cade-novas-intersecoes-05122023. Acesso em 23/05/2023.

9 Procedimento Preparatório 08700.004453/2019-48 e Processo Administrativo 08700.002012/2021-26.

10 THE ASSOCIATED PRESS. How many legal challenges is the NCAA facing? It is a lot and the impacts could be big. In: Associated Press, 05/03/2024. Disponível em: https://apnews.com/article/ncaa-lawsuits-d3abf6cdbe606668eb9a 91ffd2218f72. Acesso em 24/05/2024.

11 COFECE. COFECE sanctions 17 clubs of the Liga MX, the Mexican Football Federation and 8 natural persons for colluding in the market of women and male soccer players'draft. 23/09/2021. Disponível em: https://www.cofece.mx/wp-content/uploads/2021/09/COFECE-028-2021_ENG.pdf. Acesso em: 24/05/2024.

Há, também, o mercado de clubes e times, que formalmente podem constituir-se de diferentes formas. Esse mercado tem a peculiaridade de os concorrentes necessariamente terem de coordenarem-se entre si, já que o valor de uma equipe de esportes está intrinsicamente associado à sua participação em competições. Para que estas sejam organizadas, é necessário a cooperação entre times. Assim, é comum a formação de ligas ou uniões que congregam equipes de um mesmo esporte. Se a distribuição dos ganhos dentro de uma liga for desequilibrada, pode gerar concentração de mercado e equilíbrios prejudiciais aos consumidores.

Em casos específicos, os acordos entre equipes podem desviar-se para abranger tópicos que podem suscitar preocupações concorrenciais. No que tange à negociação de direitos de transmissão, o DEE manifestou-se pela possibilidade de a coordenação entre clubes gerar resultados positivos, pois a negociação dos direitos de transmissão de diversos jogos de um mesmo campeonato ou até do campeonato inteiro pode gerar mais valor para quem transmite do que a soma dos jogos individuais.

A formação de ligas ou grupos pode resultar em um outro mercado, no qual esses agentes ofertam produtos e serviços, tais como direitos de transmissão e de imagem, e competem entre si. No Brasil, não se observa concorrência entre ligas e, salvo um dos casos relacionados aos direitos de transmissão, não houve investigações antitruste envolvendo esses agentes.

Menciona-se, por fim, o mercado de transmissão de eventos esportivos, formados por diferentes agentes. As mudanças na forma de consumo de produtos de mídia afetaram também esses mercados. Atualmente, para além da televisão e do rádio, eventos esportivos podem ser assistidos por diversos outros meios. Isso tende alterar os equilíbrios de mercados e diminuir o poder de mercado de agentes tradicionais.

Considerando-se todos esses mercados, percebe-se que o setor de esportes é muito importante cultural e economicamente e, por essa razão, na formulação de normas e políticas públicas para o setor, o Estado deve considerar sempre os potenciais impactos concorrenciais. As recentes mudanças em marcos normativos parecem, a princípio, positivas. As condutas investigadas no Brasil relacionaram-se todas à negociação de direitos de transmissão e, ainda que haja processos em curso após a entrada em vigência da Lei 14.205, de 2021, o estabelecimento do direito de arena para o clube mandante foi uma mudança importante para mitigação de possíveis questões concorrenciais. A formação das SAFs, ademais, pode trazer meios para que clubes se tornem mais competitivos.

Referências bibliográficas

ATHAYDE, Amanda; MAMEDE, Raíssa; CASTRO, Rodrigo. SAF, CVM e o Cade: novas interseções? In Jota. 05/12/2023. Disponível em: https://www.jota.info/opiniao-e-analise/artigos/saf-cvm-e-o-cade-novas-intersecoes-05122023. Acesso em 23/05/2023.

CADE; GLOBOSAT PROGRAMADORA LTDA. Termo de Compromisso de Cessação. 2006. SEI 0172060.

CADE. Nota técnica no 001/2011/DEE. 2011. SEI 0172559.

CADE. Nota técnica no 28/2017/DEE/CADE. SEI 0376999.

CADE. Nota técnica no 35/2020/DEE/CADE. 2020. SEI 0800736.

CADE, 2023. Parecer no 379/2023/CGAA5/SGA1/SG (SEI 1287873).

COFECE. COFECE sanctions 17 clubs of the Liga MX, the Mexican Football Federation and 8 natural persons for colluding in the market of women and male soccer players'draft. 23/09/2021. Disponível em: https://www.cofece.mx/wp-content/uploads/2021/09/COFECE-028-2021_ENG.pdf. Acesso em: 24/05/2024.

MUNDIM, Daniel. Brasil soma 11% das transferências em 2023 e movimenta R$ 4,6 bilhões. https://ge.globo.com/futebol/futebol-internacional/noticia/2024/01/31/brasil-soma-11percent-das-transferencias-em-2023-e-movimenta-r-46-bilhoes.ghtml

SDE, 2008. Nota técnica no processo 08012.006504/1997-11 (SEI 0038112).

STATISTICA. Sports industry revenue worldwide in 2022, with a forecast for 2028. Disponível em: https://www.statista.com/statistics/370560/worldwide-sports-market-revenue/#:~:text=Total%20sports%20market%20revenue%20worldwide%202022%2D2028&text=In%202022%2C%20the%20industry's%20revenue,over%20680%20billion%20U.S.%20dollars. Acesso em 23/05/2024.

THE ASSOCIATED PRESS. How many legal challenges is the NCAA facing? It is a lot and the impacts could be big. In: Associated Press, 05/03/2024. Disponível em: https://apnews.com/article/ncaa-lawsuits-d3abf6cdbe606668eb9a91ffd2218f72. Acesso em 24/05/2024.

Apostas esportivas e competitividade: os desafios da regulação de apostas de quota fixa no Brasil

Ana Patrizia Gonçalves Lira Ribeiro
Ravvi Augusto de Abreu C. Madruga

1. Em 29 de dezembro de 2023 foi sancionada a Lei 14.790/2023 que regulamenta as apostas de quota fixa. Dentre as modalidades de apostas de quota fixa estão as apostas esportivas, popularmente conhecidas como "*bets*". A Lei em tela atribuiu ao Ministério da Fazenda a competência para regular o mercado de apostas de quota fixa no Brasil.

2. Em aproximadamente um mês da entrada em vigor da Lei 14.790/2023, na data de 30 de janeiro de 2024, foi editado o Decreto 11.907/2024 que reestruturou o Ministério da Fazenda criando, dentro de sua estrutura, a Secretaria de Prêmios e Apostas (SPA/MF) que ficou responsável pela regulação das *bets*, nos termos do art. 55 do Decreto.[1]

3. Como visto acima, a tão esperada regulação das apostas esportivas no Brasil por meio da Lei 14.790/2023 teve uma resposta rápida do Governo Federal ao criar a Secretaria de Prêmios e Apostas dentro do Ministério da Fazenda em apenas um mês de vigência da nova Lei. Todavia, a criação de um órgão para regular as *bets* não encerra o trabalho do Governo Federal, pelo contrário, está-se apenas iniciando uma nova atividade no serviço público que envolve muitos desafios.

4. A SPA/MF foi criada pelo Decreto 11.907/2024 que atribuiu novas competências à Secretaria, porém outras foram herdadas da

1 Art. 55. À Secretaria de Prêmios e Apostas compete:
I - autorizar, permitir e conceder, regular, normatizar, monitorar, supervisionar, fiscalizar e sancionar, na forma da Lei:
(...)
d) as apostas de quota fixa;

Secretaria de Reformas Econômicas (SRE/MF) que, até a edição do Decreto em tela, era responsável pela regulação de loterias e premiações. Assim, a SPA/MF nasce já com considerável expertise na regulação de loterias e premiações. Uma de suas novas competências reside em regular, pela primeira vez, o mercado de apostas esportivas que possui números expressivos nos seus mais variados indicadores[2]. Ao lado disso é um mercado que cresceu exponencialmente[3] nos últimos anos em decorrência do uso massivo de tecnologia e da popularização dos aplicativos em aparelhos de telefonia móvel, num ambiente desregulado no qual os apostadores não possuíam qualquer proteção estatal ou segurança jurídica. Apostavam por sua própria conta e risco.

5. Dadas essas características do mercado de apostas esportivas, um dos desafios da nova Secretaria é trazer as *bets* à legalidade, preservando e incentivando a concorrência entre essas empresas operadoras de apostas esportivas. Além disso, deve a SPA/MF proteger as *bets* regulamentadas da concorrência desleal das empresas irregulares.

6. O presente artigo busca explorar esses desafios. Para tanto, buscaremos as origens das iniciativas de regulação desse mercado, descrevendo brevemente a experiência internacional, com vistas a examinar se o arcabouço legal à serviço da SPA/MF é instrumental suficiente para atrair os operadores de apostas esportivas à legalidade e, assim, garantir a competitividade desse mercado.

7. As apostas esportivas são um fenômeno do universo de jogos de azar que existem há décadas e são reguladas em diversos países em razão de seus efeitos econômicos e sociais, considerados como relevantes por diversas jurisdições. No Brasil, ainda que tardiamente, a

---

2 No Brasil ainda não há estatísticas coletadas de forma sólida e confiável sobre o mercado de apostas esportivas, o que se espera ocorrer com a recente criação da SPA/MF que deverá começar a produzir esses números de forma oficial. Entretanto, algumas estimativas apontam que o mercado de apostas esportivas pode movimentar cerca de 10 bilhões de reais por ano no Brasil e cerca de 15% da população adulta pode se tornar apostadores recorrentes. Ainda que sejam apenas estimativas, como comparação, estatísticas do Reino Unido produzidas no ano de 2020 apontam que a indústria legalizada nesse bloco de países gera receitas de 19 bilhões de dólares, empregando mais de cem mil pessoas e com apostadores recorrentes na ordem de 24 milhões de cidadãos adultos (45% da população adulta do Reino Unido), sendo que cerca de 10 milhões fazem apostas em ambiente virtual. Fonte: Silva, F. C. F., Leite, R. S. & Rezende, S. F. L. (2023). **Emerging versus mature markets: sports betting in Brazil and the United Kingdom.** Revista Gestão & Tecnologia. v. 23, nº 3. p.128-154, 2023.

3 *"De acordo com um levantamento publicado neste ano pela Datahub o ramo de apostas esportivas aumentou 360% no Brasil. Entre 2020 e 2022, o número de empresas abertas do setor por ano cresceu de 51 para 239. Somente nos primeiros três meses de 2023, mais de 60 companhias da categoria surgiram."* Fonte: https://exame.com/esporte/com-crescimento-superior-a-360-ramo-de-apostas-esportivas-e-o-mais-forte-do-futebol-brasileiro/

regulação das apostas esportivas pelo Estado tem seu marco legal com a promulgação da Lei 13.756/2018, por meio da qual foi criada essa modalidade lotérica.

8. Todavia, o objeto da referida Lei possuía fins estritamente arrecadatórios, especialmente a destinação de recursos, obtidos com a tributação de apostas esportivas, para o Fundo Nacional de Segurança Pública. Como visto na introdução deste artigo, a Lei 14.790/2023 passou a efetivamente regular as apostas esportivas ao alterar a Lei 13.756/2018.

9. Nesses cinco anos entre uma lei e outra houve um amadurecimento das discussões sobre esse mercado e outras externalidades geradas pelo mercado de apostas que não apenas a arrecadação tributária foram identificadas e, de certa forma, endereçadas pela Lei 14.790/2023. A Secretaria de Reformas Econômicas do Ministério da Fazenda, criada na transição de Governos entre os anos de 2022 e 2023, participou ativamente das discussões que resultaram na regulação das apostas esportivas[4]. À SRE/MF foi incumbida de tal missão em decorrência de (i) ter sucedido a então Secretaria de Acompanhamento Econômico[5] que era responsável pela regulação de loterias e premiações e (ii) deter competências de analisar e propor alterações legislativas que propiciem melhoria do ambiente econômico.

10. Dentre os mais diversos desafios encontrados para se fazer uma regulação que não crie normas meramente abstratas ou que não sejam apenas de cunho arrecadatório, um importante ponto a ser superado na regulamentação das *bets* é criar incentivos para trazer os operadores de apostas esportiva à legalidade não apenas por força de uma exigência legal, mas também porque os apostadores preferem contratar suas apostas com empresas legalizadas e devidamente licenciadas pelo Poder Público.

11. Esse movimento de legalização das *bets* por meio de ações do próprio mercado consumidor de apostas esportivas é chamado de

4 Em 25/02/2023, a SRE/MF emitiu a Nota Técnica SEI 25/2023/MF que analisou a Medida Provisória que altera o Decreto-Lei 204, de 27 de fevereiro de 1967, a Medida Provisória 2.158-35, de 24 de agosto de 2001, as Leis 5.768, de 20 de dezembro de 1971, e 13.756, de 12 de dezembro de 2018, e revoga a Lei 14.455, de 21 de setembro de 2022. A Medida Provisória em tela foi a predecessora da atual Lei 14.790/2023.

5 A Secretaria de Acompanhamento Econômico - SEAE foi recriada como uma Subsecretaria dentro da estrutura da Secretaria de Reformas Econômicas por meio do mesmo Decreto 11.907/2024 que criou a Secretaria de Prêmios e Apostas.

canalização[6] de apostas esportivas, mais conhecido na doutrina estrangeira como "*channeling in sports betting*".[7] Assim, a canalização nas apostas desportivas refere-se ao redirecionamento de clientes de operadores de apostas ilegais ou não regulamentados para operadores legais e licenciados. O objetivo da canalização é criar um mercado regulamentado onde os jogadores possam apostar com segurança, com medidas de supervisão e proteção ao consumidor garantidas pelo Estado.

12. Os esforços de canalização são normalmente realizados por autoridades governamentais e organismos reguladores, a fim de combater as atividades ilegais de jogo e garantir a proteção dos jogadores por meio da implementação de requisitos rigorosos de licenciamento para os operadores, monitoramento constante do mercado, levantamento de estatísticas, checagem do cumprimento dos regulamentos e, em caso de descumprimento, punição severa que auxilia na dissuasão de práticas ilegais.[8-9]

13. Uma ação considerada crucial para o sucesso da canalização, ao lado da regulação, é a divulgação das opções de apostas legalizadas e devidamente licenciadas aos consumidores. As autoridades públicas podem promover ações de divulgação sobre a importância de os apostadores optarem por operadores de apostas esportivas legais por vários meios, tais como campanhas publicitárias, parcerias com organizações esportivas e com as próprias *bets*.

---

6 *"O conceito de canalização, ou taxa de canalização, refere-se à proporção de consumidores domésticos que apostam no sistema de licenciamento nacional."* Fonte: Nascimento, Maria Paula (2024). **Canalização no Brasil Regulamentado**. In: https://env.media/br/canalizacao-jogos-online-no-brasil-regulamentado/.

7 Abrahams, T., & Mantonakis, A. (2015). **The Role of Channeling in Sports Betting**. Journal of Gambling Studies, 31(2), 353-366.

8 *"Por outro lado, o excesso de regulamentação pode reduzir as taxas de canalização e isso é algo que os mercados recém-regulamentados, como o Brasil, devem estar cientes. Países com um longo histórico de jogos regulamentados, como o Reino Unido e a Suécia, tiveram mais tempo para acertar a combinação e atingir a taxa de canalização desejável.*

Com aproximadamente 22,5 milhões de consumidores (44% da população adulta), o Reino Unido tem uma das mais impressionantes taxas de canalização em jogos de azar online, 97,6%

(...)

Na Suécia, por outro lado, os relatórios anuais mais recentes mostram que a taxa de canalização média atual para jogos de azar online é de 77%." Fonte: Nascimento, Maria Paula (2024). Op. Cit.

9 A tributação é um dos principais fatores que influenciam na taxa de canalização. De acordo com um estudo da Copenhagen Economics (2016), as alíquotas ideais para alcançar tanto uma alta canalização quanto uma alta receita tributária estão entre 15% e 20% da Receita Bruta de Jogos. Países como Reino Unido e Dinamarca com carga tributária combinada sobre os operadores e apostadores na ordem de 15% e 20%, respectivamente, possuem altas taxas de canalização de 95% e 88%. De outro lado, países como Portugal e França que possuem carga tributária combinada sobre os operadores e apostadores na ordem de 41% e 45%, respectivamente, possuem baixas taxas de canalização de 52% em ambos os países. Fonte: Nordström, D., Stefansdotter, A., Lundvall, K., Okholm, H.B., Svärd, P. Licensing system for online gambling – Which tax-rate yields both high channelization and high tax revenues? In: Copenhagen Economics. The Association of Online Gambling Operators (BOS) 26 September 2016. Disponível em: https://copenhageneconomics.com/wp-content/uploads/2021/12/copenhagen-economics-2016-licensing-system-for-online-gambling.pdf

14. Ao direcionar os jogadores para operadores legais e licenciados, a canalização ajuda a reduzir os riscos associados às apostas não regulamentadas, como fraude, lavagem de dinheiro e problemas de jogos como o vício, por exemplo.

15. Para incentivar os apostadores a contratarem apenas com operadores legalizados, e, consequentemente, promover a concorrência entre esses operadores, a experiência internacional é rica em exemplos de ações que podem auxiliar sobremaneira a Secretaria de Prêmios e Apostas na tarefa de constante regulação desse mercado. Aqui estão algumas estratégias que podem ajudar a atingir esses objetivos:

(i) Licenciamento e regulamentação: implementar requisitos de licenciamento para operadores de apostas, garantindo que apenas empresas com reputação ilibada e sólidos programas de conformidade possam operar. Monitoramento regular e a aplicação dos regulamentos de forma efetiva ajudarão a construir confiança na legalidade e responsabilidade dos serviços de apostas;

(ii) Proteção do consumidor: estabelecer regras e diretrizes claras para apostas responsáveis, incluindo verificação de idade, opções de autoexclusão e apoio a problemas de jogos, como o vício.

(iii) Tributação e conformidade: Estabelecer um sistema fiscal transparente e justo para as empresas de apostas, garantindo que contribuam para a economia nacional enquanto operam dentro do quadro legal. O cumprimento das obrigações fiscais deve ser monitorizado de perto para manter condições de concorrência equitativas entre os operadores;

(iv) Concorrência e inovação: Fomentar a concorrência entre as empresas de apostas, incentivando a inovação em produtos e serviços.

16. Ao implementar estas estratégias, os reguladores podem criar um ambiente competitivo e justo para as apostas esportivas legais e regulamentadas, ao mesmo tempo que incentivam os apostadores a participarem de um mercado seguro e transparente. A colaboração entre autoridades governamentais, empresas de apostas e grupos de defesa dos consumidores é fundamental para alcançar estes objetivos que certamente resultaram na canalização de apostadores para o mercado de apostas esportivas legal.

17. Na criação de normas regulatórias para a canalização das apostas esportivas é importante que haja uma análise de impacto regulatório que leve em conta o impacto concorrencial, de modo que a futura regulação traga competitividade entre os operadores de apostas esportivas. A SPA/MF deve agir de forma a evitar a criação de barreiras à entrada[10] exacerbadas no mercado de apostas esportivas que podem acabar mitigando a competitividade nesse mercado ou pior, mantendo ou até mesmo ampliando o número de operadores na ilegalidade.

18. A análise de impacto regulatória - AIR, atualmente, é obrigatória conforme disposto no Decreto 10.411/2020. Ademais, como vem recomendando a SEAE, a AIR deve ser somada à Análise de Impacto Concorrencial – AIC, já largamente utilizada em outras jurisdições[11] e que tem sua aplicação recomendada pela Organização para Cooperação e Desenvolvimento Econômico – OCDE.[12]

19. De acordo com a OCDE, ambas as formas de análise devem ser vistas pelos formuladores de políticas como componentes integrantes do processo de desenvolvimento de políticas, e não como tarefas isoladas. A OCDE também recomenda a avaliação concorrencial não apenas para novas normas, mas também para a necessidade de revisão, sob a ótica concorrencial, daquelas em vigor.

20. A OCDE possui uma ferramenta metodológica amplamente utilizada no mundo, para a análise de propostas normativas que possam restringir indevidamente a concorrência. Essa ferramenta é baseada em um *checklist* que permite identificar os tipos comuns de dispositivos regulatórios

---

10 *"Antes que uma empresa possa concorrer em um mercado, deve ser viável a entrada no mesmo. Muitos mercados possuem pelo menos alguns impedimentos que tornam a entrada de uma empresa mais difícil."* Tradução livre para *"Before a firm can compete in a market, it has to be able to enter it. Many markets have at least some impediments that make it more difficult for a firm to enter a market."* Fonte: OCDE. **Competition and Barriers to Entry.** *In*: Policy Brief, jan. 2007. Disponível em www.oecd.org/publications/Policybriefs.

11 De acordo com a OCDE, aproximadamente 30 membros tinham processos de AIR estabelecidos em 2009 com a AIC formalmente integrada, sendo uma tendência atual. No Reino Unido, a AIC foi introduzida como uma componente da AIR em 2002 e na Comissão Europeia em 2005; Nos EUA, documentos de referência à AIR requerem explicitamente considerações sobre o impacto nos mercados (US Office of Management and Budget, 2003); Em 2013, o México incluiu a avaliação de concorrência como parte do processo de revisão de AIR. Na Coréia do Sul a avaliação da concorrência no âmbito da AIR se tornou obrigatória a partir de 2008. A Austrália possui como princípio orientador nas suas análises legislativas que toda regulamentação se abstenha de limitar a concorrência, a menos que se demonstre que os benefícios superam os custos e que os objetivos apenas poderão ser atingidos mediante limitação da concorrência.

12 A OCDE recomenda que a análise concorrencial seja realizada de forma precoce: *"RIA should be integrated with the policy-making process, beginning as early as possible"*. De acordo com o órgão, ambas as formas de análise devem ser vistas pelos formuladores de políticas como componentes integrantes do processo de desenvolvimento de políticas, e não como tarefas isoladas. Fonte: OCDE. **Integrating Competition Assessment into Regulatory Impact Analysis.** *In*: DAF/COMP(2007). Disponível em https://one.oecd.org/document/DAF/COMP(2007)8/en/pdf.

com potencial de gerar impactos anticoncorrenciais importantes e serve de base para a elaboração de guias e manuais em diversos países.[13]

21. Essa ferramenta já vem sendo utilizada pela Secretaria de Reformas Econômicas ao analisar diversas regulações dentro de suas competências estabelecidas pela Lei 12.529/2011 e, certamente, pode ser útil à SPA/MF ao proceder a análise de impacto concorrencial de novas regulações no mercado de apostas esportivas.

22. Em conclusão, verifica-se que à Secretaria de Prêmios e Apostas do Ministério da Fazenda foram atribuídas, pela Lei 14.790/2023, amplas competências para regular o mercado de apostas esportivas no Brasil, cabendo à Secretaria implementar uma regulamentação que fomente a canalização dos apostadores aos operadores de apostas esportivas que estejam legalizados e devidamente licenciados nos termos da Lei para operar nesse mercado.

23. Como visto anteriormente, há uma ampla literatura sobre o tema e ferramental disponível para que a SPA/MF implemente a regulação de forma efetiva e que garanta uma competitividade entre *bets*. Diante disso, recomenda-se à SPA/MF que, antes de implementar a regulação, proceda a uma rigorosa análise de impacto regulatório contendo análise de impacto concorrencial, conforme recomendado pela OCDE.

24. Nesse passo, entendemos que a análise dos incentivos que levam os apostadores a optarem por direcionar suas apostas aos operadores legalizados aliada à análise de impacto concorrencial são fatores cruciais para a manutenção de um mercado de apostas esportivas saudável e competitivo no Brasil.

Referências bibliográficas

ABRAHAMS, T., & MANTONAKIS, A. (2015). The Role of Channeling in Sports Betting. Journal of Gambling Studies, 31(2), 353-366.

BRASIL. Ministério da Fazenda. Secretaria de Reformas Econômicas (2023). Nota Técnica SEI 25/2023/MF.

---

13 Checklist de restrições potenciais a serem verificadas de acordo com a OCDE. Deve-se realizar uma avaliação aprofundada dos efeitos na concorrência sempre que uma proposta: (A) Limitar o número ou variedade de Fornecedores; (B) Limitar a capacidade das empresas de competirem entre siç (C) Diminuir o incentivo para empresas competirem; e (D) Limitar a escolha do consumidor e a informação disponível.

NASCIMENTO, Maria Paula (2024). Canalização no Brasil Regulamentado. In: https://env.media/br/canalizacao-jogos-online-no-brasil-regulamentado/.

NORDSTRÖM, D., STEFANSDOTTER, A., LUNDVALl, K., OKHOLM, H.B., SVÄRD, P. Licensing system for online gambling – Which tax-rate yields both high channelization and high tax revenues? In: Copenhagen Economics. The Association of Online Gambling Operators (BOS) 26 September 2016. Disponível em: https://copenhageneconomics.com/wp-content/uploads/2021/12/copenhagen-economics-2016-licensing-system-for-online-gambling.pdf

OCDE. Integrating Competition Assessment into Regulatory Impact Analysis. In: DAF/COMP (2007). Disponível em https://one.oecd.org/document/DAF/COMP(2007)8/en/pdf.

OCDE. Competition and Barriers to Entry. In: Policy Brief, jan. 2007. Disponível em www.oecd.org/publications/Policybriefs.

SILVA, F. C. F., LEITE, R. S. & REZENDE, S. F. L. (2023). Emerging versus mature markets: sports betting in Brazil and the United Kingdom. Revista Gestão & Tecnologia. v. 23, nº 3. p.128-154, 2023.

Associações esportivas sob a lente do Direito da Concorrência: em busca de uma principiologia particular

Victor Oliveira Fernandes

1. INTRODUÇÃO

A partir de uma onda de casos recentes, autoridades de concorrência e tribunais em todo o mundo estão sendo chamados a equilibrar os princípios tradicionais do Direito da concorrência com as características únicas do esporte, buscando conciliar integridade competitiva e concorrência econômica.[1]

Dentre os vários tópicos em pauta, as controvérsias sobre a autonomia regulamentar das associações esportivas como a Federação Internacional de Futebol (FIFA), a União das Associações Europeias de Futebol (UEFA), ou a Associação Nacional de Basquetebol (NBA) são de singular complexidade e relevância. As regras adotadas por essas entidades – tais como transferências, limites salariais e restrições a negociações de direitos de transmissão – podem limitar a liberdade econômica de clubes, atletas e agentes. Isso evidencia um potencial conflito entre a autonomia regulatória do esporte e os princípios do Direito concorrencial.[2]

A recente "trilogia esportiva" do Tribunal de Justiça da União Europeia (TJUE), composta por três acórdãos proferidos em dezembro de

1 Algumas questões-chave discutidas nesses casos recentes incluem a regulamentação de ligas concorrentes, contratos de transmissão, mercado de transferências de jogadores, regulamentação de agentes e apostas esportivas. Para uma panorama das controvérsias atuais, cf. ROSS, Stephen; GARCÍA, Sergio González. Sports & Competition Law: an Overview of EU and National Case Law. *e-Competitions Special Issue Sports & Competition Law*, p. 1-15, 2024.

2 ROSS, Stephen F. Competition law as a constraint on monopolistic exploitation by sports leagues and clubs. *Oxford Review of Economic Policy*, v. 19, n. 4, p. 569-584, 2003 (discutindo potenciais violações às leis de defesa da concorrência decorrentes de regras de associações esportivas referentes à venda de direitos de transmissão, divisão de mercados geográficos, e criação de barreiras à entrada de novos clubes).

2023, representa o ápice desse debate.[3] Principalmente em dois casos envolvendo a União Internacional de Patinação e a Superliga Europeia de Futebol, o Tribunal discutiu se regras de associações que exigem o seu consentimento antes da criação de novas competições por terceiros e sujeitam os desviantes a punições são afinais compatíveis com o Direito da concorrência.[4] Tais casos projetam diversas controvérsias sobre o papel do Direito concorrencial no esporte,[5] e oferecem insights valiosos para análises similares em outros contextos legais.

O presente artigo explora as discussões acadêmicas recentes e em especial os desenvolvimentos da União Europeia, a fim de compreender como alguns princípios centrais do Direito da concorrência parecem estar sendo ressignificados ao lidar com potencias abuso de poder econômico de associações esportivas. Nosso objetivo é ressaltar algumas inovações teóricas que podem inspirar a aplicação da Lei 12.529 de 2011 em casos futuros relacionados ao setor esportivo.

Em primeiro lugar, discute a natureza singular da cooperação no esporte profissional, destacando como a interdependência econômica entre adversários cria um regime de "coopetição". Essa análise estabelece as bases para compreender por que as regras das associações esportivas frequentemente transcendem aspectos puramente esportivos e influenciam significativamente a criação e distribuição de valor econômico no setor.

Em seguida, examina a cadeia de valor das atividades esportivas sob a ótica dos mercados relevantes. Discute-se duas abordagens para conceptualizar as restrições impostas pelas regras das associações: uma

---

3 UNIÃO EUROPEIA. Tribunal de Justiça. Caso C-124/21 P. International Skating Union v Commission. Luxemburgo, 21 de dezembro de 2023; UNIÃO EUROPEIA. Tribunal de Justiça. Caso C-333/21. European Superleague Company v FIFA and UEFA. Luxemburgo, 21 de dezembro de 2023 e UNIÃO EUROPEIA. Tribunal de Justiça. Caso C-680/21 e UL and Royal Antwerp FC v Union Royale Belge des Sociétés de Football Association ASBL (URBSFA). Luxemburgo, 21 de dezembro de 2023.

4 Os três casos envolviam diferentes aspectos da regulação esportiva. No caso da União Internacional de Patinação (ISU), investigou-se as regras de autorização prévia para organização de competições de patinação no gelo por terceiros e as regras de elegibilidade que penalizavam atletas que participassem de eventos não aprovados pela ISU. De forma semelhante, no caso da Superliga Europeia de Futebol (ESLC), examinou-se as restrições impostas pela FIFA e UEFA à criação da Superliga, incluindo ameaças de banir clubes e jogadores participantes. O caso *do Royal Antwerp* FC talvez seja o mais particular, já que nele analisou-se as regras da UEFA e da Associação Belga de Futebol sobre jogadores formados localmente, que exigiam um número mínimo desses jogadores nas listas de inscritos das equipes.

5 MONTI, Giorgio. EU competition law after the Grand Chamber's December 2023 sports trilogy: European Super League, International Skating Union and Royal Antwerp FC. *Revista de Derecho Comunitario Europeo*, v. 1012, p. 11-43, 2024 (enfatizando que os três julgamentos estabelecem novas regras e padrões para as associações esportivas em relação ao direito da concorrência da UE que tendem a ampliar a sua aplicação no setor esportivo). Em sentido semelhante, ZGLINSKI, Jan. Can EU competition law save sports governance? *International Sports Law Journal*, n. 2023, p. 475-481, 2024 (defendendo que a nova abordagem adotada nessas decisões pode inadivertidamente expor o campo da governança dos esportes a regras inadequadas que seguem uma lógica predominantemente econômica e desreguladora).

perspectiva horizontal, que vê as organizações como acordos entre concorrentes, e uma vertical, que as considera como monopolistas controladores de acesso aos mercados relacionados ao esporte. Argumenta-se que a abordagem vertical parece mais adequada ao contexto brasileiro.

A última seção aprofunda as discussões sobre o abuso de posição dominante na atuação de associações esportivas, explorando duas principais teorias do dano. O item 4.1 analisa as restrições concorrenciais nos mercados esportivos relacionados (restrições intraligas), examinando como regras das associações podem impactar a competição em mercados adjacentes, como contratação de atletas. O item 4.2 foca nas restrições concorrenciais no mercado de organização e comercialização de competições (restrições interligas), abordando regras que dificultam a participação de clubes ou atletas em ligas concorrentes. Esta subseção examina detalhadamente os recentes julgados do Tribunal de Justiça da União Europeia, destacando como eles inauguram novas abordagens sobre o abuso de posição dominante no contexto esportivo.

Este artigo propõe que as recentes decisões europeias suscitam blocos de construção de uma principiologia particular para aplicação do Direito da concorrência. O desenvolvimento de tal principiologia particular no contexto jurídico nacional, no entanto, requer o aprimoramento doutrinário de algumas áreas de discussão ainda incipientes no Direito brasileiro. Em primeiro lugar, a prática decisória do Conselho Administrativo de Defesa Econômica (Cade) precisa de uma estrutura analítica sólida para avaliar justificativas de interesse público e eficiências decorrentes de arranjos cooperativos no controle de condutas, o que é fundamental para lidar com as particularidades do setor esportivo. Além disso, é essencial reconhecer a abertura da Lei 12.529/2011 a uma abordagem procedimental de justiça competitiva no exercício da função regulamentar do monopolista, o que requer uma adaptação cuidadosa da perspectiva europeia às realidades locais.

2. COOPERAÇÃO COMO PILAR DA COMPETIÇÃO ENTRE CLUBES ESPORTIVOS

As atividades esportivas são singulares do ponto de vista econômico porque nelas a riqueza gerada, do ponto de vista de bem-estar social, é intrinsecamente o produto da atuação coletiva de agentes individuais (clubes, times e atletas).[6] Essa particularidade molda profundamente os incentivos econômicos dos participantes. Diferentemente dos setores tradicionais, onde as empresas buscam poder de mercado e a exclusão de concorrentes, no mundo dos esportes, é a rivalidade sustentada que torna as partidas e os campeonatos comercialmente atrativos.[7]

A obtenção de receitas pelas equipes esportivas ou atletas depende ainda da preservação da incerteza dos resultados e da existência de um equilíbrio competitivo mínimo entre os disputantes.[8] Os eventos esportivos só são interessantes para os espectadores se houver dúvida sobre qual clube ou atleta será o melhor naquela competição. Pode ser pouco atrativo para os fãs acompanharem competições entre equipes que apresentam performances muito díspares. Tudo isso torna desejável uma proximidade entre os competidores em termos de nível técnico de desenvolvimento.

A interdependência econômica entre adversários marca um regime dual de competição e cooperação (coopetição).[9] Por um lado, clubes e equipes concorrem dentro e fora das arenas, não apenas por títulos, mas também por recursos financeiros, como contratos de patrocínio, direitos de transmissão e a aquisição de talentos no mercado de transferências. Por outro, para que partidas e torneios aconteçam e sejam rentáveis do ponto de vista comercial, há alguns parâmetros mínimos de coordenação que devem ser articulados, tais como a formulação das "regras do jogo" de um determinado esporte, a estruturação do calendário de competições, etc.

Esse imperativo estrutural de cooperação engendra o surgimento de organismos formais de governança – como confederações e entidades de alcance nacional e internacional. Esses órgãos desempenham uma variedade de funções que se assemelham a de conselhos de administração das empresas, entidades governamentais e, em alguns casos, até de

6 Em artigo seminal do campo da Economia dos Esportes, Walter Neale sustentou que as ligas (e não os times individuais) é que deveriam ser considerados a unidade econômica relevante (a firma, no sentido econômico). Nas palavras do autor: "*The several joint products which are products joint of legally separate business firms are really the complex joint products of one firm, and this firm is necessarily an all-embracing firm or natural monopoly*" (NEALE, Walter C. The Peculiar Economics of Professional Sports: A Contribution to the Theory of the Firm in Sporting Competition and in Market Competition. *The Quarterly Journal of Economics*, v. 78, n. 1, p. 1-14, 1964, p. 3-4).

7 BUDZINSKI, Oliver. The institutional framework for doing sports business: Principles of EU competition policy in sports markets. *International Journal of Sport Management and Marketing*, v. 11, n. 1-2, p. 44-72, 2012, p. 47.

8 KIENAPFEL, Philip; STEIN, Andreas. The application of Articles 81 and 82 EC in the sport sector. *Competition Policy Newsletter*, v. 3, p. 6-14, 2007, p. 6.

9 COLOMO, Pablo Ibáñez. Competition Law and Sports Governance: Disentangling a Complex Relationship. *World Competition Law and Economics Review*, v. 45, n. 3, p. 323-350, 2022, p. 327-328 (asseverando que "*[the] cooperation leads to a product that is more than the sum of its parts: a tournament is more valuable than a mere collection of disparate games*").

órgãos judiciais.[10] Sua atuação é essencial para definir o *design* das competições campeonato (seleção de participantes, modo de torneio e agendamento das partidas), o regime dos acordos de compartilhamento das receitas advindas da competição (incluindo a venda de direitos comerciais e de mídia), entre outros.[11]

Não existe um modelo único para a organização comercial do esporte e há modelos distintos operando em nível local, regional, nacional e internacional.[12] No modelo norte-americano, por exemplo, os esportes profissionais são organizados em ligas fechadas, que são de propriedade das franquias participantes, exercendo controle significativo sobre as regras e a admissão de novos membros.[13]

Já o modelo europeu é caracterizado por uma estrutura piramidal integrada de ligas abertas[14] que unifica a gestão dos níveis amadores e profissionais sob uma única entidade nacional para cada modalidade esportiva, seguindo o princípio de "uma associação por esporte".[15] Nesse modelo, os clubes não possuem o controle efetivo sobre as ações das associações de governança, o que reforça a independência operacional do órgão organizador de competições.

O modelo de governança brasileiro adota características híbridas, o que é resultado de diferentes abordagens legislativas ao longo da história nacional.[16] A Lei Pelé (Lei 9.615/1998)[17] e a recém editada Lei Geral dos Esportes (Lei 14.597/2023)[18] estabelecem uma estrutura de

10 HOEHN, Thomas. Governance and governing bodies in sport. *in: Handbook on the Economics of Sport*, Cheltenham, UK: Edward Elgar, 2006, p. 227.

11 BORLAN, Jeff. The production of professional team sports. *in: Handbook on the Economics of Sport*, Cheltenham, UK: Edward Elgar, 2006, p. 23.

12 ORGANIZAÇÃO PARA A COOPERAÇÃO E DESENVOLVIMENTO ECONÔMICO (OCDE). Competition and Professional Sports, p. 1-54, 2023, p. 22.

13 HOEHN, Thomas. Governance and governing bodies in sport. *in: Handbook on the Economics of Sport*, Cheltenham, UK: Edward Elgar, 2006, p. 229.

14 Isso significa que essas ligas utilizam sistemas de promoções e rebaixamentos, organizados em hierarquia de divisões. HOEHN, Thomas. Governance and governing bodies in sport. *in: Handbook on the Economics of Sport*, Cheltenham, UK: Edward Elgar, 2006, p. 231.

15 COLOMO, Pablo Ibáñez. Competition Law and Sports Governance: Disentangling a Complex Relationship. *World Competition Law and Economics Review*, v. 45, n. 3, p. 323-350, 2022, p. 329-331.

16 É possível afirmar que, passou por diferentes fases, incluindo períodos de forte intervenção estatal e momentos de liberalização, o que resultou em uma configuração única marcada por influências europeias e norte-americanas. Para uma discussão a esse respeito, cf. ATHAYDE, Pedro *et al.* Modelos legislativos e sistemas de políticas esportivas: Brasil e Portugal. *Movimento*, v. 30, p. 1-17, 2024.

17 BRASIL. Lei 9.615, de 24 de março de 1998. Institui normas gerais sobre desporto e dá outras providências. Diário Oficial da União: seção 1, Brasília, DF, ano 136, n. 57, p. 1-11, 25 mar. 1998.

18 BRASIL. Lei 14.597, de 8 de março de 2023. Institui a Lei Geral do Esporte e dá outras providências. Diário Oficial da União: seção 1, Brasília, DF, ano 161, n. 46, p. 1-14, 9 mar. 2023.

governança descentralizada no desporto profissional, composta por entidades de administração do desporto, ligas e clubes, que são organizados de forma autônoma e colaborativa.

3. CADEIA DE VALOR DO ESPORTE SOB A ÓTICA DE MERCADOS RELEVANTES

As normas adotadas por associações e ligas, especialmente em modalidades coletivas, transcendem aspectos puramente "esportivos".[19] Elas acabam por influenciar significativamente os mecanismos de criação e distribuição de valor econômico na indústria esportiva como um todo. Para analisar essas questões sob a ótica do Direito concorrencial, é necessário compreender a natureza econômica das atividades dessas entidades, considerando os mercados relevantes envolvidos.

A cadeia de valor das atividades esportivas pode ser segmentada em diversos mercados relevantes inter-relacionados, nos quais são desenvolvidas atividades econômicas ligadas à exploração comercial do esporte. A definição desses mercados é instrumental e varia conforme a conduta e o contexto jurídico de atuação da associação esportiva investigada, já que seu feixe de atuação comercial pode ser mais ou menos amplo dependendo desse contexto.

As discussões na literatura e nos casos estrangeiros apontam para duas abordagens distintas de conceptualização das restrições operadas por regras de associações esportivas, uma de natureza horizontal, outra de natureza vertical. Não se trata de perspectivas necessariamente excludentes, mas que podem ser manejadas de acordo com o objeto da conduta investigada e do contexto jurídico que rege os órgãos de governança na jurisdição sob análise, em especial o controle efetivo das ações da associação pelos clubes afetados por suas regras.[20]

---

19 Em alguns casos mais antigos do Direito Comunitário Europeu, como no famoso caso *Meca-Medina*, discutiu-se intensamente a diferenciação entre as regras "econômicas" e as regras "de interesse puramente esportivo" que escapariam à aplicação das regras concorrenciais. Todavia, essa categorização foi rejeitada pelo TJUE por ser pouco operacionalizável, na medida em que sempre haverá alguma dimensão econômica a ser considerada. Sobre esse ponto, cf. KIENAPFEL, Philip; STEIN, Andreas. The application of Articles 81 and 82 EC in the sport sector. *Competition Policy Newsletter*, v. 3, p. 6-14, 2007, p. 7-8.

20 BUDZINSKI, Oliver; SZYMANSKI, Stefan. Are restrictions of competition by sports associations horizontal or vertical in nature? Journal of Competition Law and Economics, v. 11, n. 2, p. 409-429, 2015 (discutindo que a abordagem horizontal pode ser inadequada porque, no cotexto europeu, existem fatores que dificultam o controle efetivo das associações pelos clubes, tais como como problemas de agente-principal, grande número de membros com interesses divergentes, e influência desproporcional de clubes maiores).

A abordagem horizontal considera que as organizações desportivas podem ser vistas como acordos entre concorrentes (clubes e equipes desportivas) ou, de forma mais, complexa como *joint-ventures* contratuais.[21] Nesse enquadramento, as associações esportivas seriam uma espécie de entidade de governança da *joint-venture*, que define e implementa as regras da atuação concertada dos agentes econômicos esportivos.[22]

A perspectiva horizontal é amplamente discutida no Direito norte-americano, onde a grande maioria dos casos antitrustes envolvendo as ligas esportivas são apresentados perante ao judiciário sob a Seção 1 do Sherman Act, que define as proibições aplicáveis a restrições horizontais.[23] Nessa lógica, o mercado relevante a ser definido em cada caso dependerá da atividade econômica afetada pela regra discutida, como, por exemplo, o mercado de licenciamento de direitos de transmissão, o mercado de trabalho de jogadores, a depender da investigação.

Já a abordagem vertical considera que as associações esportivas não atuam nos mesmos mercados dos clubes e equipes, mas em um mercado autônomo de organização e comercialização da liga esportiva. Essa visão é bastante comum na experiência europeia[24] e é eventualmente discutida por alguns autores norte-americanos que enfatizam a separação entre as atividades econômicas de organização e de participação em competições.[25]

Na recente decisão envolvendo a Superliga, por exemplo, o TJUE considerou que, no contexto do futebol europeu, a UEFA atuava em um único mercado relevante composto por duas atividades econômicas distintas, porém complementares, quais sejam "a organização e a

21 Sob essa abordagem, vide, por exemplo, ROSS, Stephen F.; SZYMANSKI, Stefan. Antitrust and Inefficient Joint Ventures: Why Sports Leagues Should Look More Like McDonald's and Less Like the United Nations. *in: The Comparative Economics of Sport*, Nova Iorque: Palgrave Macmillan, 2016, p. 94 "*[we] think of a sports league as product created by the combination of upstream competition organizing services and downstream clubs participating in the competition*").

22 BLAIR, Roger D. *Sports economics*. Cambridge: Cambridge University Press, 2012, p. 47-48.

23 ORGANIZAÇÃO PARA A COOPERAÇÃO E DESENVOLVIMENTO ECONÔMICO (OCDE). Competition and Professional Sports - Note by the United States, p. 1-15, 2023, p. 3. A contribuição da jurisdição norte-aermicana para a mesa redonda da OCDE ressaltou, embora sejam comuns argumentos de defesa baseados na existência de uma entidade única (*single economic entity*), a Suprema Corte chegou a rejeitar essa tese no caso *American Needle, Inc. v. National Football League* na decisão de 2010. Mesmo assim, ainda há controvérsias sobre a aplicação dessa doutrina às associações esportivas.

24 KLEIN, Timo. Exclusive Dealing in Sports After ESL and ISU. *Working Paper Avalible at https://www.cresse.info/wp-content/uploads/2023/09/2023_ps6_pa2_Klein.pdf*, n. June, p. 1-22, 2023, p. 10. (discutindo como essa abordagem vertical foi aplicada pela Comissão Europeia no caso *International Skating Union* e pelo Tribunal Comercial de Madrid no caso *European Super League*).

25 SZYMANSKI, Stefan; ROSS, Stephen F. Governance and vertical integration in team sports. *Contemporary Economic Policy*, v. 25, n. 4, p. 616-626, 2007, p. 617.

comercialização das competições internacionais de futebol" e "a exploração dos diferentes direitos associados a essas competições", quer se trate de direitos patrimoniais ou de direitos imateriais (exploração da marca, direitos midiáticos, direitos de natureza comercial ou ainda de direitos de propriedade intelectual)" (traduções livres).[26]

O mercado de organização e comercialização de campeonatos e ligas esportivas, por sua vez, é visto como verticalmente integrado a diversos outros mercados a montante e a jusante, tais como os mercados em que os clubes concorrem pela comercialização das partidas, captação de patrocínios, licenciamento de direitos de transmissão e de produtos, contratação de atletas, entre outros.[27]

A ótica vertical da cadeia enfatiza que os órgãos de governança atuam como monopolistas controladores do acesso aos demais mercados relacionados ao esporte.[28] Como a maioria dos esportes profissionais se organiza de forma que haja um único campeonato, torneio ou liga por níveis federativos em cada esporte, não há maiores dificuldades em identificar a existência de um poder de monopólio.[29]

A perspectiva vertical parece mais adequada ao Direito brasileiro, tendo em vista que, assim como na Europa, o Brasil adota um modelo piramidal da governança, com entidades associativas abertas e subordinadas umas às outras (clubes, federações estaduais, confederação nacional, confederação continental e FIFA no caso do futebol). Além disso, essas entidades costumam apresentar estrutura de governança mais complexa que envolve diversos *stakeholders*, de modo que os clubes sozinhos não detêm controle efetivo da entidade, o que tornaria mais difícil a análise sob um aspecto horizontal.

---

26 UNIÃO EUROPEIA. Tribunal de Justiça. Caso C-333/21. European Superleague Company v FIFA and UEFA. Luxemburgo, 21 de dezembro de 2023, § 34.

27 LEIN, Timo. Exclusive Dealing in Sports After ESL and ISU. *Working Paper Avalible at https://www.cresse.info/wp-content/uploads/2023/09/2023_ps6_pa2_Klein.pdf*, n. June, p. 1-22, 2023, p. 10. O autor utiliza um diagrama em que o mercado de organização esportiva é circundado, a nível *upstream*, pela obtenção de inputs como filiação de atletas e de clubes e outros fornecedores e, a nível *downstream*, pela exploração das competições, em demanda primária, perante consumidores (fãs) e, em demanda secundária, perante radiodifusores, patrocinadores, empresas de marketing e anunciantes.

28 BUDZINSKI, Oliver; SZYMANSKI, Stefan. Are restrictions of competition by sports associations horizontal or vertical in nature? *Journal of Competition Law and Economics*, v. 11, n. 2, p. 409-429, 2015, p. 423 (tratando do futebol europeu, observam que "*in that sense, UEFA can be understood as the upstream firm that controls access to an attractive product seeking to contract with downstream service suppliers*")

29 BUDZINSKI, Oliver. Competition Policy in Sports Markets. *in*: *The SAGE Handbook of Sports Economics*, Thousand Oaks: SAGE Publications, 2020, p. 145.

Enxergar a cadeia de valor do esporte como diferentes níveis de produção verticalizados torna os dilemas da aplicação das leis concorrenciais próximos àqueles enfrentados em setores de infraestrutura, nos quais agentes monopolistas controlam gargalos competitivos essenciais para a atuação de agentes nos níveis a jusante. A complexidade adicional do setor esportivo, porém, reside no fato de os potenciais abusos do poder de monopólio estarem eventualmente associados ao exercício da função regulamentar necessária à coordenação esportiva.

4. ABUSO DE POSIÇÃO DOMINANTE NA ATUAÇÃO DE ASSOCIAÇÕES ESPORTIVAS

Seja na perspectiva horizontal ou na perspectiva vertical, deve-se explicar como o abuso do poder de monopólio pelas associações pode causar danos efetivamente enquadráveis sob a lei de defesa da concorrência.

A principal narrativa que norteia as discussões acadêmicas destaca que os danos socialmente relevantes resultam do problemático duplo papel das associações como "reguladoras internas" e agentes de mercado.[30] Nessa atuação ambivalente, embora a função reguladora das entidades de governança seja em si necessária para maximizar os ganhos sociais do esporte, essas entidades detêm capacidade e incentivo para desenhar regras que satisfaçam seus próprios interesses, eventualmente em detrimento dos demais atores do ecossistema esportivo, como clubes, atletas e consumidores finais.[31]

De uma maneira simplificada, pode-se dizer que há dois gêneros de teorias do dano aplicáveis às regras de associações esportivas: (*i*) restrições à concorrência nos mercados esportivos relacionados (restrições

---

30 BUDZINSKI, Oliver. (Sports) Economics Upside Down ? - A Comment on the Advocate General Opinion in European Super League versus UEFA / FIFA (Sports) Economics Upside Down ? - A Comment on the Advocate General Opini. *Ilmenau Economics Discussion Papers*, v. 28, n. 173, p. 1-13, 2023, p. 3 e ROSS, Stephen F.; SZYMANSKI, Stefan. Antitrust and Inefficient Joint Ventures: Why Sports Leagues Should Look More Like McDonald's and Less Like the United Nations. *in*: *The Comparative Economics of Sport*, Nova Iorque: Palgrave Macmillan, 2016, p. 95 ("*significant inefficiencies in the operation of club-run leagues result from the tendency of these leagues to put the interests of individual clubs above the interest of the league as a whole, and that substantial transaction costs prevent optimal results*").

31 Em artigo recente, Budzinki e Feddersen chegam a traçar um paralelo entre a atuação das ligas esportivas e a de empresas orquestradores (*gatekeeper*) de ecossistemas digitais que exerceriam abusos de auto preferência. BUDZINSKI, Oliver; FEDDERSEN, Arne. Should organising Premier-Level European Football be a monopoly? And who should run it? - an Economists' Perspective. *in*: *EU Antitrust Law and Sport Governance: The Next Frontier?*, Nova Iorque: Routledge Taylor and Francis Group, 2022, p. 92 ("*through self-preferencing strategies, these dual role agents can anticompetitively increase their own utility, manipulate consumers and stakeholders within the system and exploit co-producers of the ecosystem good*").

à concorrência intraligas) e (*ii*) restrições à concorrência no mercado de organização e comercialização das competições (restrições à concorrência interligas).[32] Nas próximas subseções, iremos explorar como se estruturam essas teorias do dano e quais são os limites e possibilidades de desenvolvê-las no contexto normativo brasileiro.

4.1. Restrições concorrenciais nos mercados esportivos relacionados (restrições intraligas)

As associações esportivas, em seu papel de regulador interno, podem impactar a competição em diversos mercados onde clubes e atletas atuam. Esses incluem os mercados de contratação de atletas, negociação de direitos de mídia e patrocínios. Denominamos "restrições intraligas" as regras que afetam esses mercados adjacentes ao de organização esportiva, sejam eles a jusante ou a montante.

Alguns exemplos discutidos incluem, por exemplo, as regras de *fair play* financeiro da UEFA (FPF), que estabelecem critérios para os clubes que desejam participar da Liga dos Campeões e da Liga Europa demonstrem que suas "receitas relevantes" se equilibram com seus "gastos relevantes".[33] Em razão da maneira como foram definidos os conceitos contábeis, alguns autores sugerem que o FPF pode favorecer os clubes tradicionais em detrimento de clubes emergentes financiados por investidores externos, já que estes últimos ficariam limitados em sua capacidade de injetar dinheiro para montar rapidamente um time competitivo, pois isso extrapola suas receitas correntes.[34]

Os casos mais emblemáticos atualmente em destaque no Direito comparado referem-se a restrições que afetam mercados de trabalho de contratação de atletas por parte dos clubes. Dentre as práticas mais discutidas, incluem-se acordos de fixação de remuneração entre

---

32 Tomamos de empréstimo, fazendo as adaptações necessárias, da classificação proposta em SZYMANSKI, Stefan; ROSS, Stephen F. Governance and vertical integration in team sports. *Contemporary Economic Policy*, v. 25, n. 4, p. 616-626, 2007. Classificação semelhante também é apresentada em ORGANIZAÇÃO PARA A COOPERAÇÃO E DESENVOLVIMENTO ECONÔMICO (OCDE). Competition and Professional Sports, p. 1-54, 2023, p. 24 (apresenta uma classificação talvez ainda mais didática, separando "*(i) behaviours against competing leagues and (ii) behaviours against clubs or athletes that participate or might participate in a league, including exploitative practices*".

33 Para uma descrição do funcionamento dessas regras, cf. ORGANIZAÇÃO PARA A COOPERAÇÃO E DESENVOLVIMENTO ECONÔMICO (OCDE). Competition and Professional Sports, p. 1-54, 2023, p. 28.

34 BUDZINSKI, Oliver; SZYMANSKI, Stefan. Are restrictions of competition by sports associations horizontal or vertical in nature? *Journal of Competition Law and Economics*, v. 11, n. 2, p. 409-429, 2015, p. 425-428.

clubes, cláusulas de não concorrência e eventuais abusos de poder de monopsônio por parte dos empregadores.[35]

Na trilogia europeia, uma forma de restrição intraliga com possíveis efeitos concorrenciais no mercado de contratação de atletas foi discutida, por exemplo, no caso *UL and Royal Antwerp FC* v *URBSFA*.[36] Nesse caso, um jogador profissional de futebol e o clube *Royal Antwerp* contestaram uma regra da UEFA, posteriormente ampliada pela associação belga de futebol, que exigia um número mínimo de jogadores "formados localmente" (treinados por pelo menos 3 anos no próprio clube ou em outro clube da mesma associação nacional).

O Tribunal de Justiça enquadrou essa discussão em uma teoria do dano particularmente interessante, definindo que tais regras das associações esportivas "limitam ou controlam um dos parâmetros essenciais da concorrência em que os clubes de futebol profissional se podem envolver, ou seja, o recrutamento de jogadores talentosos, independentemente do clube e do local onde se formaram, que possam permitir à sua equipa vencer no confronto com a equipa adversária" (tradução livre).[37]

Deixou-se claro ainda o aspecto vertical da teoria do dano ao se definir que ela pode ter impacto "na concorrência em que os clubes se podem envolver, não só no 'mercado a montante ou de abastecimento' constituído, do ponto de vista económico, pelo recrutamento de jogadores, mas também no 'mercado a jusante', constituído, do mesmo ponto de vista, pelas competições de futebol interclubes" (tradução livre).[38]

Outro tema que pode ser enquadrado no guarda-chuva das restrições intraligas diz respeito ao debate da regulamentação de agentes de contratação. Em 2022, a FIFA editou uma regulamentação para agentes de jogadores (*FIFA Football Agent Regulations* – FFAR), que estabeleceu novas regras e diretrizes para o licenciamento e atuação dos agentes, incluindo limites nas taxas de serviço, exclusividade na representação

35 ROSS, Stephen; GARCÍA, Sergio González. Sports & Competition Law: an Overview of EU and National Case Law. *e-Competitions Special Issue Sports & Competition Law*, p. 1-15, 2024, p. 5-6.

36 UNIÃO EUROPEIA. Tribunal de Justiça. Caso C-680/21 e UL and Royal Antwerp FC v Union Royale Belge des Sociétés de Football Association ASBL (URBSFA). Luxemburgo, 21 de dezembro de 2023.

37 UNIÃO EUROPEIA. Tribunal de Justiça. Caso C-680/21 e UL and Royal Antwerp FC v Union Royale Belge des Sociétés de Football Association ASBL (URBSFA). Luxemburgo, 21 de dezembro de 2023, § 107.

38 UNIÃO EUROPEIA. Tribunal de Justiça. Caso C-680/21 e UL and Royal Antwerp FC v Union Royale Belge des Sociétés de Football Association ASBL (URBSFA). Luxemburgo, 21 de dezembro de 2023, § 107.

de clientes e proibição de representação dupla. Essas mudanças, no entanto, têm suscitado disputas judiciais e administrativas ao redor do mundo, com alegações de que as restrições impostas pela FIFA impedem a competição entre os agentes e não são justificáveis e proporcionais aos objetivos alegados pela entidade de proteger a integridade do esporte e o funcionamento do sistema de transferências.[39]

No Brasil, o assunto tem sido discutido no âmbito de uma Ação Coletiva brasileira ajuizada pela Associação Brasileira de Agentes do Futebol (ABAF) contra a FIFA e a CBF.[40] No caso, discute-se a legalidade de dispositivos do novo Regulamento Nacional de Agentes de Futebol de 2023 da CBF que reflete a regulamentação da FIFA. Dentre os diversos dispositivos impugnados, a ABAF defende que o art. 15, nº 2, do Regulamento da CBF representa uma restrição à concorrência, na medida em que o artigo fixa taxas de serviço máximas a serem cobradas pelos agentes como um percentual sobre o salário acordado do jogador.

As teorias do dano de restrições intraliga são particularmente instigantes porque, bem compreendidas, elas não refletem preocupações com exclusão de rivais do detentor do poder de monopólio. Na realidade, trata-se de condutas que afetam parâmetros relevantes de competição em mercados em que a associação em si não atua como *player*, mas como "regulador" interno.

Transladando essas discussões para o Direito brasileiro, o tema suscita interessante debate sobre em que medida as condutas adotadas por entidades de administração esportivas no âmbito estritamente regulamentar poderiam ser consideradas infrações à ordem econômica nos termos da Lei 12.529/2011. Em julgados mais longínquos, o Tribunal chegou a firmar uma linha de jurisprudência que negava a possibilidade de responsabilização de entidades públicas (ou equiparadas) pela adoção de regulamentações potencialmente restritivas da concorrência.[41] Contudo, nas últimas duas décadas, essa posição foi gradualmente superada, com

39 A esse respeito, cf. ROSS, Stephen; GARCÍA, Sergio González. Sports & Competition Law: an Overview of EU and National Case Law. *e-Competitions Special Issue Sports & Competition Law*, p. 1-15, 2024, p. 6-7.

40 Trata-se do Processo 0837583-33.2023.8.19.0209, que tramita perante a 7ª Vara Cível do Foro Regional da Barra da Tijuda da Comarca da Capital do Estado do Rio de Janeiro. A respeito, vide Ofício 1822/2024/GAB-PRES/PRES/CADE.

41 A esse respeito, cf. PEREIRA NETO, Caio Mário da Silva; PRADO FILHO, José Inacio Ferraz de Almeida. Espaços e interfaces entre regulação e defesa da concorrência: a posição do Cade. *Revista Direito GV*, v. 12, n. 1, p. 13-48, 2016, p. 25-33. (destacando que "diante de atos editados por autoridades públicas para regulação de matéria de sua competência, incluindo a própria delimitação do espaço aberto à concorrência no respectivo mercado regulado, o Cade tem demonstrado interesse sobre o assunto, mas tem restringido a sua atuação a conselhos e sugestões sem qualquer caráter vinculante").

a condenação de diversas entidades reguladoras, sobretudo no âmbito de conselhos profissionais. Dessa forma, não parece haver espaços para alegações de imunidade antitruste amplas às associações esportivas.

Por outro lado, as especificidades do setor esportivo impõem uma abordagem jurídica que considere cuidadosamente a centralidade dos órgãos de governança para sustentar a cooperação. Mesmo práticas que aparentam restritivas da concorrência por objeto podem suscitar justificativas baseadas nos objetivos legítimos de integridade do desporto, equilíbrio competitivo, organização e solidariedade.[42] Assim, a aplicação do art. 36, *caput*, da Lei de Defesa da Concorrência deve privilegiar abordagens por efeitos e evitar proibições baseadas na forma.

A fim de aprimorar esse exercício de balanceamento, pode ser cabível rediscutir o escopo das defesas baseadas em interesse público. A prática decisória do Cade, até o momento, não parece adotar uma construção doutrinária uniforme que estabeleça sob quais critérios se pode afastar a responsabilidade de entidades com poderes públicos por regulamentações restritivas da concorrência.

Nesse sentido, é relevante observar que as decisões recentes do Tribunal de Justiça da União Europeia, por exemplo, definiram três principais teses de defesa que podem ser aplicadas às regras de associações profissionais ou esportivas: (*i*) a doutrina Wouters, que permite que uma restrição à concorrência seja justificada se houver um objetivo legítimo de interesse público, desde que os meios usados sejam proporcionais; (*ii*) as condições do art. 101(3) do TFUE, que permitem a isenção de um acordo restritivo da concorrência se ele gerar eficiências que beneficiem os consumidores, for indispensável e não eliminar substancialmente a concorrência e, por fim, (*iii*) as defesas contra abuso de posição dominante do art. 102 do TFUE, que incluem a justificativa objetiva (como força maior) e eficiências.[43]

À luz dessas experiências, torna-se evidente a necessidade de desenvolver, no contexto brasileiro, critérios mais sofisticados para avaliar em que medida as regras de associações esportivas são de fato necessárias,

42 ORGANIZAÇÃO PARA A COOPERAÇÃO E DESENVOLVIMENTO ECONÔMICO (OCDE). Competition and Professional Sports, p. 1-54, 2023, p. 25.

43 Para uma discussão sobre como essas três regras de defesa foram discutidas na trilogia europeia, cf. MONTI, Giorgio. EU competition law after the Grand Chamber's December 2023 sports trilogy: European Super League, International Skating Union and Royal Antwerp FC. *Revista de Derecho Comunitario Europeo*, v. 1012, p. 11-43, 2024, p. 33-39.

adequadas e proporcionais. Esse aprimoramento não apenas fortaleceria a aplicação do Direito concorrencial no setor esportivo, mas também proporcionaria maior segurança jurídica e eficácia na regulação dessas atividades.

4.2. Restrições concorrenciais no mercado de organização e comercialização de competições (restrições interligas)

As restrições à concorrência interligas são aquelas que, de alguma forma, proíbem ou dificultam que seus membros (clubes ou atletas) participem de ligas concorrentes, impondo sanções como multas ou mesmo desfiliação. Trata-se de verdadeiras restrições voltadas à criação de barreiras à entrada para preservar a posição de monopólio da associação no mercado de organização e comercialização de eventos esportivos.

Os possíveis danos antitruste decorrentes relacionam-se às ineficiências do monopólio, na forma de aumento de preço de ingressos ou de transmissões esportivas, diminuição da oferta de eventos esportivos, degradação da qualidade ou falta de inovação na organização e comercialização de competições.[44]

Dois casos da trilogia europeia refletem essas preocupações. Nos casos ISU e Superliga, o Tribunal de Justiça considerou que as regras de associações esportivas (respectiva da ISU e da FIFA e da UFEA) que exigem autorização prévia para que atletas e clubes possam participar de campeonatos concorrentes poderia violar o art. 102 do TFUE, relativo ao abuso de posição dominante.

Em ambas as decisões, enfatizou-se como teoria do dano a ideia de que "referidas regras são suscetíveis de permitir, senão excluir do mercado qualquer empresa concorrente, mesmo sendo igualmente eficaz, pelo menos limitar a conceção e a comercialização de competições alternativas ou novas pelo seu formato ou conteúdo" (tradução livre).[45] Ainda de acordo com as decisões, essas regras também privariam os atletas da oportunidade de participar dessas competições alternativas e dos espectadores de terem acesso a elas (tradução livre).[46]

---

44 BUDZINSKI, Oliver; FEDDERSEN, Arne. Should organising Premier-Level European Football be a monopoly? And who should run it? - an Economists' Perspective. *in: EU Antitrust Law and Sport Governance: The Next Frontier?*, Nova Iorque: Routledge Taylor and Francis Group, 2022, p. 92.

45 UNIÃO EUROPEIA. Tribunal de Justiça. Caso C-124/21 P. International Skating Union v Commission. Luxemburgo, 21 de dezembro de 2023, § 146.

46 UNIÃO EUROPEIA. Tribunal de Justiça. Caso C-124/21 P. International Skating Union v Commission. Luxemburgo, 21 de dezembro de 2023, § 146.

É relativamente intuitivo pensar que os estatutos de associações e entidades esportivas que impedem que atletas e jogadores de se filiarem a regimes de competições tendem a ser anticompetitivos por seu próprio objeto. Do ponto de vista de elaboração de uma teoria do dano, portanto, essa narrativa seria facilmente enquadrada como um potencial abuso de exclusão. Mas regras desse gênero devem ser consideradas ilícitas por si só? A resposta que vem dos recentes casos europeus é negativa.

A configuração particular da economia do esporte discutida ao longo deste artigo impede que mesmo restrições interligas sejam consideradas em si anticompetitivas. Ainda que cogitar os danos potenciais de elevação de barreiras à entrada no mercado de organização de eventos seja relativamente simples, avaliar o impacto das exigências de unimilitância, em termos de efeitos econômicos de bem-estar, tende a ser complexo.

Devido às particularidades da necessidade de coordenação na indústria dos esportes, há argumentos relevantes que sustentam os benefícios de o mercado de organização de competições ser organizado como um monopólio. A manutenção de uma liga única pode gerar diversos benefícios para os consumidores, como a concentração de talentos, a identificação clara de campeões, um equilíbrio competitivo mais intenso e a formação de capital de consumo específico.[47]

Alegações desse gênero foram intensamente discutidas nos casos recentes apreciados pelo TJUE. Para ficar apenas no caso da Superliga Europeia, a opinião do Advogado Geral Rantos sustentou que as regras da FIFA e da UEFA que exigem autorização prévia para que times europeus se associem a campeonatos concorrentes são necessárias para realizar objetivos legítimos na organização do futebol – como a preservação do modelo esportivo europeu, que se baseia em competições abertas, solidariedade financeira entre o esporte profissional e amador e a promoção da formação de jovens jogadores.[48]

É interessante notar que a fundamentação da referida opinião aventa não apenas razões jurídicas, mas também econômicas que, na sua visão,

---

47 Esse argumento é historicamente desenvolvido em NEALE, Walter C. The Peculiar Economics of Professional Sports: A Contribution to the Theory of the Firm in Sporting Competition and in Market Competition. *The Quarterly Journal of Economics*, v. 78, n. 1, p. 1-14, 1964.

48 RANTOS, Athanasios. Conclusões do advogado-geral Athanasios Rantos apresentadas em 15 de dezembro de 2022. Processo C-333/21. European Superleague Company SL contra Union of European Football Associations (UEFA) e Fédération Internationale de Football Association (FIFA). Disponível em: https://curia.europa.eu/juris/document/document.jsf?text=&docid=268621&pageIndex=0&doclang=PT&mode=req&dir=&occ=first&part=1&cid=8094.

tenderiam a tornar o mecanismo de cooperação organizado por uma liga monopolista inerentemente superior à situação de competição entre ligas. Sobre esse ponto, defendeu-se que a criação da Superliga Europeia como uma concorrente dos campeonatos da UEFA: (i) reduziria drasticamente o apelo dos campeonatos nacionais, que hoje são utilizados para classificação dos clubes nos campeonatos europeus,[49] (ii) teria um impacto negativo na igualdade de oportunidades, já que os clubes que tivessem participação garantida na Superliga Europeia teriam acesso a receitas em escala maior do que os clubes que participam apenas das competições do sistema UEFA[50] e ainda (iii) colocaria em risco o princípio da solidariedade, pois prejudicaria a rentabilidade das competições da UEFA e, assim, reduziria a fatia de receita destinada ao futebol de base.[51]

A decisão do Tribunal de Justiça não acolheu a opinião do Advogado Geral, mas preferiu adotar um caminho argumentativo singular. Em larga medida, o TJUE concordou que as regras analisadas se vinculariam a objetivos de interesse público inerentes à atuação da associação esportiva.[52]

De fato, não houve nenhuma hesitação do Tribunal em afirmar que as regras de autorização prévia e de participação são, "legítimas no contexto específico do futebol profissional e das atividades económicas a que a prática desse desporto dá origem", de modo que "nem a adoção nem a aplicação das mesmas podem ser qualificadas, no seu princípio e de modo geral, de exploração abusiva de uma posição dominante".[53]

Verifica-se, portanto, que o Tribunal de Justiça operou uma mudança de perspectiva para lidar com o problema do monopólio. Sem deslegitimar os objetivos visados pelas regras de exclusividade, a decisão

49 RANTOS, Athanasios. Conclusões do advogado-geral Athanasios Rantos apresentadas em 15 de dezembro de 2022. Processo C-333/21. European Superleague Company SL contra Union of European Football Associations (UEFA) e Fédération Internationale de Football Association (FIFA), § 102.

50 RANTOS, Athanasios. Conclusões do advogado-geral Athanasios Rantos apresentadas em 15 de dezembro de 2022. Processo C-333/21. European Superleague Company SL contra Union of European Football Associations (UEFA) e Fédération Internationale de Football Association (FIFA), § 103.

51 RANTOS, Athanasios. Conclusões do advogado-geral Athanasios Rantos apresentadas em 15 de dezembro de 2022. Processo C-333/21. European Superleague Company SL contra Union of European Football Associations (UEFA) e Fédération Internationale de Football Association (FIFA), § 105.

52 UNIÃO EUROPEIA. Tribunal de Justiça. Caso C-333/21. European Superleague Company v FIFA and UEFA. Luxemburgo, 21 de dezembro de 2023, § 144 ("é legítimo submeter a organização e a realização das competições internacionais de futebol profissional a regras comuns destinadas a garantir a homogeneidade e a coordenação dessas competições dentro de um calendário conjunto e, mais amplamente, a promover, de forma adequada e efetiva, a prática de competições desportivas baseadas na igualdade de oportunidades e no mérito").

53 UNIÃO EUROPEIA. Tribunal de Justiça. Caso C-333/21. European Superleague Company v FIFA and UEFA. Luxemburgo, 21 de dezembro de 2023, § 145.

recorreu a uma releitura ampliativa da jurisprudência europeia que sedimenta os deveres de uma empresa monopolista que detém poderes regulamentares e controla o acesso a mercados integrados.

O TJUE invocou o precedente *RTT v INNO*[54], para assentar a tese de que, ainda que a atribuição de poderes reguladores a um monopolista não seja em si ilícita, quando uma empresa possui a autoridade para estabelecer as condições de entrada no mercado para potenciais concorrentes (seja por meio de aprovação ou rejeição previa) "esse poder deve, para não violar, pela sua própria existência, o art. 102 TFUE, ser lido em conjugação com o art. 106 TFUE, estar sujeito a critérios materiais transparentes, claros e precisos que permitem evitar que possa ser usado de forma arbitrária" (tradução livre).[55]

Adicionalmente, o Tribunal entendeu que é crucial limitar procedimentalmente o exercício desse poder, que deve ser disciplinado por "normas processuais transparentes e não discriminatórias relativas, designadamente, aos prazos aplicáveis à apresentação de um pedido de autorização prévia e à adoção de uma decisão sobre o mesmo", de sorte que tais prazos "não devem poder prejudicar as empresas potencialmente concorrentes, impedindo-as de entrarem de forma efetiva no mercado". [56]

A partir dessas premissas, as decisões dos casos Superliga Europeia e ISU concluem que a eventual violação ao art. 102 do TFUE não estaria consubstanciada propriamente nos poderes de exclusividade no poder de sancionar os clubes desviantes, mas sim na falta de "critérios materiais" e "normas processuais" adequados para assegurar o caráter transparente, objetivo, preciso, proporcional e não discriminatório de aplicação dessas regras.[57]

---

54 RTT v GB-Inno-BM. Acórdão do Tribunal de Justiça (Quinta Câmara) de 13 de dezembro de 1991. Processo C-18/88. Nesse caso, o Tribunal decidiu que uma empresa pública que detinha o monopólio legal da prestação de serviços de telecomunicações teria abuso do seu poder regulatório de estabelecimento e certificação de padrões de equipamento telefônicos para prejudicar seus próprios produtos em detrimentos de concorrentes.

55 UNIÃO EUROPEIA. Tribunal de Justiça. Caso C-333/21. European Superleague Company v FIFA and UEFA. Luxemburgo, 21 de dezembro de 2023, § 135.

56 UNIÃO EUROPEIA. Tribunal de Justiça. Caso C-333/21. European Superleague Company v FIFA and UEFA. Luxemburgo, 21 de dezembro de 2023, § 136.

57 UNIÃO EUROPEIA. Tribunal de Justiça. Caso C-333/21. European Superleague Company v FIFA and UEFA. Luxemburgo, 21 de dezembro de 2023, § 151. "[P]ara que se possa considerar que as regras de autorização prévia das competições desportivas e de participação nestas competições, como as que estão em causa no processo principal, estão sujeitas a critérios materiais transparentes, objetivos e precisos, bem como a normas processuais transparentes e não discriminatórias, não constituindo um obstáculo ao acesso efetivo ao mercado, é necessário, especialmente, que esses critérios e essas normas tenham sido estabelecidos, de forma acessível, previamente a qualquer aplicação das referidas regras (...)".

Esses fundamentos representam um marco significativo na jurisprudência concorrencial aplicada ao setor esportivo. As sentenças europeias inovam na interpretação do abuso de monopólio pelo Tribunal: o foco deixa de ser a mera previsão de regras de autorização prévia – prática considerada legítima per se – e passa a ser a ausência de salvaguardas substantivas e processuais que assegurem a aplicação justa e transparente dessas regras por entidades como a FIFA e a UEFA. Esta abordagem reflete uma compreensão mais sofisticada das complexidades inerentes à governança esportiva e suas implicações concorrenciais.

Pode-se argumentar que essas decisões representam uma adaptação do Direito concorrencial, introduzindo uma dimensão regulatória de justiça competitiva no exercício da função regulamentar do monopolista. Embora essa "nova" perspectiva pareça não encontrar paralelo com experiências anteriores, ela se mostra largamente compatível com uma leitura da Lei 12.529/2011 focada nas múltiplas dimensões de abuso de poder econômico. Tal abordagem enfatiza o Direito concorrencial como um instrumento para assegurar a equidade na governança esportiva, reconhecendo que sua implementação pode enfrentar desafios práticos semelhantes ao estabelecimento de parâmetros de uma regulação concorrencial procedimental.

A evolução jurisprudencial demonstra uma tendência de adaptar o Direito concorrencial às especificidades do setor esportivo, buscando um equilíbrio entre a necessidade de regulação e a promoção da concorrência justa e potencialmente influenciando a forma como outros sistemas jurídicos, incluindo o brasileiro, abordam questões similares.

5. CONSIDERAÇÕES FINAIS

O presente artigo buscou explorar a complexa interseção entre o Direito da concorrência e a governança do esporte profissional, com foco especial nas implicações para o contexto brasileiro. A análise das recentes decisões do Tribunal de Justiça da União Europeia e das discussões acadêmicas internacionais revela a emergência de uma principiologia particular para lidar com as especificidades do setor esportivo.

Esta nova abordagem reconhece a natureza única da "coopetição" no esporte e a necessidade de equilibrar a preservação da integridade competitiva com os princípios tradicionais do Direito concorrencial. Ao mesmo tempo, ela enfatiza a importância de salvaguardas processuais e substantivas na avaliação de potenciais abusos de posição dominante por associações esportivas.

A aplicação dessa perspectiva no Brasil suscita a necessidade de adaptações particularidades. É necessário desenvolver uma estrutura analítica mais robusta para avaliar justificativas de interesse público e eficiências no controle de condutas, bem como reconhecer a abertura da Lei 12.529/2011 a uma abordagem procedimental de justiça competitiva.

Esses avanços parecem cruciais para assegurar uma regulação eficaz e equilibrada do setor esportivo brasileiro. Ao incorporar essas novas perspectivas, o Direito da concorrência pode desempenhar um papel fundamental na promoção de uma governança esportiva mais justa e eficiente.

Referências bibliográficas

ATHAYDE, Pedro; DIAS, Adovaldo; FILHO, De Medeiros; et al. Modelos legislativos e sistemas de políticas esportivas: Brasil e Portugal. Movimento, v. 30, p. 1–17, 2024.

BORLAN, Jeff. The production of professional team sports. In: Handbook on the Economics of Sport. Cheltenham, UK: Edward Elgar, 2006, p. 22–26.

BUDZINSKI, Oliver. (Sports) Economics Upside Down? – A Comment on the Advocate General Opinion in European Super League versus UEFA / FIFA (Sports) Economics Upside Down ? – A Comment on the Advocate General Opini. Ilmenau Economics Discussion Papers, v. 28, n. 173, p. 1–13, 2023.

BUDZINSKI, Oliver. Competition Policy in Sports Markets. In: The SAGE Handbook of Sports Economics. Thousand Oaks: SAGE Publications, 2020, p. 144–154.

BUDZINSKI, Oliver. The institutional framework for doing sports business: Principles of EU competition policy in sports markets. International Journal of Sport Management and Marketing, v. 11, n. 1–2, p. 44–72, 2012.

BUDZINSKI, Oliver; FEDDERSEN, Arne. Should organising Premier-Level European Football be a monopoly? And who should run it? – an Economists' Perspective. In: EU Antitrust Law and Sport Governance: The Next Frontier? Nova Iorque: Routledge Taylor and Francis Group, 2022, p. 85–101.

BUDZINSKI, Oliver; SZYMANSKI, Stefan. Are restrictions of competition by sports associations horizontal or vertical in nature? Journal of Competition Law and Economics, v. 11, n. 2, p. 409–429, 2015.

COLOMO, Pablo Ibáñez. Competition Law and Sports Governance: Disentangling a Complex Relationship. World Competition Law and Economics Review, v. 45, n. 3, p. 323–350, 2022.

HOEHN, Thomas. Governance and governing bodies in sport. In: Handbook on the Economics of Sport. Cheltenham, UK: Edward Elgar, 2006, p. 227–240.

KIENAPFEL, Philip; STEIN, Andreas. The application of Articles 81 and 82 EC in the sport sector. Competition Policy Newsletter, v. 3, p. 6–14, 2007.

KLEIN, Timo. Exclusive Dealing in Sports After ESL and ISU. Working Paper Avalible at https://www.cresse.info/wp-content/uploads/2023/09/2023_ps6_pa2_Klein.pdf, n. June, p. 1–22, 2023.

MONTI, Giorgio. EU competition law after the Grand Chamber's December 2023 sports trilogy: European Super League, International Skating Union and Royal Antwerp FC. Revista de Derecho Comunitario Europeo, v. 1012, p. 11–43, 2024.

NEALE, Walter C. The Peculiar Economics of Professional Sports: A Contribution to the Theory of the Firm in Sporting Competition and in Market Competition. The Quarterly Journal of Economics, v. 78, n. 1, p. 1–14, 1964.

ORGANIZAÇÃO PARA A COOPERAÇÃO E DESENVOLVIMENTO ECONÔMICO (OCDE). Competition and Professional Sports. p. 1–54, 2023. Disponível em: <https://one.oecd.org/document/DAF/COMP/LACCF>.

ORGANIZAÇÃO PARA A COOPERAÇÃO E DESENVOLVIMENTO ECONÔMICO (OCDE). Competition and Professional Sports – Note by the United States. p. 1–15, 2023.

PEREIRA NETO, Caio Mário da Silva; PRADO FILHO, José Inacio Ferraz de Almeida. Espaços e interfaces entre regulação e defesa da concorrência: a posição do CADE. Revista Direito GV, v. 12, n. 1, p. 13–48, 2016.

ROSS, Stephen F.; SZYMANSKI, Stefan. Antitrust and Inefficient Joint Ventures: Why Sports Leagues Should Look More Like McDonald's and Less Like the United Nations. In: The Comparative Economics of Sport. Nova Iorque: Palgrave Macmillan, 2016, p. 87–138.

ROSS, Stephen; GARCÍA, Sergio González. Sports & Competition Law: an Overview of EU and National Case Law. e-Competitions Special Issue Sports & Competition Law, p. 1–15, 2024.

SZYMANSKI, Stefan; ROSS, Stephen F. Governance and vertical integration in team sports. Contemporary Economic Policy, v. 25, n. 4, p. 616–626, 2007.

ZGLINSKI, Jan. Can EU competition law save sports governance? International Sports Law Journal, n. 2023, p. 475–481, 2024.

Exceções antitruste em ligas esportivas: o caso do beisebol nos Estados Unidos

Carlos Jacques Vieira Gomes
Bruno Polonio Renzetti

Sanjukta Paul escreve que "o antitruste decide onde a competição será necessária e onde a coordenação será permitida"[1]. A Seção 1 do *Sherman Act* é clara ao estabelecer que *todo* contrato capaz de restringir o comércio deveria ser considerado ilegal[2]. O *Sherman Act* não estabelece, em seu texto, qualquer tipo de exceção para setores econômicos específicos. Entretanto, no decorrer dos anos, algumas indústrias e atividades econômicas foram agraciadas com imunidade antitruste. Se não há necessidade de se respeitar as regras postas pelo *Sherman Act*, os agentes econômicos *isentos* possuem a liberdade de celebrarem contratos que possam restringir o comércio. A doutrina antitruste, assim, aloca o direito de coordenação para agentes econômicos de setores econômicos específicos.

Antitruste, por exemplo, no cenário norte-americano, aloca direitos de coordenação para sindicatos. Tal alocação, entretanto, não era clara desde 1890, quando o *Sherman Act* entrou em vigor, e sindicatos estavam sujeitos a sanções sob a lei[3]. A isenção antitruste proporcionada aos sindicatos somente ficou clara com o *Clayton Act* de 1914 e a forma com que a Seção 6 da lei foi escrita[4]. Dessa forma, o poder legislativo decidiu por conceder, de forma deliberada, uma isenção antitruste aos sindicatos, por meio de previsão legal expressa.

1 Cf. Sanjukta Paul. Antitrust as Allocator of Coordination Rights. 67 UCLA Law Review 378-431 (2020). Tradução livre de: "*antitrust law decides where competition will be required and where coordination is permitted*".

2 A jurisprudência evoluir para que somente acordos que restringissem o comércio de maneira irrazoável (*unreasonable*) fossem considerados ilegais.

3 Cf. decisão em *In re Debs*, 158 U.S. 564 (1895).

4 "The labor of a human being is not a commodity or article of commerce. Nothing contained in the antitrust laws shall be construed to forbid the existence and operation of labor, agricultural, or horticultural organizations, instituted for the purposes of mutual help, and not having capital stock or conducted for profit, or to forbid or restrain individual members of such organizations from lawfully carrying out the legitimate objects thereof; nor shall such organizations, or the members thereof, be held or construed to be ilegal combinations or conspiracies in restraint of trade, under the antitrust laws." (*Clayton Act*, 15 U.S.C.A. §17).

Existem outros setores econômicos que se tornaram exceções da aplicação das regras antitruste, mas nenhuma situação é mais peculiar do que o caso do beisebol profissional nos Estados Unidos – o primeiro esporte americano a se organizar de maneira profissional. A exceção à liga profissional de beisebol não encontra respaldo em nenhuma legislação, tendo sido desenvolvida exclusivamente pelas cortes em três casos paradigmáticos, deixando claro que Direito, sociedade e economia não se desenvolvem *pari passu*.

Abaixo, exploramos os três principais casos relativos à criação da isenção antitruste ao beisebol nos Estados Unidos. Após, oferecemos algumas considerações sobre o atual estado da discussão.

a. *FEDERAL BASEBALL*[5]

Para entender a origem da controvérsia acerca da sujeição da liga profissional de beisebol à legislação antitruste americana, é necessário primeiro olharmos para o dispositivo legal. De acordo com a Seção 1 do *Sherman Act*, "todo contrato, combinação ou conspiração para restringir trocas e comércio entre vários estados, ou com nações estrangeiras, deve ser considerado ilegal"[6]. A restrição, portanto, deve ocorrer no âmbito do comércio *interestadual* ou *internacional*.

Em síntese, o caso se iniciou com um processo do time *Federal Baseball Club of Baltimore*, membro da Liga Federal de Beisebol, contra as concorrentes Liga Americana e Liga Nacional. O clube alegou que os acordos entre as duas ligas violavam Seção 4 do *Clayton Act*. A equipe de Baltimore acusava as duas ligas concorrentes de conspirarem para inviabilizar sua equipe profissional de beisebol ao monopolizarem as ligas profissionais. A principal questão estava na restrição de mobilidade dos jogadores a partir de um acordo (*National Agreement*) celebrado entre as ligas Americana e Nacional[7].

---

5 *Federal Baseball Club of Baltimore, Inc. v. National League of Professional Baseball Clubs*, 259 U.S. 200 (1922).

6 Tradução livre de: "Every contract, combination in the form of trust or other- wise, or conspiracy, in restraint of trade or commerce among the several States, or with foreign nations, is hereby declared to be ilegal."

7 Sobre a relação entre a Liga Americana e a Liga Nacional, escreve Samuel Alito: "For a time, the two leagues competed for players, but in 1903, they signed a truce known as the National Agreement. Pursuant to the National Agreement, the two leagues agreed to recognize each other as equals and to honor each other's contracts and observe the reserve clause, which tied a player to his team. The agreement put in place the essential structure of professional baseball that lasted for decades, and it was followed by the emergence of the game as the true national pastime." (Cf. Samuel Alito Jr. The Origin of the Baseball Antitrust Exemption. In. Journal of Supreme Court History 34, no. 2, July 2009).

Em primeiro grau, o júri popular concluiu pela condenação das ligas rés. O juiz Wendell Stafford, que presidiu o júri, instruiu os jurados a considerarem que as ligas de beisebol faziam parte de comércio interestadual e que o *National Agreement* criava um monopólio em tal comércio. O júri deveria avaliar se houve danos ao clube de Baltimore em tal cenário. O júri concluiu que sim e estabeleceu a indenização em 80 mil dólares, valor que foi triplicado para 240 mil dólares em razão da doutrina do *treble damages* previsto na Seção 4(a) do Clayton Act.

A decisão foi revertida em sede de recurso. A *United States Court of Appeals for the District of Columbia* entendeu que o clube de Baltimore não estaria praticando "comércio interestadual" para fins de sujeição ao *Sherman Act.* Para a Corte, os jogos de beisebol não deveriam se confundir com a movimentação de jogadores e equipamento[8].

O caso chegou à Suprema Corte dos Estados Unidos por recurso apresentado pela equipe de Baltimore, alegando que os jogos de beisebol configurariam *interstate commerce* para fins do *Sherman Act.* Além disso, o sucesso financeiro da liga dependeria da venda de ingressos em diferentes estados, dado as viagens dos times. As ligas de beisebol do outro lado do processo argumentaram que esportes competitivos devem estar sujeitos a apenas regulação local e não nacional, além de alegarem que o *Sherman Act* somente deveria ser aplicado em indústrias em que os negócios podem ser conduzidos com ou sem restrições.

A decisão unânime da Suprema Corte foi escrita pelo *Justice* Oliver Wendell Holmes. De acordo com ele, o fato de existirem clubes de beisebol em cidades e estados diferentes, e que a natureza da competição exigiria viagens constantes, não seria suficiente para caracterizar "comércio interestadual" para fins do *Sherman Act.* Assim, não haveria sujeição das ligas profissionais de beisebol à legislação antitruste.

8 De acordo com a decisão, "the players, it is true, travel from place to place in interstate commerce, but they are not the game. Not until they come into contact with their opponents on the baseball field and the contest opens does the game come into existence. It is local in its beginnings and in its end. Nothing is transferred in the process to those who patronize it." (*Fed. Baseball Club of Balt.*, 269 F. 684 (1920))

b. *TOOLSON*

Na década de 1950, a Suprema Corte teve a oportunidade de reavaliar a decisão tomada em *Federal Baseball*. Em *Toolson v. New York Yankees*[9], a Corte foi apresentada a um caso que versava sobre a mobilidade de jogadores entre diferentes equipes da liga profissional.

O caso dizia respeito ao jogador George Earl Toolson, um arremessador para as equipes de base dos Yankees, que se viu impossibilitado de se transferir para outra equipe devido à *reserve clause* presente no contrato dos jogadores. De acordo com tal cláusula, as equipes detinham o direito de manter os jogadores por um ano mesmo após o término do contrato. Assim, os jogadores não poderiam negociar com outras equipes.

Toolson iniciou um processo com base na legislação antitruste e o caso chegou à Suprema Corte. Importante notar que anos antes o caso de *Gardella*[10] foi julgado pelo *Second Circuit of Appeals* e entendeu ser aplicável a legislação antitruste a ligas de beisebol[11]. Foi nesse cenário que o caso de Toolson chegou à Suprema Corte.

A Suprema Corte decidiu em favor do New York Yankees por maioria, 7 votos a 2. A decisão da maioria, divulgada *per curiam*, a Corte reafirmou a decisão em *Federal Baseball* e indicou que deveria o Poder Legislativo promover mudanças para incluir a liga de beisebol no escopo da legislação antitruste[12]. Em opinião divergente, *Justice* Burton apontou diversas características do beisebol contemporâneo que deveriam ser levadas em consideração para aplicação do *Sherman Act*[13].

---

9 346 U.S. 356.

10 *Gardella v. Chandler*, 172 F.2d 402 (2d Cir. 1949)

11 A Corte determinou que o caso voltasse para primeira instância para novo julgamento. Sobre a decisão, Marc Edelman e John T. Holden explicam que *"sensing the possibility of unfavorable precedente, MLB preempted an influential decision by settling that case, as well settling the cases involving two other blacklisted players."* (Cf. Marc Edelman & John T. Holden. Baseball's Anticompetitive Antitrust Exemption. 65 Boston College Law Review (2024), p. 1791)

12 *"The present cases ask us to overrule the prior decision and, with retrospective effect, hold the legislation applicable. We think that, if there are evils in this field which now warrant application of the antitruste laws, it should be by legislation."*

13 *"In the light of organized baseball's well known and widely distributed capital investments used in conducting competitions between teams constantly traveling between states, its receipts and expenditures of large sums transmitted between states, its numerous purchases of materials in interstate commerce, the attendance at its local exhibitions of large audiences often traveling across state lines, its radio and television activities which expand its audiences beyond state lines, its sponsorship of interstate advertising, and its highly organized "farm system" of minor league baseball clubs, coupled with restrictive contracts and understandings between individuals and among clubs or leagues playing for profit throughout the United States, and even in Canada, Mexico, and Cuba, it is a contradiction in terms to say that the defendants in the cases before us are not now engaged in interstate trade or commerce as those terms are used in the Constitution of the United States and in the Sherman Act."* (Dissenting Opinion by Justice Burton, 346 U.S. 356).

c. *FLOOD*

Os fatos do caso de *Flood* são anedóticos. Em 8 de outubro de 1969, às quatro da manhã, o jogador Curt Flood do St. Louis Cardinals atendeu uma ligação de um repórter pedindo comentários sobre sua transferência para a equipe de Philadelphia – transferência que Flood ainda não tinha conhecimento e não desejava a troca. Flood não aceitou a troca e decidiu pela aposentadoria. Em janeiro de 1970, ele ajuizou sua ação contra o Presidente da *Major League Baseball*, Bowie Kuhn, na corte do Distrito Sul de Nova York. A primeira e a segunda instâncias não deram provimento aos pedidos de Kuhn e aplicaram o precedente de *Federal Baseball*.

O caso de *Flood v. Kuhn*[14] foi julgado pela Suprema Corte em 1972. A decisão da maioria foi escrita pelo *Justice* Harry Blackmun. Apesar da decisão versar longamente sobre a história da organização do beisebol profissional e as mudanças pelas quais o esporte passou desde a decisão em *Federal Baseball*, a Corte ainda assim decidiu que o esporte gozaria de uma isenção antitruste devido a suas características e necessidades únicas[15].

A decisão apenas criou mais incerteza, pois reconheceu que o beisebol seria comércio interestadual, ainda que, mesmo assim, mantivesse algum nível de exceção antitruste. Para a Corte, a inação do Congresso sobre o tema demonstrou que não haveria intenção de reverter a situação. A decisão em *Flood* foi a última vez que a Suprema Corte decidiu um caso sobre a exceção antitruste aplicada ao beisebol.

CONSIDERAÇÕES FINAIS

Interessante notar que a discussão acerca da exceção antitruste aplicada à liga profissional de beisebol tem os atletas como um dos principais afetados. Os atletas, em que se pese seus salários vultuosos, são também trabalhadores que oferecem sua força de trabalho às equipes

14 *Flood v. Kuhn*, 407 U.S. 258.

15 "Although considered little more than a useless appendage to the baseball trilogy by most, and considered to add little to what had already been said in Federal Baseball and Toolson, Flood in fact is the case where Organized Baseball's antitrust exemption shows itself most explicitly. Here, the Court, for the first time, grounded its decision in policy and held that Organized Baseball was exempt from the federal antitrust laws due to reasons related to its unique qualities." (Cf. Mitchell Nathanson. Who Exempted Baseball, Anyway? The Curious Development of the Antitrust Exemption That Never Was. In. 4 Harvard Journal of Sports & Entertainment Law (2013), p. 43).

– os empregadores – e não deveriam ter tratamento diferenciado em relação a outros trabalhadores[16]. O atual momento do antitruste é especialmente relevante para se promover a rediscussão sobre a exceção aplicada ao beisebol e seus efeitos deletérios.

Ligas esportivas não possuem nenhuma característica intrínseca que deveriam garantir uma exceção antitruste a elas. A exceção ao *Sherman Act* garantida à liga profissional de beisebol é uma das decisões mais anacrônicas da história da Suprema Corte e deveria ter sido revertida em *Flood*. Ligas esportivas preenchem todos os requisitos dispostos no *Sherman Act* e devem estar sujeitas à legislação antitruste. Nesse sentido, a decisão em *American Needle*[17] é clara ao estabelecer que as equipes da NFL – liga profissional de futebol americano – poderiam se engajar em acordos não-competitivos sujeitos à legislação antitruste. O fato de que equipes fazem parte de uma mesma liga não as isenta de eventual responsabilidade antitruste, dado que todas as equipes são individualmente gerenciadas e possuem seus próprios interesses econômicos.

O *lockout*[18] da liga de beisebol entre 2021 e 2022 foi um grande exemplo de como a exceção antitruste pode afetar diretamente os trabalhadores – no caso, os atletas profissionais. Considerando a exceção antitruste conferida ao beisebol profissional e a fim da vigência do acordo coletivo entre liga e jogadores, os donos das equipes iniciaram uma ação concertada com o objetivo de vedar os profissionais de exercerem sua profissão. Em um mundo além do beisebol, os trabalhadores (jogadores) teriam a capacidade de buscar juntos às cortes alguma espécie de decisão liminar para paralisar o *lockout*, argumentando que os donos das equipes estariam praticando uma conduta concertada em violação das

---

16 Essa discussão também se reflete no Brasil, a partir dos princípios presentes no capítulo da Ordem Econômica na Constituição Federal. Sobre tema, já escreveu um dos autores deste texto: "Nesse contexto, assume fundamental importância reconhecer que a necessidade de se tutelar as condições de trabalho, verdadeiro *escopo social* do direito antitruste, influencia a aplicação de suas normas, em especial no que respeita: (a) ao controle preventivo do exercício abusivo de poder econômico, como forma de se evitar que a formação de estruturas econômicas concentradas produza redução no nível de emprego, (b) à isenção antitruste aos sindicatos, permitindo-se a ampla restrição da concorrência entre empregados, como meio de se valorizar o trabalho humano, e (c) ao acolhimento da teoria da *failing firm*, como forma de se tutelar o emprego, ainda que em detrimento da estrutura concorrencial que possa o mercado considerado apresentar, após a compra da empresa em estado pré-falimentar." (Cf. Carlos Jacques Vieira Gomes. Ordem Econômica Constitucional e Direito Antitruste. Porto Alegre: Sérgio Fabris Editor, 2004, p. 217).

17 Para comentários em português sobre o caso, cf. Fernando Stival. American Needle, Inc. v. National Football League (NFL), 560 U.S. 183 (2010). In.: Bruno Polonio Renzetti (Org.). Jurisprudência Concorrencial Americana e sua Influência no Brasil: estudos em homenagem a Mário André Machado Cabral. Londrina: Ed. Thoth, 2024, p. 385.

18 Cf. James Wagner. MLB's Lockout: What Is It? How Does it Work? What's Next? In. The New York Times, Dec. 4, 2021.

regras antitruste. Entretanto, os jogadores profissionais de beisebol não possuem a possibilidade de utilizarem estratégias como as que foram empregadas pelos jogadores de futebol americano em 2011, quando o acordo coletivo foi rescindido para expor os donos das equipes à responsabilidade antitruste. A exceção antitruste do beisebol somente beneficia os donos das equipes e reduz o poder de barganha dos atletas.

Se a exceção antitruste ao beisebol fosse declarada ilegal, teríamos dois benefícios imediatos: (a) fortalecer a posição dos atletas em face do poder de monopsônio detido pela *Major League Baseball*; e (b) o enfraquecimento da habilidade dos donos das equipes de bloquearem a realocação de equipes e obstruir a criação de ligas concorrentes.

No primeiro caso, a ausência de uma exceção antitruste fortaleceria os jogadores em face do poder de monopsônio dos detentores das equipes. Se os donos se engajassem em conduta colusiva com o objetivo de restringir a livre movimentação de jogadores entre os times, os donos estariam sujeitos não somente a penas pecuniárias, mas também a investigação criminal[19]. Também, no caso de um *lockout*, considerando a conduta colusiva dos proprietários das equipes, os jogadores teriam legitimidade para iniciar um processo de acordo com o *Sherman Act*.

No segundo caso, os donos das equipes estariam sujeitos à Seção 2 do *Sherman Act* se eles tentassem obstar a criação de uma nova liga. Objeções para a criação de uma nova liga poderiam ser consideradas como uma tentativa de monopolização (*attempt to monopolize*). Da mesma forma, na ausência da exceção, se mais difícil prevenir que uma equipe decidisse mudar de cidade, algo comum nas ligas americanas[20]. A tentativa de bloquear uma realocação também poderia ser considerada uma conduta concertada para fechamento de mercado.

---

19 Recentemente, atletas universitários têm conseguido significativas vitórias no judiciário americano para regulamentar a possibilidade de receberem compensações pela atuação esportiva representando as universidades. Em *NCAA v. Alston*, a Suprema Corte decidiu que os atletas universitários poderiam receber "benefícios educacionais não-financeiros", tais como programas de intercâmbio e equipamentos. Cf. Bruno Renzetti. What does NCAA v. Alston tell us about antitrust and labor markets? ProMarket, July 9, 2021. Mais importante, porém, foi a decisão da NCAA em 2022 de permitir que os atletas universitários utilizam seus nomes e imagens para receber pagamentos, tais como campanhas publicitárias e patrocínios.

20 De fato, os donos dos times já lançaram mão de tal estratégia ao bloquearam a mudança da equipe do Oakland Athletics para a cidade de San Jose, também na Califórnia. O problema aqui é que a cidade de San Jose estaria no raio de exclusividade da equipe do San Francisco Giants. A cidade de San Jose iniciou uma ação judicial alegando que a conduta da liga e de seus donos violava a legislação antitruste e que a exceção antitruste não se aplicaria à realocação de equipes. A Corte de Apelações do Nono Circuito confirmou a decisão da corte distrital que entendeu que o caso estava dentro da isenção antitruste. *Cf. City of San Jose v. Off. of the Comm'r of Baseball*, 776 F.3d 686 (9th Cir. 2015).

A Suprema Corte escolheu alocar direitos de coordenação para a liga profissional de beisebol, mas não se trata de situação imutável. O esporte e os jogadores se beneficiariam de um fim da exceção. Os donos das equipes, nem tanto. E esta é uma importante razão para que se advogue pelo fim da exceção antitruste ao beisebol.

Referências bibliográficas

ALITO JR., Samuel A. The Origin of the Baseball Antitrust Exemption. In. Journal of Supreme Court History 34, no. 2, July 2009

EDELMAN, Marc; HOLDEN, John T. Baseball's Anticompetitive Antitrust Exemption. 65 Boston College Law Review (2024).

GOMES, Carlos Jacques Vieira. Ordem Econômica Constitucional e Direito Antitruste. Porto Alegre: Sérgio Fabris Editor, 2004.

NATHANSON, Mitchell. Who Exempted Baseball, Anyway? The Curious Development of the Antitrust Exemption That Never Was. In. 4 Harvard Journal of Sports & Entertainment Law (2013).

PAUL, Sanjukta. Antitrust as Allocator of Coordination Rights. 67 UCLA Law Review 378-431 (2020).

RENZETTI, Bruno. What does NCAA v. Alston tell us about antitruste and labor markets? ProMarket, July 9, 2021.

STIVAL, Fernando. American Needle, Inc. v. National Football League (NFL), 560 U.S. 183 (2010). In.: Bruno Polonio Renzetti (Org.). Jurisprudência Concorrencial Americana e sua Influência no Brasil: estudos em homenagem a Mário André Machado Cabral. Londrina: Ed. Thoth, 2024.

WAGNER, James. MLB's Lockout: What Is It? How Does it Work? What's Next? In. The New York Times, Dec. 4, 2021

A Liga sem liga: a errática história do futebol brasileiro na formação de uma Liga e na venda dos direitos de transmissão

Vicente Costa Pithon Barreto
Marcio de Oliveira Junior

1. INTRODUÇÃO

Este artigo aborda a evolução histórica das tentativas de cooperação entre os clubes de futebol brasileiros para a formação de uma Liga unificada. São discutidas as vantagens da formação de uma Liga, destacando a importância de uma gestão profissional e unificada para melhorar a qualidade do campeonato brasileiro de futebol e aumentar as receitas com a comercialização dos direitos de transmissão. Ainda, são abordados eventuais obstáculos, inclusive regulatórios, para a formação da Liga. Para isso, o trabalho foi organizado em três seções além desta introdução. Na seção 2 é apresentado um histórico da formação de uma Liga de futebol no Brasil. A seção 3 discute os benefícios e as dificuldades para a formação da Liga. A seção 4 conclui.

2. BREVE HISTÓRICO DA FORMAÇÃO DA LIGA DE FUTEBOL NO BRASIL

No esporte, sobretudo o coletivo, a disputa e a rivalidade são essenciais. É do confronto de técnica, força, velocidade e habilidade que surgem a dinâmica envolvente de uma partida e a paixão que desperta emoções em seus adeptos, fãs, torcedores e consumidores. Mas, como atividade econômica relacionada ao entretenimento, sua viabilidade depende da cooperação entre os rivais[1].

Essa premissa tem tido aplicação errática no futebol brasileiro, não por restrições legais ou regulatórias, mas sobretudo pela falta de um ambiente de negócios baseado em gestão profissional e governança coletiva, o que impede um fortalecimento de suas agremiações[2]. Essa ausência de cooperação faz com que um dos principais ativos das agremiações – os direitos de transmissão das partidas de futebol – sejam comercializadas por um valor inferior ao seu preço de reserva[3].

O futebol é o esporte mais popular no Brasil e no mundo. No Brasil, misturou-se ao longo do tempo com a própria construção da identidade nacional e cultural. De prática amadora até os anos 1930, sobreviveu até os anos 1970 essencialmente apenas da venda de ingressos, até o advento do marketing esportivo e da expansão da transmissão televisiva dos jogos. A transmissão das partidas aumentou bastante a receita das agremiações. Porém, por serem historicamente exploradas de forma ineficiente pelos clubes brasileiros, com lapsos erráticos em tentativas de cooperação, as receitas com as vendas dos direitos de transmissão ficaram significativamente aquém do potencial em comparação a outros mercados.

O chamado Clube dos 13, surgido em 1987 após a Confederação Brasileira de Futebol se declarar sem recursos para a realização do campeonato brasileiro, foi o embrião da cooperação entre os clubes no sentido da auto-organização e autopromoção de seus interesses. Seria ali o surgimento da primeira liga autônoma do futebol mundial em alto nível, mas que funcionou apenas por um ano. Em 1988 a CBF retomou a organização do campeonato nacional e o Clube dos 13 se transformou em um importante, embora restrito a isto, bloco de negociação dos direitos de transmissão.

Por essa organização em bloco, e com a transmissão dos jogos ancoradas na TV aberta, o Clube dos 13 conseguiu unir os principais clubes

1 Para uma discussão sobre competição e cooperação em esportes coletivos, ver: OECD. Competition and Professional Sports. OECD Competition Policy Roundtable Background Note. Disponível em: http://www.oecd.org/daf/competition/competition-and-professional-sports-2023.pdf.

2 Clubes e/ou Sociedades Anônimas do Futebol (SAFs).

3 No caso de vendedores, o preço de reserva é o menor preço pelo qual eles estariam dispostos a vender um produto. Para uma discussão mais aprofundada do tema, ver KLEMPERER, Paul. *Why Every Economist Should Learn Some Auction Theory*. Disponível em: www.paulklemperer.org.

do Brasil para negociar coletivamente os direitos de transmissão de suas partidas, aumentando seu poder de barganha nessa negociação. Mudanças na legislação nesse período, tornando esses direitos de imagens compartilhados entre os clubes, também foram fundamentais na construção dessa dinâmica coletiva de negociação. Em menos de uma década, em 1998, os direitos globais do campeonato brasileiro haviam subido mais de seis vezes, passando de 9 para 56 milhões de dólares[4]. Não por coincidência, naquele período o futebol brasileiro viveu uma fase exuberante, conquistando campeonatos mundiais de seleções e clubes, repatriando jogadores importantes e atraindo investimentos.

Na virada do século, entretanto, houve a debacle do Clube dos 13. Após desavenças na divisão das cotas, tentativa frustrada de leilão dos direitos em um mercado já mais pulverizado e disputas políticas internas, o Clube dos 13, já com 20 integrantes, implodiu em 2010, diante de tratativas individuais do principal comprador dos direitos de transmissão das partidas com os clubes mais populares.

Nos últimos quinze anos, ocorreram mudanças que possibilitaram a retomada da venda coletiva dos direitos de transmissão das partidas de futebol. Entre essas mudanças, novos compradores entraram no mercado, sobretudo empresas de TV por assinatura e plataformas de *streaming*. Ligado à atuação desses novos *players*, houve o advento de novos mecanismos de venda dos direitos, como leilões separados para cada tipo de veículo de mídia. A legislação também mudou, com o advento da Lei do Mandante (Lei 14.205, de 2021), tornando os direitos de transmissão de propriedade exclusiva do mandante de cada partida.

O processo político que redundou na aprovação da Lei do Mandante e a iminência do término do atual contrato dos direitos de transmissão em 2024 fez surgir um embrião de movimento dos clubes em torno de um projeto de Liga. Parecia haver um consenso de que juntos poderiam construir um novo modelo de governança própria, fortalecer o pacote do campeonato nacional e gerir os seus próprios rumos e competições. Porém, logo nos primeiros debates ficaram evidentes diferenças

4 CAMPOS PINTO, Marcelo. *Como funciona o mercado de transferências que está aquecido*. Podcast Dinheiro em Jogo. Disponível em: https://interativos.ge.globo.com/podcasts/programa/dinheiro-em-jogo/episodio/dinheiro-em-jogo-192-como-funciona-o-mercado-de-transferencias-que-esta-aquecido/ . Acesso em 15 de junho de 2024.

conceituais quanto à divisão de cotas, fosso aumentado com as tratativas individuais entre clubes e compradores dos direitos de transmissão.

Calcada na legislação passada, que impunha a propriedade compartilhada dos direitos de transmissão, a estratégia utilizada pelo principal comprador do mercado (TV Aberta) era fazer acordos mais vantajosos com os clubes mais populares (especialmente na modalidade *pay-per-view*, em negociação fatiada) e deixar os demais clubes sem alternativas negociais, sem opções externas ao principal comprador. Essa estratégia acabou por aumentar a diferença na arrecadação dos direitos de transmissão entre as agremiações.

Dessa forma, o debate sobre a construção da liga única do futebol brasileiro começou sob o signo dessa clivagem e marca o começo da divisão em dois grandes blocos comerciais que logo se formariam. O projeto da Liga única, portanto, foi ficando cada vez mais distante. Embora haja desafios (inclusive regulatórios) para sua formação, uma Liga única seria importante para aumentar o poder de barganha das agremiações e elevar a receita advinda da comercialização dos direitos de transmissão. Esse é o objeto da próxima seção.

3. BENEFÍCIOS E DIFICULDADES DA FORMAÇÃO DA FORMAÇÃO DA LIGA DE FUTEBOL NO BRASIL

A criação de uma Liga única seria importante para que as agremiações negociassem os direitos de transmissão de forma a aumentar suas receitas com a venda desses ativos. A Liga poderia desenhar mecanismos para vender os direitos de transmissão das partidas de forma coletiva, aumentando seu preço em comparação com o que seria obtido em negociações individuais, o modelo usado pelos clubes brasileiros atualmente[5]. Seria um modelo de negociação coletiva parecido com os das principais ligas europeias[6].

As receitas dos maiores clubes brasileiros com a venda de direitos de transmissão são baixas quando comparadas às de clubes europeus,

5 Segundo Cade (2020), "cada clube vende, individualmente, os direitos de transmissão de seus jogos e os valores e condições do contrato são negociados diretamente entre a emissora e o clube. Ver: CONSELHO ADMINISTRATIVO DE DEFESA ECONÔMICA - Cade. Nota Técnica 1/2020/GAB-SG/SG/CADE. Disponível em: https://sei.cade.gov.br/sei/modulos/pesquisa/md_pesq_documento_consulta_externa.php?DZ2uWeaYicbuRZEFhBt-n3BfPLlu9u7akQAh8mpB9yOFT-6GFdjT9OZv1f6gYgfanJrJVBldHQThl7j4Q_q_A1BZIY72MKMLriNWn2VCEfr_K8ZIfmZDmp4DM5104TKQ.

6 De acordo com Cade (2020), na Europa, as ligas da Alemanha, Espanha, França, Itália e Inglaterra negociam os direitos de transmissão coletivamente.

sendo que há espaço para aumentá-las por meio da comercialização mais eficiente desses direitos. Segundo o relatório da SportsValue[7], a receita dos vinte maiores clubes de futebol brasileiros em 2023 foi de 9 bilhões de reais (1,8 bilhão de dólares usando a taxa de câmbio média de 2023 para conversão). A receita obtida com direitos de transmissão das partidas no mesmo ano foi, segundo a mesma fonte, de 3,2 bilhões de reais (640,7 milhões de dólares), ou seja, esses direitos correspondem a cerca de 35,6% das receitas dos vinte maiores clubes brasileiros.

De acordo com o relatório da Deloitte[8], a Premier League (Inglaterra) teve receitas com direitos de transmissão de 3,75 bilhões de dólares na temporada 2021/22, o equivalente a 54% das receitas. A La Liga (Espanha) teve uma receita com direitos de transmissão de 2,06 bilhões de dólares na mesma temporada, 59% da receita total. No mesmo período, a Ligue 1 (França) teve uma receita de 781 milhões de dólares, 36% da receita. Em termos de receita média por clube, a desvantagem brasileira também é grande: 32 milhões de dólares no Brasil contra 345 milhões de dólares na Premier League, 176 milhões de dólares na La Liga e 108 milhões de dólares na Ligue 1.

A venda coletiva por uma Liga teria o potencial de aumentar as receitas por diversas razões. Entre elas, porque o mercado para a aquisição de direitos de transmissão de partidas de futebol mudou. Há novos compradores, como as plataformas de *streaming* (Facebook, Amazon e DAZN, por exemplo), que têm bases de clientes grandes e entraram na disputa pela aquisição de direitos de transmissão de eventos esportivos. Isso tende a pressionar os preços desses direitos para cima, pois a maior base de clientes aumenta as receitas potenciais com publicidade e, consequentemente, a valoração (*valuation*) dos direitos de transmissão[9].

---

7 SPORTS VALUE (2024). Finanças dos clubes de futebol 2023. Relatório Final. Disponível em: https://www.sportsvalue.com.br/wp-content/uploads/2024/05/Financas-clubes-2023-Final-report-maio-2024.pdf.

8 DELOITTE (2023). Annual Review of Football Finance 2023. Disponível em: https://www.deloitte.com/content/dam/assets-zone2/uk/en/docs/services/financial-advisory/2023/deloitte-uk-annual-review-of-football-finance-2023.pdf.

9 Os compradores dos direitos de transmissão de partidas de futebol os usam para atrair a atenção de seus telespectadores. Quanto maior for a atenção atraída, maior será a demanda dos anunciantes por espaços de publicidade e maior será o preço de venda desses espaços. Isso aumenta a expectativa de receita dos compradores dos direitos de transmissão. Por isso, eles se dispõem a pagar preços maiores por esses direitos. Adicionalmente, campeonatos mais competitivos atraem mais atenção dos telespectadores e por isso seus direitos de transmissão são mais caros. Para uma discussão sobre a relação entre a qualidade do campeonato, a atração da atenção dos consumidores e a valoração dos direitos de transmissão das partidas de futebol, ver OLIVEIRA JUNIOR, Marcio. Competição e Cooperação no Futebol Brasileiro. WebAdvocacy, 2023. Disponível em: https://webadvocacy.com.br/2023/02/02/texto-para-discussao-02-2023/.

Em função dessas mudanças, a Liga brasileira poderia desenhar mecanismos para a venda dos direitos, fomentando a competição pela sua aquisição e, dessa forma, maximizando as receitas. Por exemplo, a liga poderia organizar diferentes leilões para licenciar seus direitos de transmissão para todos os compradores (TV Aberta, TV por Assinatura e *streaming*). Outra opção é licenciar o conteúdo para cada plataforma separadamente.

O aumento do valor arrecadado com os direitos de transmissão teria um impacto positivo sobre as receitas dos membros da Liga, possibilitando que eles tenham condições de arcar com o custo mais alto de um elenco mais qualificado. Isso aumentaria a qualidade do campeonato brasileiro de futebol, o que, por sua vez, elevaria o valor dos direitos de transmissão, além de beneficiar os consumidores (torcedores). Além disso, a melhora da qualidade do campeonato nacional permitirá que a Liga brasileira concorra internacionalmente na venda de direitos de transmissão, com potencial para aumentar ainda mais as receitas[10].

A formação da Liga brasileira e a comercialização coletiva dos direitos de transmissão poderiam enfrentar alguns óbices regulatórios de natureza concorrencial. Pode ser questionado, por exemplo, se a venda coletiva seria uma cooperação entre os clubes para maximizar as receitas com a venda dos direitos de transmissão por meio da alavancagem seu poder de barganha. Alguns pontos deveriam ser considerados para endereçar esse questionamento. Em primeiro lugar, para analisar os efeitos de uma eventual negociação coletiva, é preciso avaliar a concorrência pela atenção dos consumidores entre as partidas da Liga brasileira e as partidas de outras ligas. Sendo essas partidas substitutas pela ótica da demanda, os compradores continuarão a ter à disposição direitos de transmissão de partidas de ligas de outros países para os quais poderão desviar sua demanda caso considerem os preços da Liga brasileira altos. Em outras palavras, eles terão opções externas à Liga brasileira.

10 Apesar desses benefícios potenciais, a negociação coletiva por intermédio de uma liga não é consenso entre os principais clubes brasileiros. Essa afirmação decorre da análise das respostas de clubes a ofícios que lhes foram enviados pela Superintendência Geral do Cade no âmbito do Inquérito Administrativo 08700.004453/2019-48. Disponível em: https://sei.cade.gov.br/sei/modulos/pesquisa/md_pesq_documento_consulta_externa.php?HJ7F4wnIPj2Y8B7Bj80h1lskjh7ohC8yMfhLoDBLddY7smg6DiPYZv6esOqlaOSX2CJs113uONQ5u1dbJKALunSXfdaDS_Zn0xbhO-XGWMFVInOkvX_ygEtpai8chjqe

Pode-se questionar também a necessidade de notificar a liga como um ato de concentração. Cordeiro e Oliveira Neto (2022)[11] afirmam que as operações entre SAFs devem ser notificadas ao Cade. Como a liga envolverá clubes e SAFs, pode haver a interpretação de que sua notificação como um ato de concentração é obrigatória. Ainda que seja, o ponto a analisar é se a associação entre clubes e SAFs por meio de uma Liga única geraria incentivos e capacidade para prejudicar a concorrência. Embora a cooperação seja importante para os clubes organizarem um campeonato, eles não têm incentivos para suprimir a concorrência entre eles, pois, conforme a OCDE (2023), a competição entre os clubes é importante para que se ofereça um produto com viabilidade econômica. Como os consumidores valorizam campeonatos competitivos (OCDE 2023), a ausência de competição tornaria o campeonato menos atraente e, com isso, os preços dos direitos de transmissão tenderiam a cair.

Não menos relevante, o Cade (2020) indicou que não consideraria a negociação coletiva um ilícito, pois "a necessidade de se assegurar o equilíbrio de competições seria justificativa para permitir negociações coletivas entre os competidores no mercado de futebol". Essa análise está correta, pois, devido ao aumento das receitas com a venda dos direitos de transmissão, o campeonato tende a ficar mais competitivo. Partidas mais competitivas são de melhor qualidade e beneficiam os consumidores (OCDE 2023).

Não está dito explicitamente no documento do Cade (2020), mas parece que, com essas afirmações, a autoridade de concorrência consideraria que um aumento do poder de mercado decorrente formação da Liga seria compensado por benefícios aos consumidores. Se assim decidir em uma eventual notificação da Liga como ato de concentração, será interessante, pois, em regra, o Cade não aceita que eficiências compensam aumentos de poder de mercado quando analisa atos de concentração horizontais.

11 CORDEIRO, Alexandre e OLIVEIRA NETO, Dario da Silva (2022). As aquisições das SAFs devem ser notificadas ao Cade. Jota. Disponível em: https://www.jota.info/opiniao-e-analise/colunas/concorrencia-e-mercados/aquisicoes-saf-devem-ser-notificadas-ao-cade-31012022.

4. CONSIDERAÇÕES FINAIS

A formação de uma única Liga seria importante para melhorar a qualidade do campeonato de futebol brasileiro. Há várias razões para isso. A primeira é que os organismos federativos de comando que hoje organizam as competições não são entidades geridas sob uma ótica econômica.

Outro fator é que a falta de uma autogestão coletiva por meio de uma Liga única impossibilita uma melhor exploração das marcas associadas ao futebol, o que poderia resultar em expansão e diversificação das receitas dos clubes. O processo de internacionalização, fundamental para a expansão das receitas com a venda de direitos de transmissão, fica igualmente prejudicado pelas deficiências dos organismos federativos que comandam o futebol brasileiro.

Uma Liga unificada, portanto, que não apenas negocie os direitos de transmissão, mas controle todas as operações e possibilidades do negócio, é importante para que os clubes expandam e diversifiquem suas receitas. Mas, ao que parece, não haverá a formação de uma Liga única, mas sim de duas ligas, dois blocos rivais de comercialização de direitos. Isso debilita o poder de barganha dos clubes, pois os compradores terão opções externas a cada liga. Evidência disso é que bastou ao principal comprador dos direitos de transmissão, lastreado na capilaridade da TV Aberta, fechar acordo para os próximos cinco anos com um dos blocos. Com isso, ele preencheu a sua grade e pagou menos do que teria de despender para adquirir os direitos se tivesse negociado com uma liga ou bloco único.

A cooperação entre clubes de futebol dá liga?

Sílvia Fagá de Almeida
Anna Olimpia de Moura Leite

MOTIVAÇÃO

O setor de esportes movimenta bilhões de reais no Brasil[1], sendo uma indústria muito relevante em diversos países do mundo. Sua importância vai muito além dos seus impactos econômicos mensurados monetariamente, promovendo diferentes externalidades positivas também na educação, saúde, inclusão social, dentre outras[2].

O ambiente competitivo dos mercados esportivos também se mostra relevante para que opere de forma a maximizar os seus benefícios. Isso porque o ambiente institucional, ou seja, as "regras do jogo" nos quais cada mercado esportivo se insere, afeta a estrutura de incentivos dos times e dos jogadores, impactando seu desempenho nos campeonatos.

Diante da relevância dos esportes em diferentes dimensões e, considerando a realidade brasileira, em que o futebol é o esporte de maior destaque e mais diretamente associado à cultura nacional, este artigo procura discutir os efeitos competitivos da organização dos times de futebol em ligas, buscando discutir a seguinte questão: quais seriam os efeitos concorrenciais da coordenação entre esses times concorrentes?

---

1 De acordo com a consultoria EY, a pedido da CBF, o futebol brasileiro movimenta cerca de R$ 53 bilhões, 0,72% do PIB (dados de 2019). Disponível em: <https://www.cbf.com.br/a-cbf/informes/index/cbf-apresenta-relatorio-sobre-papel-do-futebol-na-economia-do-brasil>.

2 Os diferentes impactos positivos do esporte na economia e na sociedade é reconhecido pela ONU: "Sport has long been seen by the UN as an important contributor to the realization of development and peace goals, in the way it promotes tolerance and respect; the contribution it makes to empowering women, young people and communities; and to health, education and social inclusion objectives". Conteúdo disponível em: UN recognises role of sport in achieving sustainable development | UN News (último acesso dia 30/06/2024).

Para responder a essa questão, será apresentado como os clubes de futebol tem se organizado no período recente para remunerar suas atividades (que decorre, em grande medida, da comercialização dos direitos de transmissão) e como as iniciativas de coordenação entre os clubes têm impactado o mercado.

CENÁRIO BRASILEIRO: PASSADO E FUTURO DA COMERCIALIZAÇÃO DOS DIREITOS DE TRANSMISSÃO

Direito de transmissão[3] é a maior fonte de receita dos clubes de futebol no Brasil. Em 2023, a receita com direitos de transmissão e premiações foi de R$ 5,1 bilhões, representando 43% da receita dos times de futebol apurados pela EY[4].

Atualmente, a negociação dos direitos de transmissão entre clubes e empresas que transmitem eventos esportivos ao vivo é feita separadamente por tipo de transmissão: TV aberta, TV fechada e streaming. No período recente, as marcas que transmitem jogos ao vivo são ESPN/Fox Sports, TNT, SBT, Record, Band/BandSports, Globo, Amazon Prime, Cazé TV (YouTube).

Mas nem sempre foi assim. Há poucos anos, o conjunto de agentes que negociavam os direitos para a transmissão dos campeonatos era bem mais limitado. Em 2019, o Cade analisou o mercado de canais esportivos de TV por assinatura, diante da aquisição da 21st Century Fox pela Disney[5], e identificou concentração neste mercado. Na época, as partidas de futebol eram transmitidas quase que exclusivamente pelos poucos canais da TV aberta e aqueles especializados em esportes na TV por assinatura, ainda que já houvesse opções de *streaming* disponíveis. Preocupado com a elevada concentração, o Cade aprovou o referido caso em 2019 sujeita a alienação do canal Fox Sports[6].

---

3 Art. 42 da Lei 9.615, de 1998, a Lei Pelé, define o direito de transmissão (direito de arena). A redação deste artigo foi dada pela Lei 12.395, de 2011.

4 Cf EY. EY Brasil Relatório Financeiro Clubes 2023. Disponível em: <https://assets.ey.com/content/dam/ey-sites/ey-com/pt_br/topics/media-and-entertainment/ey-brasil-relatorio-financeiro-clubes-2023.pdf?aliId=eyJpIjoiaWdjTzh4SU95TzJcL-3NSYjAiLCJ0IjoiSEcrXC9qcm43TG1cL2JCeStNVDVHWVRBPT0ifQ%253D%253D.> Acesso em: 02/07/2024.

5 AC 08700.004494/2018-53

6 O canal não foi alienado por falta de comprador com capacidade financeira comprovada. Em 2020 o caso foi novamente julgado e aprovado, sujeito a outro pacote de remédios. Veja em: https://sei.cade.gov.br/sei/modulos/pesquisa/md_pesq_processo_exibir.php?0c62g277GvPsZDAxAO1tMiVcL9FcFMR5UuJ6rLqPEJuTUu08mg6wxLt0JzWxCor9mNcMYP8UAjTVP-9dxRfPBcSx6VT8s_7a39CZOXmQ-t2wypOQEzO5-IvOP8aS3cDfx

De 2019 para o período atual, mais canais de TV aberta e TV por assinatura passaram a adquirir exclusividade nos direitos de transmissão de campeonatos de futebol, e houve ainda a efetivação do *streaming* como um meio de transmissão online de jogos[7]. Além disso, o setor tradicional de mídia, em geral, passou a sofrer maior concorrência de canais digitais, pulverizando gastos publicitários entre canais de TV, redes sociais e *streaming*. Estes elementos levaram a uma mudança importante do cenário concorrencial dos canais esportivos, impactando o mercado de venda de direitos de transmissão.

Ainda que atualmente haja novas e mais emissoras de eventos esportivos, os clubes brasileiros entenderam que uma possível coordenação pode implicar melhores condições de negociação de direitos de transmissão de campeonatos e estão buscando novamente se organizar em ligas. Este aspecto é identificado e discutido na literatura (Duarte, 2021).

Juliano Pimentel Duarte identificou três momentos diferentes na organização das vendas de direitos de transmissão no Brasil. Conforme descrito abaixo, apenas no primeiro período há a negociação coletiva dos clubes de futebol.

- 1997-2011: negociação coletiva entre os clubes de futebol (Clube dos 13) e as emissoras de TV.
- 2012-2018: negociação individual por clube de futebol, com venda conjunta de todas as mídias (TV aberta, TV fechada, online, *pay-per-view*).
- 2019-2024: negociação individual por clubes de futebol, com negociações por tipo de mídia[8].

A motivação para a coordenação dos clubes em ligas para melhorar as condições de negociação com os canais de transmissão pode estar associada ao que a literatura antitruste conceitua como poder compensatório

---

7 Atualmente a transmissão de jogos ao vivo por meio de streaming é uma realidade e uma opção aos consumidores, apresentando audiência crescente ano a ano. Há muitas notícias sobre a elevada audiência no streaming da CazéTV, um exemplo é este cf Lance! Net. CazéTV bate recorde de audiência com transmissão de Corinthians x São Paulo. 30/01/2024. Disponível em <https://www.lance.com.br/fora-de-campo/cazetv-bate-recorde-de-audiencia-com-transmissao-de-corinthians-x-sao-paulo-confira.html.> Acesso em: 02/07/2024.

8 Cf. Duarte, Juliano Pimentel. "A efetividade do direito de arena no Brasil: análise da decisão do Cade no caso da TV Globo e do Clube dos 13." Revista de Defesa da Concorrência, v. 10, n. 2, p. 369-420, 2021. Disponível em: <https://cdn.cade.gov.br/Portal/centrais-de-conteudo/publicacoes/colet%C3%A2nea%20de%20artigos/VOLUME-02.pdf>. Acesso em: 02/07/2024.

(Galbraith, 1952) [9]. Havendo um poder de mercado já estabelecido, o aumento de concentração no elo a jusante pode representar criação de poder compensatório o que, sob determinadas circunstâncias, pode ter resultados positivos (Dobson et al.,1998[10]). Assim, há possibilidade de benefícios e resultados alocativos mais eficientes[11] se a coordenação de times em ligas for responsável por criar poder compensatório na negociação dos direitos de transmissão – importante fonte de receita dos clubes – com os possíveis canais de transmissão as partidas.

Dobson et al. (1998) estabelecem os seguintes critérios para que o poder compensatório seja benéfico: (i) existir um poder de mercado pré-existente a ser compensado, sem inverter a assimetria de negociação (ii) reconhecimento de interdependência de forma que as partes iniciem uma barganha bilateral, dado que, assim, nenhuma delas estará em condições de definir unilateralmente os termos da negociação.

Tais critérios podem estar presentes no caso em análise: há indícios de que as ligas de clubes de futebol se formam motivadas por maior equilíbrio na negociação com os canais de transmissão dos jogos, que é marcado pela presença de poucos agentes, especialmente em comparação com a pulverização dos times de futebol. É verdade que no passado recente a concentração entre poucas emissoras transmissoras dos jogos era maior, como já apresentado. Não por acaso, os times mais relevantes se coordenavam para negociar com as poucas emissoras na época. Assim formaram o Clube dos 13, que constituía a liga de futebol brasileira, formada por vinte clubes nacionais, que negociava e distribuía os direitos de transmissão até 2011.

O Clube dos 13 foi alvo de investigação do Cade no Processo Administrativo 08012.00604/1997-11[12] por práticas anticompetitivas no mercado de comercialização de direitos de transmissão de jogos. A principal

9 Cf. GALBRAITH, J.K. American capitalism: the concept of countervailing power. Boston, MA: Houghton Mifflin, 1952.

10 Cf DOBSON P., WATERSON M., CHU A. The Welfare Consequences of the Exercise of Buyer Power. Research paper prepared for the Office of Fair Trading.1998.

11 Eficiência alocativa pode ser definida como "critério de eficiência e se refere às escolhas socialmente eficazes em face da limitação de recursos e das ilimitáveis necessidades sociais.", cf Geoffroy, R. C. "Eficiências econômicas em atos de concentração: rumo à incorporação das eficiências dinâmicas". Prêmio SEAE 2010 - Categoria Profissionais, 2° colocado. p. 17). Disponível em https://repositorio.enap.gov.br/bitstream/1/5309/1/2-lugar-tema-1-profissionais.pdf. Acesso em 04/07/2024.

12 Processo Administrativo n. 08012.006504/97-11. Representadas: TV Globo Ltda., Globo Comunicações, Associação Brasileira dos Clubes de Futebol Brasileiro (Clube dos 13) e outros. Conselheiro-relator: César Costa Alves de Mattos. Decisão de 20 de outubro de 2010.

preocupação era de que a venda conjunta destes direitos por meio de um bloco único caracterizaria formação de cartel. Além disso, havia a preocupação de que as vendas exclusivas às emissoras, em conjunto com a cláusula de preferência para renovação, gerariam dano à concorrência.

Em 2010, o Cade concluiu a investigação, por meio de um Termo de Cessação de Conduta (TCC). Um dos principais pontos do referido Termo foi a supressão da cláusula de preferência na renovação do contrato de transmissão. Esta cláusula funcionava como uma "renovação privilegiada", cf Costa Silva Lima[13], e dificultava a entrada de novos competidores no mercado, pois garantia aos times do Clube dos 13 a renovação automática dos contratos com as mesmas emissoras, mesmo que houvesse ofertas mais vantajosas de outros players.

O Cade também determinou o fim da negociação conjunta para a venda dos direitos de transmissão para as diferentes mídias (TV aberta, TV fechada, pay-per-view, internet e telefonia celular). Essa prática favorecia grandes grupos em detrimento de empresas menores, limitando a concorrência e o acesso à informação por parte dos consumidores.

O TCC, contudo, não proibiu a continuidade do Clube dos 13 enquanto arranjo coordenado dos times para negociar os direitos junto aos canais de transmissão dos jogos. Ou seja, ainda que o conceito de poder compensatório não tenha sido formalmente abordado, não houve preocupação concorrencial especificamente com essa estratégia de buscar por mais equilíbrio nas negociações.

E mais que isso: a dinâmica inicial envolvendo o Clube dos 13 e os canais de transmissão pode ser entendida como um indício de que os dois elos reconheciam a sua interdependência, nenhum lado impunha unilateralmente os termos de troca, tanto é que negociaram conjuntamente os direitos de transmissão, de forma que tanto os clubes quanto as emissoras estariam satisfeitos com o combinado. De fato, havia (e segue havendo) interdependência entre os clubes e canais de transmissão: os times dependem, em grande medida, dessa fonte de receita; os canais, ainda que em graus diferentes, precisam transmitir os campeonatos de

---

13 Costa e Silva Lima, J. M. A cláusula de preferência em relações verticais entre empresas. Revista de Defesa da Concorrência. Maio 2014.

futebol na sua grade de programação. Ou seja, estaria presente a segunda condição para que a criação do poder compensatório fosse benéfica.

O Clube dos 13 encerrou suas atividades em fevereiro de 2011, por diversos motivos, e os clubes passaram a negociar seus direitos individualmente. Recentemente, foram formadas duas ligas: a Liga Forte Futebol (LFF) e a Liga do Futebol Brasileiro (LiBRA). O objetivo era a criação de apenas uma, mas não houve consenso em termos de governança e distribuição das receitas[14]. Neste ano, a LiBRA celebrou acordo com o Grupo Globo para a transmissão dos jogos do Brasileirão a partir de 2025[15]. Talvez ainda longe do que pode ser o ideal, tendo como referência a experiência internacional e os efeitos benéficos esperados.

DEU LIGA?

Um dos efeitos positivos da formação de ligas, que resultam da coordenação entre clubes, é a possibilidade de criação de poder compensatório, que equilibra as condições de negociação entre os clubes e os canais de transmissão. Associado aos ganhos em termos eficiência alocativa, o resultado é que essa barganha tende a ser mutuamente benéfica para os dois elos da negociação. Os clubes de futebol tendem a ser mais bem remunerados pelos direitos de transmissão em comparação com o cenário em que não há essa coordenação entre os times. A melhor remuneração aos clubes permitiria mais investimentos em infraestrutura, como centros de treinamento, equipamentos atualizados, e profissionais qualificados, como comissão técnica, preparadores físicos, fisioterapeutas, nutricionistas e psicólogos, que contribuem para o melhor desempenho dos atletas. Também poderá ter mais investimento em gestão profissional e *marketing*.

Ao mesmo tempo, ainda que a distribuição dos ganhos da barganha coletiva entre os clubes seja uma questão privada, ela também pode fazer diferença. A distribuição menos desigual dos recursos

---

14 A LFF defende um modelo mais democrático, com maior participação dos clubes. A LiBRA defende um modelo com participação de representantes dos clubes, investidores e outros stakeholders. A LFF defende um modelo mais igualitário, e a LiBRA um modelo que seja associado ao desempenho de cada time e a audiência na televisão.

15 Cf Globo Esporte. Globo fecha acordo com clubes da Libra para transmissão do Brasileirão de 2025 a 2029. 08/03/2024. Disponível em: <https://ge.globo.com/negocios-do-esporte/noticia/2024/03/08/globo-fecha-acordo-com-clubes-da-libra-para-transmissao-do-brasileirao-de-2025-a-2029.ghtmlk>. Acesso em: 04/07/2024.

resultantes dos direitos de transmissão reduz a disparidade entre times grandes e pequenos, permitindo que clubes de menor porte invistam em categorias de base, contratem jogadores promissores e disputem títulos com mais chances de sucesso, ampliando a competitividade dos campeonatos, o interesse do público, e a capilaridade dos impactos gerados pelo futebol – econômico, cultura e social.

Os ganhos da coordenação podem ainda atingir outros aspectos que o futebol brasileiro recebe críticas. Por exemplo, a reorganização do calendário dos campeonatos, reduzindo o número de jogos anuais, o que diminui o desgaste físico e emocional dos atletas e amplia seus desempenhos dentro de campo.

Com mais investimento e organização, podemos afirmar que a probabilidade de retenção de talentosos atletas brasileiros aumenta. Qual o efeito potencial? Mais qualidade, mais audiência e mais investimento no futebol brasileiro. Vale lembrar: a cooperação dá liga quando o ambiente competitivo é valorizado e há mais equilíbrio nas negociações.

Referências bibliográficas

Barbosa, J. C., e Simões, R. A.. Distribuição de receitas de televisão no futebol brasileiro: uma análise empírica. Brasília, DF, 29 jul. 2017. Disponível em: < https://rubi.casaruibarbosa.gov.br/bitstream/handle/20.500.11997/16721/TD229.pdf?sequence=1&isAllowed=y>. Acesso em: 02/07/2024.

Brazil. Lei 9.615, de 1998. Diário Oficial da União, Brasília, DF, 29 jul. 1998.

CADE. Processo Administrativo 08012.006504/97-11.

CADE. AC 08700.004494/2018-53.

Confederação Brasileira de Futebol (CBF). CBF apresenta relatório sobre o papel do futebol na economia do Brasil. Disponível em: <https://www.cbf.com.br/a-cbf/informes/index/cbf-apresenta-relatorio-sobre-papel-do-futebol-na-economia-do-brasil>. Acesso em: 02/07/2024.

Costa e Silva Lima, J. M. A cláusula de preferência em relações verticais entre empresas. Revista de Defesa da Concorrência. Maio 2014. Disponível em: <https://revista.cade.gov.br/index.php/revistadedefesadaconcorrencia/article/download/99/54/369#:~:text=Uma%20cl%C3%A1usula%20de%20prefer%C3%AAncia%20pode,a%20oferta%2C%20X%20est%C3%A1%20obrigado>. Acesso em: 04/07/2024.

Dobson, Peter, Martin Waterson, and Albert Chu. The Welfare Consequences of the Exercise of Buyer Power. Research paper prepared for the Office of Fair Trading.1998.

Duarte, Juliano Pimentel. "A efetividade do direito de arena no Brasil: análise da decisão do Cade no caso da TV Globo e do Clube dos 13." Revista de Defesa da Concorrência, v. 10, n. 2, p. 369-420, 2021. Disponível em: <https://cdn.cade.gov.br/Portal/centrais-de-conteudo/publicacoes/colet%C3%A2nea%20de%20artigos/VOLUME-02.pdf>. Acesso em: 02/07/2024.

EY. EY Brasil Relatório Financeiro Clubes 2023. Disponível em: <https://assets.ey.com/content/dam/ey-sites/ey-com/pt_br/topics/media-and-entertainment/ey-brasil-relatorio-financeiro-clubes-2023.pdf?aliId=eyJpIjoiaWdjTzh4SU95Tz-JcL3NSYjAiLCJ0IjoiSEcrXC9qcm43TG1cL2JCeStNVDVHWVRBPT0ifQ%-253D%253D.> Acesso em: 02/07/2024.

Galbraith, John Kenneth. American capitalism: the concept of countervailing power. Boston, MA: Houghton Mifflin, 1952.

Globo Esporte. Globo fecha acordo com clubes da Libra para transmissão do Brasileirão de 2025 a 2029. 08/03/2024. Disponível em: <https://ge.globo.com/negocios-do-esporte/noticia/2024/03/08/globo-fecha-acordo-com-clubes-da-libra-para-transmissao-do-brasileirao-de-2025-a-2029.ghtml>. Acesso em: 04/07/2024.

Geoffroy, Ricardo C. "Eficiências econômicas em atos de concentração: rumo à incorporação das eficiências dinâmicas". Prêmio SEAE 2010 – Categoria Profissionais, 2° colocado. p. 17). Disponível em https://repositorio.enap.gov.br/bitstream/1/5309/1/2-lugar-tema-1-profissionais.pdf. Acesso em: 02/07/2024.

Lance! Net. CazéTV bate recorde de audiência com transmissão de Corinthians x São Paulo. 30/01/2024. Disponível em <https://www.lance.com.br/fora-de-campo/cazetv-bate-recorde-de-audiencia-com-transmissao-de-corinthians-x-sao-paulo-confira.html.> Acesso em: 02/07/2024.

United Nations. UN recognises role of sport in achieving sustainable development | UN News. Disponível em: <https://news.un.org/en/story/2018/12/1027531> Último acesso em: 30/06/2024.

Esportes coletivos e esportes individuais: semelhanças e diferenças estruturais e seus reflexos na dinâmica concorrencial

Ademir Antonio Pereira Jr
Yan Villela Vieira

1. INTRODUÇÃO

Esportes podem ser divididos em diferentes grupos de acordo não apenas com a prática esportiva específica, mas também segundo certos aspectos estruturais. Em especial, é possível segmentar os esportes entre esportes coletivos, que tratam da competição entre grupos de atletas (ou seja, times ou equipes de atletas), e esportes individuais, em que os atletas competem "sozinhos" (embora geralmente haja uma equipe de suporte por trás de qualquer atleta profissional, incluindo treinador, preparador físico, etc.)[1].

O elemento de "coletividade" ou "individualidade" dos esportes implica diferenças estruturais relevantes.

Primeiro, os atletas de esportes coletivos dependem de sua aceitação em times para competir, enquanto os atletas de esportes individuais podem, no geral, atuar diretamente em competições (desde que aceitos pela entidade organizadora). Isso implica uma diferença de status entre atletas de esportes coletivos e individuais: enquanto os primeiros podem,

1 Existem também esportes tipicamente individuais cujas competições podem ser estruturadas com aspecto adicional de equipes ou clubes. Por exemplo, no caso da natação, é comum que atletas sejam filiados a um clube ou equipe, disputando campeonatos que apresentam premiação individual e por equipe. Nesse caso, a dinâmica pode apresentar aspectos típicos de esportes em grupo (como a venda de direitos pelos clubes e a organização esportiva aos cuidados de um clube, com técnicos, preparadores, etc.) e outros típicos de esportes individuais (como premiações específicas para cada atleta e acordos de patrocínio em paralelo aos clubes).

em alguns casos, ser equiparados a "empregados" dos times, utilizando a estrutura de trabalho, instalações e cronograma desenvolvidos pelo time, atletas de esportes individuais costumam ser considerados agentes autônomos que organizam sua própria estrutura de trabalho, contratando técnicos, preparadores físicos, agendando viagens.

Segundo, torneios de esportes coletivos são geralmente organizados como conjuntos de disputas entre times que alternam entre jogos "em casa" e jogos "fora de casa" (ou seja, no estádio de um dos times em disputa), enquanto os torneios de esportes individuais costumam ser organizados como "tours" de disputas realizadas em diferentes locais ao longo de um ano. Como resultado, os times acabam tendo diversas oportunidades de interação direta para a negociação de aspectos relevantes para a competição, como datas, condições de uso de estádio, direitos de transmissão das disputas, etc., enquanto nos esportes individuais esses aspectos costumam ser de responsabilidade da organização do *tour*[2].

Terceiro, a forma de remuneração costuma ser bastante distinta. Nos esportes coletivos, os times participantes de um campeonato costumam compartilhar determinadas receitas, especialmente com a venda de direitos de transmissão de eventos entre dois times, e parte da remuneração dos times é revertida em remuneração para os atletas. Já a remuneração de esportes individuais tende a estar baseada no prêmio final da disputa que será concedido apenas ao atleta vencedor ou com escalonamento de prêmios pela etapa atingida na competição[3].

Por outro lado, vale destacar que tanto atletas de esportes coletivos como individuais podem obter remuneração significativa por meio de acordos com anunciantes, patrocinadores, etc. Outra semelhança entre esportes coletivos e individuais pode ser encontrada na relevância do papel desempenhados pelas entidades de governança (*sports governing bodies* – SGBs), usualmente chamadas de "confederações" ou "ligas". Essas entidades exercem funções de criação das regras dos esportes (função legislativa), *enforcement* dessas regras em casos concretos (função judiciária) e organização de competições (função executiva)[4].

2 Cf. OECD, Competition and Professional Sports, OECD Competition Policy Roundtable Background Note, 2023.
3 Idem.
4 Idem.

As diferenças e as semelhanças entre esportes coletivos e individuais reverbera sobre os tipos de preocupações concorrenciais que podem emergir em diferentes modalidades. Discutimos a seguir como algumas das principais preocupações expostas em casos recentes variaram (ou não) de acordo com as características dos esportes.

2. PRINCIPAIS PREOCUPAÇÕES CONCORRENCIAIS QUANTO A ESPORTES COLETIVOS

Como discutido acima, esportes coletivos são marcados por oportunidades de interações entre os times que disputam competições. Não é surpreendente, portanto, que uma preocupação constante nos esportes coletivos seja a possibilidade de colusão entre times. Por outro lado, é amplamente reconhecido que times precisam cooperar em alguma medida para que a realização de campeonatos seja sequer possível. Casos recentes ilustram como essa ponderação entre o nível de cooperação entre times e o combate a práticas colusivas tem sido feita em investigações governamentais e litígios privados.

Um ponto em que a cooperação entre times – seja diretamente ou por meio de confederações/ligas – tem enfrentado questionamentos nos últimos anos é o estabelecimento de remuneração e regras para a contratação de atletas. Casos ilustrativos de diferentes jurisdições incluem:

(i) No México, em 2021, a Comisión Federal de Competencia Económica (COFECE)[5] decidiu condenar 17 times de futebol por práticas anticompetitivas consistentes em (i) imposição de valores máximos aos salários de atletas femininas e (ii) divisão do mercado de atletas, de forma a impedir que os jogadores pudessem negociar e migrar para outros times.

(ii) Em Portugal, em 2022, a Autoridade da Concorrência (AdC)[6] condenou 31 times de futebol por terem celebrado um acordo que impediria a contratação de atletas que rescindissem unilateralmente seus contratos de trabalho por questões relacionadas

5 Vide https://www.cofece.mx/cofece-sanciona-a-17-clubes-de-la-liga-mx-a-la-federacion-mexicana-de-futbol-y-8-personas-fisicas-por-coludirse-en-el-mercado-de-fichaje-de-las-y-los-futbolistas/.

6 Vide https://www.concorrencia.pt/pt/artigos/adc-emite-pela-primeira-vez-em-portugal-decisao-sancionatoria-por-praticas.

à pandemia de Covid-19, o que para a AdC seria uma espécie de acordo de *no-poach*.

(iii) Na Colômbia, em 2023, a Superintendencia de Industria y Comercio (SIC)[7] instaurou investigação contra 29 times de futebol e a División Mayor del Fútbol Colombiano (DIMAYOR) em um caso semelhante que também envolve supostos acordos para fixar a remuneração máxima de atletas femininas.

Outro ponto de atenção na relação de cooperação entre times de esportes coletivos é a negociação conjunta de direitos de transmissão de eventos:

(i) Nos Estados Unidos, há legislação específica sobre o tema: o Sports Broadcasting Act de 1961 confere imunidade antitruste à negociação coletiva de direitos de transmissão com canais de TV (a lei foi promulgada logo após uma decisão judicial ter declarado tais acordos ilícitos)[8]. Contudo, há questionamentos sobre a aplicação dessa norma a acordos com serviços de *streaming*[9]. Em um dos primeiros casos envolvendo o limite do Sports Broadcasting Act, a National Football League (NFL), que reúne times de futebol americano, foi condenada por um júri em junho de 2024 devido à negociação coletiva de direitos de transmissão de esportes no "sunday Ticket" com a DirecTV, player de *streaming*[10].

(ii) A Comissão Europeia analisou casos em que clubes de diferentes ligas de futebol se uniram para negociar conjuntamente os direitos de transmissão de seus jogos[11]. Nesses casos, a Comissão reconheceu que a negociação conjunta poderia despertar preocupações concorrenciais relacionadas à colusão, mas acabou aceitando remédios oferecidos pelas ligas que envolviam compromissos de não-discriminação e garantia de que diferentes torneios não seriam negociados em conjunto.

---

7 Vide https://www.sic.gov.co/slider/superindustria-abrio-investigacion-la-dimayor-la-federacion-colombiana-de-futbol-y-29-clubes-por-presunta-cartelizacion-en-la-liga-profesional-femenina.

8 United States of America v. National Football League, 196 F. Supp. 445 (E.D. Pa. 1961).

9 Cf. Stephen James, "The NFL's Anti-Trust Problem in the Streaming Era", The Journal of Corporation Law Vol. 46:3, 2021.

10 Vide https://www.bloomberg.com/news/newsletters/2024-06-28/nfl-sunday-ticket-directv-lawsuit-hits-league-with-4-7-billion-in-damages

11 Vide Case COMP/C-2/38.173 (2006), envolvendo a Football Association Premier League Limited, Case COMP/C-2/37.214 (2005), envolvendo a Bundesliga, Case COMP/C.2/37.398 (2003), envolvendo a 'Union des Associations Européennes de Football' (UEFA).

(iii) No Brasil, o Conselho Administrativo de Defesa Econômica (Cade) analisou se a negociação conjunta de direitos de transmissão de eventos de futebol pelos treze maiores clubes brasileiros (chamado Clube dos 13) com a Rede Globo poderia ser considerada uma infração à legislação concorrencial[12]. A investigação foi encerrada em 2010 com a assinatura de Termos de Compromisso de Cessação prevendo determinados compromissos comportamentais.[13]

Por fim, as SGBs são por vezes alvo de preocupações concorrenciais pelo potencial de facilitação de condutas coordenadas entre times[14]. Casos relevantes têm ocorrido especialmente nos Estados Unidos:

(i) Em 2010, a Suprema Corte[15] decidiu que a NFL não poderia alegar imunidade antitruste para defender um acordo de exclusividade de merchandising celebrado com a Reebok que vinculava todos os times membros da liga. Para a Suprema Corte, cada time constitui um agente econômico distinto, de forma que a NFL não poderia se defender de acusações de promover a colusão com base em uma alegação de que os times membros da liga constituem uma entidade econômica única.

(ii) Em 2021, a Suprema Corte[16] decidiu que a National Collegiate Athletic Association (NCAA), entidade responsável pela regulação de ligas de esportes universitários, havia violado o Sherman Act ao limitar a remuneração de atletas à obtenção de bolsas de estudo. O Justice Brett Kavanaugh apontou em seu voto que "*NCAA's business model would be flatly illegal in almost any other industry*".

(iii) Em 2023, a Court of Appeals for the Second Circuit[17] decidiu que uma ação judicial da Relevent Sports, LLC, uma empresa promotora de eventos de futebol, contra a Fédération Internationale de Football Association (FIFA) e a United States Soccer

12 Processo Administrativo 08012.006504/1997-11.

13 Vide discussão sobre a decisão do Cade em César Mattos, "Broadcasting Football Rights in Brazil: The Case of Globo and "Club of 13"", Antitrust Perspective, Est. Econ., São Paulo, vol. 42, n.2, p. 337-362, abr.-jun. 2012.

14 Especialmente no direito europeu, o principal objeto de preocupações concorrenciais são, historicamente, as SGBs, e não os times diretamente, como destacado em Leah Farzin, "On the Antitrust Exemption for Professional Sports in the United States and Europe", 22 Jeffrey S. Moorad Sports L.J. 75, 2015.

15 American Needle, Inc. v. National Football League, 560 U.S. 183.

16 National Collegiate Athletic Association v. Alston, 594 U.S.

17 Relevent Sports v. U.S. Soccer Federation, No. 21-2088 (2d Cir. 2023).

Federation, Inc. poderia seguir em frente. A ação alega que a FIFA e a United States Soccer Federation, Inc. violaram o Sherman Act ao proibir a realização de jogos de ligas de futebol europeias em território norte-americano.

3. PRINCIPAIS PREOCUPAÇÕES CONCORRENCIAIS QUANTO A ESPORTES INDIVIDUAIS

No caso de esportes individuais em que tipicamente não há disputas por equipes ou clubes, como tênis ou golfe[18], o formato em torno de associações profissionais tem prevalecido há décadas, num balanço delicado entre atletas, organizadores de torneios e público. Exemplos dessa configuração são a *Association of Tennis Professionals* (ATP) e a *Women's Tennis Association* (WTA) no tênis, além do *PGA Tour* no golfe.

Funcionando como uma plataforma de múltiplos lados, cabe às associações profissionais balancear esses vários interesses em prol do crescimento da relevância do esporte (ou de sua plataforma)[19], o que levanta questões muito relevantes como: associações profissionais deveriam exigir que torneios distribuam mais dinheiro aos jogadores? Deveria existir um piso para remuneração de atletas? Direitos de transmissão devem ser negociados por evento ou em um pacote? Plataformas rivais como ATP e WTA podem se unir em negociações com torneios ou em negociações de direitos de transmissão? Torneios podem se unir para estabelecer critérios de contratação com associações e com atletas, estabelecendo um teto de pagamentos?

Trata-se, contudo, de balanço extremamente frágil e que tem tido suas dificuldades de gerenciamento expostas em episódios recentes envolvendo tentativas de investimento (e controle) pelo *Public Investment Fund* (PIF) da Arábia Saudita. Para além de acusações nada triviais sobre "sportswashing"[20], as tentativas do PIF de auferir maior controle

18 No caso do tênis, existem excepcionalmente alguns torneios com disputas por equipes. Contudo, esses torneios são muito pontuais e relativamente menos relevantes, com exceção das tradicionais Copa Davis para os homens e FED Cup para mulheres, em que há competições por seleções e as federações de países se envolvem na organização.

19 A ATP discute esse ponto abertamente por meio de seu programa OneVision, que busca "alinhar os interesses de todos os torneios e jogadores, de modo a maximizar nosso produto premium". Vide https://onevision.atptour.com/onevision/executive-summary.

20 A acusação de "sportswashing" sugere que a iniciativa saudita busca ganhar controle ou influência sobre esportes relevantes para que problemas relacionados à violação de direitos humanos no país não receba a atenção devida da comunidade internacional.

sobre esportes tradicionais com injeções de somas vultuosas levantam muitas questões sobre a organização competitiva desses esportes e eventuais disputas concorrenciais.

No caso do golfe, o fundo saudita criou a LIV, uma plataforma para eventos de golfe que atuaria em competição com o PGA Tour. Buscando atrair atletas, a LIV teria realizado pagamentos milionários a alguns atletas, buscando atrair talentos para competições ainda pouco conhecidas[21]. Contudo, o PGA Tour passou a aplicar suas regras internas que impedem atletas filiados de competirem em eventos que não sejam por ele organizados, ameaçando banir esses atletas de suas competições. Como resultado, alguns atletas estão atualmente em litígio contra o PGA Tour, alegando que a regra é anticompetitiva por reduzir a competição e reduzir a remuneração de jogadores. O PGA Tour se defende – inclusive, nos anos 1990, a FTC resolveu não agir contra essas regras, concluindo que elas tinham justificativa legítima e contribuíam para o crescimento do esporte[22]. Mais recentemente, numa mudança de postura, o PGA Tour e a LIV anunciaram uma possível fusão, o que ainda deverá levantar muitas questões e poderá alterar profundamente a forma de organização do esporte[23].

O PIF também busca maior controle sobre o tênis. Há diversos rumores de que o PIF teria feito uma oferta de cerca de USD 2 bilhões para adquirir e fundir a ATP e a WTA, incluindo as principais competições por elas organizadas[24]. Essa proposta, contudo, além de enfrentar resistência pela origem saudita do PIF – entidades com a WTA têm ativamente promovido equidade de gênero nos esportes e empoderamento feminino, de modo que passar para o controle do fundo soberano de um Estado em que as mulheres têm direitos limitados em comparação aos homens seria no mínimo contraditório – encontra desafios na própria organização do esporte e em elementos de geopolítica. Embora a ATP e a WTA controlem eventos relevantes,

21 Vide https://edition.cnn.com/2023/06/07/investing/saudi-arabia-pif-golf-liv/index.html.

22 Para uma análise sucinta dos principais argumentos e histórico da disputa, cf. Nicholas E O Gaglio e Zachary D Stross, "United States: antitrust in organised sports", Global Competition Review, 2023.

23 Vide https://www.nytimes.com/2023/06/07/sports/golf/pga-liv-golf-merger.html.

24 Vide https://www.theguardian.com/sport/2024/mar/13/pif-saudi-arabia-atp-wta-tour-tennis.

o calendário do tênis conta com quatro *grand-slams* (torneios de maior prestígio no tênis) organizados por federações de países desenvolvidos[25]. Diante da oferta dos sauditas, os quatro *grand-slams* reagiram propondo deixar a ATP e organizar um novo tour[26].

Embora os sauditas tenham muito dinheiro e esse seja um aspecto central da dinâmica de esportes profissionais, os jogadores do presente cresceram aspirando um dia poder jogar (e talvez conquistar) um *grand-slam*. Por isso, não seria trivial atrair talentos efetivamente relevantes em termos de público para um tour que não envolva os quatro *slams*, de modo que a abordagem estratégica do PIF tem sido distinta em relação à estratégia adotada no golfe. Ao invés de buscar lançar uma liga paralela, o que foi possível no golfe em função das próprias características do esporte (há um número muito grande de atletas e mesmo lendas do passado puderam voltar a jogar e promover a LIV, dado haver menos exigência física), o PIF busca se aliar à ATP e ganhar espaço aos poucos (há um número pequeno de atletas de alto nível e, dada a crescente exigência física do tênis, seria difícil contar com o retorno de atletas do passado para promoção de uma nova liga). Nesse sentido, o PIF adquiriu os *naming rights* do ranking da modalidade e de seu torneio final, além de anunciar uma parceria mais ampla de longo-prazo com a ATP[27].

4. CONSIDERAÇÕES FINAIS

O elemento de "coletividade" ou "individualidade" dos esportes resulta não apenas em diferentes estruturas de competição entre os atletas de cada modalidade, mas também em diferenças na dinâmica competitiva entre os agentes econômicos envolvidos. Há diversos casos recentes que marcam essas diferenças e apontam para desafios importantes nos próximos anos, dado o crescimento do interesse por esportes e contínua expansão das principais ligas e modalidades.

25 São eles o Aberto da Austrália, o Aberto da França (Roland-Garros), Wimbledon na Inglaterra e o Aberto dos Estados Unidos.
26 Vide https://www.tennis.com/news/articles/wimbledon-us-open-roland-garros-australian-open-wta-atp-ptpa-saudi-arabia-pif-revamping-tennis.
27 Ver https://www.atptour.com/en/news/atp-pif-strategic-partnership-february-2024.

Referências bibliográficas

Doutrina

FARZIN, Leah, "On the Antitrust Exemption for Professional Sports in the United States and Europe", 22 Jeffrey S. Moorad Sports L.J. 75, 2015

GAGLIO, Nicholas E O e STROSS, Zachary D, "United States: antitrust in organised sports", Global Competition Review, 2023.

JAMES, Stephen, "The NFL's Anti-Trust Problem in the Streaming Era", The Journal of Corporation Law Vol. 46:3, 2021.

MATTOS, César, "Broadcasting Football Rights in Brazil: The Case of Globo and "Club of 13"", Antitrust Perspective, Est. Econ., São Paulo, vol. 42, n.2, p. 337-362, abr.-jun. 2012

Jurisprudência

Comissão Europeia, Case COMP/C.2/37.398 (2003)

Comissão Europeia, Case COMP/C-2/37.214 (2005)

Comissão Europeia, Case COMP/C-2/38.173 (2006)

CADE, Processo Administrativo 08012.006504/1997-11

U.S. Court Of Appeals For The Second Circuit, Relevent Sports v. U.S. Soccer Federation, No. 21-2088 (2d Cir. 2023).

U.S. District Court for the Eastern District of Pennsylvania, United States of America v. National Football League, 196 F. Supp. 445 (E.D. Pa. 1961)

Relevent Sports v. U.S. Soccer Federation, No. 21-2088 (2d Cir. 2023).

U.S. Supreme Court, American Needle, Inc. v. National Football League, 560 U.S. 183.

U.S. Supreme Court, National Collegiate Athletic Association v. Alston, 594 U.S.

Páginas da web

Autoridade da Concorrência, AdC emite pela primeira vez em Portugal decisão sancionatória por práticas anticoncorrenciais no mercado laboral, 2022, https://www.concorrencia.pt/pt/artigos/adc-emite-pela-primeira-vez-em-portugal-decisao-sancionatoria-por-praticas.

Bloomberg, What's Next for NFL Sunday Ticket: Business of Sports, 2024, https://www.bloomberg.com/news/newsletters/2024-06-28/nfl-sunday-ticket-directv-lawsuit-hits-league-with-4-7-billion-in-damages.

CNN, Saudi Arabia's Public Investment Fund just reshaped pro golf. It's not stopping there, 2023, https://edition.cnn.com/2023/06/07/investing/saudi-arabia-pif-golf-liv/index.html.

COFECE, COFECE sanciona a 17 clubes de la Liga MX, a la Federación Mexicana de Futbol y 8 personas físicas por coludirse en el mercado de fichaje de las y los futebolistas, 2021, https://www.cofece.mx/cofece-sanciona-a-17-clubes-de-la-liga-mx-a-la-federacion-mexicana-de-futbol-y-8-personas-fisicas-por-coludirse-en-el-mercado-de-fichaje-de-las-y-los-futbolistas/.

New York Times, The Alliance of LIV Golf and the PGA Tour: Here's What to Know, 2023, https://www.nytimes.com/2023/06/07/sports/golf/pga-liv-golf-merger.html.

OneVision, https://onevision.atptour.com/onevision/executive-summary.

OECD, Competition and Professional Sports, OECD Competition Policy Roundtable Background Note, 2023

SIC, Superindustria abrió investigación a la DIMAYOR, la Federación Colombiana de Fútbol y 29 clubes por presunta cartelización en la liga profesional feminina, 2023, https://www.sic.gov.co/slider/superindustria-abrio-investigacion-la-dimayor-la-federacion-colombiana-de-futbol-y-29-clubes-por-presunta-cartelizacion-en-la-liga-profesional-femenina.

Tennis, The four Grand Slams, the two tours and Saudi Arabia are all hoping to revamp tennis, 2024, https://www.tennis.com/news/articles/wimbledon-us-open-roland-garros-australian-open-wta-atp-ptpa-saudi-arabia-pif-revamping-tennis.

The Guardian, PIF sources deny it has made $2bn 'take-it-or-leave-it' offer to unite tennis tours, 2023, https://www.theguardian.com/sport/2024/mar/13/pif-saudi-arabia-atp-wta-tour-tennis.

Jogos eletrônicos e antitruste

Leonardo Rocha e Silva
Amanda Athayde
Alexandre Horn Pureza Oliveira

1. INTRODUÇÃO

A indústria de jogos eletrônicos já é a maior indústria de entretenimento do mundo em termos de valor econômico, tendo ultrapassado os setores de música e de vídeos sob demanda.[1] Diante de sua relevância, legisladores e autoridades públicas ao redor do mundo têm atuado para regular e fiscalizar a indústria de jogos eletrônicos. Como exemplo disso no Brasil, é possível apontar a recente promulgação da Lei 14.852/2024, que criou o marco legal para os jogos eletrônicos.

Apesar de sua importância econômica, a indústria de jogos eletrônicos, até recentemente, não despertava muita atenção nas autoridades de defesa da concorrência.[2] No Brasil, a atuação do Conselho Administrativo de Defesa Econômica (Cade) no setor de jogos eletrônicos tem se limitado, essencialmente, ao controle de atos de concentração.[3] Não há, ao menos publicamente, investigações por infrações à ordem econômica envolvendo especificamente o setor. Contudo, o escrutínio recente sobre a aquisição, pela Microsoft, da Activision Blizzard, assim como investigações e processos judiciais relacionados a possíveis condutas anticompetitivas iniciados contra empresas atuantes no setor de jogos eletrônicos em diferentes jurisdições parecem indicar que questões relacionadas ao Direito Concorrencial serão cada vez mais relevantes nesse setor.

1 Cf. Ayşe Gizem Yaşar et al.. Gaming without Frontiers: Copyright and Competition in the Changing Video Game Sector. CREATe Working Paper 2023/10, p. 4.

2 Cf. Alba Ribera Martínez. A Fortnite and Odd Days: The Console Wars. In: Market and Competition Law Review, v. vi, nº 2, outubro de 2022, pp. 51/87.

3 Para um texto introdutório acerca da atuação do Cade no exame de atos de concentração envolvendo a indústria de videogames, cf. Leonardo Rocha e Silva, Amanda Athayde e Igor Marques Caldas Machado. O que o videogame tem a ver com o Cade? Operações na indústria de jogos eletrônicos e análises antitruste. Jota, 2023.

O objetivo deste artigo é realizar uma breve exposição de questões relevantes de Direito Concorrencial na indústria de jogos eletrônicos tendo em vista os desenvolvimentos recentes relacionados ao assunto ao redor do mundo e os seus possíveis impactos no Brasil. Para tanto, primeiramente, será apresentado um panorama dos principais participantes da indústria de jogos eletrônicos (II). Na sequência, serão abordados temas atuais relacionados ao controle de estruturas (III) e ao controle de condutas (IV) na indústria de jogos eletrônicos. Ao final, será feita uma breve conclusão (V).

2. PARTICIPANTES DA INDÚSTRIA DE JOGOS ELETRÔNICOS

Para jogar videogames, tradicionalmente necessita-se de um dispositivo capaz de executar jogos eletrônicos, que tipicamente são fornecidos por fabricantes de hardware. Essa categoria inclui as empresas que produzem consoles de videogame, com destaque para a Sony, fabricante do Playstation, a Microsoft, fabricante do Xbox,[4] e a Nintendo, fabricante do Switch, assim como os fabricantes de outros dispositivos eletrônicos capazes de rodar jogos eletrônicos, ainda que não tenham essa finalidade exclusiva, como computadores pessoais (PC's) e celulares. Além disso, há empresas que focam sua atuação na fabricação e venda de itens acessórios a consoles, como controles de videogame.

Após a aquisição do hardware, é necessário que o consumidor compre jogos eletrônicos compatíveis com a plataforma escolhida. A disponibilização de jogos eletrônicos no mercado depende, comumente, da atuação de dois tipos de empresas: desenvolvedoras de jogos eletrônicos, que cuidam da programação e do desenvolvimento criativo dos jogos, e publicadoras de jogos eletrônicos, que encomendam, promovem e vendem os jogos.[5]

Além das fabricantes de hardware e das desenvolvedoras e publicadoras de jogos eletrônicos, também são participantes de destaque da indústria de videogame as empresas que atuam na distribuição digital de jogos e, mais recentemente, as empresas fornecedoras de serviços de assinatura

4 É interessante notar que recentemente foi anunciado que, em breve, será possível jogar Xbox sem a aquisição de um console, por meio do Fire TV Stick da Amazon. Cf. Xbox. Xbox Gaming Coming to Amazon Fire TV: Play More Games, No Console Needed, 2024. Disponível em: https://news.xbox.com/en-us/2024/06/27/xbox-cloud-gaming-amazon-fire-tv/, acesso em 30 de junho de 2023.

5 Cf. Robin S. Lee. Vertical Integration and Exclusivity in Platform and Two-Sided Markets. In: The American Economic Review, v. 103, nº 7, dezembro de 2013, pp. 2960/3000.

de *cloud gaming*. Como será demonstrado nos capítulos a seguir, algumas operações e condutas envolvendo esses diferentes tipos de empresas têm gerado repercussões no âmbito do Direito Concorrencial.

3. CONTROLE DE ESTRUTURAS NA INDÚSTRIA DE JOGOS ELETRÔNICOS

Em relação ao controle de estruturas, atenção tem sido dada a aquisições de desenvolvedoras ou publicadoras de jogos eletrônicos por fabricantes de console e, em especial, pelas três principais fabricantes do mercado: Sony, Microsoft e Nintendo.[6] Entre 2022 e 2023 a aquisição, pela Microsoft, da Activision Blizzard foi examinada com profundidade por várias autoridades, tendo sido contestada judicialmente nos Estados Unidos da América pela *Federal Trade Commission* (FTC) e inicialmente reprovada pela autoridade do Reino Unido, a *Competition & Markets Authority* (CMA).[7] Além disso, essa operação já foi utilizada, no âmbito acadêmico, como um estudo de caso sobre a necessidade de uma revisão dos padrões de análise de integrações verticais,[8] além de ter sido utilizada como parâmetro de *benchmarking* no estudo contratado pelo Cade anteriormente à publicação do Guia V+.[9]

Uma das principais preocupações em aquisições desse tipo diz respeito à possibilidade de, após as operações, os jogos eletrônicos das desenvolvedoras ou publicadoras passarem a ser ofertados apenas para a plataforma da empresa adquirente (fechamento total de mercado) ou, eventualmente, passarem a ser ofertadas a outras plataformas com condições menos atrativas (fechamento parcial de mercado). No âmbito da análise da operação entre a Microsoft e a Activision Blizzard, as autoridades que examinaram a operação entenderam ser importante analisar detalhadamente, inclusive em razão de manifestações de outras

---

6 Para um panorama das aquisições de desenvolvedoras de jogos eletrônicos por fabricantes de console, cf. Clayton Alexander. Game Over? How Video Game Console Makers are Speeding Toward an Antitrust Violation. In: The Business, Entrepreneurship & Tax Law Review, v. 4, nº 1, 2020, pp. 151/169.

7 Cf. Competition & Markets Authority. Anticipated acquisition by Microsoft of Activision Blizzard, Inc. – Final report, 2023.

8 Cf. Cahill Maffei. Hit the Reset Button: Video Games, Platforms, and Changing Antitrust Vertical Merger Policy. In: Transactions: The Tennessee Journal of Business Law, v. 25, 2023, pp. 39/92.

9 Cf. Amanda Athayde. Concentrações não-horizontais: experiência nacional e internacional e subsídios para o novo Guia do Cade. Nov. 2023. Disponível em: https://cdn.cade.gov.br/Portal/centrais-de-conteudo/publicacoes/Documento%20de%20Trabalho%20SG/Concentracoes-nao-horizontais-experiencia-nacional-e-internacional-e-subsidios-para-o-novo-Guia-do-Cade.pdf

empresas do setor, se seria provável que, após a operação, a Activision Blizzard passasse a disponibilizar os jogos da série *Call of Duty*, sua franquia mais popular, e outros jogos de sua titularidade apenas para Xbox, assim como quais seriam os efeitos dessa possível prática no mercado.

Em relação a essa questão, a Superintendência-Geral do Cade apontou ser provável que a série *Call of Duty* perdesse um volume significativo de receitas e jogadores caso seus jogos deixassem de ser ofertados aos usuários de Playstation, o console mais popular do mundo,[10] sinalizando para uma possível ausência de incentivos para que os jogos da Activision Blizzard passassem a ser ofertados exclusivamente para Xbox. Além disso, o Cade entendeu que, mesmo na hipótese de os consoles da Nintendo e da Sony não terem acesso aos jogos da Activision Blizzard, não haveria um prejuízo à livre concorrência, já que a Nintendo não dependia de conteúdos da Activision Blizzard e a Sony conseguiria manter a competitividade do Playstation, independentemente da disponibilidade de jogos da Activision Blizzard para esse console.

Mesmo a CMA, que inicialmente decidiu reprovar a operação, entendeu que a Microsoft não teria incentivos para fazer com que os jogos da série *Call of Duty* deixassem de ser ofertados para Playstation. No entanto, a CMA entendeu existir um possível prejuízo à livre concorrência na aquisição em razão do risco de, após a operação, o conteúdo produzido ou a ser produzido pela Activision Blizzard passasse a ser ofertado apenas para o serviço de assinatura de *cloud gaming* da Microsoft, o Game Pass. Sobre esse ponto, a CMA considerou que vários fatores pré-existentes à operação, como a estrutura de *cloud* da Microsoft, somados à exclusividade de jogos da Activision Blizzard teriam como resultado a manutenção de uma elevada participação da Microsoft no mercado de serviços de *cloud gaming* e impactariam negativamente o desenvolvimento da concorrência nesse mercado.

Além da reprovação inicial no Reino Unido, a operação entre a Microsoft e a Activison Blizzard também foi alvo de objeções nos Estados Unidos da América, onde a FTC tentou impedir judicialmente a

10 Cf. Conselho Administrativo de Defesa Econômica. Parecer do Ato de Concentração 08700.003361/2022-46, 2022.

consumação da operação. Conforme a FTC, a operação daria à Microsoft a habilidade de se valer de várias estratégias para negar a disponibilização dos conteúdos da Activison Blizzard para consoles e serviços de assinatura de concorrentes. Uma ação também foi ajuizada na Califórnia por um grupo de *gamers* preocupados com o risco de a operação resultar, entre outros prejuízos, na oferta exclusiva dos jogos da série *Call of Duty* para as plataformas da Microsoft. A FTC e o grupo de *gamers* não conseguiram obter ordens judiciais para impedir o fechamento da operação.[11]

Em outubro de 2023, a aquisição da Activision Blizzard pela Microsoft foi consumada após uma nova estrutura da operação ser notificada perante a CMA e aprovada pela autoridade.[12] Os óbices encontrados pela Microsoft para adquirir a Activision Blizzard podem ser interpretados como um indicativo de que o movimento por uma atuação mais vigorosa das autoridades em face de integrações verticais pode ter reflexos importantes na indústria de jogos eletrônicos,[13] especialmente diante da tendência de aquisições de desenvolvedoras e publicadoras de jogos eletrônicos por empresas que atuam na fabricação de consoles e na oferta de serviços de assinatura de *cloud gaming*. Desse modo, embora a Microsoft tenha conseguido fechar a aquisição da Activision Blizzard, e apesar de, no Brasil, a operação ter sido aprovada pelo Cade sem restrições e em tempo curto, é possível que discussões relevantes sobre riscos de fechamento de mercado (total ou parcial) surjam em novas operações de natureza vertical e conglomeral envolvendo empresas atuantes na indústria de videogames.

4. CONTROLE DE CONDUTAS NA INDÚSTRIA DE JOGOS ELETRÔNICOS

No que diz respeito ao controle de condutas, empresas atuantes na indústria de jogos eletrônicos têm sido investigadas e processadas em

11 Cf. United States District Court, Northern District of California. Preliminary Injunction Opinion no caso Federal Trade Commission v. Microsoft Corporation (3:23-cv-02880), 2023; e United States District Court, Northern District of California. Order Denying Motion for Preliminary Injunction no caso Dante DeMartini, et al., v. Microsoft Corporation (22-cv-08991), 2023.

12 Cf. Competition & Markets Authority. Anticipated acquisition by Microsoft Corporation of Activision Blizzard (excluding Activision Blizzard's non-EEA cloud streaming rights) - Decision on consent under the final order, 2023.

13 Para uma defesa de uma atuação mais forte de autoridades de defesa da concorrência diante de integrações verticais, cf. Steven C. Salop. Invigorating Vertical Merger Enforcement. In: The Yale Law Journal, v. 127, 2018, pp. 1962/1994.

razão de possíveis práticas anticompetitivas em diferentes jurisdições. Como exemplo disso, é possível apontar as ações ajuizadas pela Epic Games contra a Apple e o Google, atuantes na distribuição digital de jogos, após o jogo Fortnite, de titularidade da Epic Games, ter sido banido da Apple App Store e da Google Play Store em 2020. Os banimentos foram consequências da tentativa da Epic Games de implementar um sistema de pagamentos dentro do Fortnite que permitiria a realização de compras sem o pagamento das taxas cobradas pela Apple e pelo Google para compras dentro de aplicativos, que podem chegar ao patamar de 30%.

Entre as alegações apresentadas nas ações ajuizadas pela Epic Games estava a prática de venda casada pela Apple e pelo Google, uma vez que cada uma dessas empresas teria criado um arranjo ilegal para vincular o uso de suas lojas de aplicativos ao uso de seus mecanismos de processamento de pagamento, o In-App Purchase, no caso da Apple, e o Google Play Billing, no caso do Google. Segundo a Epic Games, haveria venda casada uma vez que desenvolvedores de aplicativos, incluindo jogos eletrônicos, poderiam utilizar opções alternativas de processamento de pagamentos dentro de aplicativos, caso não fossem coagidas a utilizar os mecanismos da Apple e do Google para que seus produtos pudessem ser disponibilizados na Apple App Store e na Google Play Store. No caso contra a Apple, a maior parte das acusações de condutas anticompetitivas, incluindo a prática de venda casada, foi rejeitada.[14] Já no caso contra o Google, a Epic Games obteve, em dezembro de 2023, um veredito favorável reconhecendo, entre outras condutas anticompetitivas praticadas pelo Google, que o Google vinculou ilegalmente o uso da Google Play Store ao uso do Google Play Billing.[15]

Já no âmbito do *enforcement* público, a autoridade de defesa da concorrência francesa (*Autorité de la Concurrence*) impôs, em 2023, uma multa de cerca de 13,5 milhões de euros à Sony pelo abuso de sua posição dominante no mercado de fornecimento de controles de videogame para o

14 Cf. United States District Court, Northern District of California. Rule 52 Order After Trial on the Merits no caso Epic Games, Inc., v. Apple Inc. (4:20-cv-05640), 2021. A decisão de primeira instância foi mantida pelas instâncias superiores.

15 Cf. United States District Court, Northern District of California. Jury verdict no caso Epic Games, Inc. v. Google LLC (3:20-cv-05671), 2023.

Playstation 4.[16] No caso, a autoridade francesa entendeu que a Sony havia abusado de sua posição dominante de mercado por meio de duas práticas: **(i)** a implementação de contramedidas técnicas, com a suposta finalidade de combater falsificações de controles, que afetavam indiscriminadamente todos os controles produzidos por empresas que não fossem a Sony e licenciadas oficiais da Sony, fazendo com que eles fossem desconectados em certas ocasiões; e **(ii)** a não disponibilização dos critérios necessários para a participação no programa de licenciamento da Sony a todas as empresas interessadas, mesmo com a obtenção da licença sendo a única forma de evitar desconexões.

Também em 2023, a autoridade de defesa da concorrência da Coreia do Sul multou o Google em aproximadamente 32 milhões de dólares por ter alegadamente abusado de sua posição dominante, em prejuízo de sua concorrente One Store, ao exigir exclusividade de desenvolvedoras de jogos eletrônicos em troca de uma melhor exposição dos jogos dessas empresas dentro da Google Play Store.[17]

Embora esses processos e investigações tenham ocorrido em outras jurisdições, nota-se que as práticas questionadas estavam relacionadas ao abuso de posição dominante, conduta prevista como uma infração à ordem econômica na legislação brasileira (inciso IV do *caput* da Lei 12.529/2011), e que esses processos e investigações podem acabar chamando a atenção do Cade. Desse modo, embora seja necessário se considerar que os padrões de análise para se verificar a ocorrência de abuso de posição dominante variam conforme jurisdição, é possível que condutas similares venham eventualmente a ser questionadas no Brasil.

Além disso, é importante notar que, na Europa, grupos econômicos que também atuam na distribuição digital de jogos já tiveram empresas consideradas como *gatekeepers* para fins de aplicação do *Digital Markets Act* (DMA),[18] sendo possível, ainda, que, no futuro, outras empresas atuantes no setor de jogos eletrônicos venham a receber essa

16 Cf. Autorité de la concurrence. Décision 23-D-14, 2023.
17 Cf. Fair Trade Commission. KFTC Sanctions Google for Anticompetitive Conduct in App Market: Blocking Developers from Releasing Games on Competing Platform, 2023.
18 Empresas dos grupos econômicos da Apple e da Alphabet foram consideradas gatekeepers em função, respectivamente, da Apple App Store e da Google Play Store. Cf. European Commission. Case DMA.100013, 2023. e European Commission. Case DMA.100002, 2023.

designação. A indicação de que empresas atuantes no setor de videogames são *gatekeepers* e a consequente imposição de obrigações específicas a essas empresas na Europa podem ter reflexos no Brasil. Embora ainda não haja no Brasil uma legislação similar ao DMA, é possível que a Lei 12.529/2011 seja utilizada visando a impor obrigações similares àqueles que as empresas definidas como *gatekeepers* terão que observar na Europa em função do DMA. Sobre esse ponto, percebe-se que o Cade já se mostrou interessado em obter informações sobre o cumprimento do DMA no âmbito de investigações por infrações à ordem econômica.[19]

5. PRIMEIRAS LINHAS DE CONCLUSÃO SOBRE O DIREITO CONCORRENCIAL E A INDÚSTRIA DE JOGOS ELETRÔNICOS

A indústria de jogos eletrônicos é muito relevante do ponto de vista econômico. Embora até recentemente não existissem muitos exemplos de uma atuação robusta no controle de estruturas e no controle de condutas nesse setor, essa situação parece estar mudando, com autoridades e particulares tendo buscado adotar medidas tanto para impedir a consumação de operações, quanto para impedir e punir a prática de condutas anticompetitivas envolvendo diferentes empresas participantes do setor de jogos eletrônicos.

Em relação ao controle de estruturas, destaca-se uma preocupação com integrações verticais, especialmente diante da tendência de aquisições de desenvolvedoras e publicadoras de jogos eletrônicos por empresas que atuam na fabricação de consoles e na oferta de serviços de assinatura de *cloud gaming*. No que diz respeito ao controle de condutas, tem-se observado, em algumas jurisdições, o início de processos judiciais e investigações a fim de impedir e punir condutas unilaterais praticadas por empresas detentoras de posições dominantes de mercado. Ainda que as tendências apresentadas neste artigo derivem das experiências de outras jurisdições, é possível que elas possam influenciar a atuação do Cade no futuro próximo.

19 Cf. Conselho Administrativo de Defesa Econômica. Ofício no Inquérito Administrativo 08700.009531/2022-04, 2024.

Referências bibliográficas

ALEXANDER, Clayton. Game Over? How Video Game Console Makers are Speeding Toward an Antitrust Violation. In: The Business, Entrepreneurship & Tax Law Review, v. 4, nº 1, 2020, pp. 151/169.

ATHAYDE, AMANDA. Concentrações não-horizontais: experiência nacional e internacional e subsídios para o novo Guia do Cade. Nov. 2023. Disponível em: https://cdn.cade.gov.br/Portal/centrais-de-conteudo/publicacoes/Documento%20de%20Trabalho%20SG/Concentracoes-nao-horizontais-experiencia-nacional-e-internacional-e-subsidios-para-o-novo-Guia-do-Cade.pdf, acesso em 30 de junho de 2024.

AUTORITÉ DE LA CONCURRENCE. Décision 23-D-14, 2023. Disponível em: https://www.autoritedelaconcurrence.fr/sites/default/files/integral_texts/2023-12/23d14.pdf, acesso em 30 de junho de 2024.

COMPETITION & MARKETS AUTHORITY. Anticipated acquisition by Microsoft of Activision Blizzard, Inc. – Final report, 2023. Disponível em: https://assets.publishing.service.gov.uk/media/644939aa529eda000c3b0525/Microsoft_Activision_Final_Report_.pdf, acesso em 30 de junho de 2024.

COMPETITION & MARKETS AUTHORITY. Anticipated acquisition by Microsoft Corporation of Activision Blizzard (excluding Activision Blizzard's non-EEA cloud streaming rights) – Decision on consent under the final order, 2023. Disponível em: https://assets.publishing.service.gov.uk/media/652864062548ca000dddf22d/Full_text_decision__final_order_.pdf, acesso em 30 de junho de 2024.

CONSELHO ADMINISTRATIVO DE DEFESA ECONÔMICA. Ofício no Inquérito Administrativo 08700.009531/2022-04, 2024. Disponível em: https://sei.cade.gov.br/sei/modulos/pesquisa/md_pesq_documento_consulta_externa.php?HJ7F-4wnIPj2Y8B7Bj80h1lskjh7ohC8yMfhLoDBLddboztEbr9iWWGgj4-bcfh5Znzl51yAbAaJb0eei0VPLzChdKt1wjSQjXq5Azk-3euDP6nczr_QGrHk-3c8x78e6A, acesso em 30 de junho de 2024.

CONSELHO ADMINISTRATIVO DE DEFESA ECONÔMICA. Parecer do Ato de Concentração 08700.003361/2022-46, 2022. Disponível em: https://sei.cade.gov.br/sei/modulos/pesquisa/md_pesq_documento_consulta_externa.php?HJ7F-4wnIPj2Y8B7Bj80h1lskjh7ohC8yMfhLoDBLddZWoazymAm3fzadi2ZAXvLcQ_mPnh9TKYr-vfYEwy6keZZOMKZczt9vQOXNv1vNhntbvXC7ELtVe2yf-0-z4a85-, acesso em 30 de junho de 2024.

EUROPEAN COMMISSION. Case DMA.100013, 2023. Disponível em: https://ec.europa.eu/competition/digital_markets_act/cases/202344/DMA_100013_215.pdf, acesso em 14 de outubro de 2024.

EUROPEAN COMMISSION. Case DMA.100002, 2023. Disponível em: https://ec.europa.eu/competition/digital_markets_act/cases/202344/DMA_100002_145.pdf, acesso em 14 de outubro de 2024.

FAIR TRADE COMMISSION. KFTC Sanctions Google for Anticompetitive Conduct in App Market: Blocking Developers from Releasing Games on Competing Platform, 2023. Disponível em: https://www.ftc.go.kr/solution/skin/doc.html?fn=bbc64cc2aaa1ceb116eb82b8be2d39d166e5b11461e7aa5164e75ef0f7ce0554&rs=/fileupload/data/result/BBSMSTR_000000002402/, acesso em 30 de junho de 2024.

LEE, Robin S. Vertical Integration and Exclusivity in Platform and Two-Sided Markets. In: The American Economic Review, v. 103, nº 7, dezembro de 2013, pp. 2960/3000.

MAFFEI, Cahill. Hit the Reset Button: Video Games, Platforms, and Changing Antitrust Vertical Merger Policy. In: Transactions: The Tennessee Journal of Business Law, v. 25, 2023, pp. 39/92.

MARTÍNEZ, Alba Ribera. A Fortnite and Odd Days: The Console Wars. In: Market and Competition Law Review, v. vi, nº 2, outubro de 2022, pp. 51/87.

ROCHA E SILVA Leonardo; ATHAYDE, Amanda; e MACHADO, Igor Marques Caldas. O que o videogame tem a ver com o Cade? Operações na indústria de jogos eletrônicos e análises antitruste. Jota, 2023. Disponível em: https://www.jota.info/opiniao-e-analise/artigos/o-que-o-videogame-tem-a-ver-com-o-cade-25022023, acesso em 30 de junho de 2024.

SALOP, Steven C. Invigorating Vertical Merger Enforcement. In: The Yale Law Journal, v. 127, 2018, pp. 1962/1994.

UNITED STATES DISTRICT COURT, NORTHERN DISTRICT OF CALIFORNIA. Jury verdict no caso Epic Games, Inc. v. Google LLC (3:20-cv-05671), 2023. Disponível em: https://www.courtlistener.com/docket/17443962/606/epic-games-inc-v-google-llc/, acesso em 30 de junho 2024.

UNITED STATES DISTRICT COURT, NORTHERN DISTRICT OF CALIFORNIA. Order Denying Motion for Preliminary Injunction no caso Dante DeMartini, et al., v. Microsoft Corporation (22-cv-08991), 2023. Disponível em: https://casetext.com/case/demartini-v-microsoft-corp-2, acesso em 30 de junho 2024.

UNITED STATES DISTRICT COURT, NORTHERN DISTRICT OF CALIFORNIA. Preliminary Injunction Opinion no caso Federal Trade Commission v. Microsoft Corporation (3:23-cv-02880), 2023. Disponível em: https://www.courtlistener.com/docket/67494594/305/federal-trade-commission-v-microsoft-corporation/, acesso em 30 de junho 2024.

UNITED STATES DISTRICT COURT, NORTHERN DISTRICT OF CALIFORNIA. Rule 52 Order After Trial on the Merits no caso Epic Games, Inc., v. Apple Inc. (4:20-cv-05640), 2021. Disponível em: https://www.courtlistener.com/docket/17442392/812/epic-games-inc-v-apple-inc/, acesso em 30 de junho 2024.

XBOX. Xbox Gaming Coming to Amazon Fire TV: Play More Games, No Console Needed, 2024. Disponível em: https://news.xbox.com/en-us/2024/06/27/xbox-cloud-gaming-amazon-fire-tv/, acesso em 30 de junho de 2023.

YAŞAR, Ayşe Gizem et al.. Gaming without Frontiers: Copyright and Competition in the Changing Video Game Sector. CREATe Working Paper 2023/10, p. 4. Disponível em: https://eprints.gla.ac.uk/307648/2/307648.pdf, acesso em 14 de junho de 2024.

Como as *World Marathon Majors* moldam a dinâmica competitiva no mercado de corridas de rua: implicações econômicas concorrenciais

Fabiana Tito

1. INTRODUÇÃO

As maratonas são eventos icônicos no mundo dos esportes de resistência, atraindo atletas profissionais e corredores amadores de todo o globo. Neste contexto, as *World Marathon Majors* (WMM) desempenham um papel crucial ao influenciar a dinâmica concorrencial no mercado de corridas de rua, não apenas para os corredores de elite, mas especialmente para atletas amadores, organizadores concorrentes e patrocinadores desses eventos. O presente artigo examina as implicações para a concorrência e o impacto sobre o esporte da corrida de maratona derivado da formação das *World Marathon Majors.*

2. O CONCEITO DAS *WORLD MARATHON MAJORS*

O circuito internacional das *World Marathon Majors* (WMM) foi estabelecido em 2006 para destacar as seis maratonas mais prestigiadas e conhecidas do mundo: as maratonas de Tóquio, Boston, Londres, Berlim, Chicago e Nova York. Essas maratonas são reconhecidas não apenas pelo seu nível de competição, mas também pela sua importância histórica[1], qualidade da organização e pelo evento em si dado que atraem multidões de espectadores ao longo do curso da prova. Além disso, estão

1 A Maratona de Boston, por exemplo, é considerada a maratona mais antiga do mundo, sendo realizada desde 1897.

associadas a grandes prêmios em dinheiro[2] e reconhecimento global, atraindo os melhores corredores de elite e elevando a visibilidade do evento para patrocinadores, corredores amadores, agências de viagem e turismo na cidade.

Antes da criação das *World Marathon Majors*, o mundo da corrida de maratona já possuía um grupo de eventos altamente prestigiados. No entanto, a criação de um conjunto seleto de maratonas surgiu do desejo de oferecer, de forma organizada e coordenada, uma plataforma para as melhores corridas e corredores do mundo se destacarem. Além disso, o objetivo era proporcionar uma competição de alto nível que reunisse esses eventos em um circuito renomado.

Desde o seu lançamento, o circuito tem contribuído significativamente para o desenvolvimento e a popularização da maratona (e do esporte corrida em geral). Ele oferece uma plataforma global para corredores e promove o esporte em um nível mais elevado. Além disso, atrai atletas de elite, que disputam prêmios significativos.[3] A criação das WMM gerou maior interesse em corredores na conquista de uma medalha, chamada de mandala ou *six star medal* (considerado o *Grand Slam* no contexto da maratona), para aqueles que completam as seis maratonas[4].

Por outro lado, surgem implicações concorrenciais derivadas do fato de existir apenas um circuito que formou e controla as WMM, o que pode conferir condições de abuso de posição dominante, com restrições de entrada a novos *players* (com critérios rígidos de aceitação de novas maratonas no seleto grupo[5]), além da escolha restrita de certas agências de viagem que detêm exclusividade na distribuição de poucas vagas para participar das maratonas do circuito WMM, entre outros. Como resultado, pode existir uma relevante restrição na concorrência.

---

2 EntreUS$100 mil e US$150 mil dólares para o primeiro colocado, sendo em Boston o total de prêmio distribuído é de quase US$870 mil, considerando premiação de todas as categorias.

3 Prêmios significativos ao relativizar para o mundo da corrida, uma vez que os prêmios não se comparam a outros esportes como futebol. Por exemplo, as maratonas oferecem prêmios que podem variar de US$ 500.000 a US$ 1.000.000 no total, divididos entre os vencedores, competidores em categorias e bônus por recordes (sendo o vencedor geralmente dado cerca de US$ 100.000 a US$ 150.000). Em ligas como a UEFA Champions League, o prêmio total pode ultrapassar US$ 2 bilhões, com a equipe campeã recebendo cerca de US$ 20 milhões a US$ 30 milhões. O futebol gera receitas muito maiores devido a direitos de transmissão, patrocínios e bilheteria, refletindo seu status global e popularidade.

4 Até agosto de 2024, existiam 483 brasileiros que conquistaram a mandala, dos quais 145 mulheres. Em 2017, ano em que completei as WMM, existiam 34 corredores brasileiros com as six majors, sendo destes apenas 7 mulheres.

5 Há anos discute-se a entrada de um novo integrante dentre as maiores maratonas do mundo, com algumas candidatas sendo avaliadas, como Sidney, Chengdu e Cape Town. https://www.worldmarathonmajors.com/six-star/candidate-races

3. IMPORTANTES CONSIDERAÇÕES CONCORRENCIAIS NO MERCADO ESPORTIVO

Para uma adequada consideração das implicações concorrenciais, é necessário, primeiramente, avaliar o mercado relevante em questão. A definição do mercado relevante permite identificar o conjunto de agentes econômicos (consumidores e ofertantes) que efetivamente reagem e limitam as decisões referentes a estratégias de preços, quantidades, qualidade, entre outros. No âmbito do antitruste, a importância da definição do mercado relevante está relacionada à necessidade de delimitar o espaço concorrencial em que o poder de mercado pode ser exercido e em quais aspectos a análise antitruste será focada.

Com a importância de se identificar o poder de mercado e eventuais comportamentos abusivos, é essencial compreender algumas particularidades na indústria do esporte. Primeiro, a existência de concorrentes é relevante para que uma liga ou competições esportivas sejam formadas, não havendo, portanto, justificativa econômica para que apenas um player faça parte do circuito ou de uma liga. Nessa ceara existem incentivos econômicos significativos para que haja uma coordenação entre os agentes participantes, se monopolize uma organização de competições (ou de maratonas no caso) para obtenção dos benefícios de um monopólio (lucros mais altos, por exemplo), conforme tratam Budzinski e Feddersen (2022). Na prática, na maioria dos esportes, existe apenas uma liga/torneio principal, assim como no caso em tela, há um único circuito que reúne as seis maiores maratonas, organizado pela WMM. Alguns economistas e acadêmicos caracterizaram a formação de uma liga ou um circuito de provas como cartéis que reduzem a oferta[6].

Assim como ocorre em outros tipos de colaborações, as ligas de esportes operam com uma participação limitada ou restrita de participantes, projetada também para criar incentivos e eficiências que não poderiam ser alcançados fora do contexto da liga. Cada liga, por exemplo, tem um número fixo de equipes (ou maratonas) e participantes, bem como regras determinadas de participação. E a liga dirige e coordena o

6 Rodney Fort & James Quirk, Cross-subsidization, Incentives, and Outcomes in Professional Team Sports Leagues, 33 J. ECON. LITERATURE 1265 (1995); see also Roger G. Noll, The Organization of Sports Leagues, 19 OXFORD REV. ECON. POL'Y 530, 541 (2003).

marketing, a venda dos direitos de distribuição de inscrições e transmissão do evento, que normalmente são distribuídos por meio de acordos de exclusividade sujeitos a restrições determinadas pela organização da liga. Assim, a questão é saber se essas atividades e restrições devem ser vistas como as de uma única entidade econômica e, se não, se são justificadas, economicamente, como parte da atividade coletiva liga.

Como vários economistas observaram[7], as ligas profissionais de esportes dos EUA, em particular, oferecem um forte motivo de investimento voltado para a maximização de lucros, resultando em uma estrutura de empreendimento que limita o número de equipes, coordena o marketing e a venda dos direitos de transmissão e de distribuição, incluindo disposições de exclusividade, e coordena o licenciamento de produtos auxiliares.

O princípio econômico geral é que as empresas que criam ou ingressam em uma colaboração (liga ou um circuito de maratonas) esperam se apropriar dos resultados de seu investimento, incluindo a eliminação ou redução das oportunidades de exploração gratuita (*free riding*). Sendo assim, os participantes geralmente esperam se apropriar de uma parte substancial dos benefícios de seu investimento para realizar esses investimentos em primeiro lugar.

Uma análise antitruste de situações que envolvem formação de uma liga requer avaliação do racional econômico pela regra da razão, refletindo a complexidade das interações no mercado. Ao avaliar os efeitos de uma conduta, a regra permite um balanço entre a promoção da concorrência e a consideração dos benefícios que podem surgir de práticas comerciais cooperativas ao mesmo tempo que pondera as implicações anticompetitivas derivadas de sua formação.

4. IMPLICAÇÕES PARA O BEM-ESTAR

Antes de tratar das preocupações concorrências derivadas da formação de circuitos fechados de um grupo de maratonas, há implicações positivas para o bem-estar da sociedade. Há promoção da cultura do esporte, melhoria da qualidade e segurança da organização do evento,

---

7 Roger G. Noll, The Organization of Sports Leagues, 19 OXFORD REV. ECON. POL'Y 530, 541

geração de receita com turismo para as cidades que abrigam as corridas[8], visto que é um evento que reúne um considerável volume de pessoas (50 mil apenas de corredores, além de familiares e amigos que normalmente viajam juntos) de diversos países do mundo, além de arrecadação considerável para instituições de caridade. A maratona de Londres de 2024, por exemplo, obteve um recorde com cerca de £67 milhões arrecadados pelos maratonistas – equivalente, no câmbio de hoje, a cerca de 495 milhões de reais arrecadados em uma única corrida. Em Tóquio, a arrecadação explodiu ao longo dos anos: em 2011, foram ¥ 70 milhões de ienes arrecadados para as instituições de caridade. Em 2024, esse valor saltou para ¥ 820 milhões[9] – equivalente a cerca de 31 milhões de reais em uma única corrida.

As WMM contribuem para o crescimento e popularização da corrida de maratona como um todo, inspirando corredores amadores a se engajar no esporte, com melhorias no bem-estar e saúde. Muitas vezes, a participação em uma dessas maratonas se torna um objetivo de vida para corredores de todos os níveis, estimulando um aumento no número de participantes em eventos locais e internacionais.

As WMM também estabeleceram um padrão para outras maratonas em termos de organização, segurança e experiência do corredor, contribuindo para o crescimento e a profissionalização do esporte.

5. IMPLICAÇÕES PARA A CONCORRÊNCIA

O circuito das *World Marathon Majors* pode ser considerado do ponto de vista organizacional e concorrencial uma liga esportiva, não da mesma forma que ligas tradicionais, como a NBA ou a NFL, mas com alguns pontos a considerar.

- Competição: as WMM reúnem algumas das maratonas mais prestigiadas do mundo, onde corredores competem por classificações e prêmios.

8 De acordo com um estudo da New York Runners, cerca de 10.000 corredores internacionais participaram da maratona de 2022, com gastos de avião, hospedagem, alimentação em restaurantes, compras em lojas e utilização de transporte público durante a estadia. Estimativas indicam geração de um benefício econômico da ordem de $500 milhões à cidade de Nova York. https://www.nynmedia.com/news/2023/11/pumped-tcs-new-york-city-marathon/391756/#:~:text=%E2%80%9CThe%20last%20time%20we%20did,and%20visitation%20to%20the%20city.

9 Dados disponíveis em: https://tokyo42195.org/en/data/

- Estrutura: existe uma estrutura organizacional e um calendário definido, com eventos específicos que compõem o circuito, com critérios de seleção, o que é característico em ligas esportivas.
- Reconhecimento: a série é reconhecida globalmente, atraindo os melhores corredores de elite do mundo, oferecendo um sistema de pontos, classificação e prêmios altíssimo, além do interesse de atletas de todo o mundo.
- Patrocínio e Marketing: atraem grandes patrocínios e possuem uma forte presença de marketing[10], semelhante no conceito ao que ocorre em ligas esportivas.

Em se tratando de impactos na concorrência, podem ser citados alguns fatores, como implicações para corredores, patrocinadores e concorrentes.

Implicações para corredores: a demanda pelas *World Marathon Majors* tem superado cada vez mais a capacidade de oferta de vagas nas seis mais prestigiadas e mais conhecidas maratonas do mundo. Cinco dessas seis corridas são baseadas em sorteio, sendo a Maratona de Boston a única que exige dos corredores padrões de conclusão de tempo da prova bem rígidos (*qualifying times*[11]), com um pequeno percentual de inscrições destinado àqueles que contribuem para uma instituição de caridade[12] (que pode exigir valores demasiadamente altos de arrecadação[13]) e por agência de viagens cadastradas que oferecem um limite bem restrito de inscrições (com valores significativos[14]).

---

10 Para exemplificar: a TCS é o patrocinador oficial da Maratona de Londres e da NYC, o Bank of America patrocina Boston e Chicago, e a BMW Berlin. Além deles, marcas esportivas também possuem exclusividade no patrocínio oficial das maratonas. A New Balance na maratona de NYC e Londres, a Asics na maratona de Tóquio, a Nike na maratona de Chicago e a Adidas na maratona de Berlin e Boston.

11 A título de exemplo, um corredor masculino entre 40 e 44 anos precisa correr uma maratona em pelo menos 3 horas e 5 minutos para que possa ter a chance de participar de Boston. Mulheres da mesma faixa etária precisam correr em pelo menos 3 horas e 35 minutos. https://www.baa.org/races/boston-marathon/qualify/history-qualifying-times

12 Para correr a maratona de Londres de 2025 existem mais de 230 instituições de caridade cadastradas com inscrições disponíveis: https://www.tcslondonmarathon.com/enter/how-to-enter/charities-with-places

13 O valor médio de arrecadação para instituições de caridade para corredores que desejam garantir uma vaga nas World Marathon Majors pode variar dependendo da maratona e da instituição de caridade. Para correr em Londres 2024 em nome de uma instituição de caridade, o valor mínimo de arrecadação geralmente varia entre £1.500 e £2.000. Para a maratona de Boston o mínimo de arrecadação é de USD 4.000 a USD 6.000. Para maratona de NY entre USD 2.500 a USD 3.000. Na maratona de Toquio o valor pode chegar a cerca de USD 2000. Todos os valores não incluem a taxa de inscrição.

14 Para a maratona de Londres de 2024, uma das agências brasileiras cobrou cerca de R$ 22mil reais (3050 libras) por corredor no pacote com 4 dias de acomodação e uma inscrição (sem passagem). Para a maratona de Toquio 2025, o pacote por corredor é de quase R$ 28mil reais (5.000 dólares), com mínimo de seis diárias e uma inscrição.

Para exemplificar, a Maratona de Londres estabeleceu um novo recorde com 840.318 corredores interessados na maratona de 2025. A capacidade de vagas disponível varia anualmente entre 45 e 50 mil, o que resulta em uma chance menor que 6% de ser aceito. A Maratona de Boston, mesmo com exigência de tempo de qualificação bastante criterioso (apenas os corredores mais rápidos conseguem atingir as metas), fez recentemente uma revisão dos tempos de corte para 2026, tornando a meta ainda mais desafiadora, dado o aumento de interesse em correr as WMM. Diante do incremento significativo no número de corredores qualificados, a organização de Boston divulgou que era necessário, na versão de 2024, ter um tempo 5 minutos e 29 segundos mais rápido do que o tempo de qualificação para garantir a entrada na corrida de 2024. Em 2025, com um recorde de inscritos de mais de 36,4 mil corredores qualificados, o corte aumentou para 6 minutos e 51 segundos[15].

Para as maratonas concorrentes que não fazem parte do seleto grupo das *Marathon Majors*, a concorrência pela participação de corredores pode ser um desafio. Essas maratonas enfrentam a pressão de atrair corredores de elite e participantes em geral, muitas vezes tendo que oferecer incentivos financeiros significativos a corredores de elite e melhorias na organização para se destacarem. A visibilidade e o prestígio associados às *Marathon Majors* criam uma referência que outras maratonas aspiram alcançar, e a competição por patrocinadores pode ser acirrada. Ainda que a corrida e a maratona tenham se popularizado nos últimos tempos, nenhuma outra maratona do mundo possui como critério de seleção um sorteio. Apesar de as inscrições poderem acabar rapidamente, em todos os casos, a inscrição é oferecida mediante pagamento da taxa de inscrição – muitas vezes com valores bem abaixo em comparação com as WMM[16].

Os patrocinadores também desempenham um papel crucial nesse cenário competitivo. As *Marathon Majors* atraem grandes patrocinadores devido ao alcance global e ao apelo do evento. Associar-se a essas maratonas oferece uma plataforma de marketing poderosa e uma

15 https://www.baa.org/field-qualifiers-notified-acceptance-129th-boston-marathon-presented-bank-america

16 Inscrição para as WMM variam entre 250 e 333 dólares para aqueles sorteados, enquanto outras fora do circuito WMM, mas com organizações similares em termos de evento, com a de Valência e Sidney, com público similar em torno de 40 mil corredores, custam em torno de 100 a 135 dólares.

oportunidade de se conectar com um público engajado e apaixonado pelo esporte. Em contraste, patrocinadores de maratonas menores podem enfrentar dificuldades para obter o mesmo nível de exposição e retorno sobre o investimento.

6. IMPLICAÇÕES ECONÔMICAS E CONCORRENCIAIS

Ligas esportivas, como a formação do circuito WMM, podem criar monopólios (como no caso em tela, em que existe apenas uma liga que reúne as seis maiores maratonas do mundo) ou oligopólios, limitando a concorrência entre os organizadores das maratonas e restringindo o acesso de novos entrantes ou a formação de novas ligas no mercado.

A formação de ligas também impacta os preços cobrados pelas inscrições de corredores (assim como os preços dos ingressos nas ligas da NFL ou NBA), produtos licenciados (com valores bem superiores às médias das demais provas), patrocínios significativos (dada a disputa por estar presente na WMM), além dos prêmios oferecidos a atletas, pois as ligas estabelecem padrões que afetam a economia do esporte.

Ligas podem firmar acordos que limitam a concorrência, como contratos exclusivos de transmissão (como no caso da NBA e NFL, a ESPN tem direitos de transmissão das WMM) ou de agências de turismo que detêm exclusividade na venda de inscrições com pacotes de viagem bastante significativos, configurando *bundling* ou venda casada, uma vez que não é possível adquirir apenas a inscrição ou outro tipo de pacote, mas apenas o oferecido pela agência, o que pode ser questionado sob as leis antitruste.

7. CONSIDERAÇÕES FINAIS

As Marathon Majors têm impactado a dinâmica competitiva das corridas de maratona, moldando a competição entre corredores de elite, atletas amadores e influenciando a dinâmica entre organizadores, competidores e patrocinadores. Elas criaram um padrão de excelência que elevou o nível geral de competição, promovendo inovações tanto na organização quanto na qualidade do evento. O prestígio e a visibilidade associados a esses eventos também desempenham um papel importante no crescimento e popularização do esporte, inspirando corredores de todos os níveis a participar. Em última análise, as Marathon Majors não apenas destacam os melhores atletas, mas também elevam o esporte da corrida de maratona a novas alturas de reconhecimento e entusiasmo global, além de gerar relevantes efeitos de bem-estar econômico para os agentes interrelacionados.

Por outro lado, há implicações concorrenciais derivadas da criação de um seleto grupo de maratonas em uma "liga" com as principais maratonas do mundo, com importantes reflexões na defesa antitruste. Um possível abuso de posição dominante pode vigorar no mercado com o uso de cláusulas de exclusividade de transmissão, distribuição exclusiva da oferta por um seleto canal de agentes e imposição de regras de participação de novos entrantes e até mesmo de atletas, com implicações na concorrência.

O uso do racional econômico e da análise da regra da razão são fundamentais em casos que envolvem esporte e antitruste, diante da necessidade de ponderar o real custo-benefício de tais formações, considerando a coexistência de eficiências e preocupações concorrenciais.

On any given sunday: futebol *vs* football sob a ótica comercial

Eric Hadmann Jasper
Bárbara De' Carli Cauhy

1. INTRODUÇÃO

Da mesma forma de um ciclo olímpico ou de uma copa do mundo, a cada 5 anos ocorre um movimento de mercado que, invariavelmente, tem no Conselho Administrativo de Defesa Econômica (Cade) um observador atento: as negociações de venda dos direitos de transmissão do campeonato brasileiro de futebol masculino. A importância dessa fonte de receitas é nítida. De acordo com o recente relatório Convocados[1], as receitas de direitos de transmissão, apesar do viés de baixa, ainda são a maior fonte de recursos financeiros de um clube de futebol brasileiro representando BRL 3.1 bilhões (ou 35% do total de receitas) em 2023, seguido de publicidade (20%), negociação de atletas (18%), bilheteria/sócio torcedor (17%) e outros (9%).

Enquanto o presente texto é finalizado, o novo ciclo de contratação de direitos de transmissão do campeonato brasileiro de futebol masculino (2025-29) encontra-se em franca ebulição. Distanciando-se do formato de negociações individuais de 2019, os clubes buscaram (ou ainda buscam?) se unir em formato de liga, o que resultou na formação de blocos de clubes. O grupo denominado Libra encerrou suas negociações e vendeu, em bloco, seus direitos de transmissão ao Grupo Globo[2]. O grupo denominado Liga Forte União (LFU), por sua vez, ainda finaliza negociações em formato de pacotes, por meio da estratégia definida pela

1 Cf. Galapagos Capital. 15º Relatório Convocados. Brasil, 2024. Disponível em: https://outfieldinc.com/convocados-2024/. Acesso em: 16 jun. 2024.
2 Cf. Globo Esporte. Globo fecha acordo com clubes da Libra para transmissão do Brasileirão de 2025 a 2029. 2024. Disponível em: https://ge.globo.com/negocios-do-esporte/noticia/2024/03/08/globo-fecha-acordo-com-clubes-da-libra-para-transmissao-do-brasileirao-de-2025-a-2029.ghtml. Acesso em: 17 jun. 2024.

agência Livemode[3]. O Sport Club Corinthians Paulista ainda não definiu se permanece na Libra, negocia sozinho ou se une à LFU.

Todo esse movimento é paciente e silenciosamente vigiado pelo Inquérito Administrativo 08700.004453/2019-48, que investiga o "mercado de negociação de direitos de transmissão de futebol", em geral, e a Globo Comunicações e Participações S.A. (Grupo Globo), em particular. O inquérito foi instaurado, não à toa, em 2019 por meio do Despacho 27/2019[4]. Em 25 de setembro de 2019, a Nota Técnica 1/2020 da Superintendência-Geral do Cade (SG-Cade)[5] e a Nota Técnica 35/2020 do Departamento de Estudos Econômicos do Cade (DEE)[6] são emitidas e, em data próxima, o Fortaleza Esporte Clube apresenta denúncia por ter recebido condições comparativamente desfavoráveis em negociação de direitos de transmissão com a empresa Turner International Inc.[7] Do que é possível observar dos autos públicos, o inquérito conta com diversas audiências com agentes do mercado, manifestações da empresa investigada e 32 respostas a ofícios. Desde então, o inquérito tem sido sucessiva e sossegadamente prorrogado pela autoridade concorrencial brasileira.

Diante desse cenário e, em particular, da alta probabilidade de que o inquérito administrativo mencionado ganhe novo fôlego num ambiente de mercado que caminha para transformação do modelo de competições organizadas por terceiros (*i.e.*, Confederação Brasileira de Futebol e federações estaduais) para o modelo de ligas de clubes e *sportainment*[8], o

3 Cf. Allan Simon. Uol. Liga Forte vai vender Brasileirão em pacotes e gerar sinais de transmissão. 2024. Disponível em: https://www.uol.com.br/esporte/colunas/allan-simon/2024/03/25/liga-forte-vai-vender-brasileirao-em-pacotes-e-gerar-sinais-de-transmissoes.htm?utm_source=pocket_shared. Acesso em: 17 jun. 2024.

4 Cf. Inquérito Administrativo 08700.004453/2019-48. SEI 0657936.

5 Cf. Inquérito Administrativo 08700.004453/2019-48. SEI 0802187.

6 Cf. Inquérito Administrativo 08700.004453/2019-48. SEI 0800736.

7 Cf. Inquérito Administrativo 08700.004453/2019-48. SEI 0663213. Destaca-se que pouco tempo depois o clube desiste da denúncia e solicita seu arquivamento.

8 De acordo com Jana Radosinska, "'Sportainment' é um conceito que responde à necessidade de refletir sobre o estabelecimento comercial dos esportes dentro da esfera do entretenimento midiático. O termo destaca que é necessário entender melhor as formas como eventos esportivos e celebridades do esporte são mediados e apresentados publicamente para entreter o público da mídia. Os processos de transformar eventos esportivos em espetáculos midiáticos, repletos de ação, emoções e reviravoltas dinâmicas, são muito complexos. Podemos encontrar seus resultados ao assistir notícias na televisão, usar serviços específicos de comunicação digital ou interagir por meio de redes sociais online. Além de entender as formas como os programas de notícias na televisão informam sobre esportes e os processos de venda e aquisição de direitos para transmitir eventos esportivos globalmente importantes, também precisamos prestar atenção à integração de um grande evento esportivo com um amplo espectro de experiências culturais e de entretenimento [...]. Vale ressaltar que o Super Bowl envolve muitos eventos de show business que o acompanham (como performances dos músicos mais populares) e oferece uma programação publicitária proeminente - esse espaço publicitário é percebido como a sessão comercial mais lucrativa e tende a apresentar os próximos blockbusters de Hollywood com as maiores aspirações financeiras possíveis." Cf. Jana Radosinka. On Cinderella men and peaceful warriors: "sportainment" in American mainstream cinema. Disponível em: https://www.researchgate.net/publication/329246796_On_cinderella_men_and_peaceful_warriors_Sportainment_in_American_Mainstream_Cinema Acesso em 17.6.2024.

presente texto buscará, como o bom meio campista que faz o passe "no ponto futuro", apresentar um formato de liga muito bem sucedido e que não aparenta estar no radar dos operadores do Direito: a *National Football League* (NFL) e seu futebol americano (Football).

2. HISTÓRIA DOS PILARES COMERCIAIS DA NFL

O Football nasce aproximadamente 4 anos após o fim da Guerra Civil dos Estados Unidos da América (1861-65), mais precisamente em 6 de novembro de 1869 quando 25 alunos da Rutgers University (News Brunswick, Nova Jersey) visitam 25 alunos da Princeton University (Princeton, New Jersey) para um jogo interuniversitário. Nos 10 anos seguintes, o esporte vai se tornando cada vez mais organizado nas universidades Ivy League, mas ainda é um esporte muito violento. Em 1904, ocorrem 18 mortes e 159 lesões graves. Em 1905, as lesões graves incluem Theodore Roosevelt Jr, filho do Presidente Theodore Roosevelt. O Presidente convoca todas as universidades e ameaça banir o esporte se não houver regras para a proteção dos atletas. Como resposta à convocação do Presidente, a *Intercollegiate Athletic Association of the United States* (IAAUS) é criada em 28 de dezembro de 1905 e, em 1910, renomeada *National Collegiate Athletic Association* (NCAA). A NCAA, até hoje, coordena do Football universitário (*i.e.*, "amador") dos Estados Unidos.

O Football surge, portanto, como esporte amador e jogado pelas elites intelectuais estadunidenses, inspiradas pelas elites britânicas. É apenas em 20 de agosto de 1920 que 4 times profissionais de Ohio criam a *American Professional Football Conference* (APFC). A reunião é organizada por George Halas, empregado da empresa A.E. Staley e encarregado de organizar, treinar e jogar no time da empresa, os Staleys. Já na próxima reunião, em 17 de setembro de 1920, contando com 14 times de diversos estados, alteram o nome para *American Professional Football Association* (APFA). Finalmente, em 24 de junho de 1922, a associação é renomeada NFL.

Interessante notar que a separação entre Football universitário (amador) e o profissional tem raízes na criação da NFL e permanece vigente até os dias de hoje, uma vez que as regras do *draft* da NFL não permitem a contratação de atletas direto do ensino médio (*high school*), eles têm que aguardar 3 anos e não estarem mais elegíveis para serem atletas da NCAA.

A instituição do *draft*, por sinal, é de suma importância para a compreensão do princípio que rege a NFL até hoje e que é indicado por muitos como o denominador comum do sucesso da liga: o *league first mentality* (foco na priorização da liga, ou como dizem os comentaristas estadunidenses com uma grande pitada de sarcasmo, *league first, team second and athletes third, if at all*).

O *draft* é criado em 1936 em razão do jogador Stan Kostka. Durante o início da década de 1930, Kostka tem uma excelente carreira no Football universitário. Todos os times da NFL desejam contratá-lo e ele realiza um leilão de 9 meses entre os times da NFL e acaba se tornando o jogador mais bem pago da época. Como resposta ao leilão realizado por Kostka, a NFL institui o *draft* em 1936.[9]

Em linhas gerais, o *draft* é um evento anual da NFL que serve como principal forma de recrutamento de novos jogadores da liga. Durante o *draft*, as 32 equipes da NFL selecionam jogadores do Football universitário em sete rodadas, com uma equipe podendo escolher 1 jogador por rodada, sendo que a ordem da escolha é determinada pelo desempenho da equipe na temporada passada. O campeão escolhe por último e o time com pior campanha escolhe primeiro. Tudo em prol do equilíbrio competitivo e do "produto" campeonato.

Além do *draft*, um importante personagem da NFL, Bert Bell, adiciona ingrediente fundamental para a qualidade do produto campeonato: o *balanced scheduling system*. Tendo sido um dos piores treinadores da história da NFL, dono do time Philadelphia Eagles e conselheiro (*commissioner*) da NFL de 1946-1959, Bell entra para a história do Football por sua "visão [...] de que cada time na liga deveria ser o mais competitivo possível." A famosa frase de Bell "em qualquer domingo, qualquer time pode vencer qualquer outro time" era uma ideia inovadora para uma época em que times grandes dominavam

9 Cf. Globo Esporte. O que é o draft da NFL? Entenda como funciona a seleção. 2021. Disponível em: https://ge.globo.com/futebol-americano/noticia/o-que-e-o-draft-da-nfl-entenda-como-funciona-a-selecao.ghtml. Acesso em: 17 jun. 2024.

times menores, que por sua vez perdiam dinheiro até falirem ou serem comprados.[10] Bell, além de ser um dos criadores do mencionado sistema de *draft*, também propôs o *balanced scheduling system* para organização do calendário dos times. O calendário foi modificado inúmeras vezes no decorrer do tempo, mas para a finalidade do presente texto, basta observar que até hoje o ranking do time na temporada passada é levado em consideração no agendamento dos jogos da temporada, assim times fortes jogam com times fortes e times fracos com times fracos no início da temporada.[11]

A evolução do formato de contratação de atletas da NFL também merece estudo.[12] Entre 1920 e 1946, a NFL tinha a chamada *reserve rule* segundo a qual os times tinham direito de renovar os contratos dos seus jogadores automaticamente e por prazo indeterminado, nos mesmos termos assinados originalmente. Em 1947, a regra é alterada para permitir apenas uma renovação automática, o que significa que os jogadores, pela primeira vez na história, têm algum nível de liberdade contratual (também chamada de *free agency*). Em 1962, o primeiro jogador a utilizar a regra implementada em 1947 é R.C. Owens, contudo, em razão da reclamação do dono do time que Owens deixou (os 49ers'), foi criada a *Rozelle rule*, que permitia à liga compensar o time que o jogador deixou, seja com outros jogadores, escolhas no *draft* ou até dinheiro. Essa regra foi objeto de litígio concorrencial em Mackey v. NFL e do acordo decorrente do litígio surgiu o Direito de Preferência e Compensação, segundo o qual o time ainda tinha o direito de cobrir a oferta do time contratante e/ou obter compensação no *draft*. Depois de outros litígios antitruste, em 1993, entra em vigor a atual regra de *free agency*, segundo a qual qualquer jogador com ao menos 4 anos de experiência da NFL se torna um *free agent*. Ao mesmo tempo em que surge o *free agency*, a NFL cria a regra do *franchise player*

10 Cf. Sam Fortier. NFL's unparalleled parity was born at a cigarette-burned desk in Philadelphia. The Washington Post. 2023. Disponível em: https://www.washingtonpost.com/sports/2023/01/29/bert-bell-nfl-philadelphia-eagles/. Acesso em: 16 jun. 2024.

11 Cf. Football Operations. Creating The NFL Schedule: it takes thousands of computers and six NFL executives to create the NFL's 272-game masterpiece. 2024. Disponível em: https://operations.nfl.com/gameday/nfl-schedule/creating-the-nfl-schedule/. Acesso em: 16 jun. 2024.

12 As estratégias comerciais da NFL para a contratação de atletas mereceriam estudo aprofundado em razão dos embates com o antitruste estadunidense, contudo, este não o objeto do presente texto.

(o time tem direito de escolher o seu jogador mais valioso e restringir seu direito de mudar de time) e a limitação de salário (*salary cap*), ou seja, uma limitação de valor a ser gasto com a equipe durante uma determinada temporada.[13]

Por fim, importante tratar do histórico dos direitos de transmissão de televisão na NFL. Quando surgem, em meados da década de 1950, eram contratados com as emissoras locais de TV e negociados individualmente pelos times. Houve, além disso, o chamado *blackout* dos jogos "em casa", uma vez que a maior parte da receita dos times ainda vinha da venda de ingressos para os jogos. O *blackout* durou até 1973 quando o Presidente Richard Nixon, furioso que não seria capaz de assistir ao jogo do Washington Redskins e Green Bay Packers porque o jogo era realizado em Washington, ameaçou e, no fim, conseguiu que o Congresso estadunidense aprovasse uma lei proibindo os blackouts.[14]

Mas os direitos de transmissão somente têm seu modelo fundamentalmente modificado quando competição entre ligas é introduzida no mercado. A história começa com o insucesso do time da NFL Chicago Cardinals, que competia diretamente com o Chicago Bears. Quando a família Bidwill tenta realocar os Cardinals para a cidade de St. Louis, a NFL demanda compensação financeira que a família não era capaz de fazer. Assim, a família busca vender o time para Lamar Hunt que, por sua vez, desejava realocar o time para sua cidade natal de Dallas. A NFL, contudo, não permite a venda e mudança de sede. Ao descobrir que não estava sozinho em tentar comprar os Cardinals, Lamar Hunt busca os demais candidatos e sugere a criação da *American Football League* (AFL). A AFL competiu vigorosamente com a NFL entre 1960-70, mas no fim acabou unindo-se à rival NFL. Mas para a finalidade do presente texto, importante destacar que foi a AFL que utilizou uma ideia criada por uma concorrente da Major League Baseball: negociar coletivamente um único contrato nacional de televisão e dividir as receitas igualmente entre os membros da liga.

---

13 Cf. NLF. The history of NFL Free Agency: with free agency expected to start on March 17 we take a look back at how it has evolved throughout the history of the NFL. 2021. Disponível em: https://www.patriots.com/news/the-history-of-nfl-free-agency. Acesso em: 16 jun. 2024.

14 Cf. The Denver Post. NFL blackout rule: Richard Nixon hated it. 2016. Disponível em: https://www.denverpost.com/2013/07/07/nfl-blackout-rule-richard-nixon-hated-it/. Acesso em: 16 jun. 2024.

Tendo em vista que a AFL consegue um contrato nacional inédito e muito lucrativo com a rede ABC, a NFL tem que buscar recuperar terreno perdido diante da concorrência. É neste momento que o hoje famoso Pete Rozelle é nomeado conselheiro (*commissioner*) da NFL. Rozelle tinha apenas 33 anos, formado em relações públicas e gerente geral dos Los Angeles Rams quando assumiu a posição.

Rozelle e seu LA Rams inova ao ser o primeiro a abrir uma loja de *merchandise* dos LA Rams com camisas de alta qualidade para os fãs. Ele continua a inovar como conselheiro da NFL, ao mudar a sede da NFL da Filadélfia para Nova Iorque (capital do marketing nos EUA), ao contratar a empresa Elias Sports Bureau para calcular formalmente as estatísticas dos jogos da NFL. Além de enviar as estatísticas para os jornais, Rozelle desenvolve uma relação próxima com a mídia e, em particular, com revista Sports Illustrated e até mesmo contrata redatores para elaborar artigos emocionantes sobre os jogos para os jornalistas, criando uma "narrativa cativante" para os leitores. Mas o mais importante é que Rozelle consegue convencer os donos dos times da NFL a abrir mão de lucros de curto prazo para negociar coletivamente um contrato nacional com a rede CBS 3 vezes superior ao contrato da AFL. Esse contrato chama a atenção do Departamento de Justiça (USDoJ) mas a ação antitruste é neutralizada pelo Sports Broadcasting Act de 1961, que autoriza expressamente a negociação coletiva pela NFL.

3. CONSIDERAÇÕES FINAIS

Como foi possível observar, os principais fatores que contribuíram para o sucesso comercial do produto campeonato de Football organizado pela NFL foram: (i) *league first mentality*, (ii) foco no campeonato como produto e não no desempenho dos times individualmente, (iii) sistema organizado e equilibrado de agendamento dos jogos (*balanced scheduled system*), (iv) *free agency* somado à política de *salary cap*, (v) distribuição equitativa de receitas (transmissão de televisão, patrocínio e até venda de camisas) e talentos (*draft*) e (vi) associação do produto campeonato com o marketing, criando e controlando uma narrativa cativante para o campeonato aumentar receitas de transmissão

Tais fatores têm sido observados pelos gestores do futebol brasileiro com níveis de sucesso bastante variados entre os atores desse mercado. A fragmentação da iniciativa de criação de uma liga nacional de futebol (resultado, aparentemente, de ausência de disposição de abrir mão de resultados de curto prazo e de ausência de um *league first mentality*) somada a um calendário notoriamente sobrecarregado (em particular, por força dos campeonatos estaduais) e desassociado do calendário internacional de competições (o que limita a expansão do produto campeonato brasileiro para outros países), são indícios de que o mercado brasileiro ainda se encontra distante da experiência estadunidense. Mas isso não significa que as autoridades públicas não devem estar cientes desse inexorável movimento de mercado. As análises técnicas (jurídicas e econômicas) se beneficiarão muito do conhecimento desse "ponto futuro" do futebol brasileiro.

Importante, por fim, que as autoridades e operadores do Direito antitruste brasileiro fiquem atentos aos próximos passos da NFL para se manter lucrativa diante da acirrada competição, em particular com a liga de basquete NBA. Tais passos são o crescimento do *fantasy football* e das apostas esportivas.

O *fantasy football* (nosso Cartola ou Rei do Pitaco, por exemplo) é uma forma de envolver os fãs de forma mais profunda com o esporte, pois exige que assistam aos jogos, acompanhem as estatísticas, façam negociações de jogadores etc. As apostas esportivas são outra forma de atrair e engajar os fãs da NFL. Mesmo sendo legalizadas apenas em alguns estados americanos (outros devem seguir em breve), as apostas movimentam bilhões de dólares por ano. As apostas aumentam o interesse e a emoção dos jogos, pois os fãs têm um incentivo financeiro para torcer por determinados resultados. Esses dois fenômenos, também presentes no mercado brasileiro, mostram como a NFL se adapta aos novos hábitos e preferências dos consumidores, oferecendo experiências personalizadas, interativas e imersivas.

Referências bibliográficas

CADE. Inquérito Administrativo 08700.004453/2019-48. Disponível em: https://sei.cade.gov.br/sei/modulos/pesquisa/md_pesq_processo_exibir.php?0c62g277GvPs-ZDAxAO1tMiVcL9FcFMR5UuJ6rLqPEJuTUu08mg6wxLt0JzWxCor9mNcMY-P8UAjTVP9dxRfPBccSVcBmmkrtVSUBGse9Ldfb2xf5v7U5sRbtbKtuuaNBF. Acesso em: 17 jun. 2024.

FOOTBALL OPERATIONS. Creating The NFL Schedule: it takes thousands of computers and six NFL executives to create the NFL's 272-game masterpiece. 2024. Disponível em: https://operations.nfl.com/gameday/nfl-schedule/creating-the-nfl-schedule/. Acesso em: 16 jun. 2024.

FOSTIER, Sam. NFL's unparalleled parity was born at a cigarette-burned desk in Philadelphia. The Washington Post. 2023. Disponível em: https://www.washingtonpost.com/sports/2023/01/29/bert-bell-nfl-philadelphia-eagles/. Acesso em: 16 jun. 2024.

GALAPAGOS CAPITAL. 15º Relatório Convocados. Brasil, 2024. Disponível em: https://outfieldinc.com/convocados-2024/. Acesso em: 16 jun. 2024.

GLOBO ESPORTE. O que é o draft da NFL? Entenda como funciona a seleção. 2021. Disponível em: https://ge.globo.com/futebol-americano/noticia/o-que-e-o-draft-da-nfl-entenda-como-funciona-a-selecao.ghtml. Acesso em: 17 jun. 2024.

NLF. The history of NFL Free Agency: with free agency expected to start on March 17 we take a look back at how it has evolved throughout the history of the NFL. 2021. Disponível em: https://www.patriots.com/news/the-history-of-nfl-free-agency. Acesso em: 16 jun. 2024.

RADOSINSKA, Jana. On Cinderella men and peaceful warriors: "sportainment" in American mainstream cinema. Disponível em: https://www.researchgate.net/publication/329246796_On_cinderella_men_and_peaceful_warriors_Sportainment_in_American_Mainstream_Cinema Acesso em 17.6.2024.

SOMON, Allan. Uol. Liga Forte vai vender Brasileirão em pacotes e gerar sinais de transmissão. 2024. Disponível em: https://www.uol.com.br/esporte/colunas/allan-simon/2024/03/25/liga-forte-vai-vender-brasileirao-em-pacotes-e-gerar-sinais-de-transmissoes.htm?utm_source=pocket_shared. Acesso em: 17 jun. 2024.

The Complete History & Strategy of the NFL. [S.I]. Acquired, 2023. (226 min.), Podcast. Disponível em: https://www.acquired.fm/episodes/the-nfl. Acesso em: 16 jun. 2024.

THE DENVER POST. NFL blackout rule: Richard Nixon hated it. 2016. Disponível em: https://www.denverpost.com/2013/07/07/nfl-blackout-rule-richard-nixon-hated-it/. Acesso em: 16 jun. 2024.

PARTE 2

ESPORTES E ATOS DE CONCENTRAÇÃO

Notificação de ACs de SAFs no Brasil: precedentes Cade e parâmetros

Diogo Thomson de Andrade
Paulo Henrique de Oliveira
Gabriela Wilxenski

1. INTRODUÇÃO

O futebol brasileiro, um dos pilares culturais e econômicos do país, enfrenta há décadas desafios estruturais que impactam diretamente sua gestão e competitividade. Tradicionalmente organizados como associações sem fins lucrativos, os clubes de futebol do país têm enfrentado dificuldades relacionadas a gestões deficitárias e dívidas elevadas. A promulgação da Lei das Sociedades Anônimas do Futebol (SAF), em 2021, marcou uma mudança radical no panorama jurídico e econômico dos clubes, introduzindo um novo modelo societário voltado exclusivamente para o ambiente futebolístico. Neste sentido, as SAF abrem uma nova frente para a profissionalização da gestão, além de permitir a captação de recursos por meio de instrumentos de mercado até então indisponíveis para os clubes tradicionais.

O presente artigo explora a evolução legislativa que culminou na adoção das SAF, analisando suas implicações no mercado de futebol brasileiro. Além disso, examina o papel do Conselho Administrativo de Defesa Econômica (Cade) diante dessas mudanças, especialmente no que tange o controle de concentrações econômicas. Com base em estudos de caso e análises comparativas, o artigo também busca explorar os desafios regulatórios enfrentados pelas SAF à luz de experiências internacionais e jurisprudência relevante. Por meio desta investigação, busca-se não apenas compreender as transformações estruturais e regulatórias no futebol brasileiro, mas também contribuir para o debate sobre políticas públicas e governança corporativa no setor esportivo, promovendo uma reflexão crítica sobre o futuro do esporte mais popular do Brasil.

2. BREVE HISTÓRICO DA RELAÇÃO ENTRE A LEGISLAÇÃO E A ESTRUTURA DOS CLUBES DE FUTEBOL BRASILEIROS

Historicamente, os clubes de futebol brasileiros foram constituídos como associações sem fins lucrativos, regidos pelo Código Civil – tanto o de 1916 quanto o de 2002 – em um formato societário que impossibilitava a distribuição de lucros aos seus associados ou sua venda a terceiros. Tal estrutura, embora tradicional, demonstrou diversas deficiências ao longo dos anos, como a falta de mecanismos para facilitação de controle e transparência, levando a práticas de má gestão, fraudes e, consequentemente, ao endividamento crônico de muitas dessas entidades. Na década de 90, ocorreram tentativas de alteração desta estrutura por meio da introdução de modelos societários que pudessem aprimorar e, em alguma medida, profissionalizar a gestão e estrutura dos clubes. A primeira iniciativa significativa foi a Lei Zico (Lei 8.672/93), que visava permitir a constituição de clubes de futebol no formato de empresas, conhecido como modelo de "clube-empresa".

Posteriormente foi reformulada pela Lei Pelé (Lei 9.615/98), que objetivava a criação de um ambiente mais propício ao investimento privado nos clubes. Estas medidas, no entanto, não alcançaram a aplicabilidade pretendida em grande parte devido à ausência de normatizações aptas a realizar uma transição entre as estruturas societárias existentes. Posteriormente, foi promulgada a Lei do PROFUT (Lei 13.155/15), que criou o Programa de Modernização da Gestão e de Responsabilidade Fiscal do Futebol Brasileiro. Fornecendo novos métodos para o refinanciamento das dívidas dos clubes e propondo gestões mais transparentes. Castro e Manssur[1], especialistas na relação do futebol com o

1 CASTRO, Rodrigo R. Monteiro de; MANSSUR, José Francisco C. **Futebol, Mercado e Estado** - Projeto de Recuperação, Estabilização e Desenvolvimento Sustentável do Futebol Brasileiro: Estrutura, Governo e Financiamento. São Paulo: Quartier Latin, 2016.

ordenamento jurídico brasileiro, apontam que, em poucos anos, estas mudanças tornar-se-iam inadequadas, carecendo de novos arranjos legislativos aptos à demanda, ainda complexa e não resolvida, de cumprimento das obrigações financeiras dos clubes. A necessidade de uma nova abordagem ficou evidente com o caso do Figueirense, que, em 2021, foi o primeiro clube de futebol brasileiro a ter seu pedido de recuperação judicial concedido (Processo: 5024222-97.2021.8.24.0023).

É neste contexto que surge a Lei 14.193/2021, conhecida como Lei das Sociedades Anônimas do Futebol (SAF), que inova a partir da criação de um tipo específico de sociedade anônima *sui generis* voltado exclusivamente para clubes de futebol, além de dotado de instrumentos de mercado que possibilitam a captação de recursos e financiamento, algo que nem as sociedades limitadas nem os clubes associativos tradicionais eram capazes de oferecer de maneira eficaz[2]. Os primeiros grandes clubes a aderirem ao modelo de Sociedade Anônima do Futebol (SAF) foram o Botafogo de Futebol e Regatas, o Cruzeiro Esporte Clube e o Clube de Regatas Vasco da Gama. Dentre as inovações propostas pelo modelo, destaca-se a implementação de regras de governança e transparência que possibilitaram uma reorganização societária dos clubes, além de apresentarem instrumentos regulatórios acerca de participações comuns e da estruturação de grupos econômicos, regramentos estes que naturalmente podem gerar impactos concorrenciais e mercadológicos. Ademais, o modelo introduziu um regime tributário simplificado de alíquota única, buscando reduzir a complexidade fiscal e permitir maior flexibilidade da gestão financeira.

Com a possibilidade de venda de ações das SAF consequentemente se elevaram as preocupações relacionadas à possível concentração do mercado. Por suposto, operações envolvendo grandes investimentos e aquisições de clubes começaram a aparecer nos radares do Cade a partir da avaliação de que tais operações, devido ao seu porte e às sobreposições de mercado criadas, estariam sujeitas a análise antitruste desenvolvida no âmbito do Sistema Brasileiro de Defesa da Concorrência (SBDC).

2 CARDOSO, Ciro; COSTA, Marcelo; BRUTTI, Tiago; SCHEFFER, Denise. A criação da sociedade anônima do futebol e a aplicação da lei 11.101/2005. **Revista Ilustração**, v. 3, n. 1, 2022.

3. O CADE ACOMPANHANDO O JOGO

Há que se esclarecer, primeiramente, que o controle preventivo de concentrações realizado pelo SBDC não se limita a um tipo único de agente econômico. Trata-se de entendimento consolidado de que a natureza jurídica (das entidades envolvidas na operação) é indiferente, apenas cabendo à autarquia a prevenção do abuso de poder econômico por parte de quaisquer agentes econômicos. A própria redação do art. 4° da Resolução Cade 02/2012 já prevê as entidades de modo genérico como "partes da operação". Com base nessa leitura, as associações civis sem fins lucrativos também se enquadram no disposto no art. 88 e 90 da Lei 12.529/2011, compreensão já observada em decisões da autarquia[3]. Nessa toada, identificam-se três precedentes em que o Cade conheceu e avaliou atos de concentração realizados por clubes, bem como investigou e reprimiu condutas que tivessem potencial para prejudicar à concorrência.

O primeiro é o Processo Administrativo 08012.006504/1997-11, no qual se investigou a união entre grandes clubes (Clube dos 13) e Rede Globo visando apurar condutas ligadas à negociação dos direitos de transmissão dos jogos de futebol do Campeonato Brasileiro. Em seguida, há o Ato de Concentração 08700.002878/2019-12, que tratou da venda de 50,1% do imóvel em que se opera um *shopping center* – cuja propriedade pertencia ao Clube Atlético Mineiro. O AC foi, posteriormente, aprovado sem restrições. Por último, tem-se a aquisição indireta[4] do Estádio Arena Itaquera pelo Sport Club Corinthians Paulista, operação que também foi aprovada sem restrições. Nenhum dos três casos foi marcado por questionamentos acerca da natureza jurídica dos clubes de futebol ou de sua atuação enquanto tipo de atividade econômica, sendo possível argumentar que os casos não careciam desse tipo de debate em razão de seu objeto econômico ter caráter relativamente diverso. De modo que, para avaliar os casos envolvendo SAF com o foco em sua atividade empresarial ligada ao futebol, é necessário que antes

3 Tal entendimento encontra respaldo nos ACs 08700.005384/2014-85 e 08700.006989/2017-36.

4 O clube adquiriu a totalidade das ações detidas pela Novonor e pela Jequitibá (em conjunto, as "Vendedoras") na SPE Arena Itaquera, estas detêm 47,57% de participação no Arena Fundo de Investimento Imobiliário - FII (FII Arena"). Logo, como o Clube já detinha 52,43% do Arena, passou a deter 100% das ações de controle do estádio.

se compreenda que existem diferentes operações societárias que passam pelo crivo do Cade.

O art. 90 da Lei 12.529/2011 dispõe sobre os elementos que conformam um ato de concentração – seja ele de notificação obrigatória ou não[5]. A constituição das SAF não encontra correspondência direta nos tipos previstos na lei uma vez que o tipo de transformação realizada é equivalente à constituição de empresa por uma única pessoa física ou jurídica, sendo juridicamente mero ato orgânico. Em primeiro momento, o clube – pessoa jurídica original – é o detentor de 100% das ações da SAF criada, reforçando a ausência de uma operação que caracterize um ato de concentração *stricto sensu*. Não obstante, quando analisado o momento posterior à sua constituição, percebe-se que as operações envolvendo as ações dessa sociedade anônima de futebol se enquadram na tipificação da aquisição de participação societária, nos termos do inciso II do art. 90 da lei de defesa da concorrência. Ademais, a Resolução Cade 33/2022[6], traz em seus arts. 9º e 10 regras mais específicas no que concerne as notificações de aquisições de ações que gerem controle unitário ou compartilhado, não restando dúvidas acerca do enquadramento dos casos da SAF.

Frente a essa compatibilidade legal, a autarquia passou a analisar casos envolvendo SAF e entendeu que um dos reflexos jurídicos é a associação das receitas obtidas pelo clube em atividades desportivas que passaram por essa sucessão à SAF. De modo que é possível a verificação de faturamento obtido nos anos anteriores à sua constituição/transformação societária, metodologia essa que já vinha sendo utilizada pelo Cade para fornecer parâmetros a empresas recém-constituídas. Isto adquire especial relevo para a observância dos requisitos para notificação de atos de concentração da autarquia econômica. Destaca-se trecho do Parecer do caso da SAF do Botafogo de Futebol e Regatas (APAC 08700.003313/2022-58):

> Portanto, as receitas auferidas pelo clube relativas a atividades futebolísticas devem ser computadas como relacionadas à SAF (sucessora do clube), para fins da política de controle de atos de concentrações. Considera-se que essa posição

5 Para a notificação ser de caráter obrigatório é preciso que os dois incisos do art. 88 sejam cumulativamente atendidos.
6 Esta veio em substituição à Resolução Cade 2/2012, que também já trazia as mesmas previsões.

> deve nortear e orientar os administrados quanto a verificação do cumprimento dos critérios para notificação de atos envolvendo a SAF, estando alinhada ao tratamento concedido aos demais agentes e aos fins visados pelo controle preventivo de poder econômico (Nota Técnica 14, § 24).

Este entendimento do Cade foi assentado por dois processos julgados no ano de 2022: Botafogo de Futebol e Regatas (acima referenciado) e Cruzeiro Esporte Clube (APAC 08700.003312/2022-11). Ambos os casos foram arquivados pela Superintendência-Geral do Cade (SG/Cade) a partir da argumentação que, mesmo se tratando de uma operação que ensejaria a apuração via ato de concentração, não se se caracterizava o enquadramento enquanto casos de notificação obrigatória uma vez que não foram preenchidos os critérios de faturamento. Assim, foi sinalizado às SAF a necessidade de notificação pelo rito de aprovação da autoridade econômica sob a pena de sofrerem sanções pecuniárias pela consumação da conduta de modo prévio à autorização do Cade[7]. Neste cenário, outros dois casos já foram notificados por SAF, o do Clube Atlético Mineiro (AC 08700.006273/2023-87) e uma nova troca de controle acionário do Cruzeiro Esporte Clube (AC 08700.003369/2024-74) resultando na primeira revenda de uma SAF[8], ambas as operações aprovadas sem restrições.

No decorrer da instrução processual do Clube Atlético Mineiro, foi aventada eventual sobreposição horizontal entre as atividades do clube em relação àquelas do Coimbra Esporte Clube S.A.F (Coimbra), entidade a qual o Sr. Ricardo Annes Guimarães – uma das partes envolvidas na operação – detinha participação societária indireta. Com o objetivo de evitar tal sobreposição ou quaisquer problemas concorrenciais e societários, acordou-se pela desvinculação do Sr. Ricardo, de forma prévia à implementação da operação sob análise da autarquia, nos termos definidos pela Lei das SAFs. Com a assunção do compromisso, o caso foi aprovado sem restrições e uma vez cumprido integralmente o feito, arquivado e transitado em julgado em novembro de 2023.

---

7 Prática ilícita nomeada *gun jumping*.

8 Ainda que não apresente problemas concorrenciais, aponta-se que o Comprador - Grupo Supermercados BH - já detinha direitos de publicidade, patrocínio e marketing de eventos esportivos, elementos que, em maior concentração poderiam ensejar integrações verticais.

Embora dois casos possam não ser suficientes para estabelecer uma jurisprudência consolidada sobre o tema, eles fornecem parâmetros valiosos do que se pode esperar da análise realizada pelo Cade tanto no tocante à definição de mercado relevante, como também em relação a ponderações sobre possíveis concentrações horizontais e integrações verticais decorrentes das operações apresentadas. Paralelamente, tal debate circunscreve-se a um contexto mais amplo de discussões referentes às relações entre o mercado esportivo e elementos concorrenciais, na medida em que se espera, com as SAF, uma maior complexidade e dinamismo econômico no futebol, com o ingresso de novos grupos investidores cujas atividades diversificadas podem se relacionar vertical e horizontalmente com diversos aspectos da cadeia. Assim, há uma renovação do potencial reflexo entre a competição econômica – ou sua ausência – com os aspectos conformadores da atividade competitiva esportiva do futebol.

4. EXPERIÊNCIA INTERNACIONAL COMPARADA AO CASO BRASILEIRO E DEMAIS DINÂMICAS CONCORRENCIAIS NO MERCADO DE FUTEBOL

Na esfera internacional recente, tem-se o caso da Superliga Europeia (Processo C-333/21) – julgado em 2021 pelo Tribunal de Justiça da União Europeia (TJUE) –, que traz à tona questões cruciais sobre regulação e competição no futebol. O processo fornece dois desdobramentos dos desafios enfrentados pelo mercado de futebol brasileiro.

O primeiro concerne a existência da integração vertical, mais especificamente, dos mercados de (i) prática de futebol profissional e (ii) de direitos de publicidade, patrocínio e marketing de eventos esportivos. As SAF possibilitam a separação de cada atividade, como a venda das ações de controle, logo, torna-se possível que um mesmo grupo econômico venha adquirir ambos, ensejando uma análise de possível exercício de poder de mercado por meio da integração vertical. Paralelamente, o TJUE considerou que a organização das competições e os direitos audiovisuais e de propriedade intelectual são duas atividades econômicas distintas, mas complementares (§34), coadunando com a ideia de um mercado verticalmente integrado.

O segundo ponto oferece uma comparação entre a organização e regulação do mercado, além de suas consequências concorrenciais, conectando o caso do "Clube dos 13" e da Rede Globo com o da Superliga Europeia. No contexto europeu, entidades como a FIFA e a UEFA possuem uma "posição de monopólio econômico e comercial, e consequentemente, [...], que lhes permite atuar de forma independente de qualquer concorrência potencial" (§35). Esta posição dominante se traduz em um controle significativo sobre a organização das competições e a distribuição dos direitos associados, como os direitos de transmissão e de propriedade intelectual. Essa alta capacidade de controle, gerou questionamentos de possível violação dos arts. 101º e 102º do TFUE (§40-41).

Já no cenário brasileiro, analisou-se a atuação conjunta dos treze maiores clubes do país e a principal emissora de televisão da época, abordando práticas que poderiam restringir a livre concorrência no mercado de transmissão de jogos e direitos de mídia relacionados ao futebol. Uma das principais preocupações era que a concentração de poder na negociação dos direitos de transmissão poderia limitar o acesso de outros *players* ao mercado, resultando em uma menor diversidade de oferta e potencialmente prejudicando os consumidores. Este questionamento reflete uma preocupação com a capacidade de exercício de poder de mercado pelas entidades dominantes, o que é análogo à situação observada no Brasil, onde os maiores clubes, em conjunto com a emissora de televisão, detinham o controle sobre os direitos exclusivos de transmissão. A comparação entre os dois casos destaca a necessidade de uma regulação eficaz para garantir a competição justa no mercado de futebol. Ambos os casos exemplificam os desafios contínuos na gestão da concorrência em um mercado onde os direitos de transmissão e a organização das competições desempenham um papel central na economia do esporte.

5. CONSIDERAÇÕES FINAIS

A introdução das Sociedades Anônimas do Futebol no Brasil trouxe profundas transformações ao mercado esportivo, permitindo aos clubes uma gestão mais profissionalizada e acesso a novas fontes de financiamento. Apesar disso, a nova estrutura também trouxe desafios regulatórios significativos, especialmente no que diz respeito ao controle de concentrações econômicas pelo Cade. A análise dos precedentes e parâmetros estabelecidos pela autarquia revelam a necessidade de uma adaptação contínua das normativas antitruste para refletir as dinâmicas únicas do setor esportivo.

Referências bibliográficas

CARDOSO, Ciro; COSTA, Marcelo; BRUTTI, Tiago; SCHEFFER, Denise. A criação da sociedade anônima do futebol e a aplicação da lei 11.101/2005. Revista Ilustração, v. 3, n. 1, 2022.

CASTRO, Rodrigo R. Monteiro de. Coordenador. Comentários à Lei da Sociedade Anônima do Futebol - Lei 14.193/2021. São Paulo: Quartier Latin, 2021.

CASTRO, Rodrigo R. Monteiro de; MANSSUR, José Francisco C. Futebol, Mercado e Estado - Projeto de Recuperação, Estabilização e Desenvolvimento Sustentável do Futebol Brasileiro: Estrutura, Governo e Financiamento. São Paulo: Quartier Latin, 2016.

HERMOSILLA, P. H. G. Sociedade Anônima do Futebol. Revista de Direito da ADVOCEF, v. 19, n. 34, p. 15–38, 2023.

Legislação

BRASIL. Código Civil de 1916. Lei 3.071, de 1 de janeiro de 1916. Diário Oficial da União: seção 1, Rio de Janeiro, RJ, 5 jan. 1916.

BRASIL. Lei 10.406, de 10 de janeiro de 2002. Institui o Código Civil. Diário Oficial da União: seção 1, Brasília, DF, 11 jan. 2002

BRASIL. Lei 12.529, de 30 de novembro de 2011. Estrutura o Sistema Brasileiro de Defesa da Concorrência; dispõe sobre a prevenção e repressão às infrações contra a ordem econômica e dá outras providências. Diário Oficial da União: seção 1, Brasília, DF, 1 dez. 2011.

BRASIL. Lei 13.155, de 4 de agosto de 2015. Institui o Programa de Modernização da Gestão e de Responsabilidade Fiscal do Futebol Brasileiro (Profut) e dá outras providências. Diário Oficial da União: seção 1, Brasília, DF, 5 ago. 2015.

BRASIL. Lei 14.193, de 6 de agosto de 2021. Institui a Sociedade Anônima do Futebol (SAF) e dá outras providências. Diário Oficial da União: seção 1, Brasília, DF, 9 ago. 2021.

BRASIL. Lei 8.672, de 6 de julho de 1993. Institui normas gerais sobre desportos e dá outras providências. Diário Oficial da União: seção 1, Brasília, DF, 7 jul. 1993.

BRASIL. Lei 9.615, de 24 de março de 1998. Institui normas gerais sobre desporto e dá outras providências. Diário Oficial da União: seção 1, Brasília, DF, 25 mar. 1998.

Conselho Administrativo de Defesa Econômica (CADE). Resolução 2, de 25 de janeiro de 2012. Brasília, DF: CADE, 2012.

Conselho Administrativo de Defesa Econômica (CADE). Resolução 33, de 10 de novembro de 2022. Brasília, DF: CADE, 2022.

Jurisprudência

BRASIL. Conselho Administrativo de Defesa Econômica. Ato de Concentração 08700.003369/2024-74. Brasília, DF.

BRASIL. Conselho Administrativo de Defesa Econômica. Ato de Concentração 08700.003313/2022-58. Brasília, DF.

BRASIL. Conselho Administrativo de Defesa Econômica. Ato de Concentração 08700.003312/2022-11. Brasília, DF.

BRASIL. Conselho Administrativo de Defesa Econômica. Ato de Concentração 08700.006989/2017-36. Brasília, DF.

BRASIL. Conselho Administrativo de Defesa Econômica. Ato de Concentração 08700.005384/2014-85. Brasília, DF.

BRASIL. Conselho Administrativo de Defesa Econômica. Ato de Concentração 08700.002878/2019-12. Brasília, DF.

BRASIL. Conselho Administrativo de Defesa Econômica. Ato de Concentração 08700.005850/2022-32. Brasília, DF.

BRASIL. Conselho Administrativo de Defesa Econômica. Processo Administrativo 08700.006273/2023-87. Brasília, DF.

BRASIL. Conselho Administrativo de Defesa Econômica. Processo Administrativo 08012.006504/1997-11. Brasília, DF.

FIGUEIRENSE FUTEBOL CLUBE. Acórdão, Processo 5024222-97.2021.8.24.0023, Tribunal de Justiça de Santa Catarina, 4ª Câmara de Direito Comercial, 18 mar. 2021. Relator: Des. Torres Marques.

UNIÃO EUROPEIA. Tribunal de Justiça da União Europeia. Processo C-333/21. Luxemburgo.

Aquisição de debêntures-fut e análise sobre a necessidade ou não de notificação como atos de concentração perante o Cade

Ana Frazão
Angelo Prata de Carvalho

1. INTRODUÇÃO

A promulgação da Lei 14.193/2021, que criou a Sociedade Anônima do Futebol (SAF), destaca-se não somente pela criação de um subtipo societário especificamente destinado a veicular a operação de clubes de futebol, mas também pela inauguração de mecanismos próprios de financiamento dessas sociedades empresárias. É o caso das chamadas "debêntures-fut", disciplinadas pelo art. 26, que consistem em valores mobiliários especificamente vinculados às SAFs, com requisitos próprios previstos pelos incisos do referido dispositivo.

Nesse sentido, apesar das especificidades atreladas às debêntures-fut, voltadas a atrair sua atratividade para investidores, não se pode esquecer que às SAFs se aplica o regime das sociedades por ações, bastando ver que o art. 1º da sua lei de regência expressamente estabelece a aplicação subsidiária da Lei 6.404/1976. Diante disso, às SAFs também se aplicam os elementos constitutivos das debêntures reguladas pela Lei das S/A, dentre os quais a possibilidade de conversão desses títulos de dívida em participações societárias.

Naturalmente, a intensificação dos negócios envolvendo SAFs tem chamado a atenção do Conselho Administrativo de Defesa Econômica

(Cade), autarquia cuja missão constitucional é a de prevenir e coibir os abusos do poder econômico e a dominação de mercados, o que inclui o chamado controle prévio de concentrações.

Considerando a capacidade de valores mobiliários como as debêntures, no regime geral fixado pela Lei das S/A, de serem convertidos em ações, naturalmente que a aquisição de debêntures conversíveis pode levantar preocupações concorrenciais na medida em que promova concentração de mercado.

É no contexto dessas preocupações que o presente trabalho buscará sinteticamente abordar os potenciais riscos concorrenciais associados às debêntures-fut, tendo em vista o entendimento atual do Cade sobre a matéria.

2. OS RISCOS CONCORRENCIAIS ASSOCIADOS ÀS DEBÊNTURES-FUT

A premissa fundamental do controle de estruturas pelo Direito da Concorrência é a de que, para além da prevenção e repressão a condutas anticompetitivas, é também importante que se impeça a formação de estruturas empresariais que restrinjam indevidamente a livre concorrência, seja porque propiciam o exercício abusivo da posição dominante adquirida ou reforçada em virtude da operação, seja porque facilitam a prática de condutas violadoras da livre concorrência[1].

O objetivo geral do Direito da Concorrência é o controle do poder econômico, o que pode ocorrer seja pelo controle de condutas, sela pelo controle de estruturas. Assim, as duas searas apresentam muitas zonas de interpenetração e complementariedade, de maneira que as legislações nacionais possuem certa margem de discricionariedade para escolher quais operações serão ou não submetidas ao controle prévio de estruturas.

Contudo, é interessante que o controle de estruturas seja seletivo e tenha como objeto situações associadas a grandes preocupações concorrenciais, diante das inúmeras limitações das autoridades concorrenciais, que precisam concentrar seus poucos recursos nas operações de inequívoca relevância.

1 Ver: Ana Frazão. *Direito da concorrência*: pressupostos e perspectivas. São Paulo: Saraiva, 2017. p. 311.

O critério de faturamento, nesse sentido, é a opção básica do legislador brasileiro para considerar uma operação de concentração econômica relevante para efeitos do controle de estruturas. Nos termos da literalidade do art. 88 da Lei 12.529/2011, serão submetidos ao Cade pelas partes envolvidas os atos de concentração econômica em que, cumulativamente: (i) pelo menos um dos grupos envolvidos na operação tenha registrado, no último balanço, faturamento bruto anual ou volume de negócios total no País, no ano anterior à operação, equivalente ou superior a R$ 400.000.000,00 (quatrocentos milhões de reais); e (ii) pelo menos um outro grupo envolvido na operação tenha registrado, no último balanço, faturamento bruto anual ou volume de negócios total no País, no ano anterior à operação, equivalente ou superior a R$ 30.000.000,00 (trinta milhões de reais).

Tais valores, porém, de acordo com o § 1º do referido art. 88, podem ser readequados conforme a realidade das operações econômicas que se verificam nos mercados. Assim, os valores atualmente vigentes são aqueles constantes da Portaria Interministerial 994/2012: serão de notificação obrigatória as operações em que o faturamento bruto anual ou volume de negócios no país sejam de R$ 750.000.000,00 (setecentos e cinquenta milhões de reais) para um dos grupos envolvidos e R$ 75.000.000,00 (setenta e cinco milhões) para o outro.

Uma vez atingidos os critérios de faturamento previstos pelo art. 88, o art. 90 da Lei 12.529/2011 estabelece um rol de operações que serão consideradas atos de concentração, a saber: (i) quando duas ou mais empresas anteriormente independentes se fundem; (ii) quando uma ou mais empresas adquirem, direta ou indiretamente, por compra ou permuta de ações, quotas, títulos ou valores mobiliários conversíveis em ações, ou ativos, tangíveis ou intangíveis, por via contratual ou por qualquer outro meio ou forma, o controle ou partes de uma ou outras empresas; (iii) quando uma ou mais empresas incorporam outra ou outras empresas; ou (iv) quando duas ou mais empresas celebram contrato associativo, consórcio, ou *joint venture*[2].

---

2 A respeito do tema, ver: Ana Frazão. Joint ventures contratuais. *Revista de Informação Legislativa*. v. 52, n. 207, p. 187-211, 2015.

Cabe notar, nesse ponto, que a *mera* aquisição de participações societárias pode gerar dúvidas sobre a sua natureza de ato de concentração, de sorte que a autoridade da concorrência estabelece patamares mínimos a serem observados na seleção de operações que serão objeto de escrutínio do Cade.

Assim, serão de notificação obrigatória as operações que, além de atingirem os critérios legais de faturamento, importem na aquisição de controle (unitário ou compartilhado), ou que (i) nos casos em que a empresa investida não seja concorrente nem atue em mercado verticalmente relacionado, confiram titularidade direta ou indireta de ao menos 20%; (ii) também na ausência de concorrência ou atuação em mercado verticalmente relacionado, tenham sido realizadas por titular de 20% ou mais do capital social ou votante, desde que a participação direta ou indiretamente adquirida, de pelo menos um vendedor considerado individualmente, chegue a ser igual ou superior a 20% (vinte por cento) do capital social ou votante; (iii) caso haja concorrência ou atuação em mercado verticalmente relacionado, confiram participação direta ou indireta de 5% (cinco por cento) ou mais do capital votante ou social; ou (iv) havendo concorrência ou atuação em mercado verticalmente relacionado, individualmente ou somada com outras, resulte em um aumento de participação maior ou igual a 5%, nos casos em que a investidora já detenha 5% ou mais do capital votante ou social da adquirida.

Em que pese tais critérios digam respeito exclusivamente à aquisição de participações societárias, são também relevantes para a notificação de outros tipos de operação, como ocorre com outros valores mobiliários. No caso específico das debêntures – e não somente das debêntures-fut –, sobressaem preocupações quanto ao controle de concentrações que não são expressamente contempladas pela legislação, por mais que possam produzir efeitos similares na medida em que são dotadas de cláusulas de conversibilidade em ações. Nesse sentido, conforme assevera Fábio Ulhoa Coelho, com a conversão em ações "o debenturista deixa de ser titular de um crédito perante a companhia e passa a acionista; em outros termos, substitui-se o direito obrigacional pelo societário"[3].

3 Fábio Ulhoa Coelho. Debêntures conversíveis em ações. In: Fábio Ulhoa Coelho et al. *Lei das sociedades anônimas comentada*. 2.ed. Rio de Janeiro: Forense, 2022. p. 273.

No intuito de regulamentar a conversibilidade em ações de valores mobiliários, o Cade incluiu, em sua Resolução 33/2022 – que disciplina especificamente a notificação dos atos de concentração previstos pelo art. 88 da Lei 12.529/2011, consolidando as anteriores Resoluções 02/2012, 09/2014 e 16/2016 –, o art. 11, segundo o qual a subscrição de títulos ou valores mobiliários conversíveis em ações é de notificação obrigatória quando, cumulativamente: (i) a futura conversão em ações se enquadrar nas hipóteses de notificação obrigatória de aquisição de participações societárias; e (ii) o título ou o valor outorgar ao adquirente o direito de indicar membros dos órgãos de gestão ou de fiscalização ou direitos de voto ou veto sobre questões concorrencialmente sensíveis, excetuados os direitos já conferidos por lei.

Note-se, nesse ponto, que não se faz referência a direitos políticos em geral, mas sim direitos políticos sobre questões concorrencialmente sensíveis – expressão que não é definida nem pela referida norma, nem pela jurisprudência do Cade, o que pode gerar consideráveis problemas interpretativos.

Verdade seja dita que o Cade oferece, em seu guia de análise de consumação prévia de atos de concentração, um rol exemplificativo de questões concorrencialmente sensíveis, a saber: (i) custos das empresas envolvidas; (ii) nível de capacidade e planos de expansão; (iii) estratégias de marketing; (iv) precificação de produtos (preços e descontos); (v) principais clientes e descontos assegurados; (vi) salários de funcionários; (vii) principais fornecedores e termos de contratos com eles celebrados; (viii) informações não públicas sobre marcas e patentes e Pesquisa e Desenvolvimento (P&D); (ix) planos de aquisições futuras; (x) estratégias competitivas[4].

De toda forma, fato é que não existem parâmetros consistentes para avaliar o que seriam direitos políticos sobre questões concorrencialmente sensíveis, de maneira que alguma insegurança paira sobre operações envolvendo valores mobiliários conversíveis em ações quanto a esse aspecto.

Cabe salientar, adicionalmente, que, nos termos do § 3° do referido dispositivo, a notificação da aquisição de debêntures conversíveis em ações afasta a necessidade de notificação no momento de sua conversão.

4 CADE. Guia para análise da consumação prévia de atos de concentração econômica. Brasília: Cade, 2015.

Como se pode observar, o Cade exige a presença cumulativa dos dois requisitos para a notificação: (i) o atingimento dos critérios estabelecidos pela autarquia para a notificação de aquisição de participações societárias e (ii) a capacidade de exercício de direitos políticos sobre questões concorrencialmente sensíveis por intermédio dos próprios valores mobiliários.

Nesse sentido já se manifestou o Tribunal do Cade, ao salientar que a lógica da notificação obrigatória da aquisição de debêntures não está associada simplesmente à aquisição dos valores mobiliários, mas à possibilidade de exercício de poder por intermédio dos próprios valores mobiliários (e não somente no momento da conversão em ações com direitos políticos)[5].

Trata-se, por certo, de entendimento aplicável às debêntures em geral, mas que deve ser aplicado igualmente às debêntures-fut, até porque o regime destas não afasta a possibilidade de conversão em ações, na medida em que o regime da Lei das S/A se lhes aplica de maneira subsidiária[6].

Não é outro o posicionamento da Comissão de Valores Mobiliários explicitado pelo Parecer de Orientação 41/2023, que tratou dos impactos das SAFs sobre o mercado de capitais. Cabe notar que, para a CVM, a debênture-fut é uma espécie do gênero debênture, de tal forma que "ao emiti-las, a SAF deverá observar, em complemento às normas próprias e em relação ao que não estiver previsto na Lei da SAF, as disposições previstas na Lei das Sociedades por Ações. Quando ofertadas publicamente ou admitidas à negociação em mercados de valores mobiliários, a SAF deverá observar, ainda, a regulação desta Autarquia para as debêntures em geral"[7].

5 "Enfim, entendo que as Requerentes devem notificar esta nova operação de concentração – de aquisição do controle unitário da Brasbanker – quando do eventual exercício do direito de conversão das debêntures em ações. Isto deve ser feito através de novo formulário de notificação, com o recolhimento da respectiva taxa processual, com apoio dos documentos que atestem o exercício do direito e consequente aquisição do controle da Brasbunker, para que a análise concorrencial do Cade possa ser feita no momento oportuno. Esta parece ser a lógica da Resolução 2 do Cade ao exigir, cumulativamente, que a futura conversão em ações se enquadre em uma das hipóteses de notificação da Resolução e que o título outorgue ao adquirente algum direito político capaz de reforçar a sua influência na gestão da outra sociedade. Somente nestes casos estaríamos diante do §3° do art. 11 da Resolução, que permite afastar a necessidade de notificação no momento da efetiva conversão das ações, uma vez que os direitos políticos teriam sido concedidos no momento da subscrição das debêntures e não no momento da sua conversão em ações" (Cade, AC 08700.007342/2015-60, Rel. Cons. Paulo Burnier da Silveira, julg. 16.09.2015).

6 Nesse sentido: "A SAF poderá emitir debêntures conversíveis em ações, observadas as condições constantes da escritura de emissão, que deverá especificar: 'I - as bases da conversão, seja em número de ações em que poderá ser convertida cada debênture, seja como relação entre o valor nominal da debênture e o preço de emissão das ações; II - a espécie e a classe das ações em que poderá ser convertida; III - o prazo ou época para o exercício do direito à conversão; IV - as demais condições a que a conversão acaso fique sujeita'" (Rodrigo R. Monteiro de Castro; Tácio Lacerda Gama. A debênture-fut (criada pela Lei Rodrigo Pacheco). *Migalhas*. 20 out. 2021. Disponível em: https://www.migalhas.com.br/coluna/meio-de-campo/353427/a-debenture-fut-criada-pela-lei-rodrigo-pacheco. Acesso em: 16 jun. 2024.

7 CVM, Parecer de Orientação 41/2023. 21 ago. 2023.

Ademais, segundo o referido documento, a SAF "poderá emitir outros valores mobiliários previstos para emissão por sociedades anônimas, inclusive debênture não prevista na Lei da SAF, desde que cumpra os requisitos legais e normativos aplicáveis". Assim, "[c]aso a SAF promova a emissão de debênture regida exclusivamente pela Lei das Sociedades por Ações, não se aplicará ao caso daquela emissão, consequentemente, o conteúdo da debênture-fut, previsto na Lei da SAF"[8].

Dessa maneira, o regime das debêntures-fut está intimamente vinculado ao regime geral das debêntures previsto pela Lei das S/A, notadamente no que se refere à sua conversibilidade em ações, a atrair, por conseguinte, a incidência das normas do Cade sobre notificação obrigatória na hipótese de os critérios legais e infralegais serem atingidos.

Sendo as debêntures-fut espécie do gênero debênture, devem seguir as mesmíssimas cautelas a serem observadas na aquisição de debêntures em geral quando contam com cláusula de conversão em ações, que remetem a um regime de notificação obrigatória repleto de incertezas conceituais – valendo lembrar que a notificação obrigatória se aplica quando cumpridos os critérios de faturamento, os critérios de notificação de aquisições societárias, e quando confiram direitos políticos sobre questões concorrencialmente sensíveis.

Com maior razão, as cautelas de notificação devem ser seguidas caso a SAF emita debêntures gerais – não previstas na Lei das SAF, em relação às quais não pode haver dúvida de que estão sujeitas à disciplina contida na Resolução 33/2022 do Cade.

3. CONSIDERAÇÕES FINAIS

A novidade do regime da lei que introduziu as SAFs ao Direito brasileiro pode levantar uma série de questões associadas à adaptação das suas normas aos critérios cogentes de notificação obrigatória de atos de concentração ao Cade, inclusive no que diz respeito à emissão de debêntures – seja as debêntures-fut, seja as debêntures reguladas exclusivamente pela Lei das S/A.

Não se pode esquecer que as ferramentas do Direito da Concorrência têm por objetivo coibir os abusos do poder econômico, de maneira

8 CVM, Parecer de Orientação 41/2023. 21 ago. 2023.

que são orientadas pela ideia de primazia da realidade sobre a forma. Desse modo, com ainda maior razão no controle prévios de estruturas, a forma jurídica adotada pela sociedade empresária (no caso, pelas SAFs) não deve servir de óbice para a análise da autoridade da concorrência.

Deve-se, porém, perceber que o regime de notificação prévia de valores mobiliários conversíveis em ações é marcado pela preocupação de coibir o exercício de direitos políticos sobre matérias concorrencialmente sensíveis por intermédio desses valores mobiliários, requisito sem o qual a notificação não será obrigatória até que estes títulos tenham o condão de conferir aos seus detentores a capacidade de exercício de direitos políticos.

Assim, no caso de debêntures conversíveis que conferirão tais efeitos tão somente por ocasião de sua conversão, a notificação não será obrigatória simplesmente em razão de sua conversibilidade, mas tão somente na hipótese de já conferirem direitos políticos sobre matérias concorrencialmente sensíveis, desde que atendidos os outros pressupostos de notificação.

Na ausência desses direitos políticos, a notificação ocorrerá tão somente por ocasião da conversão, desde que presentes os demais requisitos para a notificação de participações societárias.

Referências bibliográficas

CADE, AC 08700.007342/2015-60, Rel. Cons. Paulo Burnier da Silveira, julg. 16.09.2015.

CADE. Guia para análise da consumação prévia de atos de concentração econômica. Brasília: CADE, 2015.

CASTRO, Rodrigo R. Monteiro; GAMA, Tácio Lacerda. A debênture-fut (criada pela Lei Rodrigo Pacheco). *Migalhas.* 20 out. 2021. Disponível em: https://www.migalhas.com.br/coluna/meio-de-campo/353427/a-debenture-fut-criada-pela-lei-rodrigo-pacheco. Acesso em: 16 jun. 2024.

COELHO, Fábio Ulhoa. Debêntures conversíveis em ações. In: COELHO, Fábio Ulhoa et al. *Lei das sociedades anônimas comentada.* 2.ed. Rio de Janeiro: Forense, 2022.

CVM, Parecer de Orientação 41/2023. 21 ago. 2023.

FRAZÃO, Ana. *Direito da concorrência*: pressupostos e perspectivas. São Paulo: Saraiva, 2017.

FRAZÃO, Ana. Joint ventures contratuais. *Revista de Informação Legislativa.* v. 52, n. 207, p. 187-211, 2015.

As SAFs e o Cade: recuperação judicial e possíveis reflexos concorrenciais

Bruno de Luca Drago
Daniel Oliveira Andreoli
Marcelo Guaranys
Marco Antonio Fonseca Jr.

1. INTRODUÇÃO

Todos ouvimos desde pequenos que o Brasil é o país do futebol. Nos bancos das faculdades de Direito, aprendemos desde as primeiras aulas que o Brasil é o país das leis. A verdade é que o Brasil é o país do futebol – somos os únicos pentacampeões mundiais – e das leis – no Brasil, em média, são editadas 829 normas por dia útil.[1]

Por óbvio que algumas dessas leis, de tempos em tempos, atingem a paixão nacional dos brasileiros. A mais recente delas em 2021, quando foi promulgada a Lei 14.193/2021, instituidora das Sociedades Anônimas do Futebol (SAFs). Com a referida norma, conhecida como "Lei das SAFs", veio a possibilidade dos clubes de futebol, geralmente constituídos sob a forma de associações civis, se tornarem sociedades anônimas.

Sendo uma sociedade anônima, a SAF pode emitir ações, que podem ser detidas por pessoas físicas e jurídicas, inclusive fundos de investimento, além da possibilidade de ofertar tais ações na bolsa de valores. Em decorrência disso, a Lei das SAFs estabelece regras de controle e governança dos clubes, além de definir um regime tributário a

1 Segundo o Instituto Brasileiro de Planejamento e Tributação – IBPT (https://ibpt.com.br/quantidade-de-normas-editadas-no-brasil-34-anos-da-constituicao-federal-de-1988/).

eles aplicável. Por fim, outra consequência da legislação foi positivar a possibilidade de os clubes de futebol aderirem aos regimes de recuperação judicial ou extrajudicial, previstos na Lei 11.101/2005 (Lei de Recuperação Judicial e Falência ou simplesmente LRF).

A Lei das SAFs também atraiu para as sociedades anônimas de futebol a incidência da Lei 12.529/2011, a lei de defesa da concorrência brasileira. Em verdade, a legislação brasileira jamais isentou os clubes de futebol, ainda que constituídos como associações civis, do cumprimento da lei antitruste. No entanto, passando as SAFs a revestirem-se de um formato societário comercial e submetendo-se às formas de operação de sociedades tipicamente empresariais, holofotes para a competência do Conselho Administrativo de Defesa Econômica (Cade) no tocante à avaliação de efeitos concorrenciais decorrentes das operações envolvendo SAFs foram acesos.

Diante desse contexto de submissão das SAFs à legislação falimentar e antitruste, esse artigo se propõe a analisar os efeitos dessa interseção normativa. Para tanto, primeiramente, far-se-á uma análise dos julgados do Cade envolvendo SAFs. Após, serão analisados os requisitos para a adoção de isenção antitruste em decorrência da situação falimentar empresarial, a *failing firm theory*. Por fim, discorrer-se-á sobre a possiblidade de aplicação da referida teoria às SAFs e os seus reflexos concorrenciais.

2. DA EXPERIÊNCIA DO CADE NO MERCADO DE FUTEBOL

Antes da entrada em vigor da Lei das SAFs, o mercado de futebol já se submetia ao escrutínio do Cade. Em 1997, por exemplo, o Cade investigou a União dos Grandes Clubes do Futebol Brasileiro (Clube dos 13), TV Globo Ltda., Globo Comunicações e Participações Ltda, Associação Brasileira dos Clubes de Futebol (Clube dos Onze) e outros, por práticas relacionadas ao formato de venda dos direitos de transmissão dos jogos de futebol do Campeonato Brasileiro.[2]

2 BRASIL. Conselho Administrativo de Defesa Econômica. **Processo Administrativo 08012.006504/1997-11**. Representantes: Chandre de Araújo Costa, José Cândido de Carvalho Junior e Rogério Santos Muniz. Representados: Rede Globo de Televisão, Rede Bandeirantes de Televisão, Globosat, TVA, Confederação Brasileira de Futebol (CBF), Associação dos Clubes do Futebol (Clube dos 13), Associação Brasileira dos Clubes de Futebol (Clube dos 11) e outros. Julgamento em 21 de outubro de 2010. Disponível em: https://sei.cade.gov.br/sei/modulos/pesquisa/md_pesq_processo_exibir.php?KOXi3eEqJC73dCc3G_MH5w73G76ivtXYDDG65Jr7vK4fhNNdRnnFDgAfJTIfRn8_ywCudV1gCNGrQiNgXFAcnWBCwmcLe1gS0Z6sCKqsBZbhTuL20Bx0F1Bd5RBTKZou. Acesso em 07 de junho de 2024.

Já em 2019, o Cade analisou operação que envolveu a aquisição, pela Multiplan Empreendimentos Imobiliários S.A., de fração correspondente a 50,1% do imóvel onde já se encontra edificado e em operação o shopping center Diamond Mall, de propriedade do Clube Atlético Mineiro.[3] Em 2022, a autoridade concorrencial analisou a aquisição, pelo Sport Club Corinthians Paulista, da totalidade das ações detidas pela Novonor Participação e Investimentos e S.A. – Em Recuperação Judicial e pela Jequitibá Patrimonial S.A. na SPE Arena Itaquera, que detém participação de 47,57% no Arena Fundo de Investimento Imobiliário – FII.[4] Nesses casos, apesar de tangenciarem o mercado de futebol, o Cade não analisou especificamente os reflexos concorrenciais no mercado esportivo, mas sim no imobiliário.

As primeiras decisões da autoridade concorrencial envolvendo especificamente as SAFs ocorreram em sede de controle preventivo, isto é, na análise das operações societárias que as envolveram.

A primeira vez que o Cade se pronunciou sobre o tema foi em outubro de 2022, nos Procedimentos Administrativos para Apuração de Ato de Concentração, conhecidos como APACs, em que se avaliou se as operações de constituição das SAFs do Botafogo[5] e do Cruzeiro[6] teriam sido consumadas antes da aprovação mandatória – e prévia – do órgão antitruste. Nos casos, o Cade verificou que as operações não atingiram

---

3 BRASIL. Conselho Administrativo de Defesa Econômica. **Ato de Concentração 08700.002878/2019-12**. Requerentes: Multiplan Empreendimentos Imobiliários S.A. e Clube Atlético Mineiro. Aprovado sem restrições em 11 de julho de 2019. Disponível em: https://sei.cade.gov.br/sei/modulos/pesquisa/md_pesq_processo_exibir.php?0c62g277GvPsZDAxAO1tMiVcL9FcFMR5UuJ6rLqPEJuTUu08mg6wxLt0JzWxCor9mNcMYP8UAjTVP9dxRfPBcUdY24QGo8OLd1rK6abbP6wgDvKFxihCSBqJGuVNH80a https://sei.cade.gov.br/sei/modulos/pesquisa/md_pesq_processo_exibir.php?0c62g277GvPsZDAxAO1tMiVcL9FcFMR5UuJ6rLqPEJuTUu08mg6wxLt0JzWxCor9mNcMYP8UAjTVP9dxRfPBcUdY24QGo8OLd1rK6abbP6wgDvKFxihCSBqJGuVNH80a . Acesso em 07 de junho de 2024.

4 BRASIL. Conselho Administrativo de Defesa Econômica. **Ato de Concentração 08700.005850/2022-32**. Requerentes: SCCP Fundo de Investimento em Participações Multiestratégias, Novonor Participação e Investimentos S.A. - Em Recuperação Judicial, e Jequitibá Patrimonial S.A. Aprovado sem restrições em 15 de setembro de 2022. Disponível em: https://sei.cade.gov.br/sei/modulos/pesquisa/md_pesq_processo_exibir.php?1MQnTNkPQ_sX_bghfgNtnzTLgP9Ehbk5UOJvmzyesnbE-Rf6Pd6hBcedDS_xdwMQMK6_PgwPd2GFLljH0OLyFa6OBs6QT8kQP7_d-CTyUhlWdeWYICwcoCLpSAA9TYxV. Acesso em 07 de junho de 2024.

5 BRASIL. Conselho Administrativo de Defesa Econômica. **Procedimento Administrativo para Apuração de Ato de Concentração 08700.003312/2022-11**. Representante: Cade ex officio. Representadas: Cruzeiro Esporte Clube - Sociedade Anônima de Futebol e Tara Sports. Arquivado em 11 de novembro de 2022. Disponível em: https://sei.cade.gov.br/sei/modulos/pesquisa/md_pesq_processo_exibir.php?1MQnTNkPQ_sX_bghfgNtnzTLgP9Ehbk5UOJvmzyesnbE-Rf6Pd6hBcedDS_xdwMQMK6_PgwPd2GFLljH0OLyFelcdTyavrHmfxiYMuLBalqTZToqLx9z1OuGy2snPySB. Acesso em 07 de junho de 2024.

6 BRASIL. Conselho Administrativo de Defesa Econômica. **Procedimento Administrativo para Apuração de Ato de Concentração 08700.003313/2022-58.** Representante: Cade ex officio. Representadas: S.A.F. Botafogo e Eagle Holding. Arquivado em 11 de novembro de 2022. Disponível: https://sei.cade.gov.br/sei/modulos/pesquisa/md_pesq_processo_exibir.php?1MQnTNkPQ_sX_bghfgNtnzTLgP9Ehbk5UOJvmzyesnbE-Rf6Pd6hBcedDS_xdwMQMK6_PgwPd2GFLljH0OLyFcR9RFtmW4hlCB0dKNPSYpnirVsRxWjMBIMj_pCOqgaz. Acesso em 07 de junho de 2024.

os critérios mínimos de faturamento para notificação à autarquia, arquivando os processos sem adentrar na análise do mérito dos impactos concorrenciais decorrentes da criação das SAFs.[7]

Quase um ano depois, em setembro de 2023, o Cade finalmente se pronunciou sobre o mérito de uma operação envolvendo SAF. Tratou-se de negócio envolvendo a aquisição de controle da Atlético Mineiro S.A.F., de propriedade do Clube Atlético Mineiro (CAM). O negócio foi conhecido e aprovado sem restrições.[8]

No caso, ao apurar que a operação envolveria (i) contratos comerciais da SAF, incluindo, contratos de patrocínio, produção, comercialização e/ou venda de produtos ou serviços, (ii) operações relativas ao estádio envolvido e licenciamento de propriedade intelectual, inclusive *naming rights*; e (iii) equipes de futebol de campo masculino e feminino e categorias de base e seus respectivos atletas, os mercados relevantes definidos pelo Cade em sua análise foram delimitados como (i) mercado de direitos de publicidade, patrocínio e marketing de eventos esportivos em geral e (ii) mercado de prática de futebol profissional.

Em relação ao mercado nacional de direitos de publicidade, patrocínio e marketing de eventos esportivos em geral, o Cade decidiu que a integração vertical decorrente da operação não afetaria negativamente o ambiente concorrencial. Esse mercado já havia sido analisado pelo Cade em outras ocasiões e a análise concorrencial não suscitou maiores esforços.

Já em relação à prática de futebol profissional, o Cade ainda não o havia analisado. No caso, o segmento foi examinado em razão da participação cruzada de um dos compradores em outra SAF. Frise-se que eventuais sobreposições horizontais no mercado de prática de futebol profissional não deveriam ser uma preocupação concorrencial nas operações envolvendo SAFs, já que a própria Lei das SAFs proíbe, em seu art. 4º, que um acionista controlador de uma SAF detenha participação direita ou indireta em outra. Não obstante, ao analisar a questão, o

7 Vide: https://www.gov.br/cade/pt-br/assuntos/noticias/cade-arquiva-procedimentos-referentes-a-investigacoes-sobre-as-aquisicoes- das-saf-do-botafogo-e-do-cruzeiro.

8 Os autores deste artigo assessoraram uma das compradoras das ações da Atlético Mineiro S.A.F., a 2R Holding S.A., perante o Cade.

Cade deu indicativos de *proxys* a serem consideradas na análise do mercado de prática de futebol profissional.

Na avaliação se os clubes envolvidos na operação deteriam poder de mercado – e a conclusão foi pela inexistência de posição dominante -, observou-se o cenário do mercado de transferência de jogadores, desde o nível internacional, passando pelo nível sul-americano (Conmebol), até o cenário brasileiro. O Cade chegou até a cogitar um cenário estadual, mas afirmou que, com base em dados da Federação Mineira de Futebol, haveria ao menos outras 40 equipes de futebol no estado de Minas Gerais, o que reforçaria a improbabilidade de fechamento de mercado em uma dimensão geográfica mais restrita. As transferências foram avaliadas tanto em relação ao número de jogadores, quanto em relação às receitas com essas transferências. As receitas totais de clubes brasileiros de futebol também foram consideradas como *proxy* para avaliação de poder de mercado.

Mais recentemente, em junho de 2024, foi submetida ao Cade[9] operação envolvendo a BPW Sports Participações e Tara Sports Brasil Participações, a qual se associa, em última instância, à venda da participação societária até então detida pelo ex-jogador Ronaldo Fenômeno no Cruzeiro Esporte Clube. O Cade decidiu pela aprovação da operação, mantendo os critérios de análise e definição de mercado relevante do precedente envolvendo o CAM.

Dos precedentes acima, percebe-se que ainda não houve nenhuma questão de grande complexidade envolvendo o mercado esportivo e as SAFs no Brasil. No entanto, em face do incentivo gerado pela Lei das SAFs para a conversão de clubes de futebol em sociedades empresariais, espera-se que em breve temas mais complexos cheguem ao Cade.

3. DA RECUPERAÇÃO JUDICIAL DE ENTIDADES DE FUTEBOL E SEUS POSSÍVEIS REFLEXOS NO CADE

A Lei das SAFs, em seus arts. 13, II e 25, garante a entidades de futebol, ainda que não sejam SAFs, legitimidade para fazer uso dos

9 BRASIL. Conselho Administrativo de Defesa Econômica. **Ato de Concentração 08700.003369/2024-74**. Requerentes: BPW Sports Participações e Tara Sports Brasil Participações. Em andamento. Disponível em: https://sei.cade.gov.br/sei/modulos/pesquisa/md_pesq_processo_exibir.php?1MQnTNkPQ_sX_bghfgNtnzTLgP9Ehbk5UOJvmzyesnbE-Rf6Pd6hBcedDS_xdwM-QMK6_PgwPd2GFLIjH0OLyFXjMKgqYLhhdWHEVls-dtybBct5xbyQ8PjKGVoz2QooP. Acesso em 07 de junho de 2024.

instrumentos da Lei de Recuperação e Falência. Assim sendo, sob a perspectiva concorrencial, o tema ganha relevância quando possibilita a essas entidades, que vêm se sujeitando ao regime de submissão prévia de operações ao Cade, a arguição da teoria da *failing firm*. Esquenta a discussão o fato de vários clubes de futebol brasileiros passarem por situações financeiras delicadas, sendo esse, inclusive, um dos principais motivos que os levam a se transformarem em SAFs.

O Guia de Análise de Atos de Concentração Horizontal[10] do Cade registra que a LRF prevê meios de recuperação de empresas que, em determinados casos, constituem operações que devem ser submetidas à autoridade concorrencial e orienta que propostas de concentração econômica efetuadas no âmbito de recuperações judiciais dependam da aprovação do Cade, desde que preenchidos os critérios mínimos ensejadoras de notificação obrigatória à autoridade concorrencial.

Para o Cade, a teoria da *failing firm* torna-se aplicável quando três condições são atendidas concomitantemente: (i) caso reprovada a operação, a empresa sairia do mercado ou não poderia cumprir suas obrigações financeiras, (ii) caso reprovada a operação, os ativos da empresa não iriam permanecer no mercado, o que poderia significar uma redução da oferta, um maior nível de concentração do mercado e uma diminuição do bem-estar econômico, sendo recomendável que a parte apresente provas da dificuldade financeira, como o pedido judicial de recuperação ou falência e (iii) se a empresa demonstrar que empreendeu esforços na busca de alternativas com menor dano à concorrência e que não resta outra solução para a manutenção de suas atividades econômicas que não a aprovação da operação[11]. Em resumo, deve-se provar ao Cade que os efeitos concorrenciais da reprovação operação seriam piores que os da concentração por ela gerada.

Nas operações submetidas ao Cade com o argumento da *failing firm defense*, a autoridade antitruste tem se mostrado bastante cética e descrente

---

10 CADE. **Guia de Análise de Atos de Concentração Horizontal**. Julho/2016. Pag. 54. Disponível em: https://cdn.cade.gov.br/Portal/centrais-de-conteudo/publicacoes/guias-do-cade/guia-para-analise-de-atos-de-concentracao-horizontal.pdf. Acesso em 07 de junho de 2024.

11 CADE. **Guia de Análise de Atos de Concentração Horizontal**. Julho/2016. Pag. 55. Disponível em: https://cdn.cade.gov.br/Portal/centrais-de-conteudo/publicacoes/guias-do-cade/guia-para-analise-de-atos-de-concentracao-horizontal.pdf. Acesso em 07 de junho de 2024.

na sua aceitação. Até o momento, não se tem conhecimento de nenhuma operação aprovada pelo Cade com base exclusivamente na *failing firm theory*.

Em 2017, ao analisar ato de concentração entre a Mataboi Alimentos Ltda. e a JBJ Agropecuária Ltda.[12], o Cade afirmou que o ônus da prova dos requisitos mencionados acima recai sobre as partes, registrando, no caso concreto, que as requerentes não comprovaram ter buscado outras alternativas à operação proposta, como a procura por outros potenciais compradores – ou a prova de que esses rejeitaram a proposta – ou o anúncio de venda de ativos no mercado.

É importante registrar que ao menos em duas ocasiões, apesar de não ter aprovado as operações com base na *failing firm theory*, o Cade entendeu satisfeito o requisito da demonstração de que a empresa empreendeu esforços na busca de alternativas com menor dano à concorrência que a operação.

Em operação envolvendo a Petróleo Brasileira S.A. - Petrobras e a Grupo Petrotemex, S.A. de C.V.[13], a autoridade concorrencial entendeu que a Petrobras empreendeu esforços efetivos para encontrar outro comprador para as ações da Companhia Petroquímica Suape – PSUAPE e Companhia Integrada Têxtil de Pernambuco – CITEPE, subsidiárias da Petrobras, tendo implementado um plano de venda estruturado em que apresentaram propostas apenas a Petrotemex e outra empresa.

Já em caso envolvendo a aquisição, pela Votorantim Metais Zinco S.A., de direitos de mineração incorporados ao patrimônio da Massa Falida da Mineração Areiense S.A.[14], o Cade aceitou o argumento porque a aquisição se deu em leilão judicial aberto a qualquer parte interessada, tendo, contudo, apresentado proposta apenas da Votorantim.

---

12 BRASIL. Conselho Administrativo de Defesa Econômica. **Ato de Concentração 08700.007553/2016-83**. Requerentes: Mataboi Alimentos Ltda. e JBJ Agropecuária Ltda. Reprovado em 01 de novembro de 2017. Disponível em: https://sei.cade.gov.br/sei/modulos/pesquisa/md_pesq_processo_exibir.php?0c62g277GvPsZDAxAO1tMiVcL9FcFMR5UuJ6rLqPEJuTUu08mg6wxLt0JzWxCor9mNcMYP8UAjTVP9dxRfPBcXrluc76NHRTlcgNYtbgRHhmthNeqAzbaLrH4ZPBtmRZ. Acesso em 07 de junho de 2024.

13 BRASIL. Conselho Administrativo de Defesa Econômica. **Ato de Concentração 08700.004163/2017-32**. Requerentes: Grupo Petrotemex, S.A. de C.V. e Petróleo Brasileiro S.A. Aprovado com restrições. Disponível em: https://sei.cade.gov.br/sei/modulos/pesquisa/md_pesq_processo_exibir.php?0c62g277GvPsZDAxAO1tMiVcL9FcFMR5UuJ6rLqPEJuTUu08mg6wxLt0JzWxCor9mNcMYP8UAjTVP9dxRfPBcXrluc76NHRTlcgNYtbgRHhmthNeqAzbaLrH4ZPBtmRZ. Acesso em 07 de junho de 2024.

14 BRASIL. Conselho Administrativo de Defesa Econômica. **Ato de Concentração 08012.014340/2007-75**. Requerentes: Votorantim Metais Zinco S/A e Mineração Areiense S.A. Aprovado sem restrições em 13 de fevereiro de 2008. Disponível em: https://sei.cade.gov.br/sei/modulos/pesquisa/md_pesq_processo_exibir.php?0c62g277GvPsZDAxAO1tMiVcL9FcFMR5UuJ6rLqPEJuTUu08mg6wxLt0JzWxCor9mNcMYP8UAjTVP9dxRfPBcQ80hOkA2EyvTMU_k4i5Yslrs8KfVTWQmBnFLbJ44qG1. Acesso em 07 de junho de 2024.

Em relação às associações esportivas, mais especificamente às SAFs, caso seja submetida alguma operação cujo pedido de aprovação se baseie na *failing firm theory*, vislumbra-se, até em vista dos julgados do Cade, a possibilidade de preenchimento do requisito acima. Da mesma forma, seria factível a comprovação da saída do clube de futebol do mercado ou o não cumprimento de suas obrigações financeiras no caso de reprovação da operação, sendo que tal situação seria provavelmente verificada pelo próprio juízo falimentar.

Por outro lado, pelas peculiaridades do mercado esportivo, principalmente o de futebol, seria extremamente improvável o cumprimento do requisito de que, caso reprovada a operação, os ativos da associação esportiva não iriam permanecer no mercado. Isso porque, como indicado pelo próprio Cade quando da análise da supracitada operação envolvendo a SAF do Clube Atlético Mineiro, os principais ativos dos clubes de futebol – o que serve inclusive para mensuração de participação de mercado – são os jogadores e suas respectivas transferências.

Assim sendo, os jogadores de um time que sai do mercado poderiam, em teoria, ser alocados em outros clubes (baixos *switching costs*), sobretudo sendo o mercado de futebol internacional. Ademais, considerando que outros times poderiam ascender à posição daquele que sai do mercado – no Brasil, por exemplo, há diversas divisões dos campeonatos de futebol, em que todos os times disputam para se posicionarem na divisão superior e contratar jogadores de maior relevância (alta rivalidade) –, não haveria que se falar em redução de oferta, em aumento de concentração ou em redução de bem-estar do consumidor (ou dos torcedores) ou dos jogadores. Diante disso, a teoria da *failing firm* encontraria dificuldade em ser aplicada às SAFs.

4. CONSIDERAÇÕES FINAIS

A autoridade concorrencial brasileira tende a se deparar cada vez mais com operações envolvendo associações esportivas, sobretudo as SAFs. Até o presente momento, há poucos precedentes envolvendo o tema, existindo apenas um indicativo de como a autoridade analisará tais casos. Diante da situação financeira de vários clubes brasileiros, é possível que alguns deles aleguem a *failing firm theory* como argumento para a aprovação de operações societárias. No entanto, considerando o atual teste aplicado pelo Cade para aceitar a *failing firm defense*, tal caminho se provará ser um verdadeiro desafio para os requerentes.

Isso não quer dizer, contudo, que situações (pré)falimentares de sociedades esportivas não sejam levadas em consideração pela autoridade concorrencial brasileira em suas análises. Em verdade, tal aspecto constitui relevantíssimo aspecto a ser avaliado pelo Cade, devendo ter peso na sua decisão final. O que se apurou nesse artigo, porém, é que dificilmente operações serão aprovadas pelo Cade exclusivamente com base na teoria da *failing firm*, o que, repita-se, jamais ocorreu no Brasil. Seria um verdadeiro gol de placa.

Vedação ao *interlocking directorate* na Lei de SAF e nuances concorrenciais

Amanda Athayde
Raíssa Mamede

Pela ótica antitruste, o interlocking directorate, comumente traduzido como "diretorias cruzadas" ou "conselhos entrelaçados", é entendido como a hipótese em que uma ou mais pessoas ocupam cargos de administração em duas ou mais empresas[1]. Essa interligação de pessoas em órgãos de administração torna-se relevante para o Direito concorrencial quando o interlocking directorate ocorre entre companhias horizontal, verticalmente ou conglomeralmente relacionadas[2].

A Lei 14.193/2021, que regula as Sociedades Anônimas do Futebol (Lei das SAF), contém proibição expressa ao interlocking directorate. A Lei das SAF destaca que não poderá integrar o conselho de administração, o conselho fiscal ou a diretoria de SAF o indivíduo que ocupe cargo em qualquer órgão executivo (i) de outra SAF, (ii) de clube[3] que não tenha dado origem à SAF, (iii) de pessoa jurídica original[4] que não tenha constituído a SAF, ou (iv) de entidade de administração[5]. Além dessas quatro vedações, os próximos incisos proíbem que integre órgão executivo de SAF a pessoa que seja (v) atleta de futebol profissional em exercício, (vi) treinador de futebol em atividade, ou (vii) árbitro de futebol em

1 Cf. OCDE. Antitrust issues involving minority shareholdings and interlocking directorates. Competition Committee Policy Roundtables. 2008. Disponível em: <http://www.oecd.org/dataoecd/40/38/41774055.pdf>. Acesso em: 26/12/2023.

2 Existe hoje, no âmbito concorrencial nacional, uma lacuna legislativa em relação ao interlocking directorate, embora nem sempre tenha sido assim. Além da lacuna legislativa, o interlocking directorate é um tema ainda pouco explorado nos âmbitos doutrinário e jurisprudencial do direito antitruste brasileiro.

3 Nos termos do art. 1°, §1°, inciso I da Lei das SAF, o clube é a "associação civil, regida pela Lei 10.406, de 10 de janeiro de 2002 (Código Civil), dedicada ao fomento e à prática do futebol".

4 Nos termos do art. 1°, §1°, inciso II da Lei das SAF, a pessoa jurídica original é a "sociedade empresarial dedicada ao fomento e à prática do futebol".

5 Nos termos do art. 1°, §1°, inciso III da Lei das SAF, a entidade de administração é a "confederação, federação ou liga, com previsão na Lei 9.615, de 24 de março de 1998, que administra, dirige, regulamenta ou organiza competição profissional de futebol".

atividade. As sete vedações contidas nesse dispositivo (art. 5º, §1º da Lei das SAF)[6] consistem em proibições *per se*, de modo que a mera simultaneidade dos vínculos é suficiente à obrigatoriedade do seu desfazimento.

Na sequência, os próximos parágrafos do dispositivo apresentam vedação condicionada, aplicável à ocupação simultânea de cargo executivo em SAF e no clube ou na pessoa jurídica original que deu origem ou constituiu a SAF (art. 5º, §§3º e 4º da Lei das SAF)[7]. Em relação ao membro do conselho de administração de SAF, a Lei impõe que não poderá receber qualquer remuneração aquele que integre qualquer cargo de administração, deliberação ou fiscalização do clube ou da pessoa jurídica que deu origem à SAF. Já quanto ao membro do conselho fiscal ou da diretoria, a Lei estabelece que não poderá integrá-los o empregado ou o membro de qualquer órgão administrativo, deliberativo ou fiscalizatório do clube ou da pessoa jurídica que deu origem à SAF.

Portanto, quando se trata de ocupação simultânea de cargo executivo em SAF e no clube ou na pessoa jurídica que deu origem e ela, a Lei não impõe uma vedação *per se*, mas coloca condições que, caso não observadas, poderão levar à obrigação de desfazimento do vínculo. Um ponto de destaque quanto à vedação condicionada está na parte final dos citados §§ 3º e 4º, que prevê que as condições apenas serão aplicáveis enquanto o clube ou a pessoa jurídica original for acionista da respectiva SAF em que o indivíduo atua como administrador. Assim, a imposição da condição

---

6 Art. 5º Na Sociedade Anônima do Futebol, o conselho de administração e o conselho fiscal são órgãos de existência obrigatória e funcionamento permanente.
§ 1º Não poderá ser integrante do conselho de administração, conselho fiscal ou diretoria da Sociedade Anônima do Futebol:
I - membro de qualquer órgão de administração, deliberação ou fiscalização, bem como de órgão executivo, de outra Sociedade Anônima do Futebol;
II - membro de qualquer órgão de administração, deliberação ou fiscalização, bem como de órgão executivo, de clube ou pessoa jurídica original, salvo daquele que deu origem ou constituiu a Sociedade Anônima do Futebol;
III - membro de órgão de administração, deliberação ou fiscalização, bem como de órgão executivo, de entidade de administração;
IV - atleta profissional de futebol com contrato de trabalho desportivo vigente;
V - treinador de futebol em atividade com contrato celebrado com clube, pessoa jurídica original ou Sociedade Anônima do Futebol; e
VI - árbitro de futebol em atividade.

7 Art. 5º Na Sociedade Anônima do Futebol, o conselho de administração e o conselho fiscal são órgãos de existência obrigatória e funcionamento permanente.
(...)
§ 3º Não poderá receber nenhuma remuneração o membro do conselho de administração que cumulativamente for associado e integrar qualquer órgão, eletivo ou não, de administração, deliberação ou fiscalização do clube ou pessoa jurídica original enquanto esse for acionista da respectiva Sociedade Anônima do Futebol.
§ 4º Não poderá ser eleito para o conselho fiscal ou para a diretoria o empregado ou membro de qualquer órgão, eletivo ou não, de administração, deliberação ou fiscalização do clube ou pessoa jurídica original enquanto esse for acionista da respectiva Sociedade Anônima do Futebol.

de não recebimento de remuneração e de não participação no conselho fiscal só se aplica enquanto o interlocking directorate estiver atrelado a cruzamento de participação acionária entre as companhias envolvidas.

A imagem abaixo ilustra as hipóteses, previstas na Lei das SAF, de vedação *per se* ao interlocking directorate e de vedação condicionada:

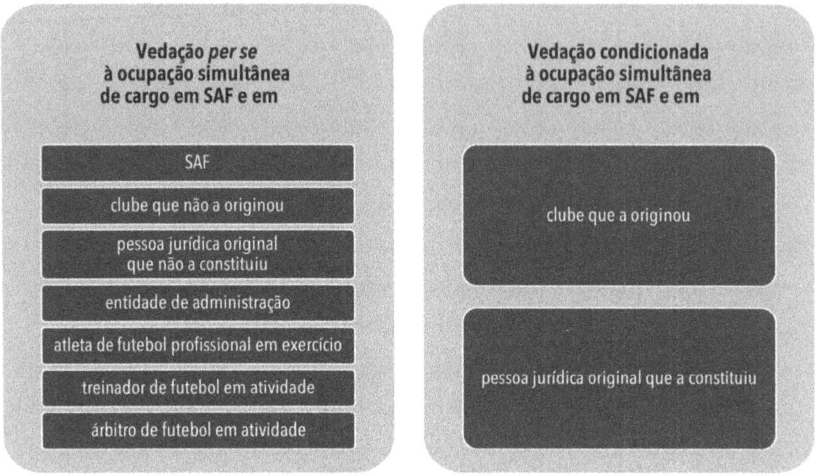

Fonte: elaboração própria

O fato de que a Lei das SAF diferencia o tratamento dado à ocupação simultânea de cargo no clube ou na pessoa jurídica original que constituiu a SAF daquele dado à ocupação simultânea de cargo no clube ou na pessoa jurídica original relacionada a outro time de futebol indica que a intenção principal do legislador ao proibir o interlocking directorate é a proteção à lisura da concorrência nas competições futebolísticas. A vedação ao interlocking directorate no contexto da Lei das SAF se deve à natureza peculiar da atividade de futebol, tendo como pressuposto o fomento à atividade esportiva e à concorrência no setor. Nas palavras de Athayde, Castro e Mamede, "a concorrência entre as SAFs vai além da tradicional concorrência de mercado, envolvendo aspectos esportivos e emocionais dos torcedores – e potenciais investidores, o que justifica a existência de regras específicas para as empresas atuantes nesse mercado"[8].

8 Cf. ATHAYDE, Amanda, MAMEDE, Raíssa, CASTRO, Rodrigo Monteiro de. SAF, CVM e o Cade: novas intersecções? Jota - Mercado de capitais. 05/12/2023. Disponível em: https://www.jota.info/opiniao-e-analise/artigos/saf-cvm-e-o-cade-novas-intersecoes-05122023?non-beta=1.

Outro aspecto que se verifica da análise da Lei das SAF é que ela, ao proibir o interlocking directorate, não faz qualquer diferenciação sobre o alcance a vínculos indiretos de interlocking ou não. O interlocking directorate direto é caracterizado quando a mesma pessoa ocupa simultaneamente cargos administrativos em companhias relacionadas. Já o interlocking directorate indireto é caracterizado quando, embora não haja identidade de executivos de companhias distintas, os seus administradores têm vínculo em mesma terceira companhia.

Assim, considerando que, conforme constatado, o objetivo do dispositivo da Lei das SAF ao proibir o interlocking directorate é a garantia da integridade das competições esportivas, é de se questionar o dispositivo abrangeria também vedação ao interlocking directorate indireto intermediado por fundos de investimentos ou, ao contrário, impedir tais vínculos significaria a subversão da intenção da Lei de garantir a lisura dos campeonatos.

Outro aspecto relevante da vedação ao interlocking directorate contida na Lei das SAF consiste no fato de que o dispositivo abrange vedação tanto ao interlocking directorate horizontal quanto ao interlocking directorate vertical. O interlocking directorate horizontal consiste na interligação dos órgãos administrativos de companhias que têm atividades horizontalmente relacionadas, o que, no caso da Lei das SAF, está impedido pelos incisos I e II do referido art. 5º, §1º. Esses dispositivos vedam a ocupação simultânea de cargo em duas SAF ou em SAF e clube ou pessoa jurídica original. Nos termos do art. 1º da Lei das SAF, o clube e a pessoa jurídica original deverão ter como objeto o fomento e a prática do futebol, o que coincide com o objeto previsto na Lei para a própria SAF.

Por sua vez, a vedação ao interlocking directorate vertical está contida nos incisos III, IV, V e VI do art. 5º, §1º da Lei das SAF. Como mencionado, a entidade de administração tem por objeto a gestão de competição profissional de futebol. Em um mercado *sui generis* como o esportivo, entende-se que a entidade gestora de competições profissionais de futebol está à jusante (ou seja, no elo seguinte da cadeia produtiva) dos clubes de futebol e das SAF, que constituem um subsídio essencial ao funcionamento dos torneios.

Já quanto aos atletas, treinadores e árbitros profissionais de futebol, entende-se que estão à montante (ou seja, no elo anterior da cadeia produtiva) dos clubes de futebol ou das SAF, por constituírem a matéria prima essencial ao seu funcionamento e lucratividade. Esses profissionais não são apenas funcionários de um clube de futebol ou SAF, mas constituem ativos que são adquiridos para aumentar os seus resultados econômicos. Esse aspecto já foi reconhecido pela autoridade concorrencial francesa que, ao analisar operação envolvendo clubes de futebol, considerou o mercado de compra e venda de contratos de jogadores profissionais em âmbito global como sendo relacionado ao mercado de prática de futebol profissional[9].

A imagem abaixo ilustra as hipóteses, previstas na Lei das SAF, de vedação ao interlocking directorate horizontal e ao interlocking directorate vertical:

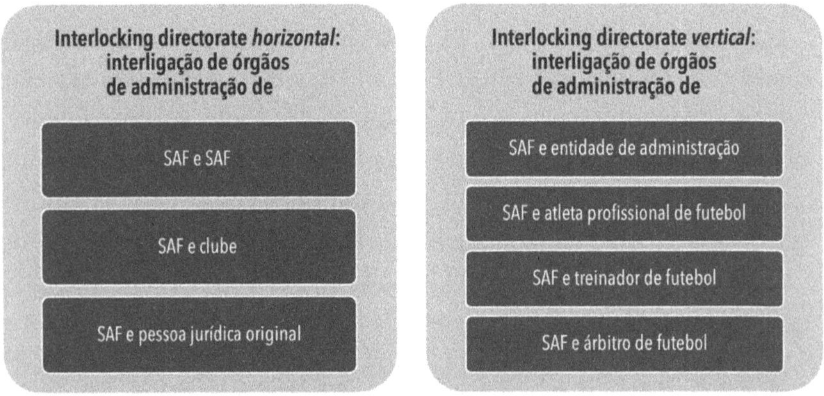

Fonte: elaboração própria

Ocorre que, embora a Lei das SAF tenha concedido tratamento idêntico ao interlocking directorate horizontal e ao vertical, as tendências de efeitos que esses dois tipos de interlocking podem produzir no mercado não são iguais, de acordo com a doutrina e a jurisprudência. A partir de análise empírica da jurisprudência do CADE sobre

9 Cf. Autorité de la Concurrence. Décision 19-DCC-160 du 21 août(2019). Disponível em: https://www.autoritedelaconcurrence.fr/en/decision-de-controle-des-concentrations/regarding-sole-control-acquisition-sasp-olympique-gymnaste.

interlocking directorate[10], constatou-se que o interlocking horizontal, por envolver companhias concorrentes, tende a suscitar maiores preocupações relacionadas à troca de informações concorrencialmente sensíveis, promovendo a facilitação à colusão. Já o interlocking directorate vertical tende a gerar efeitos de integração da atividade econômica das companhias envolvidas, com a possível unificação de seu controle (na hipótese de controle gerencial[11], sobretudo).

Em seguida, como visto, a Lei das SAF prevê proibições *per se* ao interlocking directorate em entidades empresariais especificamente ligadas ao mercado futebolístico. Ocorre que existem outros mercados que também se relacionam, verticalmente ou conglomeralmente, com a atividade das SAF e que não foram regulados na Lei. Alguns exemplos de mercados não descritos especificamente na Lei das SAF que também se relacionam com a atividade de futebol profissional são os de publicidade, patrocínio e marketing de eventos esportivos, conforme elencou o Cade no julgamento do Ato de Concentração Sumário 08700.006273/2023-87 (Envolvidos: 2R Holding S.A.; Ricardo Annes Guimarães; Clube Atlético Mineiro).

Assim, quando for constatado interlocking directorate entre SAF e companhias que não são especificamente citadas na Lei das SAF, mas cujas atividades se relacionam com a de prática de futebol profissional, a análise de eventuais efeitos anticoncorrenciais decorrentes do vínculo deverá ser feita sob a regra geral do Direito antitruste nacional, que exige análise casuística. Para André Gilberto, a lacuna legislativa sobre o interlocking directorate demanda que a análise de efeitos anticoncorrenciais dele decorrentes, tanto no controle de condutas quanto de estruturas, seja feita levando-se em consideração os efeitos gerados no mercado e as circunstâncias peculiares do caso concreto[12].

---

10 Cf. MAMEDE, Raíssa. Interlocking directorates no Brasil: um estudo dos efeitos concorrenciais a partir das formas de sua manifestação na prática societária. Dissertação de Mestrado em Direito - Universidade de Brasília - Faculdade de Direito. 2024. No prelo.

11 Cf. Fábio Konder Comparato, O poder de controle na sociedade anônima, 4ª ed. Rio de Janeiro: Forense, 2005, pp. 71, o controle gerencial é "aquele não fundado na participação acionária, mas unicamente nas prerrogativas diretoriais. É o controle interno totalmente desligado da titularidade das ações em que se divide o capital social. Dada a extrema dispersão acionária, os administradores assumem o controle empresarial de facto, transformando-se num órgão social que se autoperpetua por cooptação". Para maiores detalhes, recomenda-se o Episódio #20 do Podcast Direito Empresarial Café com Leite, da Professora Amanda Athayde. Entrevistada: Anna Binotto. EP #20: COMPARATO, Fábio Konder e SALOMÃO FILHO, Calixto. O poder de controle nas sociedades anônimas. 5ª. Ed. Rio de Janeiro: Forense, 2008, p. 105-142 e p. 363-433. Disponível em: https://open.spotify.com/episode/1JXoUYCB6lr5xb2Ypejr3u?si=84f438839b6f46d2. Acesso em 18/06/2024.

12 Cf. GILBERTO, André Marques. 29° Seminário Internacional de Defesa da Concorrência - IBRAC. Hotel Renaissance São Paulo/SP. 9/11/2023. Disponível em: https://www.youtube.com/watch?v=vY7YvqiLy2Q&t=2917s . Acesso em 24/2/2024.

Portanto, constata-se que a previsão de vedação ao interlocking directorate na Lei das SAF se mostrou bastante sofisticada sob alguns aspectos, haja vista que levou em conta, para o desenho das vedações, as peculiaridades do mercado esportivo e a distinção de alguns tipos de interlocking. Entretanto, alguns aspectos permanecem pouco claros, como a abrangência ou não de vedação ao interlocking indireto intermediado por fundos de investimentos, bem como a ausência de considerações sobre maiores ou menores preocupações com *interlockings* horizontais ou verticais, de modo que apenas a experiência das autoridades na análise da norma à luz de casos concretos permitirá o alcance de conclusões sobre a sua interpretação.

Referências bibliográficas

ATHAYDE, Amanda, MAMEDE, Raíssa, CASTRO, Rodrigo Monteiro de. SAF, CVM e o Cade: novas intersecções? Jota – Mercado de capitais. 05/12/2023.

AUTORITÉ DE LA CONCURRENCE. Décision 19-DCC-160 du 21 août (2019).

COMPARATO, Fábio Konder. O poder de controle na sociedade anônima, 4ª ed. Rio de Janeiro: Forense, 2005.

DIREITO EMPRESARIAL CAFÉ COM LEITE: Locutora: Amanda Athayde. Entrevistada: Anna Binotto. EP #20: COMPARATO, Fábio Konder e SALOMÃO FILHO, Calixto. O poder de controle nas sociedades anônimas. 5ª. Ed. Rio de Janeiro: Forense, 2008, p. 105-142 e p. 363-433.

GILBERTO, André Marques. 29º Seminário Internacional de Defesa da Concorrência - IBRAC. Hotel Renaissance São Paulo/SP. 9/11/2023.

MAMEDE, Raíssa. Interlocking directorates no Brasil: um estudo dos efeitos concorrenciais a partir das formas de sua manifestação na prática societária. Dissertação de Mestrado em Direito – Universidade de Brasília – Faculdade de Direito. 2024. No prelo.

OCDE. Antitrust issues involving minority shareholdings and interlocking directorates. Competition Committee Policy Roundtables. 2008.

"Pode isso, Arnaldo?"[1]: vedação à participação cruzada de acionista controlador de SAFs e nuances concorrenciais de participações acionárias cruzadas e verticalmente relacionadas na indústria do esporte

Amanda Athayde
Roney Olimpio

1. INTRODUÇÃO

Em 25 de junho de 2022, a Sociedade Anônima de Futebol (SAF) do clube Vasco da Gama assinou um acordo de investimento cujo valor estimado era de aproximadamente R$ 1,4 bilhão. O acordo em questão tratou da aquisição de controle da SAF do Vasco pela 777 Partners, uma empresa de investimentos sediada nos Estados Unidos. Nos termos do acordo, a 777 Partners adquiriria 70% do capital social da SAF do Vasco e, em contrapartida, aportaria R$ 700 milhões no clube e assumiria a dívida do clube, também estimada em R$ 700 milhões[2].

Contudo, cerca de dois anos após a celebração da operação, sobreveio uma decisão liminar, que tramita em segredo de justiça, mas cujo teor foi disponibilizado na grande mídia. Foi dado provimento a ação cautelar ajuizada pelo Vasco, que suspendeu os efeitos do acordo de

1 O título desse artigo é inspirado no bordão do locutor Galvão Bueno, cf. 'PODE isso, Arnaldo?': Galvão revela o verdadeiro criador do bordão. UOL Esportes, 2022. Disponível em: <https://www.uol.com.br/esporte/ultimas-noticias/2022/06/29/pode-isso-arnaldo-galvao-revela-o-verdadeiro-criador-do-bordao.htm>. Acesso em 28 maio 2024.

2 Cf. VASCO conclui venda da SAF para a 777 Partners; veja valor investido e quantia da dívida que será assumida. ESPN, 2022. Disponível em: <https://www.espn.com.br/futebol/vasco/artigo/_/id/10866691/vasco-conclui-venda-saf-777-partners-veja-valor-investido-quantia-divida-sera-assumida>. Acesso em 26 maio 2024.

aquisição de controle da SAF do Vasco, afastando a 777 Partners do controle da SAF. Segundo alegado pelo Vasco, além de ter atrasado o cumprimento de algumas obrigações financeiras, a 777 Partners teria tido sua saúde financeira questionada pela mídia internacional, com rumores de possível falência ou insolvência. Com isso, surgiu o receio de que as ações de controle da SAF do Vasco fossem penhoradas ou utilizadas como garantia, potencialmente alterando o controle da SAF. A decisão liminar, que acatou tais alegações, determinou o retorno do controle da SAF aos dirigentes da associação do Vasco[3].

Esse cenário, no entanto, mostrou-se ainda mais complexo quando foi divulgado a existência de possíveis negociações entre o Vasco, a 777 Partners e a Crefisa, para que a Crefisa adquirisse o controle da SAF do Vasco. Ocorre, porém, que os dirigentes da Crefisa participam da gestão do Palmeiras – time de futebol rival do Vasco. Essa possível negociação foi recebida com receio por alguns torcedores do Palmeiras, por entenderem que essa situação ocasionaria um conflito de interesses e traria a preocupação de que o foco de seus dirigentes não esteja unicamente no Palmeiras[4].

O caso acima exemplifica algumas das preocupações concorrenciais que serão apresentadas neste artigo. O compartilhamento de estruturas societárias entre as SAFs é uma preocupação latente para o setor, tanto que a Lei 14.193/2021 (Lei da SAF) estabelece a arquitetura jurídica voltada a assegurar normas de governança, controle e transparência a serem cumpridas pelas SAFs. Para tanto, há expressa previsão de vedação à participação cruzada de acionista controlador de SAFs (2), conforme será apresentado a seguir. No entanto, conforme se poderá notar, há hipóteses de participação acionária cruzada que não estão abarcadas na atual previsão normativa (3), bem como possíveis nuances decorrentes de integrações verticais de SAFs em outros mercados (4).

---

3 Cf. Alexandre Araújo e Bruno Braz, "Vasco justifica ação que derruba 777 na SAF: 'Risco de Penhora'". UOL Esporte, 2024. Disponível em: <https://www.uol.com.br/esporte/futebol/ultimas-noticias/2024/05/16/vasco-justifica-acao-que-derrubou-777-preservar-patrimonio-da-saf.htm#>. Acesso em 28 maio. 2024.

4 Cf. Camila Alves, "Crefisa e Vasco: oposição do Palmeiras vê conflito de interesses; Leila Pereira se defende". Globo Esporte, 2024. Disponível em: <https://ge.globo.com/futebol/times/palmeiras/noticia/2024/05/17/crefisa-e-vasco-oposicao-do-palmeiras-ve-conflito-de-interesses-leila-pereira-se-defende.ghtml>. Acesso em 28 maio. 2024.

2. VEDAÇÃO À PARTICIPAÇÃO CRUZADA DO ACIONISTA CONTROLADOR

Conforme prevê o art. 4º da Lei da SAF, o acionista que individualmente ou por meio de acordo detenha o controle[5]-[6] de determinada SAF não poderá adquirir participação em outra, direta ou indiretamente. O parágrafo único desse artigo ainda adiciona que os acionistas com participação igual ou superior a 10% no capital de determinada SAF – e que não detenham controle – não poderão ter direito a voz e voto nas assembleias gerais e de outras SAFs e nem participar no Conselho de Administração, seja diretamente, seja por meio de pessoa indicada.

É preciso destacar que essa disposição não é ideia nova, já que a Lei 9.615/1998 (Lei Pelé), que instituiu normas gerais sobre a prática esportiva, possui uma previsão semelhante desde julho do ano de 2000. Conforme o *caput* do art. 27-A da Lei Pelé, é vedada a participação simultânea na gestão de duas ou mais entidades desportivas para as pessoas físicas e jurídicas que já participem da administração de outra entidade e/ou possuam participação no seu capital social com direito a voto. A disposição da Lei Pelé é ainda mais restritiva do que a da Lei da SAF, uma vez que, de forma expressa, estende essa vedação a (i) cônjuge e parentes de até segundo grau das pessoas físicas; e (ii) sociedades que sejam controladas, controladoras ou coligadas, bem como fundos e condomínio de investimentos relacionados a uma pessoa jurídica que se enquadre na disposição do *caput* do art. 27-A. Trata-se, no âmbito da Lei Pelé, de dispositivo voltado para a administração do clube (na linha de *interlocking directorates*), ao passo que a Lei da SAF conta com dispositivo voltado para as participações acionárias cruzadas entre as SAFs. Essa distinção entre os órgãos que exercem a administração e os que detêm a propriedade remontam desde Berle e Means,[7] e ficam claros nessas duas legislações.

---

5 Conforme prevê o art. 116 da Lei 6.404/1976, que dispõe sobre as Sociedades por Ações (Lei das SAs): "Entende-se por acionista controlador a pessoa, natural ou jurídica, ou o grupo de pessoas vinculadas por acordo de voto, ou sob controle comum, que: a) é titular de direitos de sócio que lhe assegurem, de modo permanente, a maioria dos votos nas deliberações da assembleia-geral e o poder de eleger a maioria dos administradores da companhia; e b) usa efetivamente seu poder para dirigir as atividades sociais e orientar o funcionamento dos órgãos da companhia".

6 Para informações adicionais sobre poder de controle e acionista controlador, vejam-se as discussões nos seguintes episódios do podcast Direito Empresarial Café com Leite: EP #20; EP #44; EP #45; EP #82; EP #160; EP #156; EP #43; EP #84 e EP #83.

7 Cf. Adolf Berle e Gardiner Means. The Modern Corporation and Private Property, 1ª ed. Londres: Transaction Publishers, 1937. Nesse sentido, veja-se, também o EP#62 do Podcast Direito Empresarial Café com Leite, disponível em:https://open.spotify.com/episode/1Js8ahd2DB94PPDxU5pPJ5.

Em suma, a vedação à participação cruzada do acionista controlador almeja evitar o conflito de interesses, manter a rigidez das SAFs, limitar o acesso a informações confidenciais e restringir a possibilidade de que um clube influencie e monitore as decisões do outro[8]. Ainda, da perspectiva do Direito concorrencial, a vedação ao compartilhamento de estruturas societárias entre rivais busca evitar, a princípio, a adoção de comportamentos paralelos ou condutas colusivas e mitigar potenciais incentivos para reduzir ou eliminar a concorrência[9], apesar de em alguns casos ser autorizada[10].

3. O QUE NÃO É VEDAÇÃO À PARTICIPAÇÃO ACIONÁRIA NAS SAFs

A partir do momento em que o art. 4º da Lei da SAF menciona expressamente a figura do acionista controlador, afasta-se, dessa vedação, outras figuras societárias que também possuem relevância na condução dos negócios das SAFs e não possuem controle. É o caso de acionistas que, apesar de não serem controladores, podem exercer influência significativa[11] ou relevante[12], bem como de acionistas minoritários, por exemplo. Isso porque a aquisição de participação, inclusive minoritária no capital social de um rival, pode, em tese, impactar a condução dos negócios, já que o investimento do acionista concorrente será diretamente afetado pelo desempenho de seu rival[13].

8 Cf. Tingli Liu; *et all*, "The Impact of Shareholder and Direct Networks on Corporate Technological Innovaton: A Multiyear Network Analysis". Systems, vol. 12, n. 2, 2024, p. 1-34. Nesse mesmo sentido, veja-se: Kevin Mongeon e Jason A. Winfree, "The Effects of Cross-Ownership and League Policies Across Sports Leagues Within a City". In: Review of Industrial Organization, vol. 43, 2013, p. 145-162; Kevin Mongeon e Jason A. Winfree, "Cross-ownership, league policies and players investment". Munich: University Library of Munich, 2012, p. 1-17; e Emma Sherry; *et all*, "Wrestling with "conflict of interest" in sport management". In: Corporate Governance, vol. 7. Leeds: Emerald Publishing, 2007, p. 267-277.

9 Cf. OCDE, "OECD Policy Roundtables: Minority Shareholdings", 2008. Disponível em: <https://www.oecd.org/competition/mergers/41774055.pdf>. Acesso em 03 jun. 2024.

10 A título de exemplo, em abril de 2010, o Cade aprovou com restrições a aquisição, pela Telco S.p.A (grupo controlador da Tim no Brasil), de participação acionária na Telecom Itália S.p.A (grupo controlador da Vivo no Brasil). Por meio da operação, a controladora da Tim obteve participação minoritária indireta na Vivo. A aprovação foi condicionada à apresentação de relatórios anuais com dados de mercado da Vivo e da Tim, além de compromissos de confidencialidade por cada firma que vedavam a troca de informações entre as empresas. Outras restrições de governança corporativa foram impostas pela Aneel quando analisou a operação e reiteradas pelo Cade.

11 Conforme o art. 243, §5º da Lei da SAs, "[é] presumida influência significativa quando a investidora for titular de 20% (vinte por cento) ou mais dos votos conferidos pelo capital da investida, sem controlá-la".

12 Cf. Eduardo Frade. O direito societário e a estruturação do poder econômico. Dissertação (Mestrado em Direito), Faculdade de Direito, Universidade de Brasília, Brasília, 2016. Disponível em: <http://icts.unb.br/jspui/bitstream/10482/22507/1/2016_EduardoFradeRodrigues.pdf>. Acesso em 28 jun. 2024. Veja-se também o EP #45 do Podcast Direito Empresarial Café com Leite, disponível em: https://open.spotify.com/episode/7q1wjGD8nUxUnjueWpXOMG

13 Cf. Ana Paula Martinez e Mariana Tavares de Araujo, "Aquisição de Participação Minoritária em Concorrentes e Interlocking Directorates: Aspectos Concorrenciais". In: Temas Atuais de Direito da Concorrência. São Paulo: Editora Singular, 2012, p. 109-148.

A figura abaixo ilustra o que é (i) vedado; (ii) permitido com restrições; e (iii) não abarcado pelo art. 4º da Lei da SAF:

Ilustração do art. 4º da Lei da SAF

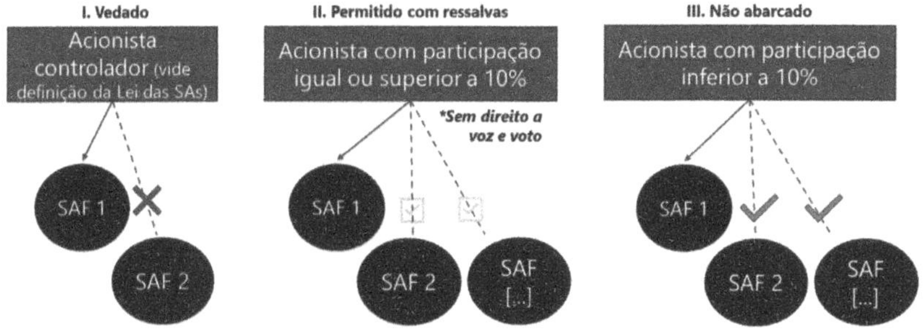

Fonte: elaboração própria

O cenário III, que demonstra o que não é abarcado pela Lei da SAF, evidencia ser possível, além da participação cruzada por acionistas minoritários de SAFs, o estabelecimento de *common ownership*. Como esclarecerem Amanda Athayde e Mônica Fujimoto[14], o *common ownership* é caracterizado quando um investidor institucional possui participações minoritárias indiretas em empresas concorrentes. No caso das SAFs, por exemplo, os fundos de investimento poderiam deter, simultaneamente, participações minoritárias cruzadas em SAFs de times rivais. Ainda que o art. 4º da Lei da SAF vede o direito a voz e voto aos acionistas com influência significativa, os investidores institucionais possuiriam, ao menos em tese, capacidade para influenciar a tomada de decisão de suas investidas, seja por meio da ausência de ação, seja por meio de incentivos implícitos.[15]

4. O QUE NÃO É VEDAÇÃO EM INTEGRAÇÕES VERTICAIS NA INDÚSTRIA DO ESPORTE

Outra hipótese que não é abarcada pelo art. 4º da Lei da SAF é a participação do acionista controlador de SAFs em empresas que atuam em mercados verticalmente relacionados ao mercado de prática de futebol profissional. A título de exemplo, o art. 7º, §2º da Lei 14.790/2023

14 Cf. Amanda Athayde e Mônica Fujimoto, "Ventríloquos antitruste no Brasil? Das participações minoritárias indiretas de investidores institucionais em concorrentes (Common Ownership". In: Revisa do IBRAC, vol. 24. São Paulo: IBRAC, 2018, p. 41-64.
15 *Ibid.*

(Lei das Apostas Esportivas), veda que sócios ou acionistas controladores de empresas de apostas esportivas detenham participação – direta ou indireta – em SAFs. No entanto, não há uma proibição no sentido contrário, que restrinja a participação de acionistas controladores de SAFs no capital social de empresas de apostas esportivas. Também não há vedação de participação de acionista controlador de SAFs em outros mercados verticalmente relacionados, como se passa a exemplificar. A figura abaixo ilustra o que é (i) vedado; e (ii) não abarcado pelo art. 7º, §2º da Lei das Apostas Esportivas.

Ilustração do art. 7, §2º da Lei das Apostas Esportivas

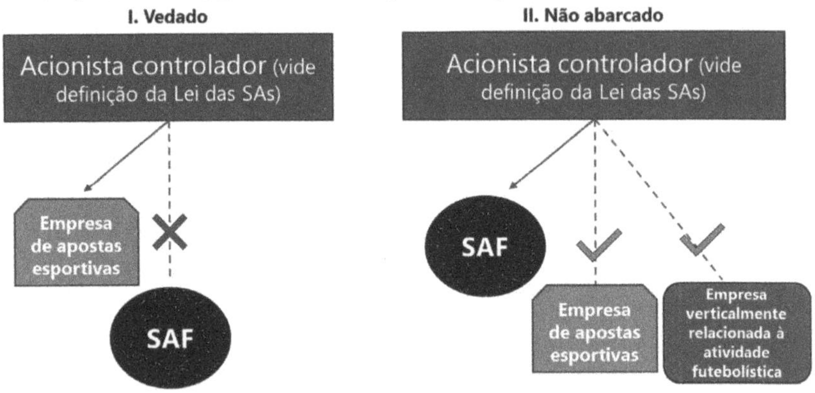

Fonte: elaboração própria

Diz-se que um mercado está verticalmente relacionado a outro quando ambos figuram na cadeia produtiva de um mesmo bem ou serviço, seja no elo anterior (*upstream*), seja no elo posterior (*downstream*)[16]. Tal relação engloba também a prestação de serviços e a transação de fatores de produção que culminam na produção do bem ou serviço final, desde que haja uma relação de interdependência com as demais partes da cadeia produtiva[17].

O Conselho Administrativo de Defesa Econômica (Cade) já teve a oportunidade de analisar a relação entre a prática de futebol profissional

16 Cf. Caio Mario e Paulo Casagrande, "Direito concorrencial: doutrina, jurisprudência e legislação", 1ª ed. São Paulo: Saraiva, 2016.
17 Cf. Cade, "GUIA V+: Guia de Análise de Atos de Concentração Não Horizontais", 2024. Disponível em: <https://cdn.cade.gov.br/Portal/centrais-de-conteudo/publicacoes/Guia%20V+/Guia-V+2024.pdf>. Acesso em 04 jun. 2024.

e outros mercados, quando aprovou sem restrições a aquisição, pela Galo Holding – e em última instância pela 2R Holding S.A. –, do controle da SAF do Atlético Mineiro[18]. Naquele caso, a Superintendência-Geral do Cade (SG) destacou a relação vertical entre o mercado de prática de futebol profissional e o mercado de publicidade, patrocínio e *marketing* esportivo.

Além desse exemplo, vê-se que o mercado de esportes pode ser analisado a partir de duas ópticas: (i) como entretenimento; e (ii) como prática esportiva, o que, portanto, aumenta o número de possíveis integrações verticais nessa indústria. Logo, existem diversas outras empresas que ou utilizam o esporte para promover seus produtos, ou participam na cadeia do fornecimento de serviços esportivos. É possível destacar, por exemplo, os seguintes *players* como atuantes em segmentos verticalmente relacionados às organizações esportivas, pelo menos em tese: fabricantes de material esportivo, mídia esportiva, construtores de arenas, agências de marketing, agenciamento de atletas e agências de turismo[19]. Logo, pelo atual desenho da regulação das SAFs, não haveria vedações para que o acionista controlador de determinada SAF participasse do capital social desses *players* que atuam nos segmentos verticalmente relacionados à prática profissional do futebol – com exceção da disposição contida na Lei de Apostas Esportivas, destacada acima.

5. CONCLUSÃO PRELIMINAR SOBRE PARTICIPAÇÕES ACIONÁRIAS CRUZADAS E VERTICALMENTE RELACIONADAS NA INDÚSTRIA DO ESPORTE

Ante a análise realizada acima, conclui-se que, ao inserir a Lei da SAF no ordenamento jurídico, o legislador nacional estabeleceu as principais regras de governança desse tipo societário, dentre as quais a vedação de participação pelo acionista controlador de uma SAF no capital social de outra. Ocorre que a escolha do legislador foi clara e específica ao restringir tal vedação de participação cruzada (i) ao acionista controlador; e (ii) ao âmbito das SAFs.

---

18 Cf. Ato de Concentração 08700.006273/2023-8. Requerentes: 2R Holding S.A., Ricardo Annes Guimarães e Clube Atlético Mineiro. Aprovado sem restrições em 27 de setembro de 2023.

19 Cf. Cláudio Miranda da Rocha e Flávia da Cunha Bastos, "Gestão do esporte: definindo a área". In: Revista Brasileira de Educação Física e Esporte, vol. 24. São Paulo: Universidade de São Paulo, 2011, p. 91-103.

Com isso, outras hipóteses de participação cruzada não foram abordadas no texto normativo, sendo o caso (i) de acionistas que, apesar de não deterem controle, possuem relevância na condução dos negócios da SAF (i. e., acionistas com influência significativa, relevante ou mesmo minoritários), em que pese que aqueles que detenham participação igual ou superior a 10% não terão direito a voz e voto; e (ii) da participação de acionista controlador da SAF – e outros acionistas – no capital social de empresas verticalmente relacionadas ao mercado de prática de futebol profissional (i. e., canais esportivos, artigos de vestuário, construtoras de arenas, etc.).

A indústria do esporte é um dos setores mais promissores da economia, com a marca de cerca de US$ 1 trilhão por ano e os maiores percentuais de crescimento a nível mundial[20]. Logo, como em qualquer outra indústria, o seu desenvolvimento resulta em novos desafios e provocações para a regulação da atividade econômica, que serão solucionados e enfrentados pelo ente regulador à medida que esse for provocado.

Referências bibliográficas

ALVES, Camila. Crefisa e Vasco: oposição do Palmeiras vê conflito de interesses; Leila Pereira se defende. Globo Esporte, 2024. Disponível em: <https://ge.globo.com/futebol/times/palmeiras/noticia/2024/05/17/crefisa-e-vasco-oposicao-do-palmeiras-ve-conflito-de-interesses-leila-pereira-se-defende.ghtml>. Acesso em 28 maio. 2024.

ARAÚJO, Alexandre; BRAZ, Bruno. Vasco justifica ação que derruba 777 na SAF: 'Risco de Penhora'. UOL Esporte, 2024. Disponível em: <https://www.uol.com.br/esporte/futebol/ultimas-noticias/2024/05/16/vasco-justifica-acao-que-derrubou-777-preservar-patrimonio-da-saf.htm#>. Acesso em 28 maio. 2024.

ATHAYDE, Amanda; FUJIMOTO, Mônica. Ventríloquos antitruste no Brasil? Das participações minoritárias indiretas de investidores institucionais em concorrentes (Common Ownership). In: Revisa do IBRAC, vol. 24. São Paulo: IBRAC, 2018, p. 41-64.

BRASILEIRÃO 2024 inicia com sete SAFS; veja valores e detalhes. Lance! 2024. Disponível em: <https://www.lance.com.br/lancebiz/mercado-do-esporte/brasileirao-2024-inicia-com-sete-safs-veja-valores-e-detalhes.html>. Acesso em 05 jun. 2024.

CADE. Ato de Concentração 08700.006273/2023-8. Requerentes: 2R Holding S.A., Ricardo Annes Guimarães e Clube Atlético Mineiro. Aprovado sem restrições em 27 de setembro de 2023.

20 Cf. INDÚSTRIA do esporte movimenta US$ 1 trilhão no mundo. Amcham 2023. Disponível em: <https://www.amcham.com.br/blog/industria-do-esporte-movimenta-us-1-trilhao-no-mundo>. Acesso em 05 jun. 2024.

CADE. GUIA V+: Guia de Análise de Atos de Concentração Não Horizontais, 2024. Disponível em: <https://cdn.cade.gov.br/Portal/centrais-de-conteudo/publicacoes/Guia%20V+/Guia-V+2024.pdf>. Acesso em 04 jun. 2024.

DA ROCHA, Cláudio; BASTOS, Flávia. Gestão do esporte: definindo a área. In: Revista Brasileira de Educação Física e Esporte, vol. 24. São Paulo: Universidade de São Paulo, 2011, p. 91-103.

INDÚSTRIA do esporte movimenta US$ 1 trilhão no mundo. Amcham 2023. Disponível em: <https://www.amcham.com.br/blog/industria-do-esporte-movimenta-us-1-trilhao-no-mundo>. Acesso em 05 jun. 2024.

LIU, Tingli; *et all.* The Impact of Shareholder and Direct Networks on Corporate Technological Innovaton: A Multiyear Network Analysis. Systems, vol. 12, n. 2, 2024, p. 1-34.

MARTINEZ, Ana Paula; ARAÚJO, Mariana. Aquisição de Participação Minoritária em Concorrentes e Interlocking Directorates: Aspectos Concorrenciais. In: Temas Atuais de Direito da Concorrência. São Paulo: Editora Singular, 2012, p. 109-148.

MONGEON, Kevin; WINFREE, Jason. Cross-ownership, league policies and players investment. Munich: University Library of Munich, 2012, p. 1-17.

MONGEON, Kevin; WINFREE, Jason. The Effects of Cross-Ownership and League Policies Across Sports Leagues Within a City. In: Review of Industrial Organization, vol. 43, 2013, p. 145-162.

OCDE. OECD Policy Roundtables: Minority Shareholdings", 2008. Disponível em: <https://www.oecd.org/competition/mergers/41774055.pdf>. Acesso em 03 jun. 2024.

PEREIRA, Caio Mario; CASGARANDE, Paulo. Direito concorrencial: doutrina, jurisprudência e legislação, 1ª ed. São Paulo: Saraiva, 2016.

'PODE isso, Arnaldo?': Galvão revela o verdadeiro criador do bordão. UOL Esportes, 2022. Disponível em: <https://www.uol.com.br/esporte/ultimas-noticias/2022/06/29/pode-isso-arnaldo-galvao-revela-o-verdadeiro-criador-do-bordao.htm>. Acesso em 28 maio 2024.

SHERRY, Emma; *et all.* Wrestling with "conflict of interest" in sport management. In: Corporate Governance, vol. 7. Leeds: Emerald Publishing, 2007, p. 267-277.

VASCO conclui venda da SAF para a 777 Partners; veja valor investido e quantia da dívida que será assumida. ESPN, 2022. Disponível em: <https://www.espn.com.br/futebol/vasco/artigo/_/id/10866691/vasco-conclui-venda-saf-777-partners-veja-valor-investido-quantia-divida-sera-assumida>. Acesso em 26 maio 2024.

Na arena do controle de estruturas, seria Pelé uma máquina?

Analisando a transferência de jogadores sob a tese da compra de ativos para fins de notificação de atos de concentração ao Cade

Camila Pires da Rocha
Gabriela Pereira Luiz
Priscila Brolio Gonçalves

1. INTRODUÇÃO

A receita da indústria de esportes mundial superou 486 bilhões de dólares em 2022 e há expectativa de que atinja 623 bilhões de dólares em 2027[1]. A comercialização de direitos de transmissão, em primeiro lugar, seguida da movimentação dos próprios atletas foram os maiores responsáveis por tal fluxo de dinheiro[2]. No futebol, os elevados valores relacionados à contratação de jogadores já são vistos com naturalidade: em 2017, a transferência de Neymar Jr. para o PSG foi negociada por 222 milhões de Euros, e a de Mbappé por 180 milhões de Euros[3]. No Brasil, a transação de atletas representou mais de 20% das receitas dos clubes de futebol (2018-2020), perdendo somente para a receita gerada a partir dos direitos de televisão[4].

1 Cf. *The Business Research Company*, Sports Global Market Report, 2023, *apud OECD. Session III: Competition and Sports - Background Note by the Secretariat*, 2023, p. 04.

2 Os direitos de transmissão geraram um valor global de 55,2 bilhões de dólares em 2022 (Sports Business, *Global Media Report, 2022, apud OECD. Session III: Competition and Sports - Background Note by the Secretariat*, 2023, p. 04). Por seu turno, a transferência de atletas, no futebol, gerou um valor global de 7,4 bilhões de dólares no mundo todo em 2019 (Cf. Sports Value, *Mercado latinoamericano de transferencias de jugadores*, 2022).

3 Há diversos outros exemplos que demonstram o enorme fluxo financeiro gerado pela transferência e negociação de jogadores. (Cf. CNN Brasil. Veja quais são as 10 contratações mais caras do futebol, 2023.)

4 Cf. Itaú BBA. Análise Econômico-Financeira dos Clubes Brasileiros de Futebol, 2021, p. 18.

A proposta desse artigo é discutir se transferências de jogadores poderiam ser consideradas como alienação de ativos e, dessa forma, enquadrar-se como atos de concentração econômica.

Começamos por analisar a natureza jurídica dessas operações. Considerando que pessoas não são objeto de comércio, o que devemos entender quando nos deparamos com manchetes como as referidas acima?

2. EM QUE CONSISTE A "COMPRA E VENDA" DE JOGADORES

O caráter lúdico atribuído à prática desportiva pode ofuscar a identificação da atividade do atleta como profissão[5]. Entretanto, não há dúvidas de que a natureza da relação mantida entre ele e o clube contratante é trabalhista. A Lei Pelé (Lei 9.615/98) estabelece que o desporto exercido profissionalmente é "caracterizado pela remuneração pactuada em contrato formal de trabalho entre o atleta e a entidade de prática desportiva" (art. 3, §1º). Dispõe, ainda, que são aplicadas aos atletas profissionais, com algumas ressalvas, "as normas gerais da legislação trabalhista e da Seguridade Social".

A informação de que, por vezes, quantias vultosas são transferidas entre clubes (ou entre as empresas que os controlam[6]) pela "negociação" de um jogador é correta, mas a utilização da terminologia "compra e venda" para se referir a essas operações carece de precisão técnica.

Os contratos especiais de trabalho desportivo são estabelecidos por prazo determinado e é obrigatória a previsão de cláusulas indenizatória (devida ao empregador) e compensatória (devida ao atleta)[7]. Trata-se de verbas devidas em caso de rescisão antecipada do contrato. Quando um jogador opta por rescindir seu contrato com um clube e iniciar relação com outro, além da negociação das suas novas condições de trabalho, é usual que os times ajustem entre si o pagamento da quantia referente à

---

5 Cf. Mauricio de Figueiredo Corrêa da Veiga. O direito desportivo e a Justiça do trabalho, Rev. do Trib. Reg. Trab. 10ª Região, Brasília, v. 25, n. 1, 2021, p. 42

6 A partir da instituição das Sociedade Anônimas do Futebol (SAF), no Brasil, com a promulgação da Lei 14.193/2021, foi permitida aos clubes a constituição de um tipo específico de empresas, por meio da conversão da associação civil sem fins lucrativos para SAF ou da cisão do departamento de futebol, com a posterior transferência daqueles ativos relacionados à atividade de prática do futebol para a empresa constituída. Depois de constituída, é possível a compra e venda de partes ou de todo o seu capital para um novo proprietário. (Cf. Globo Esporte. O que é SAF? Entenda o formato de clube-empresa que mudou o futebol brasileiro, 2022).

7 Cf. Lei 9.615, de 24 de março de 1998, art. 28, caput e incisos I e II.

cláusula indenizatória, bem como que os valores sejam transferidos de uma pessoa jurídica para outra.

Note-se que, nesses casos, as negociações entre as entidades desportivas são limitadas à indenização contratual. As questões referentes às condições de trabalho continuam sendo tratadas com o próprio jogador (ou representante a quem ele venha a outorgar poderes para tanto). Em outras palavras, a negociação da força de trabalho do atleta (sua capacidade produtiva, traduzindo para um linguajar mais próximo ao Direito concorrencial) não se dá entre clubes, mas entre o time e o atleta.

Essa realidade fica ainda mais evidente nos casos em que o jogador negocia sua contratação com outro time sem a necessidade de rescisão de uma relação anterior (diante de contrato já expirado ou dentro dos seis meses finais de vigência[8]). Nessas situações, não há qualquer pagamento entre os clubes e a negociação se limita às disposições do novo contrato de trabalho.

Desse modo, a "compra e venda" de jogadores é, na verdade, a rescisão antecipada de um contrato de trabalho, e a pactuação de um novo contrato com um terceiro. E os valores divulgados pela Mídia quando a mudança envolve profissionais renomados não constituem preço, mas verbas de natureza indenizatória, ainda que os profissionais da área utilizem corriqueiramente a expressão taxa de transferência.

Nesse contexto, não haveria que se falar em alienação de ativos, independentemente do registro contábil dos direitos gerados por esses contratos[9].

Poder-se-ia cogitar dessa modalidade de operação se fosse uma prática de mercado as pessoas jurídicas signatárias desses contratos cedê-los, a título oneroso ou gratuito, a terceiros. Porém, contratos de trabalho são personalíssimos e a sua transferência depende da anuência do empregado, sendo pouco usual como regra (não apenas no caso de contratos com atletas profissionais). Voltaremos a esse ponto no item 3, depois de analisarmos as consequências, para o Direito concorrencial, das relações trabalhistas ora identificadas.

8 O Regulamento Nacional de Registro e Transferência de Atletas de Futebol permite que o atleta firme um pré-contrato com um novo time nesse período. (Cf. Confederação Brasileira de Futebol. Regulamento Nacional de Registro e Transferência de Atletas de Futebol, 2023, art. 25, §1º).

9 Segundo reportado, os clubes frequentemente incluem seus jogadores como ativos intangíveis nos balanços, em razão do seu valor de mercado (Cf. OECD, *Competition and Professional Sports, OECD Competition Policy Roundtable Background Note*, 2023, p. 11)

3. O MERCADO DE TRABALHO E O DIREITO DA CONCORRÊNCIA

Depreende-se do item anterior que a contratação de um jogador se assemelha à de quaisquer outros profissionais especializados. A base trabalhista das relações que envolvem a contratação de atletas profissionais não afeta a sua análise sob a perspectiva concorrencial, pois os mercados de trabalho também estão sujeitos às normas antitruste.

A Organização para a Cooperação e Desenvolvimento Econômico (OCDE) abordou o assunto em um trabalho específico há alguns anos[10], enfatizando questões relacionadas ao poder de monopsônio e suas consequências sobre trabalhadores. Mais recentemente, ao tratar do Direito concorrencial nos mercados de esportes profissionais, jogou luz sobre condutas potencialmente abusivas, entre as quais os acordos entre empregadores para a fixação de remuneração ou outras condições de trabalho, e *no-poach*[11].

A própria Lei Pelé, que regulamenta o desporto no Brasil, explicita, em seu art. 2º, parágrafo único, que "*[a] exploração e a gestão do desporto profissional constituem exercício de atividade econômica*".

Com isso, não há dúvidas de que a Lei 12.529/11 é integralmente aplicável às atividades esportivas e aos diversos atores engajados.

Sob a ótica das condutas, é possível que a atuação histórica das autoridades de defesa da concorrência nesses mercados seja mais perceptível, até porque a quantidade de exemplos no Direito brasileiro e no estrangeiro é significativa[12]. Por outro lado, na perspectiva do controle de estruturas, objeto central desse artigo, o tema é mais recente, tendo recebido maior atenção do Cade e da comunidade antitruste no Brasil com as aquisições de sociedades anônimas de futebol (SAFs) por grandes investidores.

---

10 Cf. OECD. *Competition Concerns in Labour Markets - Background Note*, 2019.

11 Cf. OECD, *Competition and Professional Sports, OECD Competition Policy Roundtable Background Note*, 2023, p. 31.

12 No Brasil, o Cade já investigou e julgou condutas de exclusividade e recusa de contratar atribuídas a entidades associativas de times de futebol (Clube dos 13), canais esportivos e operadoras de TV por assinatura (caso Sportv), mas não há registro de investigações envolvendo atletas. Nos Estados Unidos, o tema é recorrente e, embora os casos mais conhecidos envolvam a NCAA, em razão da popularidade do basquete universitário naquele país (vide O'Bannon versus NCAA, 2014), há registro de condutas questionadas à luz do direito antitruste desde 1922 (Federal Baseball Club *versus* National League, em que a Suprema Corte outorgou uma isenção antitruste à liga nacional de baseball). O mesmo ocorre na Europa, onde, desde a década de 1970, a Corte de Justiça vem decidindo casos nesses mercados, conforme evidenciam os julgados Walrave v. Association Union Cycliste Internationale (36/74) e Meca-Medina v. Commission (C519/04).

A seguir analisamos se a transferência de atletas pode configurar um ato de concentração econômica para fins de notificação ao Cade, nos termos do art. 90, II, da Lei 12.529/2011[13].

4. A CESSÃO DE ATIVOS COMO ATO DE CONCENTRAÇÃO ECONÔMICA

De acordo com a lei, são considerados atos de concentração, dentre outras modalidades, a aquisição de controle ou **partes** de empresa(s), em que pelo menos um dos grupos econômicos envolvidos na operação tenha registrado faturamento bruto anual ou volume de negócios total no País, no ano anterior à operação, igual ou superior a R$ 750.000.000,00 (setecentos e cinquenta milhões de reais) e pelo menos um outro grupo envolvido tenha registrado R$ 75.000.000,00 (setenta e cinco milhões de reais) no mesmo período[14].

Segundo a jurisprudência recente do Cade, para a análise de obrigatoriedade da notificação da aquisição de ativos é necessário avaliar "a relação do ativo objeto do ato de concentração com o desenvolvimento de atividade econômica por parte da adquirente"[15] e, mais especificamente, a autoridade tem entendido que devem ser notificadas operações envolvendo aquisições de ativos se houver: (i) destinação específica; (ii) incremento de capacidade produtiva e (iii) essencialidade à atividade do comprador[16].

Tendo em vista as receitas substanciais geradas pela movimentação de jogadores, como indicado anteriormente, a importância deles para o sucesso das competições[17] e, seu eventual registro em balanço,

13 Para a análise do tema estão sendo consideradas somente transferências de jogadores, sem abordar o direito de imagem, que pode ser cedido ou explorado pelo atleta e possui natureza civil, não se confundindo com o contrato especial de trabalho desportivo. Ainda, como recorte metodológico, o presente artigo foca nos jogares de futebol em razão de ser o esporte mais popular e mais acompanhado no Brasil, além de movimentar altos valores.

14 Cf. Lei 12.529, de 30 de novembro de 2011, art. 88, em conjunto com a Portaria Interministerial 994, de maio de 2012.

15 Ato de Concentração 08700.001580/2024-52 (Requerentes: Spal Indústria Brasileira de Bebidas S.A. e Fulwood Investimentos e Participações Ltda.).

16 Atos de Concentração 08700.002625/2024-14 (Requerentes: Dallasanta Empreendimentos e Incorporações Ltda. e WMS Supermercados do Brasil Ltda.), 08700.001580/2024-52 (Requerentes: Spal Indústria Brasileira de Bebidas S.A. e Fulwood Investimentos e Participações Ltda) e 08700.000735/2024-33 (Requerentes: Itajaí Street Mall Ltda. e WMS Supermercados do Brasil Ltda.).

17 "[...] the sports industry is labour intensive, and the final product is not easily separated from the workers themselves. This means that players have substantial personal contributions in sports. Moreover, the value of one player relies on the performance of others, not only within his/her club, but also between clubs. In other words, the quality of athletes of rival clubs impacts the value of a player of any club." (Cf. Rosen, S. and A. Sanderson, Labour Markets in Professional Sports, *The Economic Journal*, 2001, Vol. 111/469, pp. F47-F68., *apud* OECD. Session III: *Competition and Sports – Background Note by the Secretariat*, 2023, p. 28)

faria sentido considerar os atletas profissionais como verdadeiros ativos negociados entre seus clubes?

Além de constarem como ativos intangíveis para fins contábeis, a análise do papel que cumprem nos times que defendem indica o atendimento dos três critérios acima elencados. Vejamos.

Uma vez que são profissionais especializados, poderiam ser considerados como especificamente destinados à atividade econômica de seus clubes (item i). Dado o valor agregado gerado por, potencialmente, trazerem mais torcedores aos jogos e contribuírem para o aumento dos lucros com direitos de transmissão[18], maior compra de produtos relacionados ao time, dentre outros ganhos financeiros, há um acréscimo de capacidade produtiva (item ii). Por fim, a essencialidade é patente, na medida em que não há campeonatos ou jogos sem formação de times por meio da contratação de jogadores (item iii).

Tal conjuntura poderia levar à impressão de que as movimentações desses atletas, cumpridos os critérios de faturamento ou volume de negócios, configurariam atos de concentração e, por consequência, deveriam ser levadas ao crivo prévio do Cade. Essa impressão, no entanto, não leva em consideração a natureza das operações envolvidas na transferência dos atletas, como visto acima, tampouco ditames constitucionais inafastáveis.

Com efeito, para além da dinâmica peculiar dessas transferências (vide item 1), há um argumento ainda mais enfático: o ser humano, não importa qual a função que exerça, não pode ser considerado um ativo, ou seja, o objeto de uma operação de aquisição. Tal classificação violaria frontalmente a Constituição Federal Brasileira, que, ao garantir a dignidade da pessoa humana como um dos fundamentos da República (art. 1°, III), a valorização do trabalho como um dos princípios gerais da atividade econômica (art. 170) e o trabalho como basilar da ordem social (art. 193), protege a liberdade e a integridade dos trabalhadores e

18 Os direitos de transmissão estão previstos no art. 42-A, *caput* e parágrafo primeiro, da Lei Pelé, que assim dispõe: "o direito de arena consiste na prerrogativa exclusiva de negociar, de autorizar ou de proibir a captação, a fixação, a emissão, a transmissão, a retransmissão ou a reprodução de imagens do espetáculo desportivo, por qualquer meio ou processo." (Cf. Lei 9.615, de 24 de março de 1998, art. 42-A, *caput* e §1°).

os direitos laborais, criando um arcabouço jurídico que manifestamente proíbe a venda de pessoas para o trabalho.

Já os contratos poderiam, em tese, ser objeto de alienação, mas essa não é a prática do mercado que, nesse aspecto, não se diferencia da contratação de outros empregados especializados. Ainda que fosse corriqueira, a alienação desses contratos dependeria da anuência do empregado, o que por si só distinguiria tais operações de outras alienações de ativos. Caso a transferência de atletas entre clubes fosse passível de notificação prévia ao Cade como ato de concentração, não haveria motivos para que outras áreas não seguissem a mesma lógica.

5. CONSIDERAÇÕES FINAIS

Apesar de comumente referida como "aquisição" ou "compra e venda", a transferência de jogadores de um clube (ou empresa) para outro em nada difere das movimentações de profissionais em quaisquer outros mercados. Considerar o jogador como um ativo (objeto) seria ilegítimo da perspectiva de valores soberanos como a garantia da dignidade da pessoa humana e da valorização do trabalho e criaria um precedente perigoso, especialmente para profissionais, jogadores ou não, com menor poder de barganha do que aqueles que normalmente figuram no noticiário sobre transferências milionárias.

Sendo assim, movimentações de jogadores não configuram alienação de ativos para fins de notificação ao Cade, mesmo que haja o pagamento de indenizações entre clubes ou empresas. Como os contratos de trabalho tampouco costumam ser objeto de transferência, não vislumbramos o enquadramento dessas operações no art. 90 da Lei 12.529/11. Situação diferente poderia ter lugar na comercialização de outros direitos relacionados aos mercados de esportes, como o direito de imagem, que não está contido no contrato de trabalho negociado entre atleta e entidade desportiva, mas essa discussão extrapola o escopo desse artigo e fica para uma próxima oportunidade.

Referências bibliográficas

BRASIL. Lei 9.615, de 24 de março de 1998. Institui normas gerais sobre desporto e dá outras providências. Disponível em: https://www.planalto.gov.br/ccivil_03/leis/l9615consol.htm. Acesso em: 18/06/2024.

BRASIL. Lei 12.529, de 30 de novembro de 2011. Estrutura o Sistema Brasileiro de Defesa da Concorrência; dispõe sobre a prevenção e repressão às infrações contra a ordem econômica; altera a Lei 8.137, de 27 de dezembro de 1990, o Decreto-Lei 3.689, de 3 de outubro de 1941 - Código de Processo Penal, e a Lei 7.347, de 24 de julho de 1985; revoga dispositivos da Lei 9.781, de 19 de janeiro de 1999, e a Lei 11.482, de 31 de maio de 2007; e dá outras providências. Disponível em: http://www.planalto.gov.br/ccivil_03/_ato2011-2014/2011/lei/l12529.htm. Acesso em: 06/06/2024.

CONFEDERAÇÃO BRASILEIRA DE FUTEBOL. Regulamento Nacional de Registro e Transparência de Atletas de Futebol. Disponível em: https://conteudo.cbf.com.br/cdn/202303/20230330170927_443.pdf. Acesso em: 28/06/2024.

CNN BRASIL. Veja quais são as 10 contratações mais caras do futebol, 2023. Disponível em: https://www.cnnbrasil.com.br/esportes/contratacoes-mais-caras-do-futebol/. Acesso em: 12/06/2024.

GLOBO ESPORTE. O que é SAF? Entenda o formato de clube-empresa que mudou o futebol brasileiro, 2022. Disponível em: https://ge.globo.com/negocios-do-esporte/noticia/2022/09/02/o-que-e-saf-entenda-o-formato-de-clube-empresa-que-mudou-o-futebol-brasileiro.ghtml. Acesso em: [data de acesso].

ITAÚ BBA. Análise Econômico-Financeira dos Clubes Brasileiros de Futebol, 2021. Disponível em: https://goalacademy.club/wp-content/uploads/2021/11/Analise-dos-Clubes-Brasileiros-de-Futebol-2021-Itau-BBA.pdf. Acesso em: 11/06/2024.

OECD. Competition and professional sports, OECD Competition Policy Roundtable Background Note, OECD Publishing, 2023. Disponível em: https://www.oecd.org/daf/competition/competition-and-professional-sports-2023.pdf. Acesso em: 19/06/2024.

OECD. Competition Concerns in Labour Markets – Background Note by the Secretariat, OECD Publishing, 2019. Disponível em: https://one.oecd.org/document/DAF/COMP(2019)2/en/pdf. Acesso em: 26/06/2024.

OECD. Session III: Competition and Sports – Background Note by the Secretariat, 2023.

SPORTS VALUE. *Mercado latinoamericano de transferencias de jugadores,* 2022. Disponível em: https://www.sportsvalue.com.br/wp-content/uploads/2022/04/Transferencias-LATAM-Sports-Value-abr-2022.pdf. Acesso em: 11/06/2024.

VEIGA, Mauricio de Figueiredo Corrêa da. O Direito desportivo e a Justiça do trabalho, Rev. do Trib. Reg. Trab. 10ª Região, Brasília, v. 25, n. 1, 2021, pp. 41/50

Aquisição de concorrentes na indústria dos esportes: transformações no futebol e a regulação antitruste

Milena Mundim
Julia Braga
Marcos Castro

1. INTRODUÇÃO

O esporte, para além de jogos que movimentam multidões, se mostrou também um ***negócio*** em constante evolução. Nos bastidores dos campos e quadras, fusões, aquisições e a busca por vantagens competitivas entre clubes, federações e ligas vêm remodelando o cenário esportivo global. Impulsionado por forças que vão desde a revolução tecnológica até o apetite por novos mercados, os diversos esportes, em especial o futebol moderno, têm se transformado e se reinventado.

Nesse contexto, a adoção de novos modelos de negócios (acompanhados de mudanças legislativas) e a aquisição de concorrentes começa a levantar questões relevantes sobre a necessidade de regulação e intervenção antitruste. Assim, este artigo examina como as autoridades reguladoras podem – e devem – intervir nesse "novo mercado relevante".

Nos últimos anos, a reestruturação de clubes e campeonatos ao redor do mundo tem colocado em evidência algumas questões ao Direito antitruste, principalmente no mundo do futebol. Desde competições organizadas pela Federação Internacional de Futebol (FIFA) às ligas nacionais, envolvendo países das Américas à Europa, os desafios e amadurecimento da indústria do esporte mostram que a legislação concorrencial é um jogador importante nessa partida.

No Brasil, onde o futebol tem uma posição de destaque, o impacto dessas mudanças tende a ser ainda mais acentuado. O país lidera o *ranking* global de torcidas, e o futebol é o esporte que mais atrai investimentos privados. Em 2023, os principais clubes brasileiros atingiram um faturamento de R$ 11,1 bilhões, um aumento de 39% em relação ao ano anterior[1], e as transferências de jogadores superaram R$ 1,5 bilhão no mesmo período[2].

Além disso, segundo a Sports Value[3], o *valuation* dos 30 maiores clubes de futebol do Brasil é de cerca de R$ 33,2 bilhões. Para fins comparativos, esse valor é maior, inclusive, que o PIB de alguns estados brasileiros, como Acre (BRL 16,4 bilhões), Amapá (BRL 18,4 bilhões) e Roraima (BRL 16 bilhões)[4]. Alguns clubes têm ativos tangíveis, como estádios, arenas e outras instalações, enquanto outros têm mais ativos intangíveis, como jogadores e a própria marca.

Esses números reforçam a relevância do futebol não apenas como um fenômeno cultural e social do Brasil. Mostram também como o futebol, ao ganhar essa dimensão, revelou-se relevante para o país, gerando empregos e movimentando diversos outros setores da economia, como mídia, entretenimento e turismo, além da atração de capital estrangeiro.

Diante das significativas mudanças verificadas no mercado de futebol profissional, a análise de impactos concorrenciais decorrentes de fusões e aquisições envolvendo grandes clubes ganha maior relevância.

2. EVOLUÇÃO LEGISLATIVA NO MERCADO DE FUTEBOL NO BRASIL

No Brasil, por muitos anos, os clubes de futebol se organizaram juridicamente como associações civis sem fins lucrativos, sendo impedidos de distribuírem lucros aos seus associados ou de serem vendidos a terceiros. Nos últimos anos, diversas iniciativas legislativas visaram modernizar e, em alguma medida, profissionalizar a gestão e a estrutura dos clubes de futebol.

---

1 Disponível em <https://www.poder360.com.br/poder-sportsmkt/principais-clubes-de-futebol-do-brasil-faturam-r-111-bi-em-2023fds-principais-clubes-de-futebol-do-brasil-faturam-r-111-bi-em-2023>. Acesso em 5.9.2024.

2 Vide Parecer elaborado pela SG/CADE no âmbito do Ato de Concentração 08700.003369/2024-74 (BPW Sports e Tara Sports), aprovado sem restrições pela SG em 11.6.2024.

3 Disponível em <https://www.sportsvalue.com.br/wp-content/uploads/2024/01/Valuation-Top-30-clubes-4a.edicao.pdf>. Acesso em 10.9.2024.

4 Disponível em <https://brasilescola.uol.com.br/brasil/pib-dos-estados-brasileiros.htm>. Acesso em 10.9.2024.

Essas mudanças legislativas vêm sendo graduais ao longo do tempo. As principais delas são a Lei 8.672/1993 (conhecida como a Lei Zico) e a Lei 9.615/1998 (conhecida como a Lei Pelé), que tentaram estabelecer o modelo dos "clubes-empresa". Fato é que nenhuma das duas legislações parece ter tido muito sucesso, tanto por conta da ausência de incentivos para a modernização e profissionalização dos clubes no Brasil[5], quanto por conta da ausência de um ambiente adequado para tal[6].

Foi apenas com a Lei 14.193/2021 (Lei das SAFs) que o Brasil avançou nesse tema. Promulgada em 6.8.2021, a nova lei permite a conversão dos clubes de futebol de associação civil sem fins lucrativos para sociedades empresariais organizadas como Sociedades Anônimas do Futebol, as chamadas SAFs. As SAFs constituem um tipo societário similar ao da sociedade anônima, capaz de emitir ações que poderão ser vendidas a pessoas físicas, jurídicas ou a fundos de investimentos e que poderão, inclusive, ser ofertadas na bolsa de valores.

Além da mudança de regime jurídico, a Lei das SAFs passou a dispor sobre normas de governança e de controle importantes. O art. 4º da lei, por exemplo, estabelece que (i) o acionista controlador de uma determinada SAF, individual ou integrante de acordo de controle, não poderá deter participação direta ou indireta em outra SAF; e (ii) o acionista que detiver 10% ou mais do capital votante ou total da SAF, se participar do capital social de outra SAF, sem a controlar, não poderá ter direito a voz nem a voto nas assembleias gerais, nem poderá participar da administração dessas companhias, diretamente ou por pessoa por ele indicada.

A motivação para restrições a participações cruzadas está certamente ligada à proteção da integridade esportiva e à preservação da competição leal dentro do futebol, conceitos facilmente compreendidos no Direito antitruste, por protegerem interesses relacionados a um ambiente competitivo seguro e saudável. Essas proibições visam

5 CASTRO, Rodrigo R. Monteiro de; MANSSUR, José Francisco C. Futebol, Mercado e Estado - Projeto de Recuperação, Estabilização e Desenvolvimento Sustentável do Futebol Brasileiro: Estrutura, Governo e Financiamento. São Paulo: Quartier Latin, 2016.

6 A Lei 14.115/2015 (conhecida como Lei do Profut), por exemplo, teve papel importante no amadurecimento das associações desportivas, na medida em que criou o Programa de Modernização da Gestão e de Responsabilidade Fiscal do Futebol Brasileiro, que instituiu novos meios de refinanciar as dívidas dos clubes de futebol e propôs uma gestão mais transparente.

evitar conflitos de interesse bem como ações coordenadas indesejadas, o que poderia comprometer a independência e a imparcialidade das competições esportivas.

A Lei das SAFs já traz, portanto, uma proteção importante do ponto de vista concorrencial, mas, de acordo com Alexandre Cordeiro (atual presidente do Cade[7]), embora a legislação "*proíba a ocorrência de sobreposições horizontais de acionistas controladores, tal regra não exime ou não cria uma imunidade antitruste*"[8], sobretudo porque essas operações também podem afetar mercados relacionados. Cordeiro ressalta que a análise antitruste não se exaure nos aspectos horizontais da relação entre os clubes, afirmando ser necessária também uma "*análise concorrencial relacionada aos aspectos de integração vertical ou possíveis troca de informação sensível*".

Há, de fato, diversos mercados que se relacionam com o futebol no Brasil, como: emissoras de televisão que adquirem direitos de transmissão dos jogos, marketing esportivo e patrocínios (diversas marcas se associam a clubes e jogadores), materiais esportivos utilizados em campo, infraestrutura esportiva (como estádios), produtos e tecnologias de saúde e medicina esportiva, turismo, apostas esportivas (segmento este que tem se mostrado altamente dinâmico e lucrativo), entre muitos outros.

O fato é que, na prática, os clubes de futebol se envolvem em dinâmicas comerciais e competitivas muito semelhantes às de outros negócios. Por essa razão, parece claro que operações envolvendo as SAFs devem se sujeitar ao controle de estruturas realizado pelo Cade.

3. BREVE CONTEXTUALIZAÇÃO DO DEBATE NO BRASIL E NA EUROPA

O debate sobre a regulamentação e os aspectos concorrenciais relacionados ao mercado de futebol profissional tem sido explorado não apenas no Brasil, mas também em outras jurisdições.

A seguir, apresenta-se brevemente um panorama das análises já conduzidas no Brasil e na Europa envolvendo clubes de futebol profissionais.

---

7 Este artigo foi escrito em setembro/2024. O mandato do presidente Alexandre Cordeiro é de 12.7.2021 a 10.7.2025.

8 CORDEIRO, Alexandre; NETO, Dario da Silva Oliveira. As aquisições das SAFs devem ser notificadas ao Cade? Jota, 31.1.2022.

Brasil

No Brasil, apesar do surgimento das SAFs e das aquisições envolvendo clubes de futebol, até o momento, foram poucas as operações analisadas pelo Cade. Desde 2021, o Cade analisou 4 operações envolvendo a aquisição de SAFs, especificamente: 2 Procedimentos Administrativos para Apuração de Ato de Concentração (APAC) e 2 Atos de Concentração[9].

Os 2 APACs foram instaurados, em 17.8.2022, em face dos clubes de futebol Cruzeiro Esporte Clube – Sociedade Anônima (Cruzeiro)[10] e S.A.F. Botafogo (Botafogo)[11]. As investigações visavam apurar a compra de ações das SAFs por terceiros e a possibilidade de enquadramento dessas operações no controle de estruturas do Cade. Após a instrução e o recebimento de informações, a Superintendência-Geral do Cade (SG) decidiu arquivar ambos os APACs pelos mesmos motivos: verificou-se que os grupos econômicos envolvidos nas operações não atingiram os critérios mínimos de faturamento estipulados no art. 88, da Lei 12.529/2011. Em complemento à análise concorrencial, a SG sinalizou que não haveria sobreposição ou integração vertical decorrentes dessas operações:

> **APAC envolvendo o Botafogo:** o grupo econômico comprador não possuía, no Brasil, empresas cuja atividade principal fosse a prática de futebol em competição profissional, e não possuía empresas com atividades verticalmente relacionadas às do Botafogo. Além disso, as partes informaram que os clubes de futebol nos quais o grupo econômico do comprador detém participação societária "*não realizaram transações (compra e venda de passes) de jogadores brasileiros e/ou de jogadores estrangeiros no Brasil em 2021*"[12].
>
> **APAC envolvendo o Cruzeiro:** o grupo econômico comprador não detém qualquer investimento em sociedade com sede no Brasil que

9 No Brasil, (i) em 2022 o Bahia Esporte Clube foi vendido para o Grupo City, uma empresa de capital majoritário dos Emirados Árabes Unidos que também detém o Manchester City – além do controle do Bahia, o Grupo City detém controle em diversos outros clubes de futebol, como o Manchester City (Inglaterra), New York City (Estados Unidos), Melbourne City (Austrália), Yokohama Marinos (Japão), Girona (Espanha), Troyes (França), entre outros; e (ii) em 2023, a empresa de energéticos Red Bull adquiriu o clube bragantino – além do controle do Bragantino, a Red Bull detém o controle de diversos outros clubes fora do Brasil, como o Red Bull Leipzig (Alemanha), Red Bull Salzburg (Áustria) e New York Red Bulls (Estados Unidos).

10 Procedimento Administrativo para Apuração de Ato de Concentração (APAC) 08700.003312/2022-11 (Cruzeiro SAF e Tara Sports). Arquivado em 26.10.2022.

11 Procedimento Administrativo para Apuração de Ato de Concentração (APAC) 08700.003313/2022-58 (Botafogo SAF e Eagle Holding). Arquivado em 26.10.2022.

12 Vale dizer que o comprador do Botafogo, John Textor possui controle, além do Botafogo, do Lyon (França) e no RDW Molenbeek (Bélgica), além de ter participação minoritária no Crystal Palace (Inglaterra).

concorre com o Cruzeiro, ou seja, tenha como atividade principal a prática de futebol em competição profissional. Poderia se verificar uma integração vertical entre as atividades do grupo comprador na distribuição de conteúdo de mídia e a cessão de direitos de transmissão pela SAF, no entanto, não foram vislumbradas preocupações concorrenciais.

Após o julgamento desses 2 APACs, em 5.9.2023, o Clube Atlético Mineiro (Atlético Mineiro) notificou ao Cade o primeiro ato de concentração envolvendo uma SAF, por meio do qual a Galo Holding S.A. adquiriu o controle da Atlético Mineiro S.A.F., até então detido pelo Atlético Mineiro[13]. Na análise do caso, a SG não chegou a aprofundar a definição dos mercados relevantes do produto e geográfico envolvidos na operação. A SG partiu do entendimento de autoridades estrangeiras, como a francesa, para considerar a prática de futebol profissional como um mercado no qual os clubes compram e vendem contratos de jogadores. Na dimensão geográfica, a SG considerou tanto o cenário internacional quanto cenários mais restritivos, como transferências brasileiras apenas ou transferências na Confederação Sul-Americana de Futebol (CONMEBOL)[14].

Ao analisar a operação, a SG verificou que não existiria sobreposição horizontal. Em teoria, destacou-se a possibilidade de uma eventual sobreposição horizontal entre as atividades do Atlético Mineiro e do Coimbra Esporte Clube S.A.F. (Coimbra), entidade na qual um dos compradores detinha participação indireta. No entanto, a desvinculação do comprador do Coimbra foi uma condição precedente para o fechamento da operação, em linha com o que determina a Lei das SAFs.

Somada à avaliação relacionada à potencial sobreposição entre as atividades do grupo comprador e do Atlético Mineiro, a SG verificou a existência de uma integração vertical entre os mercados de prática de futebol profissional, de um lado, e o mercado de direitos de publicidade, patrocínio e *marketing* de eventos esportivos, de outro – que não resultava em preocupações concorrenciais.

13 Ato de Concentração 08700.006273/2023-87 (2R Holding e Clube Atlético Mineiro), aprovado sem restrições em 20.9.2023.

14 Para auferir o total do mercado, autoridades estrangeiras têm utilizado o relatório de transferências globais disponibilizado pela Federação Internacional de Futebol – FIFA.

O segundo caso envolve a aquisição de SAF de futebol, pelo Grupo BPW, da Tara Sports, que serve como veículo de investimento no Cruzeiro[15]. Assim como no ato de concentração envolvendo o Atlético Mineiro, a SG concluiu pela inexistência de sobreposição horizontal e pela ocorrência da mesma integração vertical identificada no caso envolvendo a aquisição do Atlético Mineiro (i.e., uma integração com o mercado de direitos de publicidade, patrocínio e *marketing* de eventos esportivos).

Além disso, apesar das dimensões produto e geográficas dos mercados relevantes terem sido deixadas em aberto, a SG seguiu mais uma vez o precedente da autoridade francesa, analisando o mercado pela compra e venda de contratos de jogadores. Com isso, as participações de mercado foram medidas a partir dos valores atribuídos às transferências de jogadores no ano anterior à operação, nos cenários nacional, regional (CONMEBOL) e mundial.

De acordo com a decisão, o FIFA Global Transfer Report 2023 aponta que "*a receita total com transferências de jogadores em 2022 foi de: (i) R$ 46.615.941.000, no cenário mundial, (ii) R$ 3.789.784.030, no cenário CONMEBOL, e (iii) R$ 1.524.336.430, no cenário nacional*". Também ressalta que "*o Brasil lidera o ranking de transferências, com mais de 2.000 transferências*", entre os mais de 180 países que transferiram jogadores profissionais a outros países, em 2022.

A criação de SAFs e as aquisições envolvendo clubes de futebol ainda estão em estágio inicial de avaliação pelo Cade. Embora haja expectativa de um aumento na quantidade de operações notificadas, a análise concorrencial até hoje foi relativamente simples, uma vez que a maioria das transações não atinge os critérios de notificação obrigatória ou não gera preocupações concorrenciais. Com o tempo e com uma maior compreensão sobre as dinâmicas horizontais e verticais desse "novo mercado", essas análises podem ganhar mais complexidade.

15 Ato de Concentração 08700.003369/2024-74 (BPW Sports Participações e Tara Sports Brasil Participações), aprovado sem restrições em 11.6.2024.

Europa

Assim como no Brasil, também há em outras jurisdições – como na Europa – questões relacionadas à participação societária de um mesmo grupo em clubes profissionais diferentes[16]. A partir da temporada 2024/2025, entrou em vigor novo regulamento da União das Associações Europeias de Futebol (UEFA) para tratar da "*multipropriedade de clubes*" (*multi-club ownership*[17]): clubes que pertençam a um mesmo dono ou que integrem o mesmo grupo econômico ficam impedidos de disputar, juntos, a mesma competição continental[18]. O regulamento da UEFA prevê que, quando dois times de um mesmo grupo se classifiquem para um torneio, o mais bem colocado ficará com a vaga[19].

Essa questão foi enfrentada, por exemplo, pelos grupos City e Ineos na última temporada da Champions League. Em razão da regulamentação europeia, para participar do campeonato, o Grupo City, responsável por controlar, entre outros clubes, o Manchester City (Inglaterra) e o Girona (Espanha), anunciou que precisaria reduzir a sua participação no Girona para que o clube pudesse disputar a liga. O mesmo também ocorreu com o Grupo Ineos, proprietário do Nice (França) e do Manchester United (Inglaterra)[20].

De acordo com a UEFA, foram feitas "*mudanças significativas na propriedade, governança e apoio financeiro aos clubes, restringindo a influência dos investidores e o poder de decisão para além de um clube*", além de terem transferido "*as ações no Girona e no Nice para administradores independentes por meio da estrutura de um fundo cego estabelecida sob a supervisão da Primeira Câmara do CFCB*"[21].

---

16 RÜBSAAMEN, Julian. Antitrust Law and Sports: Major problems and solution proposals. Business Law Projects, p. 273.

17 A multipropriedade de clubes, ou *multi-club ownership* (MCO) em inglês, é um modelo de negócio que consiste na propriedade ou controlo de mais do que um clube de futebol por uma pessoa, grupo ou entidade.

18 De acordo com a regulamentação da UEFA, a regra também se aplica aos casos de "influência relevante", não bastando somente a participação majoritária no capital social.

19 Vide https://maquinadoesporte.com.br/futebol/regras-de-multipropriedade-da-uefa-ameacam-manchester-city-e-manchester-united-em-torneios-europeus/. Acesso 9.9.2024.

20 O Grupo Ineos é sócio majoritário do Nice e tem 27,7% do Manchester United, sendo controladora do futebol do clube inglês. Disponível em < https://ge.globo.com/futebol/futebol-internacional/noticia/2024/07/08/decisao-da-uefa-permite-champions-league-com-manchester-city-e-girona.ghtml>. Acesso em 6.9.2024.

21 O fundo valerá somente pela temporada 2024/25, e as ações voltarão para as empresas a partir do dia 1º de julho de 2025. Até lá, o Grupo City e a Ineos se comprometeram a uma série de premissas, como não negociar jogadores entre Manchester City e Girona e entre Manchester United e Nice, nem por venda nem por empréstimo, de julho de 2024 a setembro de 2025, exceção feita a transferências anteriormente fechadas (Vide https://ge.globo.com/futebol/futebol-internacional/noticia/2024/07/08/decisao-da-uefa-permite-champions-league-com-manchester-city-e-girona.ghtml). Acesso em 9.9.2024)

De modo similar ao cenário brasileiro, nota-se que as participações cruzadas em clubes de futebol vêm se mostrando como pontos de atenção e intervenção também na Europa – o que se refletiu, inclusive, no próprio regulamento da UEFA, atuando como uma regulação do segmento. Essas regras, mais uma vez, refletem a tentativa de equilibrar os interesses dos investidores e a manutenção de um cenário esportivo competitivo – princípios bastante familiares à livre concorrência.

4. CONSIDERAÇÕES FINAIS

À medida que o futebol global e o brasileiro se transformam em um negócio altamente profissionalizado e passam a ser vistos como um "*mercado relevante*" – no jargão antitruste, as operações envolvendo fusões, aquisições e participação cruzada em clubes de futebol deixam de ser meras transações esportivas para se tornarem questões estratégicas de ordem econômica e concorrencial. Com o amadurecimento das SAFs no Brasil, é possível que o mercado de futebol passe a ser tratado de forma semelhante a outros setores econômicos relevantes, o que implica estar sujeito a um controle rigoroso de estruturas e de práticas anticompetitivas por parte das autoridades concorrenciais.

A criação das SAFs foi um marco importante para a profissionalização dos clubes e para permiti-los serem de fato vistos e tratados como verdadeiros *players* de mercado, que como qualquer outro, está sujeito a algum nível de regulação e às normas de defesa da concorrência.

A proibição de participações cruzadas (ainda que indiretas) em SAFs, como visto, já é um ponto de partida importante sob a perspectiva concorrencial.

Com o tempo, a evolução desse mercado e de sua interação com outros segmentos relacionados poderá ensejar questões ainda mais sensíveis.

Diante desse cenário, autoridades concorrenciais, como o Cade, deverão entrar em campo com maior frequência.

Referência bibliográficas

CASTRO, Rodrigo R. Monteiro de; MANSSUR, José Francisco C. Futebol, Mercado e Estado – Projeto de Recuperação, Estabilização e Desenvolvimento Sustentável do Futebol Brasileiro: **Estrutura, Governo e Financiamento.** São Paulo: Quartier Latin, 2016.

COMPASS LEXECON. **Legitimate Objectives in antitrust analysis: The FIFA Regulation of agents and the right to regulate football in Europe**, 2024. Disponível em: https://www.compasslexecon.com/insights/publications/legitimate-objectives-in-antitrust-analysis-the-fifa-regulation-of-agents-and-the-right-to-regulate-football-in-europe. Acesso em 9.9.2024.

CORDEIRO, Alexandre; NETO, Dario da Silva Oliveira. **As aquisições das SAFs devem ser notificadas ao Cade?** JOTA, 31.1.2022. Disponível em: https://www.jota.info/opiniao-e-analise/colunas/concorrencia-e-mercados/aquisicoes-saf-devem-ser-notificadas-ao-cade. Acesso em 9.9.2024.

FERRARI, Rodrigo. **Regras de multipropriedade da UEFA ameaçam Manchester City e Manchester United em torneios europeus.** Máquina do Esporte, 27.3.2024. Disponível em: https://maquinadoesporte.com.br/futebol/regras-de-multipropriedade-da-uefa-ameacam-manchester-city-e-manchester-united-em-torneios-europeus/. Acesso em 9.9.2024.

GLOBO ESPORTE. **Decisão da Uefa permite Champions League com Manchester City e Girona.** 8.7.2024. Disponível em: https://ge.globo.com/futebol/futebol-internacional/noticia/2024/07/08/decisao-da-uefa-permite-champions-league-com-manchester-city-e-girona.ghtml. Acesso em 9.9.2024.

GUITARRARA, Paloma. **PIB dos estados brasileiros.** Brasil Escola. Disponível em: https://brasilescola.uol.com.br/brasil/pib-dos-estados-brasileiros.htm. Acesso em 10.9.2024.

PODER360. **Principais clubes de futebol do Brasil faturam R$ 11,1 bi em 2023.** 26.05.2024. Disponível em: https://www.poder360.com.br/poder-sportsmkt/principais-clubes-de-futebol-do-brasil-faturam-r-111-bi-em-2023fds-principais-clubes-de-futebol-do-brasil-faturam-r-111-bi-em-2023/#:~:text=(domingo)%20%2D%208h30-,Os%20principais%20clubes%20de%20futebol%20do%20Brasil%20faturaram%20R%24%2011,Os%20dados%20s%C3%A3o%20da%20EY. Acesso em 9.9.2024.

RÜBSAAMEN, Julian. Antitrust Law and Sports: Major problems and solution proposals. **Business Law Projects**, p. 273. Stuttgart: Steinbeis, 2019. Disponível em: https://www.steinbeis-sibe.de/wp-content/uploads/2021/08/SIBE-International-Business-Law-Projects-1.pdf. Acesso em 9.9.2024.

SPORTS VALUE. **Valuation TOP 30 clubs in Brazil 2023 – 4th edition**. Disponível em: Disponível em https://www.sportsvalue.com.br/wp-content/uploads/2024/01/Valuation-Top-30-clubes-4a.edicao.pdf. Acesso em 10.9.2024.

PARTE 3

ESPORTES E CONDUTAS UNILATERAIS

Exclusividade na transmissão de jogos: breve análise a partir do cenário internacional

Nicolo Zigales
Arthur Sadami

1. INTRODUÇÃO

A indústria esportiva consiste em uma rede heterogênea de atividades econômicas. Nesse sentido, as dimensões culturais e midiáticas do esporte constituem mercados particularmente relevantes, seja pelo seu volume de operações, seja pelo seu engajamento popular.[1] É exatamente dentro desse contexto que dinâmicas concorrenciais específicas, já observadas em setores de mídia, exercem também impacto sobre a indústria esportiva.[2] Questões relacionadas à titularidade dos direitos de transmissão de eventos esportivos, além da forma como são comercializados e distribuídos aos espectadores, tornam-se centrais, diante dos possíveis efeitos de relações assimétricas de poder de mercado e de arranjos que beneficiam os *players* dominantes.[3]

Dentro desse contexto, este breve comentário busca apresentar algumas considerações iniciais sobre como arranjos de exclusividade na transmissão de jogos encontram-se permeados por dinâmicas concorrenciais, sendo também por elas afetados. Ele encontra-se dividido em duas partes principais. Primeiro, realiza-se um panorama internacional desse tipo de prática, ressaltando suas diferentes interfaces

1 OECD. Competition and Professional Sports, OECD Competition Policy Roundtable Background Note. Paris: OECD, 2023, p. 5/6.

2 *E.g.*, Michael O. Wirth; Harry Bloch. "Industrial Organization Theory and Media Industry Analysis". In: Journal of Media Economics, Abingdon-on-Thames, v. 8, n. 2, p. 15/26, 1995; e Oliver Budzinski; Björn A. Kuchinke. "Industrial organization of media markets and competition policy". In: Management and Economics of Communication. Berlin: De Gruyter, 2020.

3 Alguns estudos, por exemplo, discutem como regimes diferentes de negociação de tais direitos podem afetar preços a consumidores finais. Cf. Robert Butler; Patrick Massey. "Has Competition in the Market for Subscription Sports Broadcasting Benefited Consumers? The Case of the English Premier League". In: Journal of Sports Economics, v. 20, n. 4, p. 603/624, 2019.

concorrenciais. Segundo, a partir disso, busca-se apresentar possíveis reflexões desse debate sobre a política concorrencial brasileira e o seu *enforcement* pelo Conselho Administrativo de Defesa Econômica (Cade).

2. BREVE PANORAMA INTERNACIONAL

Discussões sobre os impactos na concorrência das alternativas contratuais para a cessão de direitos de transmissão de eventos esportivos não são novas.[4] Usualmente, a negociação de tais direitos pode ocorrer tanto individualmente – por exemplo, através de cada time junto a uma emissora de televisão – quanto coletivamente – através de ligas ou associações.[5] Arranjos de negociação conjunta, dessa forma, visam promover uma distribuição mais equitativa dos lucros ao aumentar o poder de barganha das equipes menores para exibição de suas partidas, embora possam acarretar riscos concorrenciais relacionados à colusão.[6] Por outro lado, o modelo de negociação individual favorece a autonomia das equipes, permitindo retornos maiores conforme sua relevância, mas também pode resultar em abusos de poder de mercado, notavelmente em relação à exclusividade[7], levando à consolidação do poder de mercado das principais emissoras.

Além de serem simples opções contratuais, os modelos de organização para a transmissão de eventos esportivos refletem diferentes estruturas institucionais de política concorrencial ao redor do mundo.[8] Nos EUA, por exemplo, desde 1961 foi estabelecida uma isenção antitruste sob o Clayton Act e o Federal Trade Commission (FTC) Act (15 U.S. Code § 1291) para acordos relacionados à transmissão de esportes e à formação de ligas esportivas profissionais. Essa isenção significa que as

---

4 *E.g.*, Emanuel Celler. "Antitrust Problems in the Television Broadcasting Industry". In: Law and Contemporary Problems, Durham, v. 11, n. 1, pp. 549/571, 1957; Victor R. Hansen. "Broadcasting and the Antitrust Laws". In: Law and Contemporary Problems, Durham, v. 11, n. 1, pp. 572/583, 1957; G. E. Hale; Rosemary D. Hale. "Competition or Control II: Radio and Television Broadcasting". In: University of Pennsylvania Law Review, Filadélfia, v. 107, n. 5, p. 585/620, 1959; e Richard L. Perry. "Current Antitrust Problems in Broadcasting". In: Ohio State Law Journal, Columbus, v. 27, n. 1, p. 1/18, 1966.

5 OECD. Competition and Professional Sports, OECD Competition Policy Roundtable Background Note. Paris: OECD, 2023, p. 19/20.

6 União Europeia. Comissão Europeia. White Paper on Sport. Bruxelas: Comissão Europeia, 2007, p. 17.

7 Há relato, por exemplo, de outras instâncias de arranjos de transmissão por agentes midiáticos dominantes que já foram endereçados enquanto formas de abuso de poder de mercado. Kelvin Hiu Fai Kwok. "Abuse of Dominance in the Hong Kong Television Sector", In: World Competition, Alphen aan den Rijn, v. 45, n. 4, p. 445/472, 2022.

8 Tom Evens; Petros Iosifidis; Paul Smith. The Political Economy of Television Sports Rights. Londres: Palgrave Macmillan, 2013, p. 85/103.

disposições dessas leis não se aplicam à formação de ligas esportivas nem à transferência total ou parcial de direitos de transmissão para essas entidades. Isso possibilitou que as ligas estadunidenses, através da negociação conjunta, assegurassem uma parte da receita pela transmissão dos jogos antes mesmo de sua exibição efetiva.[9]

De maneira similar, na Europa também foram privilegiados esquemas de negociação coletiva de direitos de transmissão de esportes, isentando negociações coletivas de aplicação da política concorrencial.[10] Contudo, precedentes da Comissão Europeia – especialmente os COMP/C.2-37.398 (2003), Case COMP/C-2/37.214 (2005) e COMP/C-2/38.173 (2006) – estabeleceram diversos requisitos adicionais para a admissibilidade concorrencial desse tipo de acordo entre concorrentes, dentre os quais: (i) o *unbundling* parcial, onde os direitos de mídia devem ser divididos em vários pacotes separados para evitar o fechamento de mercado; (ii) a exigência de múltiplos compradores para a transmissão de eventos esportivos; (iii) a existência de uma licitação competitiva, realizada por meio de um processo de licitação não discriminatório e transparente; (iv) a limitação temporal dos direitos de transmissão, por exemplo, não excedendo três temporadas no caso de futebol; (v) previsões contratuais que remediem tentativas de cartelização, por meio das quais os direitos não utilizados possam retornar aos clubes individuais para exploração competitiva paralela; e (vi) o monitoramento por um *trustee* do procedimento de licitação.[11]

Apesar desse contexto histórico, as transformações recentes na indústria de mídia, especialmente a sua digitalização nas últimas duas décadas, estão impulsionando novas abordagens nas negociações de transmissão de eventos esportivos. O surgimento de novos serviços como *streaming* e espaços pagos de reprodução de conteúdo impulsionam um reinvenção

9 Para um histórico mais detalhado da evolução dessa isenção nos EUA, cf. Stephen James. "The NFL's Anti-Trust Problem in the Streaming Era". In: The Journal of Corporation Law, Iowa City, v. 46, n. 3, p. 814/830, 2021, p. 814/821.

10 União Europeia. Comissão Europeia. White Paper on Sport. Bruxelas: Comissão Europeia, 2007, p. 17 ("[t]he Commission recommends to sport organisations to pay due attention to the creation and maintenance of solidarity mechanisms. In the area of sports media rights, such mechanisms can take the form of a system of collective selling of media rights or, alternatively, of a system of individual selling by clubs, in both cases linked to a robust solidarity mechanism").

11 Oliver Budzinski; Sophia Gaenssle; Philipp KunzKaltenhäuser. "How Does Online Streaming Affect Antitrust Remedies to Centralized Marketing? The Case of European Football Broadcasting Rights". In: Ilmenau Economics Discussion Papers, Ilmenau, v. 25, n. 128, 2019, p. 16/19.

dos atuais mecanismos de controle concorrencial da exibição de esportes.[12] Nos EUA, por exemplo, a possibilidade de ligas negociarem exclusivamente eventos específicos, como os *playoffs* do campeonato nacional de futebol americano, com determinadas plataformas de *streaming* reacendeu as discussões sobre a razoabilidade de isenções antitruste para esse tipo de arranjo contratual.[13] Alguns dados indicam que a negociação exclusiva dessas partidas-chave durante a temporada de 2024 da National Football League (NFL) levaria a aumentos expressivos nos preços pagos pelos consumidores finais para acompanhar todo o campeonato, entre diferentes agentes de transmissão, incluindo redes de televisão, canais esportivos e diversas plataformas de streaming nos EUA.[14]

3. BRASIL E A PRÁTICA DO CADE

Ao contrário dos EUA e da Europa, o Brasil historicamente utiliza um modelo de negociação individual para a exibição de eventos esportivos, como exemplificado pelo caso do futebol. Desde o final da década de 1990, com base no art. 42 da Lei 9.615/1998 (Lei Pelé),[15] os direitos de transmissão das partidas de futebol pertencem aos clubes, necessitando da anuência tanto do time mandante quanto do visitante. No entanto, esse regime foi significativamente alterado em 2021 com a inclusão do art. 42-A na Lei Pelé,[16] que estabelece que o direito de transmissão cabe exclusivamente ao time mandante da partida.

Parte importante do histórico que levou à construção desse regime foi justamente um contexto de sucessivas disputas concorrenciais envolvendo a negociação de direitos de transmissão no país.[17] Em 1997, no Processo Administrativo 08012.006504/1997-11, o Cade investigou o caráter anticompetitivo da negociação conjunta pelo “Clube dos 13”

---

12 *Id.*

13 Pat Ryan. "Congressman Pat Ryan Blasts NFL, NBC for Greedy Bait-and-Switch Scheme: 'We Already Pay for NBC, Let Us Watch the Damn Game!'". In: Pat Ryan. Washington, D.C., 12 de jan. de 2024.

14 The Guardian. "NFL fans in US must pay $1,600 a year to watch every game after Netflix addition". In: The Guardian, Londres, 15 de mai. de 2024.

15 "Art. 42. Pertence às entidades de prática desportiva o direito de arena, consistente na prerrogativa exclusiva de negociar, autorizar ou proibir a captação, a fixação, a emissão, a transmissão, a retransmissão ou a reprodução de imagens, por qualquer meio ou processo, de espetáculo desportivo de que participem".

16 "Art. 42-A. Pertence à entidade de prática desportiva de futebol mandante o direito de arena sobre o espetáculo desportivo".

17 Para um histórico sistemático de alguns dos casos listados abaixo, cf. Brasil. Cade. Cadernos do Cade: Mercado de TV Aberta e Paga. Brasília: Cade, 2020, p. 78/80.

– uma associação entre os principais clubes de futebol do país – de direitos de transmissão do Campeonato Brasileiro de Futebol (Brasileirão). O caso foi encerrado por meio da homologação de Termos de Compromisso de Cessação (TCCs) propostos pelas representadas em 2010.[18] Alguns anos mais tarde, em 2001, no Processo Administrativo 08012.003048/2001-31, a autoridade concorrencial brasileira recebeu nova denúncia em face do Grupo Globo acerca da restrição de acesso ao canal Sport TV, criando, indiretamente, um arranjo de exclusividade à transmissão de eventos esportivos por meio desse veículo. O caso também foi encerrado por meio da celebração de TCC pela representada junto ao Cade em 2006.[19]

Além disso, em 2014, o Cade instaurou o Inquérito Administrativo 08700.009863/2014-70 para investigar supostas práticas anticompetitivas na comercialização de direitos de quotas televisivas no mercado de futebol, conforme denúncia do Ministério Público Federal. No entanto, o procedimento foi arquivado em 2015 devido à ausência de indícios de infrações concorrenciais e à vigência dos remédios aplicados em casos anteriores, que corrigiriam eventuais desequilíbrios na negociação de direitos de transmissão. Já em 2016, o Cade iniciou o Procedimento Preparatório 08700.000721/2016-18 para apurar o modelo utilizado durante a renegociação de direitos de transmissão de futebol. Contudo, diante da inexistência de evidências de infrações concorrenciais, a investigação foi arquivada em 2019.[20]

Duas investigações envolvendo direitos de transmissão ainda estão sob discussão pelo Cade. Primeiro, o Inquérito Administrativo 08700.004453/2019-48, instaurado em 2020, investiga possíveis

---

18 Requerimentos de TCC 08700.005060/2010-13 e 08700.005044/2010-21. O acordo celebrado pelo Grupo Globo determinava a renúncia aos direitos de preferência para a transmissão do Brasileirão, que haviam sido negociados com o Clube dos 13 para as temporadas de 2009 a 2011, além do compromisso de não replicar esses direitos em temporadas futuras. Paralelamente, o Clube dos 13 se comprometeu a: abster-se de utilizar a cláusula de preferência nos contratos de transmissão do Brasileirão; vender os direitos de transmissão separadamente para cada modalidade, permitindo propostas isoladas, combinadas ou conjuntas; definir critérios objetivos para as concorrências relacionadas a exibição de esportes; e permitir o sublicenciamento dos direitos transmissão de TV aberta a terceiros.

19 Por meio desse instrumento, o Grupo Globo se comprometeu a comercializar de forma não discriminatória seus canais esportivos e a restringir o uso de exclusividade em direitos de transmissão de conteúdo esportivo à TV por assinatura em no máximo dois dos cinco principais campeonatos de futebol.

20 De toda forma, esse procedimento deu origem ao Inquérito Administrativo 08700.001323/2019-53 para investigar possíveis condutas anticompetitivas por emissoras nos mercados de TV aberta e TV por assinatura, mesmo que não relacionadas a eventos esportivos.

práticas discriminatórias pelo Grupo Globo em negociações individuais com clubes de futebol para a exibição de partidas. Segundo, em 2022, o Cade iniciou o Processo Administrativo 08700.002012/2021-26 para investigar um possível cartel envolvendo oito empresas, suspeitas de coordenar preços e lances em concorrências privadas para a compra de direitos de transmissão de eventos esportivos.

Ainda no que se refere ao cenário brasileiro, vale destacar que novas dinâmicas na transmissão de conteúdo esportivo, especialmente por meio de plataformas digitais, também têm transformado significativamente o mercado de exibição de esportes. Um exemplo emblemático dessa mudança é o sucesso crescente do *streamer* Casimiro, que atraiu milhões de espectadores ao transmitir gratuitamente as partidas da Copa do Mundo de 2022 através de seus canais no Twitch e no Youtube.[21] Esse caso demonstra que modelos de negócios disruptivos na transmissão de eventos esportivos podem trazer uma alternativa à exibição de jogos e, assim, competir diretamente com os *players* tradicionais do mercado.[22]

A forma em que essas transmissões são gerenciadas depende da complexa interseção entre a regulação setorial, o direito de autor e os sistemas de governança privada das próprias plataformas digitais, que apresentam importantes questões de política antitruste. Por exemplo, como o Cade deveria lidar com eventuais contratos atribuindo uma exclusividade que abrange tanto a TV quanto os canais digitais? E como deveríamos avaliar as parcerias entre produtoras e plataformas digitais sobre a eventual retirada de transmissões ao vivo feitas por influenciadores? Se, por um lado, a tendência internacional é de impor uma negociação segmentada entre diferentes canais – e isso dialoga com atual prática comercial brasileira de transmissão via televisão e via rádio –, um empacotamento pode ser legítimo, na medida em que permita a criação de valor adicional a partir de economias de escopo, sem restringir indevidamente a

21 Poder360. "Casimiro bate recorde de visualizações em transmissão no YouTube". In: Poder360, Brasília, 28 de nov. de 2022; e Beatriz Queiroz. "Sucesso de Casimiro mostra espaço do streaming esportivo na internet". In: Metrópoles, 29 de nov. de 2022.

22 Por exemplo, o Grupo Globo, com base na titularidade dos direitos de transmissão dos mandantes das partidas de futebol, celebrou recentemente um acordo de exclusividade com os oito maiores times da Série A do Brasileirão para exibição do tornei entre 2025 e 2029. Cf. Leonardo Catto. "Globo fecha com Libra e vai pagar R$ 6 bi por exclusividade de 8 clubes da Série A; veja quais". In: Estado de São Paulo, São Paulo, 8 de mar. de 2024. Isso demonstra como os agentes tradicionais do mercado estão se adaptando e competindo com os novos entrantes na exibição de eventos esportivos.

concorrência. Ao mesmo tempo, tais acordos podem gerar preocupações de fechamento de mercado, que podem ser ainda maiores em um contexto (diferente do brasileiro), em que a negociação dos direitos é feita de forma conjunta pela liga. Além disso, uma preocupação adicional pode surgir quando as condições de exclusividade não representarem a contrapartida de um investimento para esses canais, seguindo a abordagem que foi aceita pelo próprio Cade no caso *Gympass*.[23]

4. CONSIDERAÇÕES FINAIS

Este breve comentário buscou destacar alguns dos aspectos centrais dos debates concorrenciais, tanto em âmbito internacional quanto nacional, sobre a negociação de direitos de transmissão de eventos esportivos. Antes de propor uma análise exaustiva sobre o tema, o objetivo foi oferecer uma visão geral sobre o atual estágio da tutela concorrencial na exibição de esportes, tanto no Brasil quanto no exterior. Diante da digitalização da mídia, novos estudos serão necessários para entender como as dinâmicas alternativas se contrapõem aos modelos tradicionais e quais são seus impactos concorrenciais específicos.

23 "c. A Gympass poderá manter a cláusula de exclusividade com academias de ginástica naqueles contratos em que tiver sido feito um aporte financeiro via investimentos direto em bens de capital ou infraestrutura da academia. 1. A cláusula de exclusividade terá a duração estritamente necessária para assegurar o retorno sobre o investimento 2. O efetivo aporte financeiro deverá ser comprovado por meio de comprovantes de transferência bancária ou meio semelhante em até 5 dias" (Voto da Conselheira Paula Farani de Azevedo Silveira no Recurso Voluntário 08700.007228/2021-88, Documento SEI 1025312).

Venda de ingressos para torneios esportivos, discriminação e exclusividade

Ricardo Motta
Leonor Cordovil

1. INTRODUÇÃO

A comercialização de ingressos para eventos esportivos é uma atividade complexa e dinâmica, frequentemente sujeita a ponderações que alcançam a esfera concorrencial. Este artigo examina dois aspectos críticos: as vendas discriminatórias, como restrições geográficas, e os acordos exclusivos que limitam métodos de compra e pagamento.

Originalmente limitada a pontos de venda físicos e gerenciada diretamente pelos promotores de eventos, a comercialização de ingressos evoluiu significativamente com a digitalização, que viabilizou a compra online e o uso de tecnologias avançadas para o gerenciamento de vendas e o desenvolvimento de novos canais de distribuição. Apesar dos benefícios, essa evolução introduziu novos desafios concorrenciais, com práticas potencialmente restritivas que podem limitar o acesso dos consumidores e prejudicar a competitividade do mercado.

A aplicação de análises de dados (*data analytics*), inclusive, permite que hoje as organizações esportivas personalizem ofertas de ingressos com base no comportamento e nas preferências dos consumidores. O *marketing* direcionado permite que clubes e organizadores de eventos atinjam seus públicos-alvo de maneira mais eficaz, oferecendo promoções especiais e pacotes personalizados que atendem às necessidades específicas de diferentes segmentos de fãs. Além disso, acordos de exclusividade com empresas distribuidoras também podem ser vantajosos ao criar eficiências operacionais e incentivos à inovação e investimentos. Não obstante, muito embora essas práticas possam criar benefícios de diversas ordens, elas também podem acabar restringindo o acesso de concorrentes a esses insumos (venda em eventos esportivos) e/ou reduzindo o acesso e o poder de escolha dos consumidores.

Duas preocupações principais emergem nesse contexto: a primeira, de ordem consumerista, é a necessidade de garantir um acesso amplo e justo aos consumidores; a segunda, de ordem concorrencial, é de que tais práticas podem estabelecer barreiras à entrada de novos competidores e resultar em prejuízos para os consumidores finais. A última é a que interessa a esse trabalho.

2. ANÁLISE DE CONDUTAS NO MERCADO DE EVENTOS ESPORTIVOS

A análise concorrencial em mercados de eventos esportivos, em regra, acaba voltando muito de sua atenção para as condutas praticadas na comercialização de direitos de mídia. O Cade, por exemplo, já abriu duas investigações a esse respeito. A primeira delas é decorrência de uma outra investigação, iniciada em 2016 – e posteriormente arquivada –, que resultou na abertura do Inquérito Administrativo 08700.001323/2019-53, no qual se analisa as negociações e contratos referentes aos direitos de transmissão do Campeonato Brasileiro de Futebol – Série A, a partir de 2019, para TV Aberta, TV Fechada e Pay-per-View (PPV). A investigação está apurando se o Grupo Globo impôs condicionamentos para que os clubes negociassem conjuntamente seus direitos de transmissão para todas as mídias, algo que foi majoritariamente negado por eles.

Mais recentemente, em 2021, o Cade abriu o Processo Administrativo 08700.002012/2021-26 para investigar supostas práticas anticompetitivas no mercado internacional de aquisição de direitos de mídia esportiva e serviços relacionados a eventos esportivos. Nesse caso investiga-se a troca de informações concorrencialmente sensíveis entre as empresas envolvidas, o que viabilizaria uma coordenação estratégica para afetar negativamente a concorrência no mercado de direitos de mídia esportiva. No Brasil, essas práticas teriam resultado na revenda ou sublicenciamento de direitos de transmissão para emissoras locais, além de impactar eventos esportivos realizados no território nacional.

Embora esses casos exijam uma análise cuidadosa por parte da autoridade antitruste, outros segmentos desses mercados também podem ser suscetíveis a condutas anticompetitivas. A comercialização de ingressos, por exemplo, pode ser um campo fértil para práticas anticompetitivas, como a restrição de distribuição (exclusividade) e a discriminação. Essas práticas podem gerar efeitos anticompetitivos, prejudicando consumidores, limitando o acesso a ingressos e inflacionando preços artificialmente.

A análise desse tipo de prática, no entanto, é ambígua e a sua legitimidade ou ilegalidade só pode ser determinada diante das circunstâncias concretas, considerando-se os efeitos – ainda que potenciais – no caso concreto (*effects-based analysis*). Acordos de exclusividade podem ser justificados pela busca por proteção de investimentos e ativos contra a apropriação de terceiros (*free-riding*)[1], proporcionando maior eficiência e alinhamento de incentivos[2]. Eficiências decorrentes desses acordos incluem, por exemplo, a viabilização de novos investimentos e redução de custos transacionais, além de encorajar fornecedores a fomentar a atuação dos distribuidores por meio de (i) investimentos de capital, empréstimos ou garantias de empréstimos e/ou outras formas de suporte financeiro, e (iii) transferência de expertise por meio de produtos ou treinamento de vendas, ou transferência de pessoal.

Em caso muito recente, ainda que não restrito a eventos esportivos, o Departamento de Justiça dos Estados Unidos – DoJ[3], juntamente com um grupo de 30 procuradores gerais de estados dos Estados Unidos, ingressou com ação no Judiciário contra a Live Nation e sua subsidiária

1 Esse foi o caso, por exemplo, da análise adotada no âmbito do Processo Administrativo 08012.007423/2006-27 (caso Unilever/Nestlé), de relatoria do Conselheiro João Paulo Resende. Nessa investigação, verificou-se, quanto ao contrato de exclusividade de freezers, que a exclusividade era justificada pela necessidade de a empresa proteger seus investimentos com relação ao ativo físico e proteger a imagem do fabricante, evitando o *free-riding* de concorrentes. Cade. Processo Administrativo 08012.007423/2006-27. Representante: Della Vita Grande Rio Indústria e Comércio de Produtos Alimentícios Ltda., Representada: Unilever Brasil Ltda. e Nestlé Brasil Ltda. Cade. Processo Administrativo 08012.007423/2006-27. Representante: Della Vita Grande Rio Indústria e Comércio de Produtos Alimentícios Ltda., Representada: Unilever Brasil Ltda. e Nestlé Brasil Ltda.

2 ICN. Unilateral Conduct Workbook. Chapter 5: Exclusive Dealing. ICN. Unilateral Conduct Workbook. Chapter 5. Disponível em: https://www.theantitrustattorney.com/files/2013/12/ICN-Exclusive-Dealing-Workbook-Chapter.pdf

3 Disponível em: https://www.justice.gov/atr/case/us-et-al-v-ticketmaster-entertainment-inc-et-al. Acesso em 11 de junho de 2024.

Ticketmaster. As acusações centrais envolvem o uso de contratos de exclusividade e aquisições estratégicas que suprimem ameaças competitivas. A queixa apresentada é de que a Live Nation e a Ticketmaster violaram a Seção 2[4] do *Sherman Act*, dominando mercados na indústria de entretenimento ao vivo e utilizando práticas de retaliação contra locais que optassem por serviços de bilheteria de concorrentes. As empresas são acusadas de criar um "flywheel"[5] autossustentável que conecta seus múltiplos negócios interconectados, permitindo-lhes exercer controle significativo sobre o mercado de ingressos e as promoções de eventos ao vivo.

A Live Nation e a Ticketmaster controlam uma parcela significativa dos ingressos primários para grandes locais de concertos, além de uma participação crescente no mercado secundário de revenda de ingressos. A acusação também inclui práticas de retaliação financeira contra locais e empresas que se atrevam a competir diretamente, criando um ambiente onde as escolhas são limitadas e os preços inflacionados prejudicam os consumidores.

O DoJ[6] e os estados envolvidos buscam a realização de desinvestimentos da Live Nation e Ticketmaster para restaurar a concorrência, garantir melhores opções e preços mais baixos para os fãs, e abrir espaço para que músicos e outros artistas tenham mais acesso a locais e oportunidades de *performance*. Além dessa, outras medidas propostas incluem a proibição de contratos de exclusividade e práticas de retaliação, além da nomeação de um 'oficial de compliance' para garantir a adesão as

---

4 A Seção 2 do *Sherman Act* aborda o comportamento monopolista, declarando ilegal qualquer tentativa de monopolizar, ou a combinação ou conspiração para monopolizar qualquer parte do comércio ou comércio entre os vários estados, ou com nações estrangeiras. *"Every person who shall monopolize, or attempt to monopolize, or combine or conspire with any other person or persons, to monopolize any part of the trade or commerce among the several States, or with foreign nations, shall be deemed guilty of a felony, and, on conviction thereof, shall be punished by fine not exceeding $100,000,000 if a corporation, or, if any other person, $1,000,000, or by imprisonment not exceeding 10 years, or by both said punishments, in the discretion of the court."* Sherman Antitrust Act, 15 U.S.C. § 2.

5 O termo 'flywheel' refere-se a uma estratégia de negócios autossustentável que conecta múltiplas áreas de operação da empresa, criando um ciclo de crescimento e domínio de mercado. A alegação é de que a Live Nation utiliza seu controle sobre a promoção de concertos, a gestão de artistas e a venda de ingressos para reforçar mutuamente cada um desses segmentos, aumentando seu poder de mercado e dificultando a entrada e a competição de novos concorrentes. Este modelo permitiria que a empresa maximize receitas e fortaleça sua posição dominante no mercado de entretenimento ao vivo.

6 Além disso, o caso destaca como a fusão aprovada em 2010 falhou em prevenir o comportamento anticompetitivo das empresas. O DoJ alega que a Live Nation utiliza seu poder de mercado para impor taxas inflacionadas conhecidas como 'Taxa Ticketmaster' e direcionar contratos de bilheteria para a Ticketmaster, excluindo rivais do mercado primário e secundário. As empresas são acusadas de boicotar locais que rejeitam seus termos e praticar preços abusivos para os consumidores. A demanda por remédios estruturais inclui a separação dos principais segmentos de negócios da Live Nation, como promoção de concertos, operação de locais, gerenciamento de artistas e bilheteria, visando restaurar a concorrência e proteger os interesses dos consumidores e artistas.

restrições que vierem a ser impostas. Esses remédios teriam por objetivo manter os mercados competitivos e proteger os consumidores contra práticas monopolísticas que restringem a inovação e a competição justa.

Por outro lado, diversos argumentos podem ser alegados em favor desse tipo de exclusividade na comercialização / distribuição de ingressos, tais como:

Eficiência Operacional: contratos de exclusividade ajudam a garantir um melhor planejamento e coordenação de eventos, resultando em experiências mais consistentes e de alta qualidade tanto para os fãs quanto para os artistas. A exclusividade permite que se ofereça uma operação mais integrada e eficiente, o que beneficia as partes envolvidas nos eventos.

Investimento e Inovação: a exclusividade permite que se invista mais em tecnologia e infraestrutura. Com garantias de contratos exclusivos, pode-se justificar investimentos significativos em sistemas de bilheteria e outras tecnologias de suporte, que de outra forma seriam economicamente inviáveis. Esses investimentos resultam em melhores serviços para os consumidores.

Segurança e Controle de Qualidade: contratos de exclusividade ajudam a manter um controle mais rigoroso sobre a distribuição de ingressos, reduzindo a incidência de fraudes e garantindo que os ingressos sejam vendidos de forma segura e confiável. A exclusividade também permite um melhor controle sobre a qualidade do serviço prestado, assegurando uma experiência mais satisfatória para os consumidores.

Parcerias de Longo Prazo: a exclusividade pode fomentar parcerias de longo prazo com locais e promotores, proporcionando acordos mais estáveis e previsíveis. Isso é benéfico tanto para os locais, que têm garantias de eventos contínuos, quanto para os promotores, que podem planejar com mais antecedência e segurança.

Uma segunda preocupação e potencial conduta anticompetitiva é a venda discriminatória de ingressos para usuários. Isso pode ocorrer de várias maneiras e sob diversas circunstâncias e contextos. Com o advento da era digital, surgiram novas formas de celebração de contratos e comercialização de produtos e serviços pela Internet. A utilização de algoritmos e ferramentas automatizadas de precificação permitem que as empresas estipulem preços diferentes para cada tipo de cliente. Isso pode levar à discriminação baseada em características individuais, obtidas ou inferidas através de tecnologias como *cookies*, que armazenam as preferências dos usuários, ou endereços de IPs.

Quando fornecedores utilizam a posição geográfica ou a nacionalidade dos consumidores para manipular ofertas ou ajustar preços, ocorre a chamada geodiscriminação. Isso inclui práticas como o "*geo-blocking*", onde ofertas são negadas a consumidores de certas regiões, e o "*geo-pricing*", onde consumidores de diferentes locais pagam preços diferentes pelo mesmo serviço.

Para a análise antitruste, assim como ocorre com os contratos de exclusividade, a lei concorrencial determina a aplicação da regra da razão (*rule of reason*), com a análise de potenciais justificativas e eficiências decorrentes da prática, vis a vis os potenciais prejuízos anticompetitivos. Para os consumidores, no entanto, práticas como essa podem gerar prejuízos a partir de discriminações desarrazoadas. Essa foi a conclusão da Secretaria Nacional do Consumidor do Ministério da Justiça e Segurança Pública (Senacon/MJSP), em decisão recente sobre o tema. Em 21 de junho de 2022[7], a Senacon multou a empresa Decolar.com em R$ 2,5 milhões por oferecer preços diferenciados para clientes brasileiros e estrangeiros (*geopricing*) e por ocultar disponibilidade de acomodações para consumidores no Brasil (*geoblocking*).

O processo teve início após uma denúncia da Booking.com, que apresentou simulações de preços e disponibilidade feitas no site da Decolar.com. A investigação revelou que a empresa cobrava, em média, até 29% a mais de consumidores brasileiros em comparação aos argentinos para as mesmas reservas. Em um entendimento inédito, o Departamento de Proteção e Defesa do Consumidor (DPDC) considerou a prática abusiva e desequilibrada, violando a liberdade de escolha dos consumidores. Inicialmente, a multa foi fixada em R$ 7,5 milhões, mas foi reduzida para

---

7 Vide https://www.gov.br/mj/pt-br/assuntos/noticias/decolar-e-multada-em-r-2-5-milhoes-por-oferecer-melhores-precos-a-clientes-que-estao-fora-do-brasil. Acessado em 12 de junho de 2024.

R$ 2,5 milhões após recurso parcial da Decolar.com, que alegou diferenças tributárias entre os países. A Senacon destacou que as infrações violaram o Direito do consumidor à informação completa e gratuita.

3. CONSIDERAÇÕES FINAIS

Apesar dos avanços tecnológicos terem criado espaço para inovações, facilidades e novos modelos de negócios, é preciso cautela na análise de determinadas práticas no mercado de comercialização de ingressos de eventos esportivos, como acordos de exclusividade de vendas discriminatórias. Enquanto alguns acordos de exclusividade podem ser justificados por eficiências operacionais e incentivo ao investimento, eles também podem criar barreiras significativas à entrada de novos competidores e prejudicar os consumidores finais. Da mesma forma, a venda discriminatória, especialmente a geodiscriminação, pode levantar preocupações tanto do ponto de vista concorrencial quanto do consumidor, já que ela pode levar a discriminações injustas e violar direitos fundamentais de acesso e escolha.

É essencial que autoridades concorrenciais e de proteção ao consumidor continuem a monitorar de perto as práticas no mercado de eventos esportivos, garantindo que a digitalização e os avanços tecnológicos beneficiem a todos de maneira justa e competitiva. Medidas que promovam a transparência, a equidade no acesso e a concorrência justa são fundamentais para assegurar que o mercado de ingressos permaneça dinâmico e acessível, proporcionando experiências positivas tanto para os organizadores de eventos quanto para os fãs.

Referências bibliográficas

BRASIL. Ministério da Justiça. Decolar é multada em R$ 2,5 milhões por oferecer melhores preços a clientes que estão fora do Brasil. Disponível em: https://www.gov.br/mj/pt-br/assuntos/noticias/decolar-e-multada-em-r-2-5-milhoes-por-oferecer-melhores-precos-a-clientes-que-estao-fora-do-brasil.

CONSELHO ADMINISTRATIVO DE DEFESA ECONÔMICA (Brasil). Processo Administrativo 08700.001323/2019-53. Brasília: Cade, 2021

CONSELHO ADMINISTRATIVO DE DEFESA ECONÔMICA (Brasil). Processo Administrativo 08700.002012/2021-26. Brasília: Cade, 2021

CONSELHO ADMINISTRATIVO DE DEFESA ECONÔMICA (Brasil). Processo Administrativo 08012.007423/2006-27. Brasília: Cade, 2021

DEPARTAMENTO DE JUSTIÇA DOS ESTADOS UNIDOS (DoJ). U.S. and Plaintiff States v. Ticketmaster Entertainment, Inc. and Live Nation Entertainment, Inc. Disponível em: https://www.justice.gov/atr/case/us-et-al-v-ticketmaster-entertainment-inc-et-al.

INTERNATIONAL COMPETITION NETWORK (ICN). Exclusive Dealing Workbook Chapter. Disponível em: https://www.theantitrustattorney.com/files/2013/12/ICN-Exclusive-Dealing-Workbook-Chapter.pdf.

Fair Play[1]: perspectivas sobre exclusividade e licenciamento na indústria do esporte

Renata Fonseca Zuccolo Giannella
Eduardo Frade
Giuliana Beltrame Mangrich

1. INTRODUÇÃO

Acordos de licenciamento são contratos nos quais uma parte, o licenciante, concede a outra parte, o licenciado, o direito de utilizar determinados ativos (marcas, patentes, tecnologias ou produtos) por um período específico e em troca de compensação financeira - geralmente, na forma de *royalties*[2].

Além do detalhamento das partes envolvidas na transação e seus respectivos direitos e deveres, é imprescindível que o acordo de licenciamento especifique os possíveis usos do ativo pelo licenciado, incluindo parâmetros como limites territoriais, o período de duração da licença e a existência ou não exclusividade[3].

A exclusividade pode ser um aspecto crucial nos acordos de licenciamento, estabelecendo que o licenciado terá direitos exclusivos para

1 Princípio esportivo que implica na conformidade com as regras estabelecidas; jogo limpo.

2 *Royalty* é a denominação dada às receitas advindas do licenciamento. Os termos do pagamento dos royalties devem ser definidos no acordo de licenciamento. Cf. Andrew Bloomenthal, "Licensing Agreement: Definition, Example, Types, and Benefits". Investopedia, 2024. Disponível em: <https://www.investopedia.com/terms/l/licensing-agreement.asp>. Acesso em: 7 de junho de 2024.

3 Cf. Babu John Mariadoss, "Licensing". Core principles of international marketing. In: Pressbooks, 2019. Disponível em: <https://opentext.wsu.edu/cpim/chapter/7-3-licensing/>. Acesso em: 7 de junho de 2024.

utilizar os ativos do licenciante, permitindo-lhe explorar o mercado de determinado produto, sem a existência de concorrência direta daquele mesmo ativo que deterá[4].

Na indústria do esporte, o licenciamento de produtos e marcas tem se tornado cada vez mais frequente[5], e o setor apresenta diversos casos relevantes de licenciamentos exclusivos.

Nesse contexto, a exclusividade já demonstrou ter o potencial de promover diversos benefícios, tanto às partes do acordo de licenciamento quanto aos consumidores finais. Todavia, o modo com o qual os licenciantes e licenciados se utilizam de tal instituto pode, em alguns casos, levantar preocupações concorrenciais.

2. PRODUTOS EXCLUSIVAMENTE LICENCIADOS NO ESPORTE: CATEGORIAS E TENDÊNCIAS

Esportes e eventos esportivos de modo geral têm a capacidade única de criar um forte senso de pertencimento e comunidade entre os torcedores. A torcida por um time ou atleta pode transcender barreiras sociais e geográficas, unindo indivíduos em uma experiência coletiva de sentimentos como esperança, alegria, realização e decepção. Tal senso de pertencimento é uma peculiaridade notável da indústria desportiva, a qual justifica o fenômeno de que, independentemente do esporte, a grande maioria dos torcedores de determinado time busca adquirir artigos esportivos que demonstrem sua paixão por este.

Um exemplo concreto da importância econômica desse fenômeno é a estimativa de que o mercado de produtos esportivos licenciados tem o potencial de registrar o faturamento mundial de USD 35,63 bilhões em 2024 e de USD 46 bilhões em 2029, seguindo um crescimento anual de 5,27%[6].

---

4 Cf. John A. Fortunato e Jef Richards, "Reconciling Sports Sponsorship Exclusivity with Antitrust Law". In: Texas Review of Entertainment and Sports Law, 8ª ed. Austin, 2007. Disponível em: <https://heinonline.org/HOL/LandingPage?handle=hein.journals/tresl8&div=5&id=&page=>. Acesso em: 10 de maio de 2024.

5 Cf. Elise Dopson, "Brand Licensing: Examples, Types & How-To Guide (2024)". Shopify, 2024. Disponível em: <https://www.shopify.com/retail/brand-licensing>. Acesso em: 7 de junho de 2024.

6 Cf. "Licensed sports merchandise marketing & share analysis - growth trends & forecasts (2024 - 2029)". Mordor Intelligence, 2024. Disponível em: <https://www.mordorintelligence.com/industry-reports/licensed-sports-merchandise-market>. Acesso em: 7 de junho de 2024.

No que tange aos produtos esportivos que são objeto de licenças exclusivas, podemos dividi-los em três categorias principais: (i) roupas e acessórios[7], (ii) equipamentos[8] e (iii) itens de colecionador[9].

O licenciamento exclusivo de roupas e acessórios esportivos se refere principalmente à fabricação de uniformes de equipes ou ligas esportivas (licenciantes) por empresas de artigos esportivos (licenciadas). Dentre os exemplos mais famosos de acordos existentes nesta categoria, cita-se o acordo firmado entre Adidas e Real Madrid, conhecido como o mais lucrativo da história do futebol, o qual prevê que a Adidas seguirá como a única fornecedora e licenciada dos uniformes do clube espanhol até o fim da temporada de 2027/28[10]; a parceria entre a Puma e o Palmeiras, que define a Puma como fornecedora exclusiva alviverde e oferece lucros de R$ 42 milhões ao time paulistano[11]; o contrato entre a Nike e a Confederação Brasileira de Futebol (CBF), que rende lucros de cerca de R$ 177 milhões por ano à entidade e define a Nike como fornecedora oficial do uniforme da Seleção Brasileira até 2026[12]; e o icônico acordo entre a Nike e a *National Basketball Association* (NBA), com início na temporada de 2017/18 e com a duração de oito anos, que confere à Nike o título de fornecedora oficial dos uniformes de todos os times da liga[13].

Ao se tornar o fornecedor oficial de uniformes de um clube ou liga, o fabricante licenciado tem a oportunidade de comercializar, de

7 Caso Adidas e Real Madrid: a Adidas será a fornecedora oficial de artigos esportivos do Real Madrid até o fim da temporada de 2027/28. Cf. Ed Dixon, "Real Madrid confirms US$1.2bn Adidas extension". SportsProMedia, 2019. Disponível em: <https://www.sportspromedia.com/news/real-madrid-confirm-adidas-kit-extension/>. Acesso em: 10 de maio de 2024).

8 Caso Mikasa, Volleyball World e Federação Internacional de Voleibol (FIVB): a Mikasa permanecerá a única fornecedora de bolas de vôlei para campeonatos reconhecidos pela Volleyball World e FIVB até a temporada de 2032. Cf. "Volleyball World and FIVB Extend Their Partnership with MIKASA, Celebrating Nearly Seven Decades of Volleyball Excellence". Volleyball World, 2023. Disponível em: <https://es.volleyballworld.com/news/volleyball-world-and-fivb-extend-their-partnership-with-mikasa-celebrating-nearl>. Acesso em: 10 de maio de 2024.

9 Caso Fanatics e Premier League: até a temporada de 2025/26, a Fanatics será a fornecedora exclusiva de itens colecionáveis da Premier League. Cf. Ed Dixon, "Premier League swaps Panini for Fanatics in new stickers and trading cards partnership". SportsProMedia, 2024. Disponível em: <https://www.sportspromedia.com/news/premier-league-fanatics-collectibles-stickers-trading-cards-panini/>. Acesso em: 10 de maio de 2024.

10 Cf. Ed Dixon, Op. cit.

11 Cf. Camila Alves, "Palmeiras e Puma chegam a acordo e devem assinar renovação para produção de uniformes". Globo Esporte, 2024. Disponível em: <https://ge.globo.com/futebol/times/palmeiras/noticia/2024/04/02/palmeiras-e-puma-chegam-a-acordo-e-devem-assinar-renovacao-para-producao-de-uniformes.ghtml#>. Acesso em: 10 de maio de 2024.

12 Cf. "Adeus, Nike? Seleção Brasileira recebe oferta de R$1 bilhão, diz colunista". No Ataque, 2024. Disponível em: <https://noataque.com.br/futebol/selecao-brasileira/noticia/2024/05/06/adeus-nike-selecao-brasileira-recebe-oferta-de-r-1-bilhao-diz-colunista/>. Acesso em: 10 de maio de 2024.

13 Cf. "Nike & NBA: history of a great partnership". Grosbasket, 2022. Disponível em: <https://www.grosbasket.com/svet-kosarke/en/blog/2022/07/04/nike-nba-history-of-a-great-partnership/>. Acesso em: 10 de maio de 2024.

forma exclusiva, os artigos da marca licenciante para os consumidores. Percebe-se, portanto, que a exclusividade no fornecimento está diretamente atrelada à exclusividade no licenciamento, uma vez que para a fabricação de produtos com elementos de uma marca, é necessário o licenciamento desta.

Equipamentos esportivos exclusivamente licenciados também desempenham um papel crucial na indústria desportiva. Itens como bolas, luvas de boxe, raquetes de tênis e tacos de golfe são alguns dos produtos comuns nesse tipo de acordo. Exemplos relevantes dessa categoria incluem o acordo entre Mikasa e a Federação Internacional de Voleibol (FIVB), por meio do qual a Mikasa continuará fornecendo bolas de vôlei aos campeonatos da FIVB até 2032[14]; a parceria entre a Riddell e a *National Football League* (NFL) para o fornecimento de capacetes a todos os times do campeonato[15]; e o acordo firmado entre a Wilson e a NFL em 1941 que estabelece a fabricante como a única fornecedora de bolas de futebol americano da liga[16].

O nicho de itens colecionáveis, por fim, é um exemplo notável de como os esportes têm o poder de gerar a sensação de pertencimento em fãs de determinadas equipes ou atletas. Os produtos mais comuns deste mercado são *cards* colecionáveis, pôsteres, álbuns de figurinha e produtos autografados, e alguns exemplos relevantes de acordos são: o acordo entre Panini e a *Fédération Internationale de Football Association* (FIFA), firmado há mais de 50 anos, para a venda de *cards* colecionáveis, álbuns de figurinhas e colecionáveis digitais oficiais da Copa do Mundo[17]; e as parcerias firmadas entre a Fanatics e a *Major League Baseball* (MLB), NFL e NBA para a venda de *cards* colecionáveis[18].

---

14 Cf. Volleyball World. Op. cit.

15 Cf. "Riddell extends NFL license and promotional rights through 2030 season". Riddell Newsroom, 2023. Disponível em: <https://news.riddell.com/info/releases/riddell-extends-nfl-license-and-promotional-rights-through-2030-season#:~:text=Riddell%20will%20continue%20to%20serve,runs%20through%20the%202030%20season.>. Acesso em: 10 de maio de 2024.

16 Cf. "How Wilson and 'The Duke' Became the Official NFL Football". Wilson Blog. Disponível em: <https://www.wilson.com/en-us/blog/football/behind-scenes/how-wilson-and-%E2%80%9C-duke%E2%80%9D-became-official-nfl-football>. Acesso em: 10 de maio de 2024.

17 Cf. "FIFA and Panini continue historic partnership to inspire football fans across generations". FIFA, 2023. Disponível em: <https://www.fifa.com/en/tournaments/mens/worldcup/canadamexicousa2026/articles/fifa-panini-continue-historic-partnership-to-inspire-football-fans>. Acesso em: 10 de maio de 2024.

18 Cf. Jeff Owens, "Panini vs. Fanatics: what it means for sports collectibles hobby". Sports Collectors Digest, 2023. Disponível em: <https://sportscollectorsdigest.com/news/panini-fanatics-antitrust-lawsuit-monopoly-sports-cards-collectibles>. Acesso em: 10 de maio de 2024.

3. POSSÍVEIS BENEFÍCIOS E PREOCUPAÇÕES CONCORRENCIAIS

Assim como ocorre em outros setores, a exclusividade no licenciamento de produtos e marcas na indústria do esporte pode gerar diversos benefícios para o licenciante, licenciado, e também para o consumidor. Por outro lado, há a possibilidade do surgimento de preocupações concorrenciais relativas a certas práticas das partes envolvidas no acordo de licenciamento.

Para o licenciante, o acordo pode aumentar a exposição da marca, gerar lucros através de *royalties* e reforçar a proteção da marca contra a utilização não autorizada desta[19]. Nesse contexto, a exclusividade facilita o controle da licenciante sobre a utilização de sua marca, permitindo que ela garanta que os produtos licenciados estejam alinhados com os padrões de qualidade e imagem da empresa, além de possibilitar a cobrança de *royalties* mais altos[20], que podem ser usados para investimentos no próprio clube, time, liga e/ou esporte vinculados a ela (sendo uma fonte relevante não só para a manutenção do time, liga ou esporte como para o seu crescimento e desenvolvimento).

Do ponto de vista do licenciado, a exclusividade representa uma vantagem competitiva, visto que a empresa terá sua imagem atrelada de forma exclusiva a um determinado clube, time ou liga, além de permitir o fortalecimento de uma base leal de consumidores[21] e representar um aumento de credibilidade de marca[22]. Percebe-se, assim, que um contrato exclusivo de licenciamento pode apresentar forte racionalidade econômica.

Finalmente, produtos exclusivamente licenciados podem fornecer maior qualidade e facilitar a verificação de autenticidade por parte do

19 Cf. Rick Burton, "Teams as Brands: A Review of the Sports Licensing Concept". Sports Marketing and the Psychology of Marketing Communication, 1ª ed., 2004. Disponível em: <https://www.taylorfrancis.com/chapters/edit/10.4324/9781410610003-24/teams-brands-review-sports-licensing-concept-rick-burton>. Acesso em: 5 de junho de 2024.

20 Cf. "Brand royalties range: everything you need to know", RoyaltyRange. Disponível em: <https://www.royaltyrange.com/home/blog/brand-royalty-rates-everything-you-need-to-know#:~:text=Exclusivity%3A%20When%20a%20brand%20owner,brand's%20value%20to%20the%20licensee.>. Acesso em: 5 de junho de 2024.

21 O caso Nike e NBA serve como exemplo disso, visto que, após o acordo firmado entre as partes, a única empresa que vende *jerseys* oficiais da NBA é a Nike, e, por isso, quando um torcedor pretende comprar tal produto, ele automaticamente procura a Nike.

22 Ao atrelar sua imagem à um licenciante com boa reputação, o licenciado adquire maior credibilidade diante de competidores e consumidores. Cf. Coconut Banana Collective, "Top 10 Benefits of Licensing Your Brand or Product". Medium, 2023. Disponível em: <https://coconutbananacollective.medium.com/top-10-benefits-of-licensing-your-brand-or-product-cbfdf96501aa>. Acesso em: 5 de junho de 2024.

consumidor, proporcionando uma experiência de fã[23] mais elaborada aos torcedores. Além disso, a exclusividade pode simplificar o processo de compra para o cliente final, que terá maior facilidade em saber onde adquirir os produtos oficiais de seu time.

Por outro lado, a exclusividade nos acordos de licenciamento de produtos pode trazer preocupações de ordem concorrencial. Por exemplo, o monopólio temporário[24] advindo destes acordos pode levar a práticas de preços elevados ou restrições nas opções ofertadas para os consumidores, além de um possível aumento na barreira de entrada para novos competidores, que, por sua vez, pode implicar na diminuição da diversificação e inovação dos produtos[25]. Outros exemplos de possíveis comportamentos anticompetitivos que tipicamente podem surgir em acordos com exclusividade incluem a fixação de preços, a alocação de mercados ou clientes e acordos para reduzir a produção e boicotes coletivos[26].

Casos como Nike e *Union of European Football Associations* (UEFA)[27], Panini *vs.* Fanatics[28], JD Sports e Leicester City[29] e Elite Sports e Rangers FC[30] mostram que certos termos de acordos exclusivos de

---

23 Experiência do fã (*fan experience*) é o conjunto de vivências que o torcedor terá ao consumir um esporte ou produtos de marcas esportivas. Cf. "Fan Experience: Tudo o que você precisa saber". BigMidia, 2020. Disponível em: <https://blog.bigmidia.com/fan-experience/>. Acesso em: 5 de junho de 2024.

24 O monopólio seria temporário pois acordos de licenciamento exclusivo possuem um prazo de vigência.

25 Cf. Aldo A. Badini, "In review: licensing and antitrust issues in USA". The Intellectual Property and Antitrust Review, 6ª ed., 2021. Disponível em: <https://www.lexology.com/library/detail.aspx?g=caa771d9-d63d-424b-bced-2332238f9d6f>. Acesso em: 10 de maio de 2024.

26 *Ibidem*.

27 Em 2019, a Comissão Europeia multou a Nike em EUR 12,5 milhões por cláusulas territoriais restritivas no acordo de licenciamento exclusivo firmado entre a fabricante e clubes como Barcelona, Juventus, Roma e Manchester United. Cf. "Comissão Europeia multa a Nike em 12,5 milhões de euros". Agência Brasil, 2019. Disponível em: <https://agenciabrasil.ebc.com.br/economia/noticia/2019-03/comissao-europeia-multa-nike-em-125-milhoes-de-euros#!>. Acesso em: 5 de junho de 2024.

28 Em 2023, a Panini processou a Fanatics alegando que a empresa teria violado a Section 2 do Sherman Act ao comprar direitos de exclusividade para a venda de cards colecionáveis da NBA pela próxima década e da Major League Baseball (MLB) pelos próximos vinte anos. A Panini não pleiteia a revisão da exclusividade em si, mas sim a suposta duração prolongada e sem precedentes dos contratos da concorrente. A reclamação foi apresentada na *Middle District Court of Florida*, divisão de Tampa. Cf. Anna Langlois, "Fanatics accused of monopolizing sports trading cards by Panini America". Global Competition Review, 2023. Disponível em: <https://globalcompetitionreview.com/gcr-usa/article/fanatics-accused-of-monopolising-sports-trading-cards>. Acesso em 10 de maio de 2024.

29 Em 2023, o Leicester City e a distribuidora de artigos esportivos JD Sports foram condenados ao pagamento de multas individuais de GBP 880 mil pela *Competition and Markets Authority* (CMA). No entender da CMA, o time e a JD Sports conspiraram para restringir a concorrência na venda de vestuário da marca Leicester City. Cf. "Anti-competitive behaviour in relation to the sale of Leicester City FC-branded products and merchandise". GOV.UK, 2023. Disponível em: <https://www.gov.uk/cma-cases/suspected-anti-competitive-behaviour-in-relation-to-the-sale-of-leicester-city-fc-branded-products-and-merchandise>. Acesso em: 10 de maio de 2024.

30 Em 2022, o Rangers FC, a Elite Sports e a JD Sports foram condenados ao pagamento de multas que, em conjunto, somam mais de GBP 2 milhões, por fixarem preços de varejo de produtos da marca Rangers. Cf. "Anti-competitive behaviour in relation to the pricing of Rangers FC-branded replica football kit". GOV.UK, 2022. Disponível em: <https://www.gov.uk/cma-cases/suspected-anti-competitive-behaviour-in-relation-to-the-pricing-of-rangers-fc-branded-replica-football-kit>. Acesso em: 10 de maio de 2024.

licenciamento têm chamado a atenção de autoridades antitruste ao redor do mundo, em especial quando se verifica a existência de cláusulas com restrições territoriais ou períodos de duração considerados abusivos ou exorbitantes.

Nos Estados Unidos, o *Department of Justice* (DoJ) e a *Federal Trade Commission* (FTC) reconhecem os efeitos pró-competitivos de acordos de licenciamento[31]. A Suprema Corte norte-americana, todavia, já advertiu que os licenciantes não podem se utilizar destes benefícios para ocultar condutas anticompetitivas. Nesse contexto, se as condições incluídas no acordo de licenciamento forem expressamente anticoncorrenciais, tiverem efeitos anticoncorrenciais claros ou não forem necessárias para que os possíveis ganhos de eficiência sejam alcançados, o acordo poderá ser analisado como um ilícito *per se*[32].

4. CONSIDERAÇÕES FINAIS

O esporte, os eventos esportivos e, por consequência, a indústria esportiva possuem um caráter público relevante e a capacidade de engajar e unir pessoas em nome de uma "paixão" compartilhada. Tal peculiaridade a torna extremamente frutífera, inclusive sob o ponto de vista econômico, fato que se comprova pelos bilhões em receitas anuais gerados através de licenciamento de produtos, direitos de transmissão e patrocínios existentes neste mercado.

Assim, os acordos de licenciamento de produtos e marcas no esporte podem gerar diversos benefícios às partes envolvidas nestes. Com o intuito de impedir que tais aspectos positivos sejam ofuscados por eventuais preocupações concorrenciais, as cláusulas do acordo que tratam de questões de exclusividade devem ser formuladas com cautela e dentro de critérios de racionalidade e razoabilidade, sendo imprescindível que as partes se inteirem do entendimento das autoridades antitruste de suas jurisdições, evitando, por exemplo, a utilização de cláusulas que possam ser vistas como prevendo restrições

31 Cf. "Antitrust Guidelines for the Licensing of Intellectual Property". Federal Trade Commission, 2017. Disponível em: <https://www.ftc.gov/system/files/documents/public_statements/1049793/ip_guidelines_2017.pdf> Acesso em: 7 de junho de 2024.

32 Cf. Aldo A. Badini, Op. cit.

territoriais abusivas, períodos de durações exorbitantes, ou que possam ensejar fixação de preços ou restrições de oferta.

Dessa forma, assegura-se um mercado justo e competitivo, norteado, até fora de campo, pelo princípio do *fair play*.

Referências bibliográficas

ORGANIZATION For Economic Cooperation and Development (OECD). Competition and Professional Sports. 2021. Disponível em: https://www.oecd.org/daf/competition/competition-and-professional-sports.htm. Acesso em: 26 de abril 2024.

BLOOMENTHAL, Andrew. Licensing Agreement: Definition, Example, Types, and Benefits. Investopedia, 2024. Disponível em: <https://www.investopedia.com/terms/l/licensing-agreement.asp>. Acesso em: 7 de junho de 2024.

MARIADOSS, Babu John. Licensing. Core principles of international marketing, 1ª ed. Pressbooks, 2019. Disponível em: <https://opentext.wsu.edu/cpim/chapter/7-3-licensing/>. Acesso em: 7 de junho de 2024.

FORTUNATO, John A. e RICHARDS, Jef. Reconciling Sports Sponsorship Exclusivity with Antitrust Law. Texas Review of Entertainment and Sports Law, 8ª ed. Austin, 2007. Disponível em: <https://heinonline.org/HOL/LandingPage?handle=hein.journals/tresl8&div=5&id=&page=>. Acesso em: 10 de maio de 2024.

DOPSON, Elise. Brand Licensing: Examples, Types & How-To Guide (2024). Shopify, 2024. Disponível em: <https://www.shopify.com/retail/brand-licensing>. Acesso em: 7 de junho de 2024.

DIXON, Ed. Real Madrid confirms US$1.2bn Adidas extension. SportsProMedia, 2019. Disponível em: <https://www.sportspromedia.com/news/real-madrid-confirm-adidas-kit-extension/>. Acesso em: 10 de maio de 2024).

VOLLEYBALL World. Volleyball World and FIVB Extend Their Partnership with MIKASA, Celebrating Nearly Seven Decades of Volleyball Excellence". 2023. Disponível em: <https://es.volleyballworld.com/news/volleyball-world-and-fivb-extend-their-partnership-with-mikasa-celebrating-nearl>. Acesso em: 10 de maio de 2024.

DIXON, Ed. Premier League swaps Panini for Fanatics in new stickers and trading cards partnership. SportsProMedia, 2024. Disponível em: <https://www.sportspromedia.com/news/premier-league-fanatics-collectibles-stickers-trading-cards-panini/>. Acesso em: 10 de maio de 2024.

MORDOR Intelligence. Licensed sports merchandise marketing & share analysis - growth trends & forecasts (2024 - 2029). 2024. Disponível em: <https://www.mordorintelligence.com/industry-reports/licensed-sports-merchandise-market>. Acesso em: 7 de junho de 2024.

ALVES, Camila. Palmeiras e Puma chegam a acordo e devem assinar renovação para produção de uniformes. Globo Esporte, 2024. Disponível em: <https://ge.globo.com/futebol/times/palmeiras/noticia/2024/04/02/

palmeiras-e-puma-chegam-a-acordo-e-devem-assinar-renovacao-para-producao--de-uniformes.ghtml#>. Acesso em: 10 de maio de 2024.

NO Ataque. Adeus, Nike? Seleção Brasileira recebe oferta de R$1 bilhão. 2024. Disponível em: <https://noataque.com.br/futebol/selecao-brasileira/noticia/2024/05/06/adeus-nike-selecao-brasileira-recebe-oferta-de-r-1-bilhao-diz-colunista/>. Acesso em: 10 de maio de 2024.

GROSBASKET. Nike & NBA: history of a great partnership. Grosbasket, 2022. Disponível em: <https://www.grosbasket.com/svet-kosarke/en/blog/2022/07/04/nike-nba-history-of-a-great-partnership/>. Acesso em: 10 de maio de 2024.

RIDDELL Newsroom. Riddell extends NFL license and promotional rights through 2030 season. 2023. Disponível em: <https://news.riddell.com/info/releases/riddell-extends-nfl-license-and-promotional-rights-through=2030--season#:~:text-Riddell%20will%20continue%20to%20serve,runs%20through%20the%202030-%20season.>. Acesso em: 10 de maio de 2024.

WILSON Blog. How Wilson and 'The Duke' Became the Official NFL Football. Disponível em: <https://www.wilson.com/en-us/blog/football/behind-scenes/how-wilson-and-%E2%80%9C-duke%E2%80%9D-became-official-nfl-football>. Acesso em: 10 de maio de 2024.

FIFA. FIFA and Panini continue historic partnership to inspire football fans across generations. 2023. Disponível em: <https://www.fifa.com/en/tournaments/mens/worldcup/canadamexicousa2026/articles/fifa-panini-continue-historic-partnership-to-inspire-football-fans>. Acesso em: 10 de maio de 2024.

OWENS, Jeff. Panini vs. Fanatics: what it means for sports collectibles hobby. Sports Collectors Digest, 2023. Disponível em: <https://sportscollectorsdigest.com/news/panini-fanatics-antitrust-lawsuit-monopoly-sports-cards-collectibles>. Acesso em: 10 de maio de 2024.

BURTON, Rick. Teams as Brands: A Review of the Sports Licensing Concept. Sports Marketing and the Psychology of Marketing Communication, 1ª ed., 2004. Disponível em: <https://www.taylorfrancis.com/chapters/edit/10.4324/9781410610003-24/teams-brands-review-sports-licensing-concept-rick-burton>. Acesso em: 5 de junho de 2024.

ROYALTYRANGE. Brand royalties range: everything you need to know. Disponível em: <https://www.royaltyrange.com/home/blog/brand-royalty-rates-everything-you-need-to-know#:~:text=Exclusivity%3A%20When%20a%20brand%20owner,brand's%20value%20to%20the%20licensee.>. Acesso em: 5 de junho de 2024.

COCONUT Banana Collective. Top 10 Benefits of Licensing Your Brand or Product. Medium, 2023. Disponível em: <https://coconutbananacollective.medium.com/top-10-benefits-of-licensing-your-brand-or-product-cbfdf96501aa>. Acesso em: 5 de junho de 2024.

BIGMIDIA. Fan Experience: Tudo o que você precisa saber. 2020. Disponível em: <https://blog.bigmidia.com/fan-experience/>. Acesso em: 5 de junho de 2024.

BADINI, Aldo A. In review: licensing and antitrust issues in USA. The Intellectual Property and Antitrust Review, 6ª ed., 2021. Disponível em: <https://www.lexology.

com/library/detail.aspx?g=22d1098b-1e66-4ef2-8d58-44b51ae596d2>. Acesso em: 10 de maio de 2024.

AGÊNCIA Brasil. Comissão Europeia multa a Nike em 12,5 milhões de euros. 2019. Disponível em: <https://agenciabrasil.ebc.com.br/economia/noticia/2019-03/comissao-europeia-multa-nike-em-125-milhoes-de-euros#!>. Acesso em: 5 de junho de 2024.

LANGLOIS, Anna. Fanatics accused of monopolizing sports trading cards by Panini America. Global Competition Review, 2023. Disponível em: <https://globalcompetitionreview.com/gcr-usa/article/fanatics-accused-of-monopolising-sports-trading-cards>. Acesso em 10 de maio de 2024.

GOV.UK. Anti-competitive behaviour in relation to the sale of Leicester City FC-branded products and merchandise. 2023. Disponível em: <https://www.gov.uk/cma-cases/suspected-anti-competitive-behaviour-in-relation-to-the-sale-of-leicester-city-fc-branded-products-and-merchandise>. Acesso em: 10 de maio de 2024.

GOV.UK. Anti-competitive behaviour in relation to the pricing of Rangers FC-branded replica football kit. 2022. Disponível em: <https://www.gov.uk/cma-cases/suspected-anti-competitive-behaviour-in-relation-to-the-pricing-of-rangers-fc-branded-replica-football-kit>. Acesso em: 10 de maio de 2024.

FEDERAL Trade Commission. Antitrust Guidelines for the Licensing of Intellectual Property. 2017. Disponível em: <https://www.ftc.gov/system/files/documents/public_statements/1049793/ip_guidelines_2017.pdf> Acesso em: 7 de junho de 2024.

Padronização privada de produtos na indústria do esporte e riscos à concorrência e inovação

Lorena Leite Nisiyama
Matheus Mendes Nasaret

1. INTRODUÇÃO

A indústria do esporte depende de cooperação entre concorrentes para prosperar – em qualquer nível ou modalidade. Para que uma prática desportiva se popularize entre praticantes e espectadores, atletas e equipes precisam se organizar coletivamente para, por exemplo, convencionar regras e coordenar calendários de competição.[1]

Equipamentos esportivos, foco deste artigo, ocupam lugar central nas regras de diversos esportes. Tais produtos influenciam diretamente no desempenho e segurança dos atletas e na isonomia das competições e, por isso, as entidades reguladoras dos esportes dedicam-se continuamente à normatização, definição de padrões e certificação de equipamentos esportivos.[2]

Entretanto, a prática de definição de padrões (*standard setting*) tem tradicionalmente despertado preocupações concorrenciais associadas a barreiras de entrada e prejuízos à inovação. A indústria do esporte não

1 Para uma discussão sobre a importância da cooperação entre os atores da indústria esportiva e sobre a economia do esporte em geral, cf. OCDE, Competition and Professional Sports, OECD Competition Policy Roundtable Background Note, 2023.

2 Por exemplo, a International Tennis Federation (entidade que regula a prática do tênis mundialmente) publica todos os anos os "Requisitos Organizacionais", descritos como *"o recurso principal para garantir que os torneios atinjam os padrões e [nível de] serviço no ITF World Tennis Tour"*. O documento cobre uma série de requisitos, incluindo especificações de quadras e bolas de tênis. Com relação a estas, a ITF indica que *"[t]odas as bolas utilizadas nos Torneios World Tennis Tour devem estar em conformidade com as especificações e devem ter sido aprovadas pela ITF"*. Vide https://www.itftennis.com/media/11532/2024-world-tennis-tour-organisational-requirements.pdf. Acesso em 30/06/2024.

está imune a tais preocupações.[3] Se, por um lado, a padronização nessa indústria promove condições equitativas de performance e segurança dos atletas, por outro, pode interferir substancialmente na concorrência entre fabricantes de equipamentos esportivos, impactando os incentivos para a inovação dos produtos. Não por acaso, em jurisdições estrangeiras, as organizações que definem padrões (ligas e entidades reguladores de esportes) são frequentemente acusadas de práticas anticompetitivas após editar *standards* que tornam obsoletos produtos existentes, ou que impedem a certificação de equipamentos inovadores.[4]

A aplicação do Direito antitruste à padronização privada de produtos esportivos é pouco explorada na jurisprudência e literatura nacionais.[5] Este artigo tem como objetivo examinar a conduta à luz do Direito antitruste brasileiro. O argumento central é de que a prática deve ser considerada uma infração por efeitos, e analisada a partir da regra da razão. Mesmo nas situações em que há elementos horizontais, o aplicador deve ponderar as justificativas apresentadas para a definição do *standard* como forma de evitar falsos positivos.

2. CONTEXTUALIZAÇÃO DA PRÁTICA E PANORAMA DA LITERATURA

Padrões de indústria e padrões de produtos esportivos, embora possam produzir efeitos exclusionários parecidos, via de regra têm propósitos distintos.[6] A definição de padrões de indústria em geral visa promover a interoperabilidade entre produtos e serviços, aprimorando a eficiência econômica. Já os padrões esportivos têm o objetivo de "*definir um jogo ou esporte em que o produto final é um tipo de competição*",[7] isto é,

---

3 A padronização de equipamentos esportivos pode ter repercussões econômicas substanciais, tendo em vista que envolve mercados bilionários. Em 2022, a indústria global de equipamentos desportivos foi avaliada em USD 220 bilhões em 2022. Cf. Zion Market Research. Disponível em https://shorturl.at/CgKJu. Acesso em 30/06/2024.

4 *Vide*, por exemplo, o seguinte press release acerca de ação ajuizada, nos Estados Unidos, por fabricante de "clipes de mascara" (um equipamento utilizado em capacetes de futebol americano para reduzir risco de lesões) contra entidade que estabelece padrões de segurança de capacetes: https://nsga.org/news/mayfield-athletics-files-lawsuit-against-nocsae-three-helmet-makers-for-antitrust-and-tort-law-violations/. Acesso em 01/07/2024.

5 Os autores não têm conhecimento de casos envolvendo estritamente a definição de padrões para produtos esportivos sob a perspectiva antitruste no Brasil.

6 A literatura econômica define padrões (*standards*) como construções que que permitem o acordo sobre soluções para problemas recorrentes. O padrão de indústria é um conjunto de especificações às quais produtos e processos a ele sujeitos devem se conformar. A padronização consiste na busca dessa conformidade, visando aumentar a eficiência da atividade econômica. Cf. TASSEY, G. Standardization in technology-based markets. Research Policy, v. 29, n. 4, 2000, p. 590.

7 Brookins v. IMCA, 219 F.3d 849 (8º Circuito, 2000), p. 853.

estabelecem, em conjunto com as regras do jogo, as condições da competição em uma prática esportiva. A eficiência alocativa não é necessariamente, portanto, uma preocupação na padronização desportiva.

Este artigo analisa a padronização na indústria desportiva, que pode ocorrer de pelo menos duas formas: (*i*) a partir de um contrato de exclusividade entre entidades organizadoras do esporte e o fornecedor (caso em que o contrato define as especificações do produto)[8] ou (*ii*) por meio da definição de um *standard* propriamente dito pela entidade organizadora do esporte.[9] Neste caso, a conformidade com o *standard* é necessária para que o equipamento – *e.g.*, uma bola de tênis – obtenha determinada certificação (no caso, da International Tennis Federation) e possa ser utilizado em torneios oficiais.[10] O artigo foca no segundo tipo de padronização, visto que o primeiro é um caso clássico de exclusividade contratual, tradicionalmente analisado como infração por efeitos no Brasil.[11]

Para ilustrar, considere-se o seguinte exemplo colhido da jurisprudência estadunidense. Em 1979, a International Motor Contest Association (IMCA) criou a categoria "IMCA Modified", destinada a pilotos amadores. Em 1993, os inventores Ernie e Gail Brookins (doravante referidos como "Brookins" ou "Inventores") introduziram a transmissão automotiva automática 'Ernie Glide', que imediatamente ganhou popularidade na categoria. O vencedor da competição nacional do ano seguinte utilizou a Ernie Glide, o que deu causa a questionamentos, por parte de competidores e fabricantes rivais, sobre a conformidade desse equipamento com as regras da IMCA. Em 1995, a IMCA revisou a regra para incluir especificações que, na prática, endereçavam especificamente a transmissão Ernie Glide. Os Inventores tiveram então que ajustar o design para atender à nova regra, mas o comitê executivo da

8 Por exemplo, a fornecedora oficial (e exclusiva) da bola utilizada na Copa do Mundo da FIFA é a Adidas (*vide* https://www.dailymail.co.uk/sport/worldcup2014/article-2511318/Adidas-make-deal-FIFA-sponsor-World-Cup-ball-2030.html) e a fornecedora exclusiva de pneus da Formula 1 é a Pirelli (*vide* https://shorturl.at/TiYCz). Acesso em 30/06/2024.

9 A definição do *standard* pode ser feita por outras entidades que, embora externas à entidade reguladora do esporte, gozam de expertise relacionada à prática, como certas entidades com expertise médica que definem padrões de segurança, a exemplo da NOCSAE (*vide* https://nocsae.org/). Acesso em 01/07/2024.

10 *Vide* https://www.itftennis.com/media/11532/2024-world-tennis-tour-organisational-requirements.pdf (explicando a certificação de bolas de tênis). Acesso em 30/06/2024.

11 Cf. voto da Conselheira Paula Farani no âmbito do Recurso Voluntário n. Recurso Voluntário 08700.007228/2021-88 (Recorrente: Total Pass Participações LTDA), SEI n. 1025312, delineando os elementos de uma infração por efeitos consubstanciada em exclusividade contratual. "*35. Cumpre indicar uma teoria do dano por meio da qual se possa identificar que os contratos de exclusividade resultaram em um fechamento substancial que tenha causado ou que tenha a potencialidade de causar dano à concorrência.*".

IMCA respondeu aos ajustes com novas mudanças voltadas a proibir o uso da transmissão em corridas sancionadas pela IMCA.[12] Pouco tempo depois, os Brookins ajuizaram uma ação antitruste contra a IMCA, alegando que a entidade teria alterado as regras em resposta à pressão de fabricantes de transmissão rivais, que também eram patrocinadores da própria IMCA. O tribunal adotou a regra da razão e julgou o caso improcedente porque não se convenceu de que a IMCA detinha poder de mercado, nem de que a prática pudesse ter efeito anticompetitivo.[13]

O caso reúne elementos importantes para a análise que segue. Primeiramente, trata-se de modalidade esportiva para amadores. Isso indica que a entidade, ao buscar maximizar o valor da categoria como um produto de entretenimento, teria interesse em torná-la acessível, justificando, assim, regras que reduzam os custos de entrada. Em segundo lugar, o caso apresenta uma situação em que os objetivos da entidade – *prima facie* legítimos – poderiam ter potencial efeito exclusionário e colocavam-se em colisão com a inovação no esporte. Por fim, havia suposto elemento horizontal na conduta da IMCA: esta teria cedido à pressão dos fabricantes rivais segundo os Brookins, o que aproxima a conduta alegada de um boicote colusivo. Esses três elementos – potencial efeito exclusionário, justificativas legítimas e acusação de prática concertada – se repetem em diversos precedentes.[14] Como o Direito concorrencial deve equacionar as tensões que emergem nesse conflito típico da indústria desportiva?

Na literatura antitruste, Joseph P. Bauer, analisando a jurisprudência dos tribunais estadunidenses, observa que a padronização costuma ser necessária para garantir a competitividade e integridade esportivas, mas tende a ser proibida se considerada mais restritiva do que o necessário.[15] Em sentido similar, Gregory J. Pelnar anota que, se é verdade que a padronização geralmente afeta os fabricantes, não necessariamente há prejuízo à concorrência, sinalizando a importância de

---

12 *Vide* Brookins v. IMCA, 219 F.3d 849 (8° Circuito, 2000).

13 *Id.*, p. 853. Para a corte, embora as novas regras da ICMA afetassem os fornecedores de transmissão, isto seria *"an incidental and inevitable byproduct of defining the game."*. A corte tampouco se convenceu, ante a falta de provas, de que a IMCA teria sido coagida pelos demais fabricantes a adotar as regras que excluíram os Brookins.

14 Greogry Pelner traz um apanhado de casos judiciais ilustrando este padrão. Cf. PELNER, Gregory. Antitrust Analysis of Sports Leagues. University Library of Munich, Germany, MPRA Paper, p. 210-229, 2007.

15 Cf. BAUER, J. P. Antitrust and Sports: Must Competition on the Field Displace Competition in the Market? Tennessee Law Review, v. 60, 1993, p. 287.

definir o mercado relevante e investigar os efeitos da prática.[16] John. E. Lopatka sugere que a prática seja considerada *per se* lícita, exceto quando a entidade padronizadora é vítima de poder de mercado dos fabricantes (*e.g.*, os fabricantes ameaçam interromper o fornecimento de equipamentos para a prática desportiva caso a entidade reguladora do esporte não edite um *standard* que os favoreça), o que seria improvável.[17] Para Shlomi Feiner, embora os padrões frequentemente se baseiem em intenções legítimas e causem efeitos concorrenciais mínimos, as associações esportivas têm sido alvo frequente de litígios – propondo regra de imunidade com o objetivo de evitar litígios e economizar recursos, em sua visão, desperdiçados com tais casos.[18] Em síntese, a literatura que examinou a prática no contexto estadunidense parece convergir quanto à necessidade de investigar os efeitos da padronização, ainda que reconhecendo a legitimidade da criação de tais padrões.

3. PADRÃO DE ANÁLISE SOB A LEI ANTITRUSTE BRASILEIRA

A lei antitruste brasileira define como infração da ordem econômica os atos que tenham por objeto ou possam produzir efeitos restritivos à concorrência (Lei 12.529/2011, art. 36). Daí a distinção entre "infração por objeto" e "infração por efeitos".[19] A questão relevante aqui, portanto, é se a padronização privada de produtos esportivos deve ser vista como infração por efeitos ou por objeto.

É inegável que a padronização pode gerar perda de bem-estar social, como prejuízo à qualidade dos produtos (seja porque os fabricantes "em conformidade" têm menos incentivo para inovar, seja porque os produtos

---

16 Cf. PELNER, Gregory. *Op. Cit.*, p. 210.

17 LOPATKA, John E. Antitrust and Sports Equipment Standards: Winners and Whiners. Antitrust Bulletin, v. 54, n. 4, 2009, p. 777. "*In one situation, suppliers might threaten to withhold equipment unless the governing body adopts a standard excluding their competitor. [...]. The standard is set in response to the exertion of market power by suppliers and protects that market power. In such a case, the governing body itself and excluded suppliers are economic victims of the threat, and antitrust liability is appropriately imposed on the suppliers making the threat. This kind of a boycott is unlikely, however. The market power necessary for the suppliers to make an effective threat requires as a practical matter that the excluded supplier, which offers superior equipment, could not satisfy the entire demand.*".

18 FEINER, Shlomi. Regulation of Playing Equipment by Sports Associations: The Antitrust Implications. University of Miami Business Law Review, v. 10, 2002, p.624.

19 As primeiras dizem respeito a condutas que não têm nenhum propósito econômico legítimo, mas tão somente o escopo de restringir a dinâmica competitiva. São condutas anticompetitivas pela própria natureza e, por isso, encerram uma presunção de potencialidade lesiva. Por outro lado, as infrações por efeito não permitem uma constatação simplificada da ilicitude, cabendo ao intérprete aprofundar o exame das circunstâncias econômicas do caso – *e.g.*, definir o mercado relevante, analisar a existência de poder de mercado e examinar eventuais eficiências – a fim de estabelecer a potencialidade lesiva da prática. Cf. FRAZÃO, Ana. Direito da Concorrência – Pressupostos e Perspectivas. São Paulo: Saraiva, 2017, pp. 291-293.

excluídos são melhores e preferidos pelos atletas) e aumento de preços em razão da concorrência reduzida. Por outro lado, por tudo o que foi dito até aqui, nota-se que não é difícil para a entidade padronizadora apresentar uma justificativa racional para a definição de padrões. Afinal, ressalvada a hipótese em que a organização esportiva tenha interesse econômico relevante na venda do produto objeto da padronização (algo incomum), presume-se que o incentivo da organização é maximizar a atratividade da competição para os consumidores,[20] sendo a padronização muitas vezes um meio necessário para garantir segurança e isonomia entre os atletas. Portanto, ausentes provas de discriminação clara e arbitrária contra o fabricante excluído, é razoável que a conduta da organização esportiva seja vista como uma infração por efeitos.[21]

A resposta é menos óbvia quando a acusação envolve conluio entre fabricantes e a entidade padronizadora (*i.e.*, um boicote), o padrão fático mais comum das alegações nos casos estadunidenses.[22] Boicotes coletivos são acordos entre concorrentes visando excluir rivais do mercado (*e.g.*, negando-lhes acesso a um insumo). A teoria é de que os fabricantes se reúnem para pressionar a organização esportiva a definir um *standard* que exclui um ou mais rivais.

Do ponto de vista puramente teórico, há bons argumentos para sustentar que um boicote coletivo dessa natureza constitui ilícito por objeto[23], como indica a própria jurisprudência do Conselho Administrativo de Defesa Econômica – Cade. No caso *Sindacad*[24], implicitamente avaliado como uma infração por objeto (dada a inexistência de análise

20 Cf. LOPATKA, John E. *Op. Cit.*, p. 772.

21 Reforça essa conclusão a relativa inexperiência da autoridade concorrencial brasileira com investigações sobre a padronização ora em análise.

22 Cf. nota 13 *supra*.

23 Primeiramente, da perspectiva dos fabricantes, a conduta tem o propósito precípuo de restringir a concorrência, ainda que o *modus operandi* dos agentes inclua, no plano discursivo, o recurso a argumentos técnicos para disfarçar o intuito anticompetitivo. Ou seja, o interesse imediato dos fabricantes seria maximizar o lucro com as vendas de material esportivo, e não a atratividade da competição ou o bem-estar dos atletas.

24 Cf. voto do Conselheiro Ricardo Machado Ruiz no âmbito do Processo Administrativo n. 08012.005524/2010-40 (Representante: Smart Rio Academia de Ginástica Ltda.; Representados: Sindicato das Academias do Estado do Rio de Janeiro - SINDACAD/RJ e Ricardo Marques de Abreu). A conduta é análoga ao cenário aqui considerado em vários níveis. Primeiro, o Sindacad/RJ é funcionalmente semelhante às organizações esportivas, pois estabelece regras que afetam mercados relacionados, porém distintos de sua atividade-fim. Segundo, a conduta do Sindacad/RJ também pode ser vista como um boicote via imposição de *standard*: os rivais do modelo *low-cost* se reuniram para estabelecer um "padrão de qualidade" (o limite de 50 alunos por professor de educação física) destinado a desqualificar um modelo de negócios específico de determinado concorrente. Embora o Sindacad/RJ tenha apresentado supostas justificativas de saúde pública, o Cade consignou que o sindicato não tinha competência para tratar da matéria - *i.e.*, descaberia afastar a presunção de potencialidade lesiva da prática.

de efeitos), o Sindicato de Academias do Estado do Rio de Janeiro – Sindacad/RJ foi condenado por firmar uma convenção coletiva estabelecendo um limite de 50 alunos sob supervisão de cada profissional de educação física. Entretanto, nesse caso a prova dos autos era inequívoca no sentido de que a intenção do Sindacad/RJ era inviabilizar o modelo de academias de baixo custo por meio da imposição do "padrão", revelada pela análise das atas de reunião entre as academias concorrentes.

Por outro lado, raramente a realidade é tão simples como em *Sindacad.* A menos que a prova do conluio e do nexo entre este e a edição do *standard* seja cabal, o aplicador da norma deve realizar uma série de juízos probabilísticos e escolhas interpretativas à luz do material probatório. Por exemplo, o fato de os fabricantes rivais serem patrocinadores da organização que regulamenta o *standard* (como no caso *Brookins*) é um indício relevante de que os fabricantes têm influência para demandar um *standard* anticompetitivo, mas, por si só, não é suficiente para afastar a hipótese de atuação legítima da entidade no melhor interesse do esporte. Nessas situações de incerteza e complexidade quanto à determinação da existência ou não de acordo, haverá sempre uma probabilidade de erro na conclusão do intérprete – o que é exacerbado pelo fato de que, na indústria esportiva, a padronização é extremamente comum e, na maior parte dos casos, justificada. Uma forma de evitar falsos positivos, nesses casos, é ponderar as justificativas apresentadas para a edição do *standard* e, se aceitáveis, afastar a presunção de potencialidade lesiva – possibilidade aceita pela doutrina e pela jurisprudência no âmbito das infrações por objeto.[25]

Desse modo, ainda que o aplicador da norma conclua que o objeto da conduta é a restrição da concorrência (o que o exonera de examinar em detalhes os efeitos anticompetitivos), a melhor recomendação é que não se deixe de avaliar a razoabilidade das justificativas apresentadas pela organização esportiva, a fim de evitar condenações injustas e intervenções indevidas em competições esportivas.

---

25 Cf. FRAZÃO, Ana. *Op. Cit.*, p. 292. *"A possibilidade de defesa mesmo nos ilícitos por objeto foi enfatizada expressamente pelo Conselheiro Marcos Paulo Veríssimo, no julgamento do PA n. 08012.006923/2002-1892, em que se discutia a edição de tabelas no mercado de agências de turismo no Rio de Janeiro, ao declarar que, embora sub- metida a um regime de presunção relativa de ilegalidade, a ilicitude da prática poderia ser afastada, caso ficasse demonstrado que era acessória a outro objeto lícito e razoável, como a compensação de eventual poder de oligopsônio".*

4. CONSIDERAÇÕES FINAIS

A padronização de equipamentos esportivos é um fenômeno inevitável que, na maior parte das vezes, baseia-se em justificativas legítimas, o que leva a literatura e a experiência antitruste internacional a recomendar uma análise da prática à luz da regra da razão. Este artigo concorda com essa posição, mas chama a atenção para situações em que o *standard* é obtido por meio de práticas colusivas, caso em que a infração pode ser vista como um ilícito por objeto. Mesmo nesses cenários, é importante que o intérprete não ignore as justificativas apresentadas e os incentivos econômicos em jogo.

Referências bibliográficas

BAUER, Joseph P. Antitrust and Sports Equipment Standards: Analysis of Court Decisions. Antitrust Bulletin, v. 54, n. 4, 2009. Disponível em https://core.ac.uk/download/pdf/268222993.pdf.

FEINER, Shlomi. Regulation of Playing Equipment by Sports Associations: The Antitrust Implications. University of Miami Business Law Review, v. 10, p. 585, 2002. Disponível em https://repository.law.miami.edu/umblr/vol10/iss3/4.

FRAZÃO, Ana. Direito da Concorrência – Pressupostos e Perspectivas. São Paulo: Saraiva, 2017

LOPATKA, John E. Antitrust and Sports Equipment Standards: Winners and Whiners. Antitrust Bulletin, v. 54, n. 4, 2009. Disponível em: https://ssrn.com/abstract=1413172.

OCDE, Competition and Professional Sports, OECD Competition Policy Roundtable Background Note, 2023. Disponível em https://www.oecd.org/daf/competition/competition-and-professional-sports-2023.pdf.

PELNAR, Gregory. Antitrust Analysis of Sports Leagues. University Library of Munich, Germany, MPRA Paper, 2007. DOI: http://dx.doi.org/10.2139/ssrn.1021365.

TASSEY, Gregory. Standardization in technology-based markets. Research Policy, v. 29, n. 4, 2000. DOI: https://doi.org/10.1016/S0048-7333(99)00091-8.

Estrutura da governança da indústria do esporte, as federações e associações esportivas e seus reflexos na dinâmica concorrencial

Ticiana Nogueira da Cruz Lima
Marcela Mattiuzzo

1. INTRODUÇÃO

Discussões em torno de cooperações horizontais entre concorrentes estão novamente em voga, sobretudo associadas à necessidade de atingir as exigências de sustentabilidade da nova economia (não por acaso, na agenda ESG há claramente um espaço de destaque para objetivos de governança). Nesse contexto, a análise do desenho de estruturas de governança e os reflexos dos diferentes modelos na concorrência é um tema que tem ganhado novas nuances, e a indústria do esporte desponta como um excelente caso para reflexão sobre o tema.

Afinal, trata-se de um setor em que a cooperação entre concorrentes sempre foi uma necessidade, e que por isso tem muito o que nos ensinar sobre riscos e vantagens de determinados modelos de governança em comparação com outros. Além disso, o modelo de governança da indústria do esporte tem ocupado grande espaço no debate antitruste em função de denúncias de possíveis abusos e conflitos de interesses por parte das organizações esportivas. Decisões recentes na Europa têm reafirmado o papel do Direito da concorrência como instrumento para análise das regras que regem o funcionamento de federações, associações e ligas esportivas de maneira geral (coletivamente tratadas aqui como "organizações esportivas") e detalhado os parâmetros para nortear essa análise.

2. A GOVERNANÇA NA INDÚSTRIA DO ESPORTE COMO UMA QUESTÃO ANTITRUSTE

Concorrentes na indústria do esporte precisam cooperar para poder competir. É por meio da cooperação horizontal que se definem as regras dos esportes e se organizam e viabilizam campeonatos. Dessa necessidade de cooperação decorre necessariamente uma estrutura de governança que não apenas permita a tomada de decisões coletivas, mas também opere como mecanismo de solução de conflitos e garantia de aplicação das regras acordadas.

A indústria dos esportes é uma atividade que movimenta cada vez mais recursos, e com isso cresce também o poder econômico concentrado nas organizações encarregadas dessa estrutura de governança[1]. Tamanha a força do papel exercido por essas entidades permite inclusive que se faça também uma análise vertical desses arranjos. Ou seja, olhando não apenas para os riscos horizontais inerentes a qualquer arranjo de cooperação entre concorrentes, mas também para a atuação das entidades esportivas enquanto entes autônomos que têm poder de mercado na organização dos eventos esportivos e podem incorrer em condutas verticais, restringindo o acesso a esse mercado.

Os diferentes esportes possuem, claro, realidades muito destintas inclusive em termos de tamanho de mercado, número de atores, complexidade das relações entre eles etc. Contudo, a necessidade de cooperar para poder competir é uma constante que tende a ser revolvida por meio de mecanismos de autorregulação que tomam a forma das organizações esportivas. Essas entidades que governam os diferentes esportes no geral têm acumulado funções de cunho normativo, executivo e judicante. Ou seja, são elas que definem as regras do jogo, organizam e promovem os campeonatos e monitoram o cumprimento das regras, aplicando penalidades e arbitrando disputas sempre que necessário.

Em decorrência desse acumulo de funções, e também porque o esporte em muitos sentidos não é uma atividade econômica como outra

1 Segundo trabalho recente da OECD (2023) sobre o tema, em 2023 o faturamento do setor deve ter ultrapassado os USD 500 bilhões, e em 2027 deve passar dos USD 600 bilhões. (https://www.oecd.org/daf/competition/competition-and-professional-sports-2023.pdf)

qualquer (na medida em que exerce também um importante papel sócio-cultural, educativo e até de promoção da paz e redução das desigualdades[2]), existe uma linha argumentativa que procura traçar uma divisão entre as atividades ditas "puramente esportivas" e as "atividades econômicas propriamente ditas"[3], ou entre "aspectos regulatórios" e "aspectos comerciais" da atuação dessas organizações. Por esse tipo de raciocínio, sempre que não envolvessem aspectos comerciais ou atividade econômica propriamente dita, a atuação das organizações esportivas estaria fora do escopo da aplicação do Direito da concorrência.

O desafio de uma análise baseada em dicotomias nesses moldes é que, no mais das vezes, é difícil encontrar a linha que separe de maneira clara o esporte da indústria do esporte. A análise precisa ser feita sempre caso a caso, mas o fato é que as regras que incidem sobre as competições tendem a ter implicações econômicas relevantes. Fora casos excepcionais como, por exemplo, a definição das regras do jogo propriamente ditas, dificilmente a atuação regulatória das organizações esportivas poderá ser considerada imune a uma análise antitruste em função de argumentos baseados nesse tipo de classificação.

3. ATUAÇÃO DE AUTORIDADES DE DEFESA DA CONCORRÊNCIA: AS RECENTES DISCUSSÕES NA EUROPA E REFLEXÕES SOBRE POSSÍVEIS REPERCUSSÕES NO DIREITO BRASILEIRO

De fato, são as regras estabelecidas pelas organizações esportivas, e não necessariamente atividades diretamente comerciais como a venda de ingressos ou o licenciamento de direitos de transmissão ou mesmo merchandising, que têm levantado os maiores debates antitruste sobre o setor ultimamente[4].

2 Conforme amplamente reconhecido inclusive pelas Nações Unidas que expressamente destaca o papel dos esportes para o cumprimento dos Objetivos para o Desenvolvimento Sustentável (Agenda 2030).

3 Distinção foi inicialmente marcada em um precedente da Corte Europeia de Justiça - ECJ (Walrave 1974) em que se decidiu por afastar a aplicação da proibição de discriminação com base na nacionalidade, constante dos tratados europeus, em situação que tratava da seleção de atletas para representar equipes nacionais. Desde então essa classificação teve sua acuracidade/utilidade bastante questionada na doutrina sobre direito esportivo e concorrência ao longo dos anos (Bosman 1995 e Meca-Medina 2006), mas apesar disso ela segue, de uma forma ou de outra, aparecendo em decisões sobre o tema tomadas recentemente pela própria ECJ (European Super League 2023 e International Skating Union 2023).

4 Ver nesse sentido o compilado de casos levantados por Ben Van Rompuy tanto na Europa como nos Estados Unidos. *The antitrust challenges to sports governance: EU and US perspectives* (2022).

A tentativa fracassada da criação da Super Liga Europeia, que levou ao questionamento judicial dos processos da FIFA e da UEFA para autorização de novas ligas, talvez seja o exemplo mais notório nesse sentido[5]. No final de 2023 a ECJ proferiu uma decisão nesse caso que considerou que as regras então vigentes da FIFA e da UEFA, que previam a necessidade de aprovação prévia de ambas as entidades para a realização de novos torneios, e que estabeleciam penalidades severas a dissidentes, incluindo a expulsão de torneios, eram anticompetitivas.

Em resumo, a Corte entendeu que organizações esportivas não podem simplesmente negar a autorização para a realização de competições de terceiros, ainda que esse tipo de restrição possa ser legal desde que atendidas algumas condições que vão no sentido de limitar a discricionariedade das organizações esportivas de negarem a autorização para atletas/times participarem de competições de terceiros. Assim, a decisão foi principalmente no sentido de que processos decisórios que tenham esse tipo de impacto no mercado têm que ser objetivos, transparentes e não discriminatórios, e as decisões precisam ser baseadas em critérios substantivos claros, proporcionais e conhecidos.

Vale destacar que essa mensagem principal a primeira vista não traz grandes novidades quando se faz um paralelo com própria jurisprudência do Cade sobre a tomada de decisões que impactam acesso de concorrentes aos mercados de maneira geral. De fato, esses parâmetros são os mesmos que costumam ser considerados aqui no Brasil tanto em decisões sobre cooperações entre concorrentes[6] como também em casos de investigações de abuso de posição dominante e necessidade de garantia de acesso[7]. Resta, em cada caso concreto, claro, o desafio de determinar como esses critérios são satisfatoriamente preenchidos.

Dito isso, do ponto de vista da discussão mais geral que se pretende fazer aqui sobre a análise do impacto das estruturas de governança na concorrência, vale fazer, tendo como ponto de partida esse importante

---

5 Há outros que não podem ser explorados aqui por uma questão de espaço. Nesse sentido, ver principalmente duas outras decisões de dezembro de 2023: *International Skating Union e Royal Antwerp FC*.

6 Ver, a título de exemplo nesse sentido, as considerações feitas recentemente pelo Cade sobre a necessidade de isonomia e não discriminação no acesso de terceiros a uma plataforma de *software B2B* voltada para a criação de métricas de sustentabilidade que era objeto de uma joint venture entre os principais agentes no mercado de commodities agrícolas (AC 08700.009905/2022-83).

7 Ver nesse sentido as obrigações criadas no Acordo em Controle de Concentrações - ACC firmado como condição para aprovação do AC 08700.005719/2014-65 ainda em 2015.

precedente europeu, uma breve reflexão sobre dois pontos do percurso analítico que embasa a decisão desse tipo de caso.

O primeiro ponto diz respeito ao padrão da análise que deve ser realizada. Afinal, uma estrutura de governança que se pretende construída para alcançar objetivos que estão fora do escopo medido em termos de eficiência econômica *strictu sensu* (como é o caso do esporte) deve passar pelos mesmos testes aplicados às estruturas de cooperação ditas mais tradicionais?

A decisão da ECJ no caso da Superliga Europeia tem sido lida por alguns comentadores como uma decisão que estabeleceu um padrão mais rigoroso de análise para a revisão de regras que impeçam a contestação dos atuais monopólios no mercado de organização de eventos esportivos[8]. De acordo com essa interpretação, ao invés de simplesmente verificar que a restrição à criação de novos campeonatos tem uma justificativa legítima e se certificar de que não haveria meios menos restritivos de se perseguir os mesmos objetivos, como tinha feito em casos anteriores envolvendo a indústria do esporte[9] (o que pode ser lido como uma deferência às especificidades da organização dos esportes), a Corte teria sinalizado que, em se tratando de previsão cuja própria essência envolve uma restrição à concorrência (como é o caso da necessidade de autorização para a instalação de competições de terceiros), seria necessária uma justificativa mais robusta nos termos das discussões de eficiência mais estritos do art. 101(3) do TFEU ou seu equivalente no art. 102[10].

A discussão é bastante técnica, mas está longe de ser neutra em termos de política de defesa da concorrência. Para além de questões relevantes sobre as diferenças de padrão de prova e ônus probatório em uma ou outra abordagem, a discussão é sobre o peso que deve ser dado a argumentos específicos do esporte para afastar *prima facie* o

8 Cf. Ibanez Colomo. On Superleague and ISU: The Expectation Was Justified (and EU Competition Law May Be Changing before Our Eyes). Chillin'Competition Blog. https://chillingcompetition. com/2023/12/21/on-superleague-and-isu-the-expectation-wasjustified-and-eu-competition-law-may-be-changing-before-oureyes/

9 Esse teste, conhecido como Wouters Proportinality Test foi aplicado pela primeira vez na indústria do esporte no caso Meca-Medina (2006) que tratava de suspensão definitiva de dois nadadores por questões de doping.

10 O art. 101 (3) estabelece as condições em que restrições à concorrência proibidas pelo art. 101 podem ser autorizadas nos termos do direito europeu. São elas: (i) demonstração de que o acordo contribui para melhorar a produção ou a distribuição dos produtos ou para promover o progresso técnico ou económico; (ii) de que é reservada aos consumidores uma parte equitativa do lucro resultante; (iii) de que as restrições são essenciais à consecução desses objetivos; e (ii) que o acordo não dá às partes a possibilidade de eliminar a concorrência relativamente a elementos substanciais dos produtos em causa.

enforcement do Direito da concorrência. Assim, será interessante acompanhar o desenvolvimento do debate pois ele tem implicações para a análise de estruturas de governança de arranjos cooperativos entre concorrentes voltados a alcançar interesses coletivos de forma geral, não apenas na indústria do esporte – o exemplo que mais salta aos olhos é a discussão sobre sustentabilidade.

O segundo ponto diz respeito às intervenções possíveis a uma autoridade de defesa da concorrência. É dizer: independente do padrão de análise utilizado, uma vez identificado um problema, até onde pode o antitruste ir na adequação de um dado modelo de governança? A resposta a essa pergunta pode apresentar oportunidades reais de melhorias no modelo de governança da indústria dos esportes. O estabelecimento de critérios gerais para garantir o cumprimento de um mínimo "devido processo" decisório é importante, mas não precisa esgotar o debate.

Na verdade, a possibilidade de solução de casos por vias negociais, já consagrada no Direito da concorrência, cria um espaço possível para a construção conjunta de alternativas interessantes e que ainda é raro no contexto geral da administração pública. No caso específico da indústria do esporte, isso pode ser um campo a ser explorado inclusive da perspectiva das próprias organizações já que tem crescido um movimento no sentido de defender a criação de agências estatais independentes para regulações dos esportes como forma de resolver os problemas de conflito de interesses do modelo atual das organizações esportivas[11].

4. CONSIDERAÇÕES FINAIS

A atuação das organizações esportivas é mais uma que coloca as autoridades de defesa da concorrência diante de questões que impõem uma autorreflexão sobre os limites e objetivos do *enforcement* antitruste. Apesar dos desafios, essa situação também pode apresentar oportunidades reais para a melhora dos modelos de governança das organizações esportivas, seja apenas por criar uma cultura de justificativa das decisões diante da mera possibilidade

11 Ver nesse sentido autores citados no Background paper da OCDE. Competition and Professional Sports (2023, p.24).

de que condutas sejam submetidas ao escrutínio antitruste, seja por permitir, sempre que necessário, que alterações mais estruturais se realizem de forma consensuada.

A indústria do esporte é um canalizador de vários mercados que já foram objeto de análise antitruste no Brasil (com destaque aqui para discussões sobre direitos de transmissão de jogos de futebol). Embora esse tema específico da governança da indústria do esporte ainda não tenha chegado à pauta do Cade, mais cedo ou mais tarde a autoridade antitruste brasileira deve se ver diante desse debate.

Organização de ligas esportivas e perspectivas concorrenciais: reflexões iniciais

Eduardo Caminati Anders
Marcio de Carvalho Silveira Bueno
Guilherme Teno Castilho Misale

1. INTRODUÇÃO

Os esportes em geral e os eventos esportivos em particular ocupam um espaço na vida e na cultura de uma nação.[1] Ao mirar especificamente para a temática dos esportes profissionais, é possível vislumbrar um ambiente em que competição e cooperação usualmente coexistem. Trata-se de uma dinâmica de particular interesse que, na seara jurídica, tem o potencial de suscitar questões sob diferentes prismas de análise, não sendo indiferente no caso do Direito antitruste. Nesse quadro, o presente artigo visa esboçar, em um giro panorâmico, algumas possíveis zonas de confluência no que se refere à organização de ligas esportivas e o Direito antitruste.[2-3]

1 A título de nota ilustrativa, questões econômicas e socioculturais diversas podem ser cotejadas e estudadas no universo dos esportes, seja, exemplificativamente, sob a perspectiva de benefícios econômicos, geração de emprego, desenvolvimento econômico local, eventuais restrições e implicações correlatas etc., seja sob a ótica social do senso de identidade, orgulho comunitário e coesão, para além de variáveis relacionadas à etnia, raça, gênero etc.

2 Apesar de a interação entre esportes e direito antitruste não ser um tema necessariamente novo, considerando recentes desenvolvimentos, contornos e arranjos, inclusive "renovadas" questões e teorias do dano que se problematizam na seara antitruste, bem como de arejadas construções e modelos evocados na indústria dos esportes (sublinhe-se a importância da compreensão do caso concreto e da modalidade esportiva, vez que suas características e particularidades podem influir na análise), mister trazer o tema à tona, justificando discussões embasadas, pesquisas e estudos acadêmicos.

3 Ainda que nosso vetor de análise para fins deste artigo seja outro, não é demais registrar crescente atenção para questões no mundo esportivo profissional imbrincadas a assuntos da ordem do dia na agenda antitruste, a exemplo de práticas como *wage-fixing e no-poach*. Além disso, discussões envolvendo regras de transferência e apostas esportivas podem também apresentar nuances concorrenciais. Para detalhamento, entre outros trabalhos, vide: OECD. Competition and Professional Sports. OECD Competition Policy Roundtable. Background Note. Disponível em: <www.oecd.org/daf/competition/competition-and-professional-sports-2023.pdf>.

2. MONOPÓLIO E CONCORRÊNCIA NA ORGANIZAÇÃO DE LIGAS ESPORTIVAS

Na maioria dos esportes, não é incomum observar apenas uma liga principal ou torneio nacional organizado por uma entidade, forjando uma sistemática na qual a organização de competições esportivas opere sob um regime de monopólio de fato.[4]

Em grandes linhas, este modelo é calcado sob a premissa de que proporcionaria uma competição de maior qualidade, com melhor equilíbrio competitivo e maior incerteza quanto ao resultado. Tal modelo asseguraria, em princípio, que os melhores talentos fossem concentrados em uma única competição, aumentando a qualidade dos jogos e a satisfação dos espectadores. Além disso, tal modelo guardaria relação com uma distribuição equilibrada de recursos entre os clubes, de sorte a promover uma competição justa e sustentável. Outrossim, a existência de uma única liga principal evitaria conflitos de calendário, facilitaria a implementação de regras uniformes e proporcionaria um alegado equilíbrio em termos de bem-estar para a atividade profissional.

Esse conjunto de fatores ilustrativos, em tese, teria o potencial de atrair maiores investimentos de patrocinadores e emissoras de televisão ao preferirem associar suas marcas aos eventos de maior visibilidade e prestígio. A concentração dos recursos financeiros e humanos em uma única liga também seria um argumento no sentido de gerar economias de escala e maior eficiência na organização dos eventos.

Por outro lado, não se pode olvidar de considerações com vistas a introduzir efetivamente o *elemento da concorrência* na organização de competições esportivas, encadeando efeitos positivos nessa estrutura. Nesse ponto, por exemplo, a existência de múltiplas ligas concorrentes poderia aumentar a frequência e o número de eventos de alto nível, reduzir os preços dos ingressos e das transmissões, além de promover a inovação no formato e na gestão dos torneios. No seu reverso, isto é, a falta de

4 Parte da literatura antitruste, há muito, rechaça a ideia de que modalidades esportivas constituíram monopólios naturais. Nesse sentido, por exemplo, ver: ROSS, Stephen F. Monopoly Sports Leagues. 73Minn. L. Rev. 643(1989), pp. 643-761. A discussão sobre a possibilidade da existência de monopólio passaria, assim, por uma análise casuística, que levaria em conta diversas variáveis, incluindo, mas não se limitando, a aspectos de escala mínima viável.

concorrência poderia culminar com a redução da inovação e da qualidade dos serviços ofertados aos consumidores, além de potencializar variáveis que, em tese, favoreceriam o aumento dos preços dos ingressos e dos direitos de transmissão, impactando consumidores e parceiros comerciais, além de favorecer o aumento de barreiras à entrada de clubes com menos recursos financeiros, por exemplo. Se é assim, a modelagem de concorrência entre ligas poderia, em princípio, beneficiar clubes, atletas e consumidores, oferecendo uma gama mais ampla de escolhas e melhorando a experiência esportiva como um todo.[5]

A par dessas ponderações, não seria desarrazoado considerar que a existência de uma liga esportiva única (em âmbito local, regional e/ou nacional) poderia produzir efeitos ambíguos nos agentes econômicos inseridos nesse "mercado relevante", por assim dizer. Cumpre anotar, também, que o tema da monopolização de determinada modalidade esportiva ganha uma camada de complexidade na medida em que as ligas esportivas podem ser vistas como plataformas de múltiplos lados, ligando agentes (anunciantes, patrocinadores, atletas, clubes, espectadores etc.) que têm interesses distintos e, por vezes, conflitantes.[6]

3. COMPORTAMENTOS POTENCIALMENTE ANTICOMPETITIVOS NAS LIGAS ESPORTIVAS E QUESTÕES CORRELATAS

Em termos concretos, tendem a não ser numerosos os exemplos de ligas esportivas concorrentes em uma dada modalidade esportiva (e.g., um campeonato brasileiro de futebol organizado pela Confederação Brasileira de Futebol – CBF e outro organizado por uma segunda associação). De um ponto de vista, esse fato pode ser explicado porque, em tese, haveria gradiente econômico em afastar organizações/ligas e obter os benefícios decorrentes do monopólio, articulando uma dinâmica de

5 Uma tentativa, diga-se "frustrada", de estabelecer ligas rivais nos EUA denota a dificuldade de sustentar competições paralelas – vide, por exemplo, o caso PGA/LIV Golf, em que uma liga rival (LIV Golf) surgiu para competir com a liga dominante (PGA Golf), mas, ao fim e ao cabo, resultou em acordo de fusão entre elas, suscitando questões sobre eventuais efeitos anticompetitivos desse movimento.

6 Sobre a definição de ligas esportivas como *"multi-sided platforms"*, ver: OECD. Competition and Professional Sports. OECD Competition Policy Roundtable. Background Note. Disponível em: <www.oecd.org/daf/competition/competition-and-professional-sports-2023.pdf>. KLEIN, Timo. Exclusive Dealing in Sports after ESL and ISU. Disponível em: <https://www.cresse.info/wp-content/uploads/2023/09/2023_ps6_pa2_Klein.pdf>. Acessos em: 20 jun. 2024.

"concorrência pelo mercado". Nesse contexto de eventuais práticas anticompetitivas, nota-se que os comportamentos das ligas esportivas geralmente se manifestam em duas vertentes principais: ações contra ligas concorrentes e práticas exploratórias contra clubes ou atletas. A seguir, sob um giro exemplificativo, discorremos sucintamente sobre alguns comportamentos que poderiam demandar um cuidadoso olhar antitruste ante um exame caso a caso.

Inicialmente, ilustra-se com a imposição de *regras de elegibilidade e exclusividade*,[7] proibindo atletas de participarem de competições não autorizadas pela entidade governante. A imposição dessas regras é comum e, em suma, exige que atletas e clubes obtenham aprovação prévia para participarem de eventos não organizados pela liga principal, sob pena de sanções severas, incluindo banimentos de competições principais. Essas práticas têm sido objeto de análise por autoridades antitruste em diversas jurisdições, uma vez que limitam a entrada de novos organizadores de eventos e restringem a liberdade dos participantes do esporte, podendo afetar negativamente a inovação e a competitividade do setor. A existência de *regras de elegibilidade e exclusividade* apresenta justificativas legítimas, o que demandaria, em última análise, a investigação das circunstâncias do caso concreto. De modo geral, tais regras estariam fundamentadas sob a necessidade de se garantir a integridade dos campeonatos e até mesmo o bem-estar dos atletas, o que aumentaria a qualidade das competições. Não obstante, essas justificativas são comumente encaradas como potenciais pretextos para manter o controle da organização da prática esportiva.

Outro ponto digno de atenção refere-se ao fato de que as ligas podem estabelecer *requisitos de licenciamento* para os clubes, um comportamento que, a depender dos termos e condições, tem o potencial de se traduzir

7 A título de exemplo, o Regulamento da União Internacional de Patinação (ISU) previa severas sanções a patinadores que participassem de competições não autorizadas. Em 2017, a Comissão Europeia decidiu que as regras de elegibilidade da ISU infringiam as leis de concorrência da UE, restringindo a competição ao impedir organizadores independentes de estabelecerem suas próprias competições ao estarem impedidas de contratar atletas de alta performance. Após recurso, a decisão foi confirmada pelo Tribunal Geral da União Europeia, destacando a necessidade de critérios objetivos, transparentes e não discriminatórios para autorizações de novos eventos. Além disso, vale mencionar o caso da Superliga Europeia (ESL). Em 2021, doze clubes europeus anunciaram a criação da Super Liga Europeia (ESL) paralelamente à Liga dos Campeões da UEFA. Ao final, o projeto foi abandonado em razão de medidas judiciais e administrativas adotada pela UEFA e pela FIFA, somadas à resistência popular.

como um tipo de barreira à entrada ao, por exemplo, limitar a capacidade de novos clubes competirem em igualdade de condições.[8]

Também, vale sublinhar os *direitos de transmissão*, que se revelam como importante fonte de receita para organizações esportivas e equipes. A *comercialização e a negociação exclusiva de direitos de transmissão* são práticas que podem redundar em comportamentos anticompetitivos, a exemplo da exclusão de concorrentes e da limitação do acesso dos consumidores a conteúdos esportivos.[9]-[10] À guisa de ilustração, pontue-se a atuação da Comissão Europeia para garantir que a venda de direitos de transmissão não resulte em práticas deletérias à concorrência. Nesse sentido, cita-se o caso da Premier League inglesa, em que a venda coletiva de direitos de transmissão foi permitida sob condições rigorosas para assegurar a concorrência leal, diante de uma lógica que visa equilibrar a necessidade de financiamento dos clubes com a manutenção de um mercado competitivo para a transmissão esportiva.[11]

De modo relacionado às discussões em tela, agora sob um olhar propositivo vocacionado a mitigar possíveis conflitos de interesse e fomentar a competição na agenda das ligas, iluminamos pontualmente algumas "alternativas" de governança que vêm sendo ponderadas internacionalmente. Em linhas gerais, menciona-se a separação das funções regulatórias e organizacionais de entidades esportivas. A finalidade precípua seria reduzir conflito de interesses inerente a uma única entidade que regula e organiza competições.[12] Outra proposição nesse eixo temático gira em torno de introduzir um processo de licitação competitiva para a

8 Por exemplo, no caso da Associação de Clubes de Basquete (ACB), na Espanha, a imposição de taxas de entrada para clubes promovidos foi considerada anticompetitiva pelas autoridades de concorrência espanholas. A ACB exigia que clubes promovidos pagassem uma taxa significativa para ingressar na liga principal, o que dificultava a ascensão de novos clubes e consolidava a posição dos clubes já estabelecidos.

9 A questão relativa aos direitos de transmissão pode ser problemática tanto no *upstream*, isto é, na venda coletiva dos direitos de transmissão, quanto no *downstream*, ou seja, nos contratos de licenciamento dos direitos de imagem para os conglomerados de mídia.

10 A título exemplificativo, no que se refere a eventuais impactos concorrenciais das relações de exclusividade no segmento de transmissão de eventos esportivos, mencionamos o Procedimento Preparatório 08012.006504/1997-11 e o Inquérito Administrativo 08700.004453/2019-48 (este atualmente sob análise).

11 Destacamos o caso da La Liga, na Espanha, que foi investigada por práticas que poderiam restringir a concorrência ao vender direitos de transmissão a um único comprador. A intervenção das autoridades de concorrência garantiu que os direitos fossem vendidos de maneira que permitisse a participação de múltiplos compradores, promovendo a concorrência e beneficiando os consumidores finais com maior acesso e preços mais justos.

12 No início dos anos 2000, a Federação Internacional de Automobilismo (FIA) celebrou acordo com a Comissão Europeia com a finalidade de limitar as funções da entidade. Disponível em: <https://ec.europa.eu/commission/presscorner/detail/en/IP_03_1491>. Acesso em: 20 jun. 2024.

organização de ligas, de modo a permitir que diferentes entidades competissem pela oportunidade de organizar torneios.[13] Nesse compasso, a concessão para organizar a liga ou o torneio seria atribuída a partir de um processo transparente e competitivo, incentivando a inovação e reduzindo eventuais incentivos para práticas anticompetitivas.

4. NOTAS CONCLUSIVAS E HORIZONTES FUTUROS

Diante das abreviadas reflexões ora apresentadas, conclui-se pela existência de pontos de interseção no tema das ligas esportivas e o Direito antitruste, que, por sua vez, suscitam naturais desafios e oportunidades. Neste artigo pincelamos uma fina camada da discussão, que não é trivial e exige a necessária dose de ponderação, a fim de jogar luz para algumas interessantes questões, bem como encorajar debates, pesquisas e desenvolvimentos sobre o tema. Embora não seja essencialmente novo, trata-se de tema que adquire renovados contornos e atenção, e que vem despertando interesse e curiosidade em diversas jurisdições, tendo potencial para ganhar tração e aprofundamento também em solo pátrio.

Como verificado, no debate, há argumentos jurídicos e econômicos para ambos os lados no que tange à questão do monopólio na organização das ligas esportivas. Em todo caso, parece-nos imperativo assegurar que não haja desvirtuamento nem abuso de poder econômico nessas raias.

A nosso ver, a política de defesa da concorrência tem um importante papel a desempenhar no tema ora examinado. Ainda que não seja o único instrumento, a aplicação responsável e cuidadosa de regras antitruste, complementarmente a outros mecanismos, incluindo ferramentas da agenda regulatória, parece-nos iniciativa oportuna para contribuir com a integridade e a competitividade do setor esportivo, de sorte a equilibrar interesses comerciais com a promoção de um ambiente competitivo, hígido e inovador.

13 Tal abordagem permitiria que diferentes empresas ou organizações competissem pelo direito de organizar competições esportivas, aduzindo novas ideias e abordagens para o setor. Trata-se de uma proposição que poderia ser particularmente eficaz em esportes menos populares, em que a escala mínima é menor e há espaço para múltiplos organizadores. Em princípio, a concorrência pelo mercado garantiria que os organizadores selecionados oferecessem as melhores condições possíveis para clubes, atletas e torcedores.

Referências bibliográficas

GROW, Nathaniel. Regulating Professional Sports Leagues, 72 Wash. & Lee L. Rev. 573 (2015).

KLEIN, Timo. Exclusive Dealing in Sports after ESL and ISU. Disponível em: <https://www.cresse.info/wp-content/uploads/2023/09/2023_ps6_pa2_Klein.pdf>.

OECD. Competition and Professional Sports. OECD Competition Policy Roundtable. Background Note. Disponível em: <www.oecd.org/daf/competition/competition-and-professional-sports-2023.pdf>.

ROSS, Stephen F. Monopoly Sports Leagues. 73Minn. L. Rev. 643 (1989), pp. 643-761.

VERDONCK, Carmen et. al. Sports and competition law: An overview of EU and national case law. e-Competitions Special Issue Sports, 16 July 2020.

Criação de dificuldades à atuação de ligas esportivas concorrentes

Gustavo Augusto Freitas de Lima

Os esportes são, ao mesmo tempo, um importante negócio e um aspecto relevante da cultura humana, o qual é representativo da identidade de diversos povos e grupos sociais. Sob a ótica antitruste, o esporte, quando praticado de forma profissional, é analisado como um mercado relevante próprio, no qual os atletas são o insumo e as competições são o produto, o qual é prestado aos espectadores e aos anunciantes, em um mercado de múltiplos lados.

No contexto das ligas esportivas, a aplicação das normas antitruste é destinada a promover a concorrência justa e evitar monopólios. No esporte, isso pode incluir questões como impedir acordos de exclusividade, combater cláusulas que impliquem em restrição da mobilidade dos jogadores entre equipes e mesmo rever as regras de organização de ligas profissionais. Nesse caso, a atuação da autoridade antitruste envolve um delicado equilíbrio entre manter a integridade competitiva das ligas e garantir que os mercados esportivos operem de forma competitiva.

Uma liga esportiva nada mais é do que uma associação criada por concorrentes, geralmente equipes, clubes ou atletas, que organizam e regulamentam competições esportivas. Em alguns casos, essas ligas são organizadas sob orientação estatal ou em decorrência de previsão legal. As ligas esportivas são responsáveis por definir regras, agendar partidas, negociar direitos de transmissão, distribuir receitas, entre outras funções.

Em alguns casos, uma liga pode ser formada para unir outras ligas, como ocorre no caso da Fifa, que une diversas confederações nacionais, e dos Jogos Olímpicos, que organiza uma competição da qual participam diversas federações esportivas, de distintas modalidades.

Sob um olhar frio, ligas esportivas poderiam ser entendidas como uma espécie de cartel, por viabilizarem um conluio entre concorrentes; ou como um monopólio, eis que muitas vezes são a única entidade que explora uma determinada prática esportiva, em um determinado mercado relevante. As principais preocupações antitruste em relação às ligas esportivas incluem o fato delas imporem barreiras de entrada, fixarem preços, promoverem acordos de exclusividade e restringirem a oferta do produto, limitando o número de jogos e de competições.

No entanto, é importante notar que ligas esportivas também geram eficiências. Isso porque é necessário existir um certo nível de cooperação entre os diversos times e atletas para que se possa organizar, com sucesso, uma competição. A natureza específica da prática esportiva, que exige um calendário comum e um acordo sobre as regras competitivas aplicáveis, requer inexoravelmente um certo grau de coordenação entre concorrentes, que pode justificar algumas práticas que, de outra forma, seriam vistas como anticompetitivas em outros setores. Sem algum tipo de coordenação, pode ser que não seja possível se organizar um campeonato esportivo interessante, capaz de atrair a atenção do grande público.

Por esses motivos, autoridades antitruste frequentemente consideram esses fatores ao avaliar casos antitruste envolvendo ligas esportivas, concedendo um certo espaço de atuação que provavelmente não seria admissível em outros mercados.

Um marco significativo na interseção entre o Direito antitruste e a regulamentação esportiva diz respeito à decisão da Corte de Justiça da União Europeia envolvendo a UEFA (União das Associações Europeias de Futebol) e a FIFA (Federação Internacional de Futebol), referente à proposta de criação da Superliga Europeia[1]. O caso levanta questões fundamentais sobre a natureza das ligas esportivas, das práticas concorrenciais consideradas aceitáveis e das condutas tidas por ilícitas.

1 Caso C-333/21. Press release: https://curia.europa.eu/jcms/jcms/p1_4229705/lv/.

A acusação do caso "Superliga" diz respeito à criação da Superliga Europeia, uma iniciativa proposta por alguns dos clubes mais influentes do futebol europeu, como o Barcelona, o Real Madrid, o Chelsea, o Manchester United, entre outros. Inicialmente, a Superliga teria 20 clubes: 15 fundadores, fixos, mais cinco que se classificariam com base no rendimento na temporada anterior. A lógica dessa liga é que os jogos seriam travados essencialmente entre times de alto nível, muito populares mundialmente, o que atrairia uma grande audiência e muitos patrocinadores.

Em resposta, a UEFA e a FIFA ameaçaram impor sanções aos clubes e jogadores que participassem da Superliga, ameaçando a exclusão de outras competições organizadas por essas entidades. A acusação argumentava que tais ações eram anticompetitivas, pois visavam impedir a criação e o funcionamento de uma competição alternativa, a qual poderia desafiar o domínio das competições tradicionalmente organizadas pela UEFA e FIFA, como a Liga dos Campeões da UEFA e o novo Mundial de Clubes.

Um dos pilares da defesa da UEFA e da FIFA foi a argumentação de que a criação da Superliga Europeia comprometeria o modelo de solidariedade financeira, o qual seria essencial para o desenvolvimento do futebol em todos os níveis. Isso porque as receitas das competições principais, como a Liga dos Campeões, são redistribuídas para apoiar o desenvolvimento de infraestruturas e programas de base, seguindo diretrizes de solidariedade. Segundo as referidas entidades, a Superliga, focada nos clubes mais ricos, poderia desviar esses recursos, enfraquecendo a estrutura global do futebol.

A FIFA e a UEFA também alegaram que as competições organizadas por elas são planejadas de maneira a permitir que os clubes participem de várias competições ao longo do ano, sem sobrecarregar os jogadores. A criação de uma liga alternativa poderia desestabilizar esse equilíbrio, resultando em conflito de agendamento e na exaustão dos jogadores, o que poderia prejudicar a saúde e o bem-estar dos atletas.

Em uma decisão relevante, a Corte de Justiça europeia (ECJ) decidiu que as regras da UEFA e da FIFA, que proíbem a criação de competições alternativas, violam as leis de concorrência da União Europeia. A ECJ determinou que as exigências de aprovação prévia pela FIFA e UEFA para novas competições de futebol entre clubes, juntamente com as ameaças de exclusão de clubes e jogadores, constituem um abuso de posição dominante.

A falta de critérios substanciais e de procedimentos claros, por parte da UEFA e da FIFA, para a criação de novas competições foi identificada como um obstáculo à concorrência, violando a legislação antitruste da União Europeia, por restringir a entrada de novos concorrentes e limitar a participação em competições alternativas.

A ECJ argumentou, ainda, que as regras das federações esportivas não asseguram transparência, objetividade, não discriminação e proporcionalidade necessárias para promover um ambiente competitivo saudável. Ao conferir às entidades poder para controlar e restringir o acesso ao mercado de competições de futebol entre clubes, as regras da FIFA e UEFA foram consideradas como tendo o objetivo de suprimir a competição, privando espectadores e telespectadores de novos formatos de competição inovadores.

Este veredito representa um desafio significativo para o poder da FIFA e UEFA, potencialmente recalibrando as dinâmicas de poder dentro do cenário esportivo europeu. Ela também impacta as estratégias regulatórias das federações esportivas e pode influenciar organizações esportivas, que podem rever as suas regras para garantir a conformidade com as leis de concorrência da UE.

A ECJ parece ter andado na direção correta. A conduta da FIFA e da UEFA claramente visava manter as estruturas já estabelecidas do mercado de futebol, em detrimento da inovação e da competição saudável entre distintas ligas esportivas. Permitir a manutenção dessas regras seria reforçar um *status quo* que beneficia predominantemente os interesses das grandes entidades organizadoras, em detrimento da diversificação e da potencial melhoria do modelo competitivo do futebol.

As justificativas da FIFA e da UEFA, de solidariedade financeira e de integridade esportiva, não têm amparo no Direito Antitruste. Tais princípios abstratos parecem ser apenas uma justificativa retórica para se negar aos clubes a liberdade de buscar arranjos que considerem mais benéficos para si e para o desenvolvimento do esporte. A regra geral deve ser a da ampla concorrência. A organização em ligas, embora não seja vedada, somente deve ser permitida se assim desejado pelos clubes e pelos atletas e benéfica ao consumidor, pois é uma exceção à regra geral, que deve ser a da competição.

Em um ambiente verdadeiramente competitivo, diferentes modelos de competição esportiva devem poder coexistir, estimulando melhorias tanto na gestão esportiva quanto na distribuição equitativa de recursos. Diante dos múltiplos modelos de competição, caberia aos expectadores, torcedores e anunciantes escolherem qual liga entendem ser a mais interessante.

Embora seja plenamente justificável se permitir que entidades com a Fifa e a UEFA organizem competições esportivas, o que torna o esporte mais atraente ao espectador, parece ser injustificável que se privilegie as regras impostas pelas entidades incumbentes, quando tais regras buscam inibir a existência de um modelo alternativo de liga esportiva ou impedir o surgimento de potenciais concorrentes.

As autoridades antitruste devem tomar suas decisões tendo por objetivo proteger o bem-estar do consumidor e a eficiência econômica. Quando se abandona esses critérios para se privilegiar valores estranhos ao Direito Antitruste, com base em critérios como "valores esportivos" e vedação à "mercantilização" do esporte, o maior prejudicado é o consumidor. O segundo maior prejudicado é a Economia, pois esse tipo de decisão acaba por fomentar modelos ineficientes, o que aumenta o peso-morto da Economia como um todo.

O caso Superliga lança as primeiras luzes sobre como o Direito Antitruste deve se posicionar no âmbito do mercado esportivo, sendo um importante precedente para o tratamento das ligas esportivas. O precedente deixa claro que o mercado esportivo não é uma exceção para a aplicação das normas de defesa da concorrência e deve se orientar pelos mesmos princípios que regem os mercados competitivos.

Referências bibliográficas

ABBOTT, Paul D. Antitrust and Sports-Why Major League Soccer Succeeds Where Other Sports Leagues Have Failed. Sports Law. J., v. 8, p. 1, 2001.

BAUER, Joseph P. Antitrust and Sports: Must Competition on the Field Displace Competition in the Marketplace. Tenn. L. Rev., v. 60, p. 263, 1992.

HOUBEN, Robby; BLOCKX, Jan; NUYTS, Steve. UEFA and the Super League: who is calling who a cartel? The International Sports Law Journal, v. 22, n. 3, p. 205-216, 2022.

PELNAR, Gregory J. Antitrust analysis of sports leagues. Available at SSRN 1021365, 2007.

RITZ, Christian; CUKUROV, Dennis; VON SCHREITTER, Florian. The EU Court of Justice expands the role of antitrust in European sports by rejecting the" objective justifications" of governing bodies (ESLC/UEFA/FIFA). e-Competitions Bulletin, n. Judicial review, 2023.

ROSENBAUM, Thane N. The antitrust implications of professional sports leagues revisited: Emerging trends in the modern era. U. Miami L. Rev., v. 41, p. 729, 1986.

ROSS, Stephen F. Anti-competitive aspects of sports. Competition & Consumer Law Journal, v. 7, n. 2, p. 125-139, 1999.

ROSS, Stephen F.; SZYMANSKI, Stefan. Open competition in league sports. Wis. L. Rev., p. 625, 2002.

ROTONDO, Elisabetta. The EU Court of Justice hands down a judgement finding that a football association's rules which preclude the creation of competing associations breach the EU competition law (ESLC/UEFA/FIFA). e-Competitions Bulletin, n. January 2024, 2023.

VAN DER BURG, Tsjalle; PRINZ, Aloys; BECK, Hanno. Why the European Court of Justice should rule against the European Super League. 2022.

Obrigações de não concorrência e regras de elegibilidade impostas aos membros das ligas/torneios e possíveis contornos anticompetitivos

Camilla Paoletti
Joyce Ricarte

1. INTRODUÇÃO

O esporte é uma atividade que envolve não apenas aspectos culturais, sociais e educacionais, mas também econômicos, visto que o mercado esportivo movimenta bilhões de reais por ano, gerando empregos, renda e tributos. O esporte profissional é particularmente relevante para a economia e tem gerado receitas cada vez mais significativas.[1]

Há uma série de questões ligadas ao esporte profissional, dada sua natureza econômica e os crescentes valores de sua comercialização, incluindo a noção de competitividade e a necessidade de certa cooperação entre os atletas, times e clubes. Apesar do consenso de que o Direito da concorrência se aplica ao mercado desportivo profissional, as características específicas desse segmento podem suscitar alguns desafios.[2]

1 De acordo com documento sobre o mercado de esportes preparado pela Organização para a Cooperação e Desenvolvimento Econômico (OCDE, em setembro de 2023, a Federação Internacional de Futebol Associado (FIFA) aumentou a sua receita da Copa do Mundo no último ciclo de quatro anos (2018 a 2022), de US$ 6,4 bilhões para US$ 7,5 bilhões. Da mesma forma, o Comitê Olímpico Internacional (COI) registrou um aumento na sua receita, de US$ 5,7 bilhões no ciclo 2013-2016 para US$ 7,6 bilhões no ciclo 2017-2021. Cf. OECD, "Competition and Sports - Background Note by the Secretariat, Latin American and Caribbean Competition Forum", p. 4.

2 Cf. *Ibidem*.

Nesse contexto, o presente artigo irá tratar de algumas das discussões antitruste relacionadas ao esporte profissional, especificamente da formação das entidades de organização do esporte (i.e., federações/associações desportivas internacionais e nacionais) e das obrigações de não concorrência e regras de elegibilidade impostas aos membros das ligas/torneios e seus possíveis contornos anticompetitivos.

2. DINÂMICA COMPETITIVA DO ESPORTE

No esporte, os atletas/times precisam uns dos outros para competir e para organizar a competição (i.e. um torneio, prova, campeonato).[3] É preciso um certo grau de cooperação entre os participantes de uma competição desportiva, por exemplo, para estabelecer as regras do jogo, o número de participantes, e o calendário. Assim, uma estrutura de governança torna-se fundamental.[4]

O sucesso e a viabilidade das competições desportivas dependem da rivalidade acirrada entre os atletas/time. Isto envolve garantir a integridade da disputa, baseada no mérito, bem como um equilíbrio entre os participantes.[5]

3. ESTRUTURA DE GOVERNANÇA

A estrutura de governança surge no setor do esporte para estabelecer, atualizar e fazer cumprir as regras do jogo, resolver disputas, coordenar e organizar os eventos esportivos, incluindo campeonatos e ligas[6], bem como promover, de forma geral, o desenvolvimento de modalidades esportivas.[7]

3 Cf. O. Budzinski e T. Pawlowsk. "The behavioral economics of competitive balance: Theories, findings, and implications". In: International Journal of Sport Finance, v. 12/2. Morgantown: European Sport Economics Association, 2017, p. 109-123.

4 Cf. Pablo Colomo. "Competition Law and Sports Governance: Disentangling a Complex Relationship". In: World Competition Law and Economics Review, v. 45/3. Reino Unido: Kluwer Law International B.V., 2022, p. 326-328.

5 Cf. O. Budzinski. "The institutional framework for doing sports business: Principles of EU competition policy in sports markets". In: Ilmenau Economics Discussion Papers, n. 70. Alemanha: Technische Universität Ilmenau, 2012, p. 5-6; O. Budzinski e T. Pawlowsk. "The behavioural economics of competitive balance: Implications for league policy and championship management". In: Ilmenau Economics Discussion Papers, n. 89. Alemanha: Technische Universität Ilmenau, 2014, p. 2; O. Budzinski e T. Pawlowsk. "The behavioral economics of competitive balance: Theories, findings, and implications". In: International Journal of Sport Finance, v. 12/2. Morgantown: European Sport Economics Association, 2017, p. 109-123.

6 Nos esportes coletivos, as ligas e outros torneios tendem a ser organizados por entidades que organizam o esporte, como a Copa do Mundo, pela FIFA, a Libertadores pela CONMEBOL, a Série A Brasileira, pela CBF, entre outras.

7 Cf. O. Budzinski e A. Feddersen. "Should organizing premier-level European football be a monopoly? And who should run it? - An economists' perspective". In: Ilmenau Economics Discussion Papers, n. 166. Alemanha: Technische Universität Ilmenau, 2014, p. 3; W. Andreff e S. Szymanski. Governance and governing bodies in sport. Reino Unido: Edward Elgar Publishing, 2006, p. 227.

Essas funções são desempenhadas pelas chamadas entidades de organização do esporte (em inglês, *sports governing bodies* – SGBs), geralmente federações ou associações esportivas nacionais e internacionais (por exemplo, FIFA, Confederação Brasileira de Futebol – CBF, Confederação Brasileira de Voleibol – CBV, entre outras).

As entidades de organização do esporte desempenham algumas funções, como: *(i)* estabelecer e atualizar as regras de um esporte (tamanho do campo, regras de pontuação e de contratação de atletas), *(ii)* organizar e promover as competições, torneios e provas daquela modalidade esportiva, e *(iii)* monitorar e fazer cumprir as regras, gerenciar procedimentos disciplinares e arbitrar disputas.[8]

A governança das organizações pode variar substancialmente entre jurisdições. Na Europa, por exemplo, o modelo é caracterizado por uma estrutura de governança única, ou seja, uma entidade de organização do esporte para cada modalidade esportiva, que é responsável pela organização de todos os níveis daquele esporte, desde a base ao profissional, numa estrutura piramidal.

Cada entidade tem jurisdição sobre as competições amadoras e profissionais, organizando as regras, regulamentos, padrões, calendários e qualificação para as competições. Tal configuração permite, pelo menos em teoria, que um participante possa progredir dos níveis mais baixos (de base) para os níveis mais altos (profissionais) da pirâmide, através de um sistema de promoção baseado no mérito. Além disso, a estrutura piramidal europeia visa a garantir a solidariedade financeira entre os participantes de elite e de base, uma vez que os atletas de elite que ganham mais podem contribuir para promover os atletas de base, além de ajudarem nas competições comercialmente menos atraentes, e no desenvolvimento, formação e educação dos atletas mais jovens.[9] O Brasil, assim como outros países da América Latina, segue o modelo europeu.

Já nos Estados Unidos, as entidades de organização do esporte de base e profissionais são independentes e geridas sob estruturas separadas. Os

8 Cf. OECD, "Competition and Sports - Background Note by the Secretariat, Latin American and Caribbean Competition Forum", p. 9.

9 Cf. *Ibidem*, p. 9.

esportes de base são organizados por diferentes entidades (como, as ligas comunitárias, associações atléticas escolares, *National Collegiate Athletic Associação* – NCAA), e os esportes profissionais são geralmente organizados por ligas como NBA, NFL, MBL e NHL, de propriedade dos clubes (mais frequentemente chamados de franquias) que jogam nas ligas. A liga (ou seja, as franquias dentro da liga) são as entidades que definem as regras do jogo. Novas franquias só são admitidas após processo de aprovação por maioria das ligas já existentes, que exigem também o pagamento de um valor de entrada.[10]

Se por um lado as entidades de organização do esporte são necessárias para promover e garantir a competitividade dos esportes, por outro, elas podem acabar se tornando um monopólio *de fato* se não enfrentarem concorrência e, eventualmente, suscitar questões concorrenciais. Por esse contexto, nos últimos anos, tem surgido discussões acerca da criação de novas entidades de organização do esporte em alguns países. É o caso, por exemplo, da tentativa de criação de uma entidade de organização do esporte concorrente na Holanda para competições de patinação de velocidade (em relação à *International Skating Union* – ISU), da Superliga Europeia de futebol (em relação à FIFA e UEFA), dos eventos de golfe LIV (em relação aos eventos da Associação de Golfistas Profissionais), entre outros.[11]

Vamos tratar a seguir dos potenciais comportamentos anticompetitivos que poderiam surgir no contexto das entidades de organização do esporte, sempre à luz das particularidades do segmento.

4. ASPECTOS CONCORRENCIAIS RELACIONADOS ÀS ENTIDADES DE ORGANIZAÇÃO DO ESPORTE

O surgimento de novas competições ou ligas independentes tem crescido nas diferentes modalidades de esporte e tem gerado debate.[12]

Vale notar que a existência ou não de uma única entidade de organização do esporte pode depender das características de cada

---

10 Cf. *Ibidem*, p.9.
11 Cf. *Ibidem*, p. 9.
12 Cf. *Ibidem*, p. 27.

modalidade esportiva. Alguns esportes, especialmente aqueles que não são altamente mediatizados e monetizados, com poucos atletas de alta qualidade, tendem a ter uma única entidade, em que só há espaço para um organizador de ligas/torneios. Já esportes com maior valor mediático e comercial, com mais atletas de qualidade, mais disputa, tendem a ter espaço para mais de uma organização, com mais competições e possibilidades.

De acordo com estudo da OCDE[13], alguns autores defendem que atribuir o papel de órgão regulador (com poderes de regulamentar o esporte) e o papel de organizador do esporte às entidades de administração do esporte pode ser problemático, pois pode levar a um conflito de interesses e criar incentivos ao abuso, uma vez que a mesma organização responsável pela elaboração e regulação do jogo também exerce o papel comercial da organização daquele esporte.[14] Embora este conflito não seja por si só anticompetitivo, essa configuração poderia facilitar a imposição de algumas restrições à concorrência, como impedir a entrada de rivais no mercado.[15]

Nessa linha, o estudo da OCDE traz que, no mercado de organização de ligas/torneios desportivos, há duas potenciais condutas anticompetitivas por parte das entidades de organização do esporte incumbentes que podem resultar em preocupações concorrenciais: *(i)* comportamentos contra entidades de organização do esporte concorrentes e *(ii)* comportamentos contra clubes que participam ou poderão participar de outras entidades de organização do esporte.

A caracterização de uma conduta anticompetitiva por parte das entidades de organização do esporte dependerá muito de uma análise das características de cada modalidade e do caso em questão. Mesmo que uma conduta possa resultar em restrição à concorrência, podem existir objetivos legítimos por traz dessa restrição que visem a valorização do esporte.[16]

13 Cf. OECD, "Competition and Sports – Background Note by the Secretariat, Latin American and Caribbean Competition Forum", p. 9.

14 Cf. Robby Houben. "Let's play: 'Master and Servant', Working Paper, 2023, p. 21.

15 Cf. Pablo Colomo. "Competition Law and Sports Governance: Disentangling a Complex Relationship". In: World Competition Law and Economics Review, v. 45/3. Reino Unido: Kluwer Law International B.V., 2022, p. 339-340.

16 Cf. R. Houben, J. Blockx e S. Nuyts. "UEFA and the Super League: who is calling who a cartel?". In: The International Sports Law Journal, v. 22/3. Nova Iorque: Springer, 2022, p. 210.

O comportamento mais comum na organização de ligas/torneios esportivos que tem suscitado discussões concorrenciais em muitas jurisdições refere-se a obrigações de não-concorrência ou regras de elegibilidade frequentemente impostas pelas entidades de organização do esporte aos seus membros (clubes ou atletas individuais). De acordo com o estudo da OCDE, a maioria das entidades de organização do esporte estabelece um sistema de controle *ex ante* sobre eventos organizados por terceiros (como eventos promovidos por entidades concorrentes), ou seja, em muitos casos, novas competições dependem de uma aprovação prévia por parte da entidade de organização do esporte incumbente. As organizações incumbentes também costumam proibir seus atletas/clubes de participar de eventos não autorizados e, se participarem, podem ser sancionados (com multas e/ou retirada de licença para participar de eventos "oficiais")[17], com o intuito de evitar o chamado "efeito carona".

Essas práticas restritivas poderiam configurar infrações concorrenciais, uma vez que, de certa forma, podem acabar impedindo a entrada de torneios alternativos e/ou restringir a mobilidade dos atletas e clubes. No entanto, por outro lado, há uma série de justificativas que norteiam esse comportamento, como a integridade do esporte, a proteção da saúde e da segurança dos atletas, a organização e a condução adequada da competição, o bom funcionamento do calendário de jogos (o que garantiria que todos os clubes consigam completar todos os jogos e que os jogadores tenham um equilíbrio entre descanso e jogos, entre outros). Além disso, as regras de elegibilidade protegeriam os interesses econômicos das entidades de organização do esporte, evitando, como mencionado acima, o chamado "efeito carona".[18]

Assim, as autoridades antitruste têm acertadamente conduzido uma análise caso a caso para determinar se determinada prática constitui uma infração concorrencial, analisando *(i)* se os objetivos

17 Cf. OECD, "Competition and Sports - Background Note by the Secretariat, Latin American and Caribbean Competition Forum", p. 18.

18 Cf. Pablo Colomo. "Competition Law and Sports Governance: Disentangling a Complex Relationship". In: World Competition Law and Economics Review, v. 45/3. Reino Unido: Kluwer Law International B.V., 2022, p. 335; Robby Houben. "Let's play: 'Master and Servant', Working Paper, 2023, p. 11-12.

perseguidos pelas práticas alegadamente anticoncorrenciais são legítimos, e, também, *(ii)* se essas práticas são inerentes e proporcionais a esses objetivos (ou seja, se os objetivos legítimos não poderiam ser alcançados com um comportamento menos restritivo).[19]

4.1. A experiencia da Europa

Em dezembro de 2023, o Tribunal de Justiça da União Europeia (TJUE) proferiu dois acórdãos relevantes em que analisou a aplicação do Direito da concorrência da União Europeia à regulação de atividades desportivas e ao funcionamento das entidades de organização do esporte, mais especificamente.[20]

European Super League (ESL)[21]

Este caso trata de discussão envolvendo a FIFA e a UEFA, de um lado, e a ESL, de outro. A ESL foi constituída por iniciativa de vários clubes de futebol profissional[22] e cujo objetivo era criar a "Super League", uma nova competição internacional de futebol. A FIFA e a UEFA opuseram-se à criação desta nova competição, porque alegavam que os seus estatutos lhes conferiam exclusividade para organizar ou autorizar competições internacionais de clubes de futebol profissionais na Europa.

Ao analisar a discussão, o TJUE considerou que as regras da FIFA e da UEFA, que exigem a sua aprovação prévia para competições como a "Super League", poderiam constituir infração concorrencial, pois constituem um abuso de posição dominante (art. 102 do Tratado sobre o Funcionamento da União Europeia – TFUE) e uma decisão de associação de empresas que teria como objeto a restrição da concorrência (art. 101, nº 1, do TFUE) ao impedir a entrada de novos concorrentes no mercado.

O TJUE trouxe também em sua decisão a importância de as entidades de organização do esporte atuarem com critérios transparentes, objetivos, não discriminatórios e proporcionais.

---

19 Cf. OECD, "Competition and Sports - Background Note by the Secretariat, Latin American and Caribbean Competition Forum", p. 18.

20 Ambas as decisões foram proferidas em 21 de dezembro de 2023.

21 Cf. Caso C-333/21.

22 Para referência: Club Atlético de Madrid, Fútbol Club Barcelona e Real Madrid Club de Fútbol (Espanha), Associazione Calcio Milan, Football Club Internazionale Milano e Juventus Football Club (Itália), Arsenal Football Club, Chelsea Football Club, Liverpool Football Club, Manchester City Football Club, Manchester United Football Club e Tottenham Hotspur Football Club (Reino Unido).

International Skating Union (ISU)[23]

Esse é um caso que trata das regras impostas pela ISU relativas à organização de competições de patinação artística e patinação de velocidade. A ISU também exigia que a organização de competições internacionais passasse por sua aprovação prévia e, caso um atleta participasse numa competição que não tivesse sido autorizada pela ISU, poderia ser por ela excluído de todas as competições.

O TJUE, ao analisar o caso, entendeu pela ilicitude das regras da ISU, que foram consideradas restritivas da concorrência, uma vez que conferiam à ISU uma clara vantagem sobre os seus concorrentes, dando-lhe, inclusive, o poder de autorizar ou impedir o acesso de concorrentes potenciais ao mercado.

O TJUE destacou que uma entidade de organização do esporte, como a ISU, poderia adotar e fazer respeitar, através de sanções, regras relativas à organização e à realização de competições. No entanto, essas regras deveriam obedecer a critérios transparentes, objetivos, não discriminatórios e proporcionais, sob pena de resultarem na exclusão de qualquer empresa concorrente do mercado e de limitar a realização de novas competições.[24]

4.2. A experiencia no Brasil

Para fins de referência, o Brasil ainda não teve a oportunidade de discutir extensamente as questões concorrenciais relacionadas às entidades de organização do esporte.

Os precedentes do Cade[25] encontrados tratam de direitos de transmissão e propaganda relativos aos campeonatos organizados pelas ligas brasileiras de futebol. Nesses casos, além de entender que a formação de ligas não seria em si uma infração anticompetitiva, o Cade adotou uma posição que buscou incentivar a autorregulação pró-competitiva do mercado: optou por não interferir ou prescrever regras a respeito do modelo de negociação adotado entre clubes e emissoras de TV (desde que o modelo adotado não contenha cláusulas que limitem a participação de

23 Cf. Casos C-124/21 e T-93/18.

24 A decisão do TJUE manteve o entendimento da Comissão Europeia, de 2015, e do Tribunal Geral da União Europeia, de 2020, que já tinham analisado o caso.

25 Cf. Inquérito Administrativo 08700.009863/2014-70 (Não especificados); Processo Administrativo 08012.006504/1997-11 (TV Globo Ltda. e outros)

agentes econômicos aptos a participar dessas negociações). Inclusive, a autoridade concorrencial chegou a reconhecer sua incompetência para regulamentar o modelo de negociação de direitos televisivos, visto que se trataria de uma questão de caráter estritamente desportivo[26].

5. CONSIDERAÇÕES FINAIS

Com base no exposto, é possível concluir que a organização de competições esportivas, na medida em que constitui uma atividade econômica, está sujeita à aplicação da legislação de defesa da concorrência. Além disso, o escopo de atuação das entidades de administração do esporte suscita discussões que tendem a evoluir.

Até o momento, a autoridade concorrencial europeia entendeu que a adoção de um sistema de autorização prévia de competições organizadas por terceiros atende ao interesse público, uma vez que permite que essas competições estejam de acordo com as regras e valores do esporte. Indo além, esse sistema de autorização prévia permitiria que essas competições integrem de forma harmônica um sistema organizado de competições nacionais e internacionais.[27] Portanto, a autoridade concorrencial reconheceu que as entidades de administração do esporte são fundamentais para promoção, preservação dos valores, princípios e méritos das diferentes modalidades.

Vale notar, no entanto, que o exercício dessa prerrogativa está sujeito ao estabelecimento, pelas entidades de administração do esporte, de regras transparentes, objetivas, não discriminatórias e proporcionais. Ou seja, deve ser exercida na medida em que contribua para a promoção dos valores intrínsecos ao esporte.

26 "[Pela] incompetência do Cade para regulamentar questões de caráter estritamente desportivos, deve-se entender pela inexistência de razões para que essa Superintendência Geral interfira no modelo de negociação dos direitos televisivos." Cf. Inquérito Administrativo 08700.009863/2014-70 (Não especificados)

27 "[The] Court finds that the adoption of rules on prior approval of interclub football competitions and on the participation of professional football clubs and players in those competitions may be justified, in terms of its very principle, by public interest objectives consisting in ensuring, prior to the organisation of such competitions, that they will be organised in observance of the principles, values and rules of the game underpinning professional football, in particular the values of openness, merit and solidarity, but also that those competitions will, in a substantively homogeneous and temporally coordinated manner, integrate into the 'organised system' of national, European and international competitions characterising that sport". Cf. Caso C-333/21, parágrafo 253. "[The] Commission recognises that some forms of horizontal solidarity (for instance, equal distribution of revenues to all the clubs participating in the same competition) or vertical solidarity (for instance, redistribution of revenues from the elite/professional level of a sport to the low/grassroots level) may justify limited restrictions to the economic freedom of undertakings involved in sport, in particular within a sport pyramid". Cf. Caso AT.40208, parágrafo 222.

Referências bibliográficas

ANDREFF, W.; SZYMANSKI, S. Governance and governing bodies in sport. Reino Unido: Edward Elgar Publishing, 2006.

BUDZINSKI, O. The institutional framework for doing sports business: Principles of EU competition policy in sports markets. In: Ilmenau Economics Discussion Papers, n. 70. Alemanha: Technische Universität Ilmenau, 2012.

BUDZINSKI, O.; FEDDERSEN, A. Should organizing premier-level European football be a monopoly? And who should run it? - An economists' perspective. In: Ilmenau Economics Discussion Papers, n. 166. Alemanha: Technische Universität Ilmenau, 2014.

BUDZINSKI, O.; PAWLOWSKI, T. The behavioural economics of competitive balance: Implications for league policy and championship management. In: Ilmenau Economics Discussion Papers, n. 89. Alemanha: Technische Universität Ilmenau, 2014. Disponível em: https://www.econstor.eu/bitstream/10419/103420/1/796714266.pdf.

BUDZINSKI, O.; PAWLOWSKI, T. The behavioral economics of competitive balance: Theories, findings, and implications. In: International Journal of Sport Finance, v. 12/2. Morgantown: European Sport Economics Association, 2017.

COLOMO, Pablo. "Competition Law and Sports Governance: Disentangling a Complex Relationship". In: World Competition Law and Economics Review, v. 45/3. Reino Unido: Kluwer Law International B.V., 2022. Disponível em: https://papers.ssrn.com/sol3/papers.cfm? abstract_id=4130043.

HOUBEN, R.; BLOCKX, J.; NUYTS, S. UEFA and the Super League: who is calling who a cartel?. In: The International Sports Law Journal, v. 22/3. Nova Iorque: Springer, 2022. Disponível em: https://link.springer.com/article/10.1007/s40318-021-00201-2.

HOUBEN, R. Let's play: 'Master and Servant', Working Paper, 2023. Disponível em: https://medialibrary.uantwerpen.be/files/560194/d7d30c2e-7546-4420-996b-b-1531b6eb3d2.pdf.

OECD. Competition and Professional Sports, OECD Competition Policy Roundtable Background Note. Disponível em: https://web-archive.oecd.org/temp/2024-01-16/664494-competition-and-professional-sports.htm.

OECD. Competition and Sports – Background Note by the Secretariat, Latin American and Caribbean Competition Forum. Disponível em: https://one.oecd.org/document/DAF/COMP /LACCF(2023)5/en/pdf.

A exigência de licenciamento dos clubes em favor das ligas esportivas e possíveis contornos anticompetitivos

Maria Eugênia Novis
Vitor Scavone Damasio

A INDÚSTRIA ESPORTIVA E SUAS CARACTERÍSTICAS

Os esportes têm grande relevância social e econômica em vários países. Sua prática oferece diversos benefícios à saúde e fomenta a inclusão e o desenvolvimento de habilidades físicas e psicológicas. Grandes eventos esportivos, como campeonatos e jogos olímpicos, movimentam a economia. Em constante evolução e expansão, a indústria esportiva possui características únicas que cada vez mais atraem a atenção de autoridades concorrenciais em diversos países.

A dinâmica competitiva da indústria esportiva possui características únicas decorrentes, em grande parte, de uma relação que se estabelece entre os times e atletas (fornecedores) e os torcedores (consumidores) que, ao contrário do que ocorre em outras indústrias, não se relaciona necessariamente a questões comerciais. Fatores como o vínculo que se estabelece entre uma comunidade ou cidade e determinado time ou atleta produzem impactos importantes nessa dinâmica. Em outras palavras, os consumidores da indústria esportiva geralmente possuem uma ligação pessoal (e muitas vezes emocional) com um time ou atleta que apoiam e geralmente não passam a torcer para um outro caso seu fornecedor atual não alcance a melhor performance entre os concorrentes. Nesse sentido, a inelasticidade da demanda que caracteriza a indústria esportiva tem efeitos diretos sobre a concorrência – por exemplo, enseja um baixo grau de substitutibilidade em mercados como o de transmissão de eventos esportivos.

Além disso, a indústria esportiva pressupõe um certo grau de cooperação entre fornecedores. Os times e atletas dependem uns dos outros para oferecer um produto economicamente viável, na medida em que é necessário um número mínimo de participantes competindo entre si para garantir a atratividade das competições esportivas.

Outra característica peculiar da indústria esportiva diz respeito à sua estrutura organizacional e regulatória, que costuma ser liderada por organizações privadas nacionais e internacionais – tomando o futebol por exemplo, como a Confederação Sul-Americana de Futebol (CONMEBOL) e a Confederação Brasileira de Futebol (CBF). Além de estabelecer os requisitos mínimos necessários para que determinado clube ou atleta obtenha licença para participar das competições que promovem, estas organizações centralizam funções legislativas, institucionais, executivas e judiciais robustas, que abrangem desde a definição das regras do jogo e a organização e promoção de competições até o gerenciamento de procedimentos disciplinares e a solução de conflitos.

Diante das especificidades da indústria[1], este artigo se propõe a analisar as regras de licenciamento impostas aos clubes pelas organizações privadas que regem o futebol em âmbito nacional e continental, e os seus possíveis efeitos anticompetitivos. A reflexão sobre o tema nos parece oportuna considerando a iminência da criação de ligas independentes de clubes no futebol brasileiro, cujos objetivos se relacionam à defesa dos interesses dos clubes e à negociação da comercialização de direitos de transmissão de campeonatos nacionais e internacionais.

O SISTEMA DE LICENCIAMENTO DE CLUBES NO BRASIL

No que se refere a questões de licenciamento no âmbito do esporte mais praticado no Brasil e no mundo, o futebol, os clubes brasileiros estão sujeitos à imposição de critérios mínimos em nível continental (determinados pela CONMEBOL), nacional (determinados pela CBF) e estadual (determinados pelas federações dos respectivos estados) para

1 Para análise mais detalhada dessas caraterísticas, vide documento elaborado pela Organização para a Cooperação e Desenvolvimento Econômico (OCDE, intitulado Competition and Professional Sports, disponível em https://www.oecd.org/daf/competition/competition-and-professional-sports-2023.pdf

que possam participar de competições oficiais das entidades que as organizam, baseados nos regulamentos da Federação Internacional de Futebol Associado (FIFA), a entidade máxima do esporte.

O sistema de licenciamento, que estabelece parâmetros mínimos para que organizações esportivas deem aval para que clubes possam participar de suas competições, tem por objetivo a salvaguarda da credibilidade e da integridade das competições nacionais e continentais, a melhoria do nível de profissionalismo e gestão dos clubes, o fomento de investimentos em infraestrutura esportiva, o incentivo do desenvolvimento e do treinamento de jovens atletas, a promoção de valores de acordo com o princípio da esportividade, a melhoria da capacidade econômica e financeira dos clubes e a promoção da transparência na sua propriedade e gestão.

Os critérios estabelecidos pela CONMEBOL e pela CBF para a obtenção das licenças por parte dos clubes são divididos em cinco segmentos principais, de acordo com seu objeto: (i) critérios desportivos, que compreendem uma série de imposições à gestão, organização e ao desenvolvimento da equipe profissional e das categorias de base dos clubes; (ii) critérios de infraestrutura, que se relacionam às especificações técnicas dos estádios e centros de treinamento; (iii) critérios administrativos e de capital humano, que abrangem as estruturas administrativas do clubes e as funções exercidas por seus profissionais; (iv) critérios jurídicos, que estabelecem uma série de documentos e declarações que deverão ser apresentadas pelos clubes às organizações esportivas; e (v) critérios financeiros, que versam sobre a adoção de padrões de gestão financeira e de auditoria e preveem a apresentação de demonstrações financeiras e orçamentos anuais às organizações esportivas.

Em caso de não cumprimento dos critérios, prazos, procedimentos ou demais obrigações previstas, os clubes estarão sujeitos à aplicação de sanções por parte das organizações, como as de advertência, multa, estabelecimento de obrigação de fazer ou não fazer, retenção de cotas ou premiações, vedação do registro ou transferência de atletas e/ou denegação ou revogação da licença que os permite participar de competições oficiais.

POSSÍVEIS CONTORNOS ANTICOMPETITIVOS DO SISTEMA DE LICENCIAMENTO

O debate sobre esportes e concorrência é ainda incipiente no Brasil, apesar de haver investigações sobre abuso de posição dominante e conduta colusiva na transmissão de campeonatos de futebol em curso perante o Conselho Administrativo de Defesa Econômica (Cade)[2].

Na União Europeia e nos Estados Unidos, jurisdições onde o debate acerca de preocupações concorrenciais na indústria esportiva é mais frequente e o volume de investigações é maior, práticas na indústria esportiva tendem a ser tratadas como infrações por efeito, de modo que a avaliação quanto à sua licitude demanda uma investigação detalhada quanto aos seus efeitos no mercado e à existência de uma justificativa objetiva e legítima.

Nesse sentido, nos Estados Unidos nem mesmo acordos horizontais entre clubes são entendidos como infrações por objeto, haja vista a necessidade de cooperação entre concorrentes que caracteriza a indústria esportiva. Exceção a essa regra são os acordos de não contratação e de fixação de salários, que costumam ser tratados como tal na medida em que não geram quaisquer eficiências. Este padrão mais rigoroso de análise foi também adotado em decisões recentes do Tribunal de Justiça da União Europeia[3], ao analisar a competência de organizações esportivas para criar regras com o objetivo de sancionar eventos esportivos de terceiros e regular a participação de seus membros nestes eventos. Em suma, o Tribunal determinou que, embora as organizações esportivas possam adotar regras para tais finalidades, as regras deverão ser transparentes, objetivas, não discriminatórias e proporcionais, dado que, caso contrário, a conduta poderia ensejar exclusão de concorrentes do mercado, restrições na realização de novas competições e impedimentos a atletas e espectadores.

2 Vide por exemplo Inquérito Administrativo 08700.004453/2019-48 (Representada: Globo Comunicações e Participações S.A.) para apurar possíveis infrações à ordem econômica no mercado de negociação de direitos de transmissão de futebol e Processo Administrativo 08700.002012/2021-26 (Representados: B4 Capital AS, Dentsu Inc., União Europeia de Radiodifusão - European Broadcasting Union, Infront Sports andMedia A.G., Media Partners & Silva, U! Sports GmbH, Telefónica de Contenidos SAL, WME IMG LLC. e pessoas físicas) para apurar possíveis infrações à ordem econômica no mercado internacional de aquisição de direitos de mídia esportiva e outros direitos associados a eventos esportivos e de fornecimento de serviços relacionados de consultoria ou aconselhamento, com potenciais efeitos no Brasil.

3 Vide Casos C-333/21 (European Superleague Company SL, Fédération internationale de football association (FIFA) e Union of European Football Associations (UEFA)) e C-124/21 (International Skating Union e Comissão Europeia), ambos julgados pelo Tribunal de Justiça da União Europeia em 21 de dezembro de 2023.

No que tange à questão do licenciamento de clubes no Brasil, a imposição de critérios mínimos pelas organizações esportivas cria limitações em relação aos times que poderão ser licenciados e, consequentemente, participar de competições oficiais nacionais e internacionais. Tais critérios podem suscitar preocupações semelhantes à criação de barreiras à entrada e fechamento de mercado, na medida em que podem vir a restringir de forma expressiva o número de clubes aptos a participar em competições oficiais.

O caráter restritivo das exigências feitas pelas organizações esportivas aos clubes fica ainda mais evidente diante dos níveis de disparidade social e econômica no Brasil, bem como da conjuntura histórica do desenvolvimento do futebol no país, que deu origem a grandes clubes com poder financeiramente desproporcional ao de outros que não possuem recursos para contratar atletas de alta performance ou investir em centros de treinamento de ponta, realidade que por si só já tende a prejudicar severamente a concorrência esportiva.

Considerando a prática decisória do Cade, que tem tratado como infrações por objeto as práticas colusivas e as condutas relacionadas à influência à adoção de conduta comercial uniforme ou prática concertada e como infrações por efeitos as condutas que podem configurar abuso de posição dominante, entendemos que a avaliação de impactos concorrenciais do sistema de licenciamento de clubes não pode prescindir de uma avaliação cuidadosa quanto a, de um lado, seu potencial de gerar limitações à concorrência, com efeitos negativos sobre atletas e torcedores, e de outro à existência de justificavas legítimas e eficiências associadas aos critérios adotados.

Em suma, deve-se avaliar se os critérios adotados nos regulamentos de licenciamento de clubes da CONMEBOL e da CBF, que buscam salvaguardar a credibilidade das competições, preservar valores e princípios do esporte e incentivar a transparência e o desenvolvimento dos clubes e de seus atletas, são inerentes e proporcionais ao atingimento dessas finalidades legítimas, a fim de se evitar o fechamento indevido de acesso de novos *players* (com o perdão do trocadilho) ao mercado.

A imposição de taxas a clubes de divisões inferiores como condição de entrada e seus contornos anticompetitivos

Joyce Midori Honda
Ricardo Gaillard
Rafaella Schwartz Jaroslavsky

1. INTRODUÇÃO

No geral, ligas esportivas são responsáveis pela organização, planejamento e desenvolvimento de um sistema normativo próprio com obrigações, condições de entrada e mecanismos específicos de punição, atuando como agentes autorreguladores. Ainda que determinados *stakeholders* da indústria do esporte sejam entidades sem fins lucrativos, as práticas realizadas por esses entes não estão imunes ao escrutínio da autoridade antitruste, na medida em que as atividades esportivas possuem clara natureza econômica e determinados tipos de práticas podem gerar efeitos negativos à concorrência.

No cenário esportivo, poderiam ser vislumbradas condutas colusivas e condutas unilaterais praticadas por associações esportivas, especialmente considerando que essas entidades normalmente sofrem reduzida pressão competitiva e tendem a deter poder de mercado na organização de campeonatos. No âmbito das ligas esportivas, condutas colusivas poderiam ocorrer entre seus próprios membros/clubes, com o objetivo de dificultar ou impossibilitar o acesso de atletas e/ou outros clubes à liga esportiva. Por sua vez, práticas realizadas por ligas esportivas poderiam ser enquadradas como condutas unilaterais se, sob a ótica da regra da razão, essas entidades tiverem efetivo poder de mercado na organização de eventos esportivos, e se determinadas restrições impostas por essas entidades resultarem, por exemplo, em restrições de acesso ao mercado, com efeitos negativos ao funcionamento de clubes e às atividades dos atletas.

No contexto das práticas unilaterais, as condutas que têm suscitado maior atenção das autoridades de defesa da concorrência são aquelas relacionadas à imposição de cláusulas de não concorrência ou regras de elegibilidade por organizações esportivas aos seus membros (*e.g.*, clubes ou atletas individuais). Na prática, a imposição de regras de elegibilidade figura como um sistema de controle de acesso *ex ante*, o que significa que novas competições requerem uma aprovação prévia da organização esportiva.

Dentre os tipos de regras de eligibilidade impostas por ligas esportivas, observa-se a possibilidade de imposição de taxas como condição de entrada para novos clubes ou como requisito para promoção de um determinado clube a categoria/divisão superior. De um lado, essa prática pode ter objetivos legítimos e pró-competitivos, tais como garantir a segurança financeira dos clubes e a viabilidade de campeonatos esportivos a longo prazo[1]. De outro lado, a imposição de taxa pode limitar a capacidade dos clubes de investir e recrutar novos talentos, particularmente clubes menores ou novos, prejudicando a entrada de novos *players* e a promoção de clubes menores para divisões superiores.

Diante das incertezas quanto aos efeitos que a imposição de taxas pode gerar à concorrência no cenário esportivo, a expectativa é de que essa conduta seja analisada pelas autoridades de defesa da concorrência pela regra da razão, por meio de um exame aprofundado de efeitos. Há poucos casos em que autoridades antitruste analisaram a legalidade dessas taxas sob a perspectiva concorrencial. No cenário internacional, há dois casos paradigmáticos que resultaram na condenação de ligas esportivas pela aplicação de taxas, especificamente no Chile e na Espanha.

No Brasil, o Cade ainda não teve oportunidade de analisar a licitude da prática de imposição de taxas no setor esportivo. As investigações realizadas pela autoridade concorrencial brasileira estiveram mais focadas

1 OCDE. *Competition and Professional Sports*. OCDE Competition Policy Roundtable Background Note, 2023 Disponível em: www.oecd.org/daf/competition/competition-and-professional-sports-2023.pdf. Acesso em: 21.06.2024.

nos efeitos anticompetitivos de negociações de direitos de transmissão de eventos esportivos[2]. Com a promulgação da Lei Geral do Esporte[3], em 2023, que ratificou a autonomia e a estrutura de autorregulação das entidades esportivas, é possível que as práticas realizadas por ligas esportivas possam despertar o interesse da autoridade antitruste brasileira.

Na ausência de precedentes específicos perante o Cade, este artigo pretende avaliar os efeitos que esse tipo de prática pode trazer ao ambiente competitivo (positivos e negativos), bem como os critérios adotados por autoridades estrangeiras para examinar a legalidade dessas práticas, a fim de contribuir para o desenvolvimento do tema no cenário brasileiro.

2. A IMPOSIÇÃO DE TAXA POR LIGAS ESPORTIVAS E SEUS CONTORNOS ANTICOMPETITIVOS

Conforme disposto pela OCDE, no documento "*Competition and Professional Sports*"[4], a imposição de taxas a clubes de divisões inferiores para entrada em ligas esportivas pode figurar como modalidade de conduta unilateral e a análise de sua licitude dependerá de uma análise detalhada de efeitos sob a regra da razão.

Nessa conjuntura, a edição de regras que restringem a entrada de novos clubes em ligas esportivas pode apresentar aspectos positivos e negativos à concorrência. Para Houben, Blockx e Nuyts[5], tais regras restritivas poderiam ser editadas desde que para perseguir objetivos legítimos[6], tais como a proteção da saúde dos atletas e de um modelo de solidariedade esportiva. Ademais, para além do nivelamento da qualidade do torneio, o

2 Vide (i) Inquérito Administrativo 08700.004453/2019-48 (Representante: Cade Ex Officio. Representados: Grupo Globo Comunicações S.A); (ii) Inquérito Administrativo 08700.009863/2014-70 (Representante: Ministério Público Federal. Representados: Não especificados); e (iii) Processo Administrativo 08012.006504/1997-11 (Representantes: Chandre de Araújo Costa e Outros. Representados: Rede Globo, Bandeirante, Globosat, TVA, Confederação Brasileira de Futebol, Associação dos Clubes de Futebol e Associação Brasileira dos Clubes de Futebol).

3 BRASIL. Lei 14.597, de 14 de junho de 2023. Disponível em: https://www.planalto.gov.br/ccivil_03/_ato2023-2026/2023/lei/L14597.htm. Acesso em: 21 de junho de 2024.

4 OCDE. *Competition and Professional Sports*. OCDE Competition Policy Roundtable Background Note, 2023 Disponível em: www.oecd.org/daf/competition/competition-and-professional-sports-2023.pdf.

5 HOUBEN, R; BLOCKY, J; NUTYS, S. *UEFA and the Super League: who is calling who a cartel?. The International Sports Law Journal*, Vol. 22/3, 2022, p. 205-216. Disponível em: UEFA and the Super League: who is calling who a cartel? | The International Sports Law Journal (springer.com). Acesso em 21 de junho de 2024.

6 Os autores fazem referência aos objetivos legítimos apontados na Decisão de 8 de dezembro de 2017, parágrafos 219, 222 e 223, no âmbito do Processo AT.40208 da Comissão Europeia (International Skating Union's Eligibility rules), o qual se encontra disponível em: AT.40208 - International Skating Union's Eligibility rules (europa.eu). No original: *"In the ISU case, the EC clarified that the following objectives might constitute legitimate objectives that could justify a restriction of competition by a sports governing body: the integrity of sport, the protection of health and safety, the organization and proper conduct of competitive sport (including the protection of the proper functioning of the ISU calendar and the protection of uniform rules of sport)"*.

estabelecimento de critérios financeiros como requisito de entrada teria o intuito de garantir o financiamento do próprio torneio.

Por outro lado, as principais preocupações concorrenciais estariam relacionadas a (i) limitação de investimentos dos clubes em outros ativos, tais como novos atletas e/ou reformas de centros de treinamento; (ii) proibição à entrada de novos times (menores) no mercado (*i.e.*, no campeonato), cujo orçamento é reduzido; e, ainda, (iii) distorções à dinâmica competitiva, uma vez que nem todos os clubes que alcançaram méritos esportivos poderão disputar com aqueles que dispõem de vantagens financeiras.

3. A EXPERIÊNCIA INTERNACIONAL NA ANÁLISE DA IMPOSIÇÃO DE TAXA POR LIGAS ESPORTIVAS

No cenário internacional, o debate envolvendo a imposição de taxas por ligas esportivas encontra-se em estágio um pouco mais avançado e os efeitos desse tipo de conduta já foram analisadas em, pelo menos, duas oportunidades. Os principais casos que discutem a licitude dessas taxas na seara concorrencial envolvem (i) a entidade esportiva de futebol chilena (ANFP - Asociación Nacional de Fútbol Profesional)[7]; e (ii) a associação espanhola de clubes de basquete (Asociación de Clubs de Baloncesto – ACB)[8].

No caso chileno, a Procuradoria Econômica Nacional do Chile (FNE) instaurou uma investigação, em 2016, para analisar a imposição de taxa, pela ANFP, no valor de US$ 2 milhões (posteriormente, reduzida para US$ 1 milhão), aos clubes promovidos da terceira para a segunda divisão do campeonato de futebol profissional do país.

Nesta ocasião, a FNE argumentou que a taxa era anticompetitiva, pois reduzia a intensidade competitiva do torneio, além de excluir equipes do mercado ao mesmo tempo em que afetava de forma negativa as equipes que podiam adimplir a taxa, em termos de sua capacidade competitiva.

7 Decisão 173/2020 do Tribunal Antitruste Chileno confirmada pela decisão 94.189-2020 da Suprema Corte Chilena (OCDE. *Competition and Professional Sports - Note by Chile*, p. 2-4. Disponível em: https://one.oecd.org/document/DAF/COMP/WP2/WD(2023)32/en/pdf. Acesso em: 21 de junho de 2024).

8 Recurso 1349/2022 interposto perante a Suprema Corte da Espanha após decisão da autoridade concorrencial espanhola (OCDE. *Competition and Professional Sports - Note by Spain*, p. 5-6. Disponível em: https://one.oecd.org/document/DAF/COMP/WP2/WD(2023)44/en/pdf. Acesso em: 21 de junho de 2024).

A ANPF, por seu turno, afirmou que o órgão antitruste do país não teria competência para analisar o caso, bem como alegou a prescrição da conduta e seu caráter competitivo. De todo modo, a FNE recomendou a condenação da ANPF, com cessação da prática e imposição de multa e encaminhou o caso ao Tribunal de Defesa da Livre Concorrência (TDLC).

Em 25 de junho de 2020, o TDLC aceitou parcialmente a denúncia da FNE e, por meio da Decisão 173/2020, ratificou a decisão de condenação da ANFP pela prática de conduta anticompetitiva. De acordo com o TDLC, ao impor a taxa como requisito de acesso à divisão superior, a ANFP teria criado uma barreira artificial que impede a entrada no mercado e dificulta o desempenho competitivo do novo entrante. Nesse contéxto, o TDLC considerou que a taxa teria criado uma restrição orçamentária para os clubes promovidos. Ao realizar um exercício de contrafactual, na ausência da taxa, o TDLC vertificou que os clubes promovidos para divisão superior teriam obtido melhores resultados. Assim, observou-se que haveria elevada probabilidade de que, se taxa não tivesse sido paga, o clube promovido teria terminado em uma posição melhor ainda que na segunda divisão ou teria enfrentado uma menor probabilidade de rebaixamento. Esses aspectos foram levados em consideração pelo TDLC na determinação da multa aplicada, a qual foi correspondente a aproximadamente US$ 2,3 milhões. Em 6 de setembro de 2021, a multa foi confirmada pela Suprema Corte Chilena.

Dentre os principais aspectos considerados na decisão de condenação do TDLC e da Suprema Corte, cumpre salientar os seguintes[9]:

> (i) apesar da alegação feita pela ANFP de que as autoridades concorrenciais não seriam competentes para analisar as políticas implementadas pela associação esportiva, tal como a deliberação que impôs a taxa de incorporação, o TDLC e a Suprema Corte afastaram esse argumento e ratificaram que todas as entidades (públicas ou privadas) que realizam atividades econômicas estão sujeitas à repressão antitruste;
>
> (ii) o TDLC concluiu que o mercado relevante afetado pela conduta contempla todos os jogos de futebol organizados pela ANFP, oferecidos diretamente nos estádios ou indiretamente através de rádio e televisão, nos quais competem os times

9 OCDE. *Competition and Professional Sports – Note by Chile*, p. 4. Disponível em: https://one.oecd.org/document/DAF/COMP/WP2/WD(2023)32/en/pdf. Acesso em: 21 de junho de 2024.

da primeira e segunda divisão do futebol chileno. Um dos aspectos levados em consideração na delimitação do mercado relevante diz respeito à lealdade dos fãs/consumidores que torcem por um time específico. Esse fato significa que a decisão de consumo dos torcedores não seria suscetível a variações de preço ou qualidade, tornando a demanda inelástica. Diante disso, a Suprema Corte entendeu que seria correto limitar o mercado relevante aos jogos em que competem os times da segunda divisão do futebol chileno, excluindo os jogos da primeira divisão; e

(iii) a Suprema Corte destacou que o Conselho de Presidentes da ANFP tem um dever especial de diligência e esse dever não teria sido cumprido ao estabelecer a taxa, pois seria "restrição externa" que os times da primeira e segunda divisão impõem e aplicam aos times promovidos (e os times de primeira e segunda divisão teriam interesses econômicos diferentes).

Na experiência espanhola, por sua vez, a investigação instaurada estava relacionada à imposição de requisitos administrativos e financeiros, pela ACB, que organiza o principal torneio nacional de basquete, aos clubes promovidos à primeira divisão da liga. Mais especificamente, um dos principais motivos que levou à investigação do caso foi a obrigatoriedade de pagamento de taxa de inscrição cujo valor era superior à renda média de um clube da segunda divisão.

Em 2017, dois anos após a instauração do caso, a Comissão Nacional de Mercados da Espanha (CNMC) concluiu que a taxa mencionada constituía uma infração anticompetitiva, uma vez que, além de impedir e/ou dificultar o acesso à competição por clubes promovidos em razão de mérito esportivo, também distorcia as condições de concorrência relativas à primeira divisão do torneio nacional. Nesse contexto, a CNMC verificou que a conduta não objetivava o aperfeiçoamento competitivo da liga e, tampouco poderia ser justificada por finalidades legítimas, na medida em que teria natureza desproporcional e discriminatória.

Para determinar se a taxa imposta pela ACB tinha objetivos legítimos, a CNMC aplicou o Teste Meca-Medina[10] que consiste na verificação de justificativas legítimas que poderiam afastar a ilicitude de uma determinada prática realizada no cenário esportivo. Com base nesse teste, poderiam ser considerados objetivos legítimos, desde que dotados de proporcionalidade, aspectos relacionados à função social do esporte e outros valores

10 Teste aplicado pela Corte de Justiça da União Europeia (CJEU) no julgamento do caso Meca-Medina, C-519/04P, em 18 de julho de 2006.

reconhecidos pelas organizações esportivas, tais como (i) o *fair play*; (ii) a proteção da saúde dos atletas; (iii) a proteção da segurança dos espectadores; (iv) a incerteza dos resultados das competições esportivas; e (v) a estabilidade financeira dos clubes participantes de um campeonato.

No caso em análise, a CNMC concluiu que a taxa de entrada não se destinava a melhorar a concorrência ou atingir qualquer objectivo legítimo, visto que teria sido imposta aos clubes sem qualquer proporcionalidade (inclusive, o valor da taxa era superior ao rendimento médio de um clube da segunda divisão), e possuia natureza claramente discriminatória (uma vez que os oito clubes fundadores nunca pagaram a taxa).

Alguns aspectos relevantes podem ser extraídos da decisão da CNMC[11]:

> (i) a CNMC confirmou o entendimento de que condutas praticadas por associações esportivas não estão imunes à repressão antitruste, a despeito do argumento trazido pela ACB de que o Conselho Espanhol Superior de Esportes teria aprovado as regras da entidade; e
>
> (ii) apesar dos argumentos trazidos pela ACB, a decisão de condenação da CNMC não traria prejuízos ao funcionamento do modelo fechado de ligas esportivas.

Após a autoridade concorrencial espanhola condenar a ACB e determinar a imposição de multa no valor de 400 mil Euros, o conflito foi levado ao Judiciário. Inicialmente, em 2021, a decisão do órgão antitruste foi anulada pela Suprema Corte Espanhola (Audiencia Nacional). A anulação da decisão da CNMC foi realizada apenas com base no fato de que a definição de mercado tinha sido muito restrita e que a conduta teria sido enquadrada incorretamente. Ao contrário da análise realizada pela CNMC de que a ACB era o único *player* possível, a Audiencia Nacional sustentou que outras ligas profissionais poderiam surgir e competir com a ACB. A Audiência Nacional também argumentou que, se a conduta constituísse um acordo anticompetitivo entre os clubes membros da ACB, esses clubes deveriam ter sido sancionados, e não a associação. Caso contrário, na visão da Audiencia Nacional, a conduta deveria ter sido enquadrada, de fato, como unilateral (abuso de posição dominante).

11 OCDE. *Competition and Professional Sports – Note by Spain*, p. 6. Disponível em: https://one.oecd.org/document/DAF/COMP/WP2/WD(2023)44/en/pdf. Acesso em: 21 de junho de 2024.

Posteriormente, em 2023, quando submetida ao grau recursal da Suprema Corte da Espanha, a decisão da CNMC sobre a existência de infração à ordem econômica foi confirmada, apenas com a redução da multa ao montante de 200 mil Euros. A decisão definitiva da Suprema Corte Espanhola entendeu que (i) os acordos realizados no contexto da ACB estão incluídos no rol de condutas proibidas no art. 1 da legislação concorrencial e, portanto, sujeitam-se à imposição de multa pela autoridade antitruste; e (ii) a supervisão do Conselho Superior de Esportes não exime a ACB de responsabilidade, mas deve ser levada em conta na dosimetria e redução de multa.

4. A IMPOSIÇÃO DE TAXA POR LIGAS ESPORTIVAS NO BRASIL: O QUE ESPERAR?

No Brasil, ao contrário da experiência internacional, o Cade ainda não analisou casos relacionados à imposição de taxas por ligas esportivas. No setor desportivo, o Cade investigou práticas relacionadas à negociação de direitos de transmissão de eventos esportivos[12].

Como um paralelo, a autoridade concorrencial brasileira já investigou a prática de imposição de taxas em outros setores, em especial, nos casos paradigmáticos do setor portuário envolvendo a cobrança de *Terminal Handling Charge 2* ou THC2[13]. Nesses casos, aplicou-se a regra da razão e a autoridade concorrencial brasileira realizou uma análise detalhada de efeitos. Ainda que envolva um contexto fático distinto das ligas esportivas, algumas lições poderiam ser aproveitadas desses casos.

A título de exemplo, no caso envolvendo a imposição de THC2 pela Tecon Suape[14], a legitimidade da cobrança, adstrita à diretiva de entidade reguladora, não impediu – e tampouco impossibilitou que uma

12 Vide (i) Inquérito Administrativo 08700.004453/2019-48 (Representante: Cade Ex Officio. Representados: Grupo Globo Comunicações S.A); (ii) Inquérito Administrativo 08700.009863/2014-70 (Representante: Ministério Público Federal. Representados: Não especificados); e (iii) Processo Administrativo 08012.006504/1997-11 (Representantes: Chandre de Araújo Costa e Outros. Representados: Rede Globo, Bandeirante, Globosat, TVA, Confederação Brasileira de Futebol, Associação dos Clubes de Futebol e Associação Brasileira dos Clubes de Futebol).

13 Vide, os casos: (i) Processo Administrativo 08012.007443/1999-17; (ii) Processo Administrativo 08012.003824/2002-84; (iii) Processo Administrativo 08012.001518/2006-37; (iv) Processo Administrativo 08700.005499/2015-51; (v) Processo Administrativo 08700.007396/2016-14; (vi) Recurso Voluntário 08700.004935/2020-31; (vii) Recurso Voluntário 08700.004943/2020-88; e outros.

14 CONSELHO ADMINISTRATIVO DE DEFESA ECONÔMICA. Órgão Julgador: Tribunal Administrativo de Defesa Econômica. Processo Administrativo 08700.005499/2015-51. Julgamento em: 3 de fevereiro de 2021. Data de publicação: 10 fev. 2021. Disponível em: :: SEI - Pesquisa Processual :: (cade.gov.br). Acesso em: 21 de junho de 2024.

atividade, mesmo que com contornos de legalidade, deixasse de ser analisada pelo Cade. É o que se extrai do voto elaborado pelo Conselheiro Luiz Hoffmann, em que a licitude da cobrança não restringe a competência do Cade para verificar eventual produção de efeitos anticompetitivos no caso concreto.

No referido caso, o órgão antitruste brasileiro condenou a Tecon Suape por abuso de posição dominante. Após o exame entre as eficiências e os efeitos nocivos da conduta pela regra da razão, o Tribunal do Cade concluiu que a cobrança seria abusiva, visto que seria realizada em duplicidade e com natureza discriminatória, já que não incidiria nas oportunidades em que o próprio representado era o operador. Nessa conjuntura, a tese de defesa fundada, unicamente, na regulação setorial não foi reconhecida pela autoridade antitruste como justificativa legítima para afastar a ilicitude da prática.

Se a discussão de imposição de taxas for trazida para o cenário esportivo, é provável que a prática seja analisada sob a regra da razão, critério normalmente adotado pelo Cade na análise de condutas unilaterais. Nessa conjuntura, seria possível, ao menos, aventar a aplicação dos critérios previstos no Anexo I da Resolução Cade 20/1999[15], tradicionalmente usados na análise de condutas unilaterais. Esses critérios englobariam a análise clássica do mercado relevante envolvido, da existência de posição dominante e, do sopesamento entre efeitos líquidos positivos e justificativas legítimas vis-à-vis os potenciais danos à concorrência.

5. CONSIDERAÇÕES FINAIS

O presente artigo discutiu os possíveis efeitos no cenário competitivo resultantes da prática de imposição de taxas a clubes de divisões inferiores para entrada em determinado campeonato. Observou-se que a conduta pode suscitar tanto efeitos positivos quanto negativos à concorrência. Os efeitos positivos estariam relacionados à garantia de segurança financeira dos clubes e da viabilidade de campeonatos esportivos a longo prazo, ja os efeitos negativos poderiam ser vislumbrados

15 CONSELHO ADMINISTRATIVO DE DEFESA ECONÔMICA. Resolução 20, de 9 de junho de 1999. Disponível em: https://cdn.cade.gov.br/Portal/centrais-de-conteudo/publicacoes/normas-e-legislacao/resolucoes/Resolu%C3%A7%C3%A3o%20n%C2%BA%2020%2C%20de%209%20de%20junho%20de%201999.pdf. Acesso em: 21 de junho de 2024.

na possibilidade de limitação da capacidade dos clubes, especialmente clubes menores ou novos, de participar de campeonatos e serem promovidos para divisões superiores.

No cenário internacional, a conduta de imposição de taxas por ligas esportivas foi analisada em duas oportunidades, especificamente na Espanha e no Chile. Em ambos os casos, os investigados foram condenados pelas autoridades concorrenciais e as autoridades aplicaram a regra da razão.

No Brasil, o Cade ainda não analisou casos relacionados à imposição de taxas a clubes de divisões inferiores para entrada em ligas esportivas. De todo modo, a referida prática poderia ser analisada como conduta unilateral e a análise da sua licitude dependeria de um exame detalhado de efeitos sob a regra da razão. Quanto ao ônus probatório, os clubes prejudicados teriam que demonstrar os efeitos negativos da prática, ao passo que a liga teria o ônus de demonstrar as eficiências, de modo que, ao final, caberia à autoridade concorrencial realizar uma análise dos efeitos líquidos da conduta. Nesse contexto, justificativas amplas, sem a demonstração de benefícios específicos ao cenário esportivo afetado, não seriam suficientes para afastar a ilicitude da prática sob a ótica concorrencial.

Referência bibliográficas

BRASIL. Lei 14.597, de 14 de junho de 2023. Disponível em: https://www.planalto.gov.br/ccivil_03/_ato2023-2026/2023/lei/L14597.htm. Acesso em: 21 de junho de 2024.

CONSELHO ADMINISTRATIVO DE DEFESA ECONÔMICA. Órgão Julgador: Tribunal Administrativo de Defesa Econômica. Processo Administrativo 08700.005499/2015-51. Julgamento em: 03 fev. 2021. Data de publicação: 10 fev. 2021. Disponível em: :: SEI - Pesquisa Processual :: (cade.gov.br). Acesso em: 21 de junho de 2024.

CONSELHO ADMINISTRATIVO DE DEFESA ECONÔMICA. Órgão Julgador: Superintendência-Geral. Processo Administrativo 08700.007396/2016-14. Disponível em: :: SEI - Pesquisa Processual :: (cade.gov.br). Acesso em: 21 de junho de 2024.

CONSELHO ADMINISTRATIVO DE DEFESA ECONÔMICA. Órgão Julgador: Tribunal Administrativo de Defesa Econômica. Recurso Voluntário 08700.004943/2020-88. Julgamento em: 03 fev. 2021. Data de publicação: 10 fev. 2021. Disponível em::: SEI - Pesquisa Processual :: (cade.gov.br). Acesso em: 21 de junho de 2024.

CONSELHO ADMINISTRATIVO DE DEFESA ECONÔMICA. Órgão Julgador: Superintendência-Geral. Inquérito Administrativo 08700.009863/2014-70. Despacho SG de Arquivamento em: 21 jul.2015. Data de publicação: 04 ago. 2015. Disponível em: :: SEI - Pesquisa Processual :: (cade.gov.br). Acesso em: 21 de junho de 2024.

CONSELHO ADMINISTRATIVO DE DEFESA ECONÔMICA. Inquérito Administrativo 08700.004453/2019-48. Disponível em::: SEI - Pesquisa Processual :: (cade.gov.br). Acesso em: 21 de junho de 2024.

CONSELHO ADMINISTRATIVO DE DEFESA ECONÔMICA. Resolução 20, de 9 de junho de 1999. Disponível em: https://cdn.cade.gov.br/Portal/centrais-de-conteudo/publicacoes/normas-e-legislacao/resolucoes/Resolu%C3%A7%C3%A3o%20n%C2%BA%2020%2C%20de%209%20de%20junho%20de%20 1999.pdf. Acesso em: 21 de junho de 2024.

HOUBEN, R; BLOCKY, J; NUTYS, S. UEFA and the Super League: who is calling who a cartel?. The International Sports Law Journal, Vol. 22/3, 2022, p. 205-216. Disponível em: UEFA and the Super League: who is calling who a cartel? | The International Sports Law Journal (springer.com). Acesso em 21 de junho de 2024.

OCDE. Competition and Professional Sports. OCDE Competition Policy Roundtable Background Note, 2023. Disponível em: www.oecd.org/daf/competition/competition-and-professional-sports-2023.pdf.

OCDE. Competition and Professional Sports – Note by Chile. Disponível em: https://one.oecd.org/document/DAF/COMP/WP2/WD(2023)32/en/pdf. Acesso em: 21 de junho de 2024.

OCDE. Competition and Professional Sports – Note by Spain. Disponível em: https://one.oecd.org/document/DAF/COMP/WP2/WD(2023)44/en/pdf. Acesso em: 21 de junho de 2024.

Regras restritivas de transferência de jogadores e possíveis implicações concorrenciais

Marcelo Calliari
Tatiana Lins Cruz
Vivian Fraga
Renata Arcoverde

1. INTRODUÇÃO

As regras de transferência de jogadores incluem uma série de restrições estabelecidas por organizações esportivas que regulam a transferência de jogadores de um clube ao outro.

O assunto foi objeto de debate recentemente após o Departamento de Justiça Americano (DoJ) se unir a um processo contra a "Associação Atlética Universitária Nacional" ou NCAA acerca de política de transferência de atletas que limitava a participação de atletas que solicitassem transferência por uma segunda vez em competições universitárias por um período de um ano. De acordo com o DoJ, essa política limitava a livre movimentação dos atletas entre instituições, que poderia ser motivada pela busca por melhores oportunidades econômicas ou pessoais. Nesse sentido, em maio de 2024, o DoJ propôs um acordo, ou *consent decree*, proibindo universidades de restringir os direitos dos atletas de serem transferidos de uma universidade para outra.

Em 2023, regras de transferência foram objeto de análise pela Organização para a Cooperação e Desenvolvimento Econômico (OCDE)[1],

1 OCDE (2023), Concorrência e Esportes Profissionais, OCDE Competition Policy Roundtable Background Note, https://www.oecd.org/daf/competition/competition-and-professional-sports-2023.pdf

como parte de um estudo mais amplo acerca da interface entre Direito da concorrência e esportes profissionais.

O estudo menciona que, ao contrário de acordos de não-contratação ou de fixação de salário, regras de transferência podem ter fins legítimos, como promover a estabilidade contratual e o equilíbrio competitivo entre clubes. Nesse sentido, regras de transferência podem prevenir que os clubes mais ricos monopolizem todos os jogadores, além de contribuir com a lealdade e coesão do time. Por outro lado, regras de transferência naturalmente reduzem a concorrência entre os clubes por atletas. Por esse motivo, são analisadas por meio da regra da razão, o que permite que os clubes e ligas justifiquem seus efeitos restritivos como um meio para atingir objetivos desportivos legítimos de forma proporcional.

O tema também merece destaque tendo em vista que a proteção da concorrência em mercados de trabalho vem ganhando espaço na agenda de autoridades antitruste ao redor do mundo, tendência que pode ganhar força no contexto de aplicação de regras antitruste no contexto desportivo. Nesse sentido, importante destacar a recente proibição estabelecida pela Comissão Federal de Comércio (FTC) dos EUA com relação a cláusulas de não-concorrência impostas a trabalhadores, que foi alvo de protestos por diversas empresas no país.

2. REGRAS DE TRANSFERÊNCIA: CONTEXTO BRASILEIRO

No Brasil, matérias desportivas estão regulamentadas na Constituição Federal (vide, nesse sentido, art. 217, I, que estabelece a autonomia das entidades e associações desportivas quanto a sua organização e funcionamento), além de estarem sujeitas às previsões da Lei 9.615/1998 (Lei Pelé) e da Lei 14.597/2023 (Lei Geral do Esporte).

O art. 73 da Lei Geral do Esporte estabelece que a transferência ou cessão do atleta profissional ou não profissional depende de sua formal e expressa anuência.

Além disso, a lei estabelece um prazo mínimo de 3 (três) meses e máximo de 5 (cinco) anos para o contrato especial de trabalho esportivo de atletas profissionais, que deve obrigatoriamente prever uma cláusula indenizatória esportiva, devida à organização esportiva no caso de transferência do atleta para outra organização durante a vigência do contrato (art. 86, I). A lei estabelece ainda que as partes poderão livremente pactuar o valor da cláusula indenizatória esportiva, observado o limite máximo de 2.000 (duas mil) vezes o valor médio do salário contratual para transferências nacionais e sem qualquer limitação para transferências internacionais (art. 86, § 1). Por fim, o regramento estabelece a solidariedade entre o atleta e a nova organização esportiva com relação ao pagamento da cláusula indenizatória esportiva (art. 86, § 2). Essas mesmas previsões encontram-se reforçadas na Lei Pelé (vide art. 28 e 30).

A Lei Geral do Esporte também estabelece que a cessão ou negociação de direitos econômicos dos atletas submetem-se às regras e aos regulamentos próprios de cada organização de administração esportiva e à legislação internacional das federações internacionais esportivas (art. 94, parágrafo único).

Nesse sentido, importante destacar o Regulamento Nacional de Registro e Transferência de Atletas de Futebol disponibilizado pela Confederação Brasileira de Futebol[2]. O Regulamento estabelece que um jogador de futebol profissional somente pode atuar (ou entrar em campo) em nome de 2 (dois) clubes durante uma temporada, apesar de possível o registro em 3 (três) clubes durante o mesmo período. Para esses fins, não são considerados copas regionais e certames estaduais (art. 13, §3º).

O Regulamento estabelece que o clube que pretenda contratar um atleta ou técnico de futebol deverá informar o clube atual do profissional antes de dar início às negociações. O Atleta estará livre para celebrar contrato ou pré-contrato com um novo clube após a expiração de seu último contrato ou dentro dos 6 (seis) meses finais de sua vigência, sendo vedada a sobreposição da vigência de contratos (ressalvada a hipótese de empréstimo) (art. 25).

Salvo acordo mútuo com o atual empregador ou pagamento de cláusula indenizatória desportiva, atletas estão livres para se transferir a outro clube apenas ao término do prazo contratual, sendo a rescisão

---

2 Edição de março de 2023 disponível em https://conteudo.cbf.com.br/cdn/202303/20230330170927_443.pdf. Acesso em 9 de junho de 2024.

unilateral do contrato apenas admissível em caso de causa desportiva justificada ou outro motivo previsto em legislação nacional (art. 26 a 28).

Além disso, a transferência de atleta profissional clube participante do Campeonato Brasileiro Série A ou Série B deve ser efetuada em observância a um dos dois períodos de registros anuais fixados pela CBF (art. 33).

Por fim, o Regulamento prevê um mecanismo de indenização por formação ao clube formador, com objetivo de ressarcimento e compensação de investimentos humanos, educacionais, técnicos e materiais na formação do jogador (art. 56).

3. ANÁLISE DO CADE COM RELAÇÃO A CLÁUSULAS RESTRITIVAS DA CONCORRÊNCIA

O Conselho Administrativo de Defesa Econômica (Cade) analisa corriqueiramente cláusulas restritivas da concorrência no contexto da análise prévia de operações de fusão e aquisição e outros contratos comerciais submetidos ao órgão. É corriqueiro para a autoridade autorizar cláusulas desse tipo ao longo da duração contratual e por um prazo de até 5 anos após o fim da relação contratual, desde que materialmente limitadas ao escopo da operação, após uma rápida análise a respeito da proporcionalidade da cláusula ao objetivo comercial pretendido.

Esse entendimento decorre da Súmula 4[3], que estabelece que "*é lícita a estipulação de cláusula de não-concorrência na vigência de joint venture, desde que guarde elação direta com seu objeto e que fique restrita aos mercados de atuação*" e da Súmula 5[4], que estabelece que "*é lícita a estipulação de cláusula de não--concorrência com prazo de até cinco anos da alienação de estabelecimento, desde que vinculada à proteção do fundo de comércio*".

Especificamente com relação ao mercado de trabalho, o Cade costuma aceitar cláusulas de não-concorrência aplicáveis a empregados de alto escalão durante a vigência do contrato e potencialmente por um período posterior, o que pode ser justificado com base na proteção do fundo de comércio tendo em vista o acesso a informações confidenciais da empresa pelo funcionário. Além disso, o Cade tem aplicado a cláusulas de

3 Aprovada pelo Tribunal do Cade em 9 de dezembro de 2009.

4 Aprovada pelo Tribunal do Cade em 9 de dezembro de 2009.

não-aliciamento o mesmo racional adotado para cláusulas de não-concorrência, o que significa que o órgão considera essas cláusulas lícitas desde que o seu escopo material seja limitado ao objeto do contrato e que seu escopo temporal seja limitado ao período de 5 (cinco) anos.

4. CONSIDERAÇÕES FINAIS

Até o momento, as regras de transferência aplicáveis a atletas profissionais não foram alvo de escrutínio do Cade no Brasil, a despeito de casos de disputas entre clubes e jogadores serem em regra amplamente publicizados pela mídia[5].

A ampla regulamentação legal e contratual do assunto, combinada com o fato de que jogadores são livres para escolherem seus times após o término de seus contratos sem o pagamento de cláusula indenizatória desportiva podem estar entre os fatores que reduzem o interesse da autoridade antitruste brasileira com relação ao tema. Além disso, a duração legal máxima dos contratos esportivos é de 5 (cinco) anos, estando dentro, portanto, da dimensão temporal aceita pelo Cade com relação a cláusulas restritivas da concorrência.

Entretanto, recentemente, o Cade vem ampliando sua atuação com relação à proteção da concorrência. Em março de 2021, o Cade iniciou investigação contra empresas do setor de *healthcare* a respeito de troca de informações concorrencialmente sensíveis entre concorrentes a respeito de benefícios oferecidos aos empregados. No entanto, o escrutínio da autoridade brasileira com relação a cláusulas que restringem a concorrência em mercados de trabalho, como por exemplo cláusulas de não-concorrência impostas a funcionários, ainda é incipiente e, em regra, tem ocorrido majoritariamente no contexto da análise prévia de atos de concentração.

5 Nesse sentido, vide notícia recente relacionada à transferência de jogador Bruno Tabata do Atletico-MG para time em Portugal disponível em https://www.uol.com.br/esporte/futebol/ultimas-noticias/2022/08/06/reforco-do-palmeiras-tabata-saiu-brigado-do-atletico-mg-para-portugal.htm . Acesso em 9 de junho de 2024.

PARTE 4

ESPORTES E CONDUTAS COORDENADAS

Acordos de fixação de remuneração no setor de esportes: panorama internacional

Fabiana Pereira Velloso

1. INTRODUÇÃO

A discussão sobre aplicação do Direito antitruste a mercados de trabalho é, atualmente, um "*hot topic*" da área. O debate a respeito do poder de monopsônio nesses mercados tem ganhado tração, nos últimos anos, em diversas jurisdições ao redor do mundo – não somente na produção acadêmica, mas também no *enforcement* pelas autoridades e nas discussões políticas[1].

O setor de esportes profissionais não escapou a essa tendência recente. Nota-se, nesse contexto, a abertura de diversas investigações, por autoridades internacionais, com foco em condutas ocorridas nesse segmento – primordialmente, acordos de fixação de remuneração ou de salários (*wage fixing*) e de não solicitação (*no poaching*).

O *wage fixing* consiste no acordo, entre concorrentes, para determinar salários e outros elementos da remuneração de funcionários.[2] A conduta

1 Alguns fatos ilustram essa maior atenção dada ao tema de antitruste e mercados de trabalho. Nos EUA, a eleição do Presidente Joe Biden, em 2020, pode ser considerada um marco relevante na mudança da política concorrencial, buscando um maior enforcement de problemas concorrenciais em mercados de trabalho. Destaca-se a regra da Federal Trade Commission norte-americana, que proíbe a celebração de cláusulas de não concorrência, anunciada em abril de 2024. Na Europa, orientações recentes incluíram acordos de *wage-fixing* e *no-poach* provavelmente infringem o art. 101 do TFUE por seu objeto. Ademais, diversas jurisdições têm publicado orientações a respeito do tema – como Portugal, autoridades nórdicas (Suécia, Dinamarca, Finlândia, Islândia e Noruega), Reino Unido, Hong Kong, Japão e Canadá.

2 Conforme definem os órgãos norte-americanos Department of Justice (DoJ) e Federal Trade Commission (FTC), há acordos de *wage fixing* quando um indivíduo "acorda com indivíduo(s) em outra empresa sobre o salário do funcionário ou outros termos de remuneração, seja em um nível específico ou dentro de uma faixa" (tradução livre). Cf. ESTADOS UNIDOS. Department of Justice Antitrust Division; Federal Trade Commission. **Antitrust Guidance for Human Resource Professionals**, outubro de 2016, p. 3.

é considerada um ilícito *per se* no Direito norte-americano[3] e uma restrição por objeto no Direito comunitário europeu[4].

No Conselho Administrativo de Defesa Econômica – Cade, no âmbito de investigação em curso, a Superintendência-Geral manifestou-se no sentido de que acordos sobre elementos da remuneração constituem ilícito de cartel. [5] Não há, entretanto, decisão final da autoridade a respeito de *wage fixing agreements*; tampouco se tem notícia de processo, na autoridade antitruste brasileira, envolvendo condutas relacionadas à fixação de remuneração de trabalhadores no setor de esportes.

Nesse contexto, para além dessa introdução, o presente artigo (i) apresenta os acordos de fixação de remuneração no contexto do setor de esportes, que possui características específicas em sua organização e força de trabalho; e (ii) fornece um panorama das investigações recentes dessa conduta por autoridades antitruste. Por fim, traz-se considerações finais.

2. FIXAÇÃO DE REMUNERAÇÃO NO SETOR DE ESPORTES

Os esportes profissionais têm como característica, em regra, a organização em federações ou ligas esportivas, que frequentemente detêm monopólio em uma determinada região geográfica. Tais arranjos pressupõem coordenação entre agentes, o que traz desafios à análise antitruste, inclusive do ponto de vista do debate sobre concorrência em mercados de trabalho.

Ademais, os trabalhadores no setor de esportes possuem características distintivas daqueles de outros mercados. Conforme resume a

---

3 Cf. ESTADOS UNIDOS. Department of Justice Antitrust Division; Federal Trade Commission. **Antitrust Guidance for Human Resource Professionals**, outubro de 2016, p. 3; POSNER, Eric A. **How Antitrust Failed Workers**. New York: Oxford University Press, 2021, p. 47.

4 Não há, até o momento, precedentes da Comissão Europeia que analisem acordos de fixação de remuneração como ilícitos por objeto. No documento "Orientações sobre a aplicação do art. 101 do Tratado sobre o Funcionamento da União Europeia aos acordos de cooperação horizontal", de 2023, acordos para fixar salários são citados como exemplo de restrições da concorrência por objeto. Cf. RODRIGUES, Ana Sofia et al. No-poach agreements: closing the enforcement gap. **Concurrences Review**, n. 4, nov. 2023; UNIÃO EUROPEIA. **Competition Policy Brief**: No-poach agreements and competition law.

5 De acordo com a Superintendência-Geral do Cade, na Nota Técnica 61/2023/CGAA8/SGA2/SG/CADE no Processo Administrativo 08700.004548/2019-61 (SEI 1266850): "Conforme explicado na Nota de Instauração, no caso de Acordos de Fixação de Remuneração (*Wage Fixing Agreements*), concorrentes que cheguem a um acordo em relação a qualquer aspecto ou elemento da remuneração de seus funcionários estão fixando o preço da mão de obra e, nesse sentido, incorrendo na infração de cartel. Uma vez que a conduta pode se estender a qualquer elemento da compensação trabalhista, e não apenas ao salário, na Nota de Instauração se optou por denominar a prática de acordo de fixação de remuneração, embora o termo mais comum na doutrina estrangeira seja '*wage fixing agreement*'. Para a SG/Cade, o preço do trabalho inclui, além do salário, os demais benefícios oferecidos pelo empregador ao empregado." (grifos do original)

OCDE, (i) os atletas frequentemente possuem carreiras curtas; (ii) a disparidade salarial de gênero na indústria esportiva é significativamente alta; (iii) a indústria é intensiva em mão de obra e o produto final está intimamente ligado aos trabalhadores; e, por fim, (iv) os atletas estão sujeitos a um poder considerável de seus empregadores, devido ao seu alto grau de especialização e às limitadas alternativas de emprego em diferentes setores.[6]

Nesse contexto, discute-se a licitude de práticas frequentes no setor esportivo, especialmente a imposição de tetos salariais ou de compensação no âmbito de ligas esportivas. Por um lado, tem-se os pontos já trazidos pela doutrina antitruste a respeito dos danos concorrenciais decorrentes de acordos de fixação de remuneração: redução de remuneração e limitação da mobilidade dos trabalhadores. Tais acordos também aumentam o poder de barganha dos clubes e resultam em estruturas de custos semelhantes entre os concorrentes, reduzindo a incerteza característica do ambiente de concorrência.[7]

Em contrapartida, argumenta-se que o setor de esportes possui particularidades, e que práticas que poderiam ser vistas como fixação de remuneração possuem uma justificativa pró-competitiva, uma vez que buscariam garantir a manutenção de qualidade e o equilíbrio entre os times, evitando, por exemplo, o *financial doping*[8]-[9].

Cumpre notar que a discussão sobre a licitude de acordos de fixação de remuneração não se aplica aos casos que envolvem negociações coletivas de trabalhadores através de sindicatos, os quais estão protegidos pela imunidade antitruste. Em vários países, ligas esportivas estabelecem tetos salariais, como a NFL nos EUA, a NBA e NHL nos EUA e Canadá, e a NRL na Austrália e Nova Zelândia. Nestes casos, os

---

6 ORGANIZAÇÃO PARA A COOPERAÇÃO E DESENVOLVIMENTO ECONÔMICO (OCDE). **Competition and Professional Sports.** Paris: OCDE Publishing, dez. 2023, p. 31.

7 ORGANIZAÇÃO PARA A COOPERAÇÃO E DESENVOLVIMENTO ECONÔMICO (OCDE). **Competition and Professional Sports.** Paris: OCDE Publishing, dez. 2023, p. 34.

8 Conforme resume a OCDE, "o conceito de 'doping financeiro' surgiu para se referir aos clubes que adquirem capacidade para dominar os outros por meio de investimentos externos (ou seja, desvinculados das atividades esportivas), proporcionando a estes uma vantagem de desempenho ilegítima que compromete o espírito do esporte" (tradução livre). Cf: ORGANIZAÇÃO PARA A COOPERAÇÃO E DESENVOLVIMENTO ECONÔMICO (OCDE). **Competition and Professional Sports.** Paris: OCDE Publishing, dez. 2023, p. 11.

9 ORGANIZAÇÃO PARA A COOPERAÇÃO E DESENVOLVIMENTO ECONÔMICO (OCDE). **Competition and Professional Sports.** Paris: OCDE Publishing, dez. 2023, p. 32; BUSINESS AT OECD (BIAC). Comments by the Business at OECD (BIAC) Competition Committee to the OECD Competition Committee, 4. dez. 2023, p. 4-5.

acordos estão isentos da aplicação da lei antitruste, pois são parte de acordos coletivos entre os sindicatos de atletas e as ligas.[10]

3. BREVE PANORAMA DAS INVESTIGAÇÕES RECENTES

As recentes investigações conduzidas por autoridades antitruste ao redor do mundo sobre a prática de fixação de salários no setor esportivo destacam os pontos de debate mencionados anteriormente, uma vez que envolvem práticas de limitação de remuneração em ligas esportivas.

No México, em setembro de 2021, a Comisión Federal de Competencia Económica (Cofece) investigou condutas em ligas de futebol do país. No âmbito do futebol feminino, condenou-se a prática de imposição de tetos salariais para as jogadoras, entre os anos de 2016 e 2019. Segundo a Cofece, desde a criação de liga de futebol feminino mexicana (Liga MX Femenil), em 2016, diversos times estabeleceram limites à remuneração das atletas, de acordo com critérios de idade e categoria[11]. Posteriormente, na temporada de 2018-2019, estabeleceu-se uma remuneração máxima de 15 mil pesos mexicanos (com exceção de quatro jogadoras), bem como um limite para apoios em espécie.

A Cofece considerou que a conduta consistia em um acordo de manipulação de preços, que impedia os clubes de oferecer melhores salários ou condições de trabalho para as atletas. A autoridade mexicana pontuou, ainda, que a prática tinha um impacto significativo de ampliar a diferença salarial entre os gêneros, considerando que os salários dos atletas da liga masculina já eram muito superiores aos da feminina.[12] Foram sancionados não apenas os times envolvidos e a Liga MX, mas também a Federação Mexicana de Futebol, que publicou documentos para persuadir os clubes a cumprir com o acordo, e pessoas físicas[13].

---

10 ORGANIZAÇÃO PARA A COOPERAÇÃO E DESENVOLVIMENTO ECONÔMICO (OCDE). **Competition and Professional Sports.** Paris: OCDE Publishing, dez. 2023, p. 34; HOEY, Simon; PEETERS, Thomas; PRINCIPE, Francesco. The transfer system in European football: A procompetitive no-poaching agreement? **International Journal of Industrial Organization**, v. 75, 2021, p. 16.

11 Conforme narra a Cofece, "i) aquelas com mais de 23 anos ganhariam no máximo 2 mil pesos mexicanos; ii) aquelas com menos de 23 anos, 500 pesos mexicanos mais um curso de treinamento pessoal; e iii) as jogadoras da categoria Sub17 não teriam renda, mas poderiam receber apoio para viagens, educação e refeições" (tradução livre). Cf: COMISIÓN FEDERAL DE COMPETENCIA ECONÓMICA (COFECE). **COFECE sanctions 17 clubs of the Liga MX, the Mexican Football Federation and 8 natural persons for colluding in the market of women and male soccer players' draft**, 23 set. 2021.

12 ORGANIZAÇÃO PARA A COOPERAÇÃO E DESENVOLVIMENTO ECONÔMICO (OCDE). **Competition and Professional Sports - Note by Mexico.** Paris: OCDE Publishing, dez. 2023, p. 7-8.

13 COMISIÓN FEDERAL DE COMPETENCIA ECONÓMICA (COFECE). **COFECE sanctions 17 clubs of the Liga MX, the Mexican Football Federation and 8 natural persons for colluding in the market of women and male soccer players' draft**, 23 set. 2021.

A UOKiK, autoridade antitruste polonesa, também teve atuação sobre o tema de acordos de fixação de remuneração. Em outubro de 2022, a autoridade condenou 16 times e a Liga Nacional de Basquete por realizarem um acordo de restrição de concorrência, com troca de informações sensíveis.[14] Os acordos teriam sido realizados entre os times, com apoio da liga. [15] No contexto de encerramento antecipado da temporada de basquete, as equipes acordaram entre si que rescindiriam os contratos com seus jogadores (dessa forma, cessando o pagamento da remuneração aos atletas durante o restante do período). O ilícito foi considerado como restrição por objeto, e o contexto da pandemia não foi suficiente para afastar a condenação, cujas multas totalizaram quase duzentos mil euros.[16]

Posteriormente, em junho de 2023, a UOKiK condenou a Federação Polonesa de Automóveis e Motocicletas, bem como a liga organizadora da principal competição de *speedway* no país, por determinarem tetos de remuneração para os pilotos de corridas, entre 2013 e 2014. A autoridade considerou que, dado o reconhecimento da qualidade do campeonato polonês, as remunerações impostas poderiam servir como referência em outros países, afetando atletas fora da Polônia.[17] A multa imposta foi de cerca de 1,2 milhão de euros.[18]

A Konkurencijos taryba, autoridade concorrencial lituana, também condenou clubes de basquete e a liga nacional por acordarem o não pagamento de remunerações ou de qualquer outro tipo de compensação aos atletas, após o encerramento antecipado do campeonato, no contexto da pandemia de Covid-19.[19] Entretanto, a decisão, de novembro de 2021, foi anulada por corte administrativa – que,

---

14 URZĄD OCHRONY KONKURENCJI I KONSUMENTÓW (UOKIK). **Basketball clubs violated competition** - decision of President of UOKiK, 25 out. 2022.

15 GOŁĘBIOWSKI, Szymon; SZYMANEK, Stanisław. **The Polish Competition Authority fines 16 basketball clubs and the national federation**. Concurrences, 20 out. 2022.

16 ORGANIZAÇÃO PARA A COOPERAÇÃO E DESENVOLVIMENTO ECONÔMICO (OCDE). **Competition and Professional Sports**. Paris: OCDE Publishing, dez. 2023, p. 33.

17 URZĄD OCHRONY KONKURENCJI I KONSUMENTÓW (UOKIK). **Competition-limiting Agreement in Speedway** - decision of President of UOKiK, 25 out. 2022; CONCURRENCES. **The Polish Competition Authority imposes fines on a competition-limiting agreement**. Concurrences, 6 jun. 2023.

18 ORGANIZAÇÃO PARA A COOPERAÇÃO E DESENVOLVIMENTO ECONÔMICO (OCDE). **Competition and Professional Sports**. Paris: OCDE Publishing, dez. 2023, p. 33.

19 LITUÂNIA. Competition Council of Republic of Lithuania. **By agreeing not to pay players' salaries, Lithuanian Basketball League and its clubs infringed competition law**, 18 nov. 2023.

segundo se narra, considerou, entre outros aspectos, que a conduta não poderia ser considerada, de maneira inequívoca, como um ilícito por objeto.[20]

Nos Estados Unidos, no setor de esportes eletrônicos (e-sports), o Departamento de Justiça (DoJ) processou civilmente a Activision Blizzard, Inc. por práticas que suprimiram a remuneração dos jogadores em ligas profissionais. O caso foi encerrado por meio de um acordo, em 2023.[21] Ademais, levantamento de julgados dos EUA indica que casos de ligas esportivas correspondem a cerca de metade dos casos de adjudicação envolvendo mercados de trabalho, pela Seção 1 do Sherman Act[22]. Em O'Bannon v. NCAA, por exemplo, decisão aplica a regra da razão a restrições a bolsas e remuneração recebidas por atletas-estudantes, estabelecidas por associação de esportes amador.[23]

4. CONSIDERAÇÕES FINAIS

A atuação de diversas autoridades antitruste em investigações de acordos de fixação de remuneração revela que a questão do exercício do poder de monopsônio em mercados de trabalho é um tema relevante nos debates sobre Direito da concorrência e esportes profissionais.

É interessante notar, nesse contexto, que os atletas têm, de maneira geral, uma exposição midiática maior do que os trabalhadores de muitos outros setores. Soma-se a isso o fato de que, se as organizações envolvidas (ligas, federações, associações) estabelecem regras sobre a remuneração dos atletas, tendem a promover alguma forma de divulgação pública dessas normas.

---

20 RODRIGUES, Ana Sofia et al. No-poach agreements: closing the enforcement gap. **Concurrences Review**, n. 4, nov. 2023; MASSON, Julie. **Lithuanian court overturns basketball league sanctions for wage fixing**. Global Competition Review, 08 jun. 2022.

21 Cumpre notar que, Cf.: ESTADOS UNIDOS. Department of Justice. **Justice Department Files Lawsuit and Proposed Consent Decree to Prohibit Activision Blizzard from Suppressing Esports Player Compensation**, 3 de abril de 2023; REUTERS. **U.S. Justice Department settles with Activision over esports salary limits**, 4 de abril de 2023.

22 POSNER, Eric A. **How Antitrust Failed Workers**. New York: Oxford University Press, 2021, p. 22.

23 Nesse caso, a 9th Circuit Court of Appeals decidiu que as regras da NCAA (National Collegiate Athletic Association, instituição que coordena programas esportivos de instituições de ensino superior nos EUA) estariam sujeitas à regra da razão; e, portanto, a NCAA deveria permitir que suas escolas oferecessem aos estudantes-atletas bolsas de estudo equivalentes ao custo total dos estudos. Entretanto, a Corte anulou a sentença do tribunal de primeira instância que exigia que a NCAA permitisse que suas escolas membros pagassem aos estudantes-atletas até 5 mil dólares por ano, considerando o caráter amador do campeonato da NCAA. Cf. ESTADOS UNIDOS. United States Court of Appeals for the Ninth Circuit. **O'Bannon v. NCAA**, No. 14-16601. 30 set. 2015.

Portanto, pode-se aventar que acordos no setor esportivo que fixam remunerações de forma anticompetitiva são mais propensos a serem detectados pelas autoridades antitruste, ao contrário de outros setores, que têm menos atenção pública quanto aos valores de remuneração. Aguarda-se possíveis desdobramentos desse tópico no Brasil.

Referências bibliográficas

BRASIL. Conselho Administrativo de Defesa Econômica. Processo Administrativo 08700.004548/2019-61. Representante: Cade *ex officio*. Representados: Abbott Laboratórios do Brasil Ltda.; Acelity L.P. Inc.; Alcon Laboratórios do Brasil Ltda.; Alere S.A.; Bard Brasil Industria e Comercio de Produtos para a Saúde Ltda; e outros.

BUSINESS AT OECD (BIAC). Comments by the Business at OECD (BIAC) Competition Committee to the OECD Competition Committee, 4. dez. 2023. Disponível em: https://www.businessatoecd.org/hubfs/Competition%20and%20Professional%20Sports.pdf?hsLang=en. Acesso em: 09 jul. 2024.

COMISIÓN FEDERAL DE COMPETENCIA ECONÓMICA (COFECE). COFECE sanctions 17 clubs of the Liga MX, the Mexican Football Federation and 8 natural persons for colluding in the market of women and male soccer players' draft, 23 set. 2021. Disponível em: https://www.cofece.mx/wp-content/uploads/2021/09/COFECE-028-2021_ENG.pdf. Acesso em: 09 jul. 2024.

CONCURRENCES. The Polish Competition Authority imposes fines on a competition-limiting agreement. Concurrences, 6 jun. 2023. Disponível em: https://www.concurrences.com/en/bulletin/news-issues/june-2023/the-polish-competition-authority-imposes-fines-on-a-competition-limiting. Acesso em: 09 jul. 2024.

ESTADOS UNIDOS. Department of Justice Antitrust Division; Federal Trade Commission. Antitrust Guidance for Human Resource Professionals, outubro de 2016. Disponível em: https://www.ftc.gov/public-statements/2016/10/antitrust-guidance-human-resource-professionals-department-justice. Acesso em: 09 jul. 2024.

ESTADOS UNIDOS. Department of Justice. Justice Department Files Lawsuit and Proposed Consent Decree to Prohibit Activision Blizzard from Suppressing Esports Player Compensation, 3 de abril de 2023. Disponível em: https://www.justice.gov/opa/pr/justice-department-files-lawsuit-and-proposed-consent-decree-prohibit-activision-blizzard. Acesso em: 09 jul. 2024.

ESTADOS UNIDOS. United States Court of Appeals for the Ninth Circuit. O'Bannon v. NCAA, No. 14-16601. 30 set. 2015.

GOŁĘBIOWSKI, Szymon; SZYMANEK, Stanisław. The Polish Competition Authority fines 16 basketball clubs and the national federation. Concurrences, 20 out. 2022. Disponível em: https://www.concurrences.com/en/bulletin/news-issues/october-2022/the-polish-competition-authority-fines-16-basketball-clubs-and-the-national. Acesso em: 09 jul. 2024.

HOEY, Simon; PEETERS, Thomas; PRINCIPE, Francesco. The transfer system in European football: A procompetitive no-poaching agreement? International Journal of Industrial Organization, v. 75, 2021, p. 1-18.

LITUÂNIA. Competition Council of Republic of Lithuania. By agreeing not to pay players' salaries, Lithuanian Basketball League and its clubs infringed competition law, 18 nov. 2023. Disponível em: https://kt.gov.lt/en/news/by-agreeing-not-to-pay-players-salaries-lithuanian-basketball-league-and-its-clubs-infringed-competition-law. Acesso em: 09 jul. 2024.

MASSON, Julie. Lithuanian court overturns basketball league sanctions for wage fixing. Global Competition Review, 08 jun. 2022. Disponível em: https://globalcompetitionreview.com/article/lithuanian-court-overturns-basketball-league-sanctions-wage-fixing. Acesso em: 09 jul. 2024.

ORGANIZAÇÃO PARA A COOPERAÇÃO E DESENVOLVIMENTO ECONÔMICO (OCDE). Competition and Professional Sports. Paris: OCDE Publishing, dez. 2023. Disponível em: https://www.oecd-ilibrary.org/finance-and-investment/competition-and-professional-sports_f59e2263-en. Acesso em: 09 jul. 2024.

ORGANIZAÇÃO PARA A COOPERAÇÃO E DESENVOLVIMENTO ECONÔMICO (OCDE). Competition and Professional Sports – Note by Mexico. Paris: OCDE Publishing, dez. 2023. Disponível em: https://www.cofece.mx/wp-content/uploads/2023/12/CompetenciaDeportesProf_OCDE_2023.pdf. Acesso em: 09 jul. 2024.

POSNER, Eric A. How Antitrust Failed Workers. New York: Oxford University Press, 2021.

REUTERS. U.S. Justice Department settles with Activision over esports salary limits, 4 de abril de 2023. Disponível em: https://www.reuters.com/legal/us-files-antitrust-lawsuit-against-activision-blizzard-2023-04-03. Acesso em: 09 jul. 2024.

RODRIGUES, Ana Sofia et al. No-poach agreements: closing the enforcement gap. Concurrences Review, n. 4, nov. 2023. Disponível em: https://www.concurrences.com/en/review/issues/no-4-2023/on-topic/no-poach-agreements-closing-the-enforcement-gap. Acesso em: 09 jul. 2024.

UNIÃO EUROPEIA. Comissão Europeia. Orientações sobre a aplicação do art. 101 do Tratado sobre o Funcionamento da União Europeia aos acordos de cooperação horizontal. Jornal Oficial da União Europeia, Bruxelas, 21 jul. 2023. Disponível em: https://eur-lex.europa.eu/legal-content/PT/TXT/PDF/?uri=CELEX:52023XC0721(01). Acesso em: 09 jul. 2024.

UNIÃO EUROPEIA. Competition Policy Brief: No-poach agreements and competition law. Disponível em: https://competition-policy.ec.europa.eu/document/download/adb27d8b-3dd8-4202-958d-198cf0740ce3_en. Acesso em: 09 jul. 2024.

URZĄD OCHRONY KONKURENCJI I KONSUMENTÓW (UOKIK). Basketball clubs violated competition – decision of President of UOKiK, 25 out. 2022. Disponível em: https://uokik.gov.pl/download/26754. Acesso em: 09 jul. 2024.

URZĄD OCHRONY KONKURENCJI I KONSUMENTÓW (UOKIK). Competition-limiting Agreement in Speedway – decision of President of UOKiK, 25 out. 2022. Disponível em:https://uokik.gov.pl/download/27175. Acesso em 09 jul. 2024.

No-poach investigations no exterior: mais próximo da realidade

Juliana Oliveira Domingues
Fernanda Lopes Martins

1. OS MERCADOS DE TRABALHO E O DIREITO ANTITRUSTE

Ainda que o tema não seja necessariamente novo[1], na virada do milênio observamos novos debates decorrentes da intersecção entre Direito do trabalho e Direito da concorrência. Em especial, observa-se um grande avanço do tema no cenário internacional.

O tema também ganhou destaque diante de novas relações de trabalho que envolvem casos de grande repercussão, diante do poder econômico das *big techs* do Vale do Silício. Como exemplo, cumpre observar caso recente no qual foram descobertos cinco acordos bilaterais de *no-poaching* firmados entre grandes empresas de tecnologia. Os casos em questão envolviam cerca de 64 mil trabalhadores e com a atenção dada pela mídia, os *no-poaching agreements* tem ganhado destaque entre os temas que unem a relação concorrencial com os mercados de trabalho[2].

Especialmente nos Estados Unidos da América (EUA), o tema teve grande avanço nos debates acadêmicos e enfrentamentos da autoridade, nos últimos anos. Em 2016, o *Antitrust Guidance for Human Resources* emitido pelas autoridades concorrenciais norte-americanas veio orientar os profissionais da área de recursos humanos sobre os riscos inerentes

1 Nesse sentido, veja-se: Amanda Athayde; Juliana Domingues; Nayara Mendonça. O improvável encontro do direito trabalhista com o direito antitruste. **Revista do Ibrac**, 2018. v. 24, n. 2, p. 65-93. O artigo foi "atualizado" pelas autoras em 2022, em novo estudo: Amanda Athayde; Juliana Domingues; Nayara Mendonça. 10 anos da Lei 12.529/2011: os avanços no debate que resultaram na incontornável interface entre concorrência e trabalho. **Revista de Defesa da Concorrência**. Junho 2022.

2 Cf. Documentário "When Rules Dont Apply". Disponível em: https://www.whenrulesdontapply.com/the-case.

à troca de informações e sobre os acordos entre empregadores, destacando aspectos relevantes sobre a mobilidade de seus empregados.

Em 2021, o presidente Joseph Biden, por meio da *Executive Order on Promoting Competition in the American Economy*, reforçou a relação existente entre aumento de poder dos empregadores (poder de monopsônio) e a redução do poder de barganha dos trabalhadores por melhores salários e melhores condições de trabalho[3]. Nesta mesma manifestação, o presidente dos EUA frisou a necessidade de proteger os trabalhadores, principalmente diante dos acordos de *no-poaching* ou acordos de não concorrência, e os de fixação salarial ou *wage-fixing*[4]. No mesmo ano, a presidente do Federal Trade Commission (FTC), Lina Khan, também publicou um memorando demonstrando sua preocupação com a proteção dos trabalhadores, notadamente em mercados concentrados, diante de dificuldades de negociar livremente termos e condições de trabalho[5].

Sob a perspectiva internacional, ou seja, para além Estados Unidos, em 2019, a Organização para Cooperação e Desenvolvimento Econômico (OCDE) organizou uma mesa redonda para discutir as questões concorrenciais nos mercados de trabalho que contou com a colaboração técnica de inúmeros países, inclusive do Brasil[6].

No Brasil, houve um relativo avanço nas discussões sobre o tema que se deu, especialmente, nos últimos cinco anos, com destaque para alguns estudos e artigos acadêmicos[7], bem como casos do Conselho Administrativo de Defesa Econômica (Cade) sobre a temática[8].

3 No original: "Consolidation has increased the power of corporate employers, making it harder for workers to bargain for higher wages and better work conditions." Cf. The White House. Executive Order on Promoting Competition in the American Economy. Disponível em: https://www.whitehouse.gov/briefing-room/presidential-actions/2021/07/09/executive-order-on-promoting-competition-in-the-american-economy/.

4 Veja-se, também: DOMINGUES, Juliana Oliveira; GABAN, Eduardo Molan. **Direito Antitruste.** 5ª ed. São Paulo: SaraivaJur, 2024.

5 Cf. Lina Khan. Set. 2021. Disponível em: https://www.ftc.gov/public-statements/2021/09/memo-chair-lina-m-khan-commission-staff-commissioners-regarding-vision.

6 Inclusive a colaboração do Brasil à OCDE na época teve participação ativa de uma das autoras deste artigo, conforme consta em nota de agradecimento, conforme: OCDE. DAF/COMP/WD(2019)51. **Competition Issues in Labour Markets - Note by Brazil.** 05 june, 2019. This document reproduces a written contribution from Brazil submitted for item 4 of the 131st OECD Competition Committee meeting on 5-7 June 2019.

7 A título exemplificativo: Amanda Athayde; Juliana Domingues; Nayara Mendonça. O improvável encontro do direito trabalhista com o direito antitruste. **Revista do Ibrac**, 2018. v. 24, n. 2, p. 65-93. O artigo foi "atualizado" pelas autoras em 2022, em novo estudo: Amanda Athayde; Juliana Domingues; Nayara Mendonça. 10 anos da Lei 12.529/2011: os avanços no debate que resultaram na incontornável interface entre concorrência e trabalho. **Revista de Defesa da Concorrência**. Junho 2022.
Também em 2019 o Brasil fez sua contribuição para a OCDE sobre a temática *Competition Issues on Labour Markets - Note by Brazil*. Disponível em: https://one.oecd.org/document/DAF/COMP/WD(2019)51/en/pdf.

8 Em 2021, a Superintendência-Geral do Cade produziu uma Nota Técnica (NT 36/2021/CGAA8/SGA2/SG/CADE) reconhecendo a necessidade de investigar a troca sistemática de informações sensíveis entre empresas no mercado de *healthcare* sobre termos e condições de trabalho, que resultou em seis Termos de Compromisso de Cessação de Conduta (TCCs).

Na Justiça do Trabalho também tivemos importantes debates. Dentre os mais recentes casos, em julho de 2023, chama a atenção a decisão da 3ª Turma do Tribunal Regional do Trabalho da 15ª Região que determinou que o Cade considerasse o valor social do trabalho e a função social da propriedade em todas suas decisões, além de buscar criar uma obrigação de notificar os sindicatos dos trabalhadores envolvidos sobre determinado ato de concentração para avaliar possíveis impactos nos empregos.

O cenário nacional e internacional indica crescente preocupação das autoridades da concorrência para essa nova perspectiva, afinando a relação entre os mercados de trabalho e o Direito concorrencial.

Há uma inquietação relativa à necessidade de as políticas concorrenciais terem um olhar para o poder de monopsônio e aos possíveis novos objetivos antitruste. Se o tema ainda não é unanime, é um fato que internacionalmente discutem-se os efeitos de violações concorrenciais mais notórias, como os conluios de *no-poaching agreements* e *wage-fixing*[9].

2. OS ACORDOS DE *NO-POACHING* E OS ACORDOS *WAGE-FIXING* NO MERCADO ESPORTIVO

Os chamados acordos de *no-poaching* ou acordos de não contratação se caracterizam por serem coordenações entre duas ou mais empresas empregadoras no sentido de não contratarem ou recrutarem trabalhadores umas das outras[10], de modo a eliminar a concorrência entre as empresas por determinados empregados[11] – mesmo que elas não sejam concorrentes na dimensão produto[12]. Tais práticas colusivas visam, portanto, a redução de custos com mão de obra, ao extinguir a competição entre tais empresas dentro de um determinado mercado de trabalho[13].

9 "Práticas típicas nesse sentido incluem acordos colusivos entre empregadores para fixar salários ou condições de trabalho, além de acordos de não-contratação" (tradução nossa). Cf. OECD (2023), Competition and Professional Sports, OECD Competition Policy Roundtable Background Note, Disponível em: www.oecd.org/daf/competition/competition-and-professional-sports-2023.pdf.

10 Cf. Fernanda Lopes Martins. **Os mercados de trabalho e o Direito Antitruste brasileiro**: acordos de não contratação e trocas de informações sensíveis. São Paulo : Editora Dialética, 2022. p. 237.

11 OECD (2019), Competition in Labour Markets, OECD Competition Policy Roundtable Background Note, https://www.oecd.org/daf/competition/competition-concerns-in-labourmarkets.htm.

12 Cf. Amanda Athayde; Juliana Domingues; Nayara Mendonça. O improvável encontro do direito trabalhista com o direito antitruste. **Revista do Ibrac**, 2018. v. 24, n. 2, p. 75.

13 Cf. Pascale Déchamps, et. al. Labour markets: a blind spot for competition authorities? **Forth- coming – Competition Law Journal**, Concurrences, New York, 2020. Disponível em: https://awards.concurrences.com/en/awards/2020/academic--articles/labour--markets-a-blind-spot-for-competition-authorities, p. 5.

De modo muito semelhante e relacionado ao acordo de não contratação (pois, afinal, a eliminação da concorrência resulta em supressão salarial) estão os acordos de fixação salarial – *wage-fixing agreements* – que também se caracterizam por serem práticas colusivas entre empregadores com a finalidade de fixar remunerações e salários ou outros aspectos da remuneração dos empregados[14].

Tais acordos são mais visíveis em determinados mercados de trabalho do que em outros. O mercado de trabalho esportivo é um grande exemplo da presença de tais colusões.

Nesses mercados os acordos de fixação salarial, por exemplo, caracterizam-se por limites salariais impostos pelos clubes e pode envolver tanto valores que correspondem aos salários individuais dos atletas quanto, também, eventuais "tetos salariais" dos clubes ou limitações na folha de pagamento ou ainda impostos/taxas denominadas como "de luxo"[15].

Considerando a vulnerabilidade desse mercado de trabalho aos acordos entre empregadores, não é possível afirmar que há uma ocorrência concentrada desses casos em um determinado país ou continente, contudo, sem dúvida, é um fenômeno que se apresenta em diversas nações, como se verá a seguir.

2.1. México: futebol feminino e o gênero em destaque

No ano de 2021, a COFECE (Comissão Federal de Concorrência Econômica do México) aplicou multas que totalizaram o montante de 8 (oito) milhões de dólares pela coordenação de tetos salariais máximos para jogadoras de futebol feminino. Em resumo, foram sancionados 17 (dezessete) clubes de futebol, a Federação Mexicana de Futebol e 8 (oito) indivíduos.

Conforme se aduz da leitura dos documentos oficiais da autoridade de defesa da concorrência mexicana, a prática teria causado

14 OECD (2019), Competition in Labour Markets, OECD Competition Policy Roundtable Background Note, https://www.oecd.org/daf/competition/competition-concerns-in-labourmarkets.htm.

15 "Taxas adicionais cobradas de clubes cujas folhas de pagamento excedem os tetos salariais, distribuindo os proventos para clubes com folhas de pagamento menores" (tradução livre). Cf. OECD (2023), Competition and Professional Sports, OECD Competition Policy Roundtable Background Note. Disponível em: www.oecd.org/daf/competition/competition-and-professional-sports-2023.pdf

um prejuízo de quase 4 (quatro) milhões de dólares ao mercado. Sem dúvidas, a prática impedia e eliminava a concorrência entre os clubes pela contratação das jogadoras, o que impactou na supressão dos seus salários, além de aumentar a disparidade salarial de gênero.

Mas o mercado de jogadores de futebol masculino também foi afetado por um acordo de *no-poach* por meio do qual os clubes tinham o "direito de retenção". Nesses casos os clubes poderiam manter seus jogadores até o fim do seu contrato, o que também limitava a competição entre os clubes pelos jogadores. Consequentemente, os jogadores masculinos e femininos viram-se diante de grave limitação de sua mobilidade, além de terem sofrido forte redução (ou eliminação) de seu poder de negociação por melhores salários[16]. O tema foi amplamente debatido internacionalmente e a atuação México segue como referência nessa questão.

2.2. Polônia: de jogadores de basquete aos motociclistas

A Europa também conta casos interessantes de acordos de *no-poach e wage-fixing* que merecem destaque. Na Polônia, a autoridade concorrencial (UOKiK) sancionou, em 2022, 16 (dezesseis) clubes de basquete e a Liga Polonesa de basquete por coordenarem ilegalmente a rescisão de contratos com jogadores e o não pagamento dos seus salários pelo restante da temporada 2019/2020 – encerrada devido à pandemia provocada pela Covid-19.

Na ocasião, a autoridade polonesa observou, também, a ocorrência de troca de informações sensíveis que teriam levado aos acordos ilegais entre os clubes e a liga polonesa. Em razão desse contexto, houve a eliminação da competição entre os clubes pelos jogadores.

Não bastasse, em 2023, a principal liga de autódromos de motocicletas da Polônia e o órgão regulador nacional do desporto motorizados também foram alvo da aplicação de sanções impostas pela autoridade concorrencial polonesa. No caso, eles haviam acordado taxas de remuneração máxima para os motociclistas que competiram nas ligas polonesas entre 2013 e 2014.

16 Cf. OECD (2023), Competition and Professional Sports, OECD Competition Policy Roundtable Background Note. Disponível em: www.oecd.org/daf/competition/competition-and-professional-sports-2023.pdf, p. 33.

Ao aplicar uma multa de cerca de 1,2 milhões de euros a autoridade polonesa reforçou que a conduta limita a concorrência entre os clubes poloneses e pode ter influenciado os motociclistas e clubes de outras jurisdições, uma vez que os salários costumam ser referência para corredores que competem no exterior[17].

2.3. Portugal: liga portuguesa em foco

A jurisdição portuguesa também enfrentou casos semelhantes. Em 2020, a Autoridade da Concorrência (AdC) de Portugal tratou os acordos de *no-poaching* entre clubes de futebol da Liga Portuguesa como práticas anticompetitivas comparáveis à fixação de preços e divisão de mercados. Segundo a AdC, tais acordos são proibidos pela Lei da Concorrência portuguesa, o que levou a autoridade a determinar a imediata suspensão de tais acordos e a abrir um inquérito, em virtude dos possíveis danos irreparáveis à concorrência decorrentes da prática.

Na ocasião, o acordo firmado entre os clubes da Primeira e Segunda Ligas, mediado pelo presidente da Liga Portuguesa, determinava a proibição de contratar jogadores que rescindissem seus contratos devido à pandemia Covid-19. Em outras palavras, um jogador que tomasse a iniciativa de rescindir unilateralmente seu contrato não seria contratado por outros clubes da Primeira ou Segunda liga de futebol. Nesse sentido, a AdC enfatizou que medidas excepcionalmente adotadas em virtude da pandemia não devem ser coordenadas entre concorrentes e reforçou que tais acordos tem caráter de grave infração à concorrência[18]. Em 2024, o caso foi remetido pela AdC à *Court of Justice* da União Europeia[19].

2.4. Japão: "carta de permissão" e efeitos no Rugby, no boxe e no atletismo

No caso japonês, a União Japonesa de Rugby (*Japan Rugb Football Union*) tinha um sistema de "carta de permissão" por meio do qual os atletas eram obrigados e pedir permissão da sua equipe anterior caso quisessem

17 Cf. OECD (2023), Competition and Professional Sports, OECD Competition Policy Roundtable Background Note. Disponível em: www.oecd.org/daf/competition/competition-and-professional-sports-2023.pdf, p. 33.

18 Martins, Fernanda. Mercados de Trabalho e o Direito Antitruste brasileiro. 2022, p. 151; OECD (2023), Competition and Professional Sports, OECD Competition Policy Roundtable Background Note. Disponível em: www.oecd.org/daf/competition/competition-and-professional-sports-2023.pdf, p. 33

19 Cf. Case C-133/24. CD Tondela and Others. **InfoCuria Case-law**. Disponível em: https://encurtador.com.br/fyqkz.

mudar de equipe para participar de jogos oficiais. Segundo as Notas do Japão apresentadas à OCDE, em 2019, a união de rugby voluntariamente aboliu o sistema da "carta de permissão", ao observar as recentes discussões sobre o tema e as proibições de acordos de não contratação[20][21].

Com a mesma preocupação, a Comissão Japonesa de Boxe (*Japan Boxing Commission*) e a Associação Japonesa Industrial de Atletismo (*Japan Industrial Track &Field Association*) voluntariamente revisaram suas políticas e regras para evitar práticas que possam gerar restrições de mobilidade ou proibições aos atletas de mudarem de times[22].

Diante dos casos apresentados, vale observar que existem algumas particularidades dos mercados de trabalho esportivos que o torna mais vulnerável a ocorrência dessas condutas colusivas.

3. CONSIDERAÇÕES FINAIS: PARTICULARIDADES DO MERCADO DE TRABALHO ESPORTIVO PELAS LENTES DO ANTITRUSTE

Os atletas profissionais têm características distintas dos profissionais comuns no mercado de trabalho: suas carreiras são geralmente curtas (com uma média de menos de seis anos nas principais ligas dos EUA, e de oito a onze anos para jogadores de futebol de elite) e a diferença salarial entre gêneros é significativa.

Além disso, no mercado de trabalho esportivo, é notório que o produto final está intimamente ligado aos próprios trabalhadores – aos atletas profissionais e ao seu desempenho. Os atletas também possuem considerável poder de mercado, devido à sua especialização e à escassez de alternativas de emprego comparadas a outras indústrias. Todas essas características fazem desse mercado de trabalho muito particular e propiciam a existência de restrições aos atletas, geralmente impostas por associações, ligas ou clubes, com o fim de reduzir a competição entre eles pelos atletas[23].

---

20 Cf. Fernanda Lopes Martins. **Os mercados de trabalho e o Direito Antitruste brasileiro**: acordos de não contratação e trocas de informações sensíveis. São Paulo: Editora Dialética, 2022, p. 128.

21 "Regra geral, os no-poach agreements vêm sendo considerados ilegais per se nos EUA." Cf. Amanda Athayde; Juliana Domingues; Nayara Mendonça. O improvável encontro do direito trabalhista com o direito antitruste. **Revista do Ibrac**, 2018. v. 24, n. 2, p. 65-93, 2019, p. 78.

22 OECD (2019). **Competition Issues in La- bour Markets - Note by Japan**. Paris, OCDE, 05 jun. 2019, p. 6. Disponível em: https://one.oecd.org/document/DAF/COMP/WD(2019)40/en/pdf.

23 Cf. OECD (2023), **Competition and Professional Sports, OECD Competition Policy Roundtable Background Note**. Disponível em: www.oecd.org/daf/competition/competition-and-professional-sports-2023.pdf, p. 31.

Como se observa, nessa indústria não é tão simples distinguir o produto do "insumo" (atletas), razão pela qual os efeitos negativos das condutas colusivas nos mercados de trabalho podem extrapolar o impacto nesses mercados e atingir o próprio produto e o bem-estar dos consumidores. Os acordos de *no-poach* ou de fixação salarial certamente geram incentivos aos atletas a se mudarem para mercados estrangeiros o que compromete não só a qualidade dos jogos (produto), mas, também, a ligação com os adeptos de determinado clube[24].

Fato é que não podem ser ignorados os efeitos anticompetitivos que podem advir dessas práticas no mercado esportivo. Os acordos de *no-poach* indicam uma clara redução no número de clubes, ligas, que competem pelos atletas. Adicionalmente, os acordos de *wage-fixing* reduzem a incerteza estratégica que caracteriza a competição entre concorrentes[25].

Assim, aumentando-se o poder de monopsônio dos empregadores, por meio de condutas coordenadas entre eles, exercido coletivamente, aumenta-se também o poder de redução dos salários[26]. Nessa perspectiva, ambas as práticas colusivas podem reduzir a mobilidade dos atletas, seus salários e aumentar o poder de barganha dos empregadores[27].

Apesar disso, há argumentos no sentido de que essas práticas são necessárias para garantir equilíbrio competitivo, especialmente os tetos salariais: na ausência de limites para os gastos com salários, os clubes com mais recursos contratariam os melhores atletas dos clubes com menos recursos, levando a desequilíbrios que, por sua vez, reduziriam a incerteza e a emoção das competições. Os tetos salariais seriam, então, um “mecanismo” para limitar a desigualdade entre clubes e distribuir melhor os talentos entre as equipes, tornando a competição desportiva mais intensa[28].

---

24 Cf. OECD (2023), **Competition and Professional Sports, OECD Competition Policy Roundtable Background Note**. Disponível em: www.oecd.org/daf/competition/competition-and-professional-sports-2023.pdf, p. 34.

25 Cf. OECD (2023), **Competition and Professional Sports, OECD Competition Policy Roundtable Background Note**. Disponível em: www.oecd.org/daf/competition/competition-and-professional-sports-2023.pdf, p. 34.

26 Cf. Fernanda Lopes Martins. **Os mercados de trabalho e o Direito Antitruste brasileiro**: acordos de não contratação e trocas de informações sensíveis. São Paulo : Editora Dialética, 2022, p. 265.

27 Cf. OECD (2023), **Competition and Professional Sports, OECD Competition Policy Roundtable Background Note**. Disponível em: www.oecd.org/daf/competition/competition-and-professional-sports-2023.pdf, p. 34.

28 "Salary caps are a key component of North American leagues and an effective mechanism to ensure competitive balance. By limiting how much each participant is allowed to spend in wages, the disparities between the wealthier and the less well--off teams can be mitigated." Cf. Ibáñez Colomo, Pablo, **Competition Law and Sports Governance**: Disentangling a Complex Relationship (June 7, 2022). Disponível em: https://ssrn.com/abstract=4130043.

Dada essa divergência argumentativa, ainda não é consenso qual a melhor regra a ser aplicada: regra da razão ou considerar tais condutas como violações *per se*. Seguindo a lógica de que os acordos de fixação de salário se equiparam a carteis de compra, a aplicação da regra *per se* parece ser aceitável; contudo, seguindo alguns argumentos de eficiência sobre as práticas de teto salarial, por exemplo, a regra da razão parece mais adequada.

O fato é que várias ligas esportivas implementam tetos salariais – como NFL, NBA e NHL nos EUA – de modo que essa fixação salarial seja parte de acordos coletivos entre ligas esportivas e sindicatos de jogadores. E no contexto de negociações coletivas é certo que há uma isenção da aplicação da lei concorrencial[29]; no entanto, esse argumento não nos parece ser o mesmo quando se trata de um acordo de fixação salarial entre empregadores *fora* do contexto da negociação coletiva, o que pode ensejar, portanto, o reconhecimento da ilicitude *per se* dessas condutas colusivas.

Os casos internacionais ensinam que as autoridades têm enxergado tais condutas como ilícitos concorrenciais e aplicado, inclusive, sanções significativas a ligas, clubes e associações que tem praticado tais colusões. Entretanto, é claro que a linha entre a legalidade e ilegalidade nem sempre é tão nítida: muitas ligas ainda implementam tetos salariais no contexto das negociações coletivas, o que as isenta da aplicabilidade da lei antitruste.

No entanto, é certo que fora deste contexto, a tendência internacional é o reconhecimento da ilegalidade dessas práticas colusivas, cujos efeitos muito se aproximam dos efeitos dos carteis de compra nos mercados de produto. Além de impactar o mercado de trabalho em questão, tais efeitos negativos tem o potencial de atingir o próprio mercado de produto, tendo em vista a intrínseca relação entre atletas e produto final (o jogo), que depende diretamente dos trabalhadores e seu desempenho.

---

29 Cf. OECD (2023), **Competition and Professional Sports, OECD Competition Policy Roundtable Background Note**. Disponível em: www.oecd.org/daf/competition/competition-and-professional-sports-2023.pdf, p. 34.

Referências bibliográficas

ATHAYDE, Amanda; DOMINGUES, Juliana. MENDONÇA, Nayara. O improvável encontro do Direito trabalhista com o Direito antitruste. Revista do Ibrac, 2018. v. 24, n. 2, p. 65-93, 2019.

ATHAYDE, Amanda; DOMINGUES, Juliana. MENDONÇA, Nayara. 10 anos da Lei 12.529/2011: os avanços no debate que resultaram na incontornável interface entre concorrência e trabalho. Revista de Defesa da Concorrência. Junho 2022.

CASE C-133/24. CD Tondela and Others. InfoCuria Case-law. Disponível em: https://encurtador.com.br/fyqkz.

COLOMO, Pablo Ibáñez, Competition Law and Sports Governance: Disentangling a Complex Relationship (June 7, 2022). Disponível em: https://ssrn.com/abstract=4130043.

DÉCHAMPS, Pascale; DESCAMPS, Ambroise; ARDUINI, Francesca; BAYE, Célia; DAMSTRA, Lola. Labour markets: a blind spot for competition authorities? Forth- coming – Competition Law Journal, Concurrences, New York, 2020. Disponível em: https://awards.concurrences.com/en/awards/2020/academic-articles/labour- -markets-a-blind-spot-for-competition-authorities.

DOMINGUES, Juliana Oliveira; GABAN, Eduardo Molan. Direito Antitruste. 5ª ed. São Paulo: SaraivaJur, 2024.

KHAN, Lina. Set. 2021. Memo from Chair Lina M. Khan to Commission Staff and Commissioners Regarding the Vision and Priorities for the FTC. Disponível em: https://www.ftc.gov/public-statements/2021/09/memo-chair-lina-m-khan-commission-staff-commissioners-regarding-vision.

MARTINS, Fernanda Lopes. Os mercados de trabalho e o Direito Antitruste brasileiro: acordos de não contratação e trocas de informações sensíveis. São Paulo: Editora Dialética, 2022.

OECD (2019). Competition Issues on Labour Markets - Note by Brazil. Disponível em: https://one.oecd.org/document/DAF/COMP/WD(2019)51/en/pdf. This document reproduces a written contribution from Brazil submitted for item 4 of the 131st OECD Competition Committee meeting on 5-7 June 2019.

OECD (2019). Competition in Labour Markets, OECD Competition Policy Roundtable Background Note. Disponível em: https://www.oecd.org/daf/competition/competition-concerns-in-labourmarkets.htm.

OECD (2019). Competition Issues in Labour Markets – Note by Japan. Paris, OCDE, 05 jun. 2019, p. 6. Disponível em: https://one.oecd.org/document/DAF/COMP/WD(2019)40/en/pdf.

OECD (2023), Competition and Professional Sports, OECD Competition Policy Roundtable Background Note. Disponível em: www.oecd.org/daf/competition/competition-and-professional-sports-2023.pdf.

THE WHITE HOUSE. Executive Order on Promoting Competition in the American Economy. Disponível em: https://www.whitehouse.gov/briefing-room/presidential-actions/2021/07/09/executive-order-on-promoting-competition-in-the-american-economy/.

WHEN RULES DONT APPLY. Disponível em: https://www.whenrulesdontapply.com/the-case.

Combinação de resultados de jogos pode ser considerada cartel?

José Carlos Berardo

De início, aponte-se que "combinação de resultados de jogos", para fins desta breve análise, será considerada como qualquer tipo de acordo entre os participantes de uma competição esportiva[1] para predeterminar seu resultado. Esta definição implica que qualquer consenso entre os atletas ou equipes sobre o desfecho do evento destina-se a influenciar de forma artificial o resultado natural que ocorreria sob condições de competição justa e imparcial.

Veja-se que essa definição não abarca, por exemplo, aqueles eventos que apenas emulam competições esportivas: qualquer espectador saberia de antemão que o time do *Harlem Globetrotters* ganharia dos *Washington Generals*, ou que o Hulk Hogan ganharia suas lutas.

Nos esportes efetivamente competitivos, evidentemente que a combinação de resultados é conduta reprovável, ética e moralmente, por desvirtuar a própria razão de ser de qualquer disputa esportiva, ao eliminar a inerente incerteza sobre o vencedor antes de seu término.

Tal combinação é também ilícito penal no País, atualmente consoante o art. 200 da Lei 14.597/2023 (Lei Geral do Esporte), que, no capítulo dos Crimes contra a Integridade e a Paz no Esporte, na seção dos Crimes contra a Incerteza do Resultado Esportivo, prescreve pena de reclusão de dois a seis anos, e multa, para quem "*fraudar, por qualquer*

1 Uma ressalva importante antes de proceder a qualquer análise sobre antitruste e esportes, fazendo coro ao Prof. Pablo Ibanez Colomo: "The application of competition law to the governance of sports raises complex, and in some respects unique, *issues: Cooperation is a necessity for participants in a sports competition, not a mere convenience (or a merely pro-competitive arrangement); Cooperation allows participants to offer something that they would otherwise not have been able to offer; governance structure is indispensable if participants are to attain their goals andensuretheproper functioning of the competition. Sporting activities are best described as co-opetitive,* whereby participants both compete and cooperate"

meio, ou contribuir para que se fraude, de qualquer forma, o resultado de competição esportiva ou evento a ela associado".[2]

Essa conduta caracteriza um "cartel" no sentido do art. 36, I c/c §3º, I, da Lei 12.529/2011, ou mesmo do art. 4º, I e II da Lei 8.137/1990? Embora se possa vislumbrar hipoteticamente algum cenário em que a resposta a essa pergunta seja sim, na prática parece-nos que a resposta é não.

De início, o art. 170 da Constituição inscreve a livre concorrência dentre os princípios gerais da ordem econômica, e o art. 173, §4º, é claro ao estabelecer que a "*lei reprimirá o abuso do poder econômico que vise à dominação dos mercados, à eliminação da concorrência e ao aumento arbitrário dos lucros*".

Vê-se, portanto, que de acordo com a organização que a Constituição Brasileira faz das normas, a repressão ao abuso do poder econômico que objetive a eliminação da concorrência se insere no âmbito das diretrizes sobre o funcionamento da ordem econômica e no tocante à própria atividade econômica. A Lei 12.529, por sua vez, circunscreve sua aplicação ao mesmo campo, como não poderia deixar de ser; a Lei 8.137, no mesmo sentido, define os "*crimes contra a ordem tributária, econômica e contra as relações de consumo*".

Como a aplicação destas Leis está circunscrita àqueles atos que interfiram ou atuem sobre aspectos concernentes às atividades econômicas em sentido estrito, ou seja, a atividade de pessoas e organizações[3] no ou sobre o mercado[4].

Competições esportivas, cujos resultados podem ser alvo de desonesta combinação, não têm, *exclusivamente em si mesmas consideradas*, caráter de atividade econômica em sentido estrito.

Em si consideradas, tais competições são sim "só um jogo", e seus resultados não produzem efeito *direto* sobre quaisquer relações de troca econômica, sendo indiferente se Tício ou Mévio foram os classificados

2 Registre-se que este tipo penal é o mesmo vigente desde 2010, quando foi promulgada a Lei 12.299, que incluiu, dentre outros, o art. 41-E da Lei 10.671/2003 (o chamado Estatuto do Torcedor).

3 Lembrando-se que a Lei 12.529 é aplicável" às pessoas físicas ou jurídicas de direito público ou privado, bem como a quaisquer associações de entidades ou pessoas, constituídas de fato ou de direito, ainda que temporariamente, com ou sem personalidade jurídica, mesmo que exerçam atividade sob regime de monopólio legal", consoante seu art. 31.

4 Para este fim, isso quer dizer sobre as relações de troca de bens e serviços entre pessoas e organizações. Sem maiores delongas sobre tema, parte-se aqui da definição, de precedência da ordem jurídico-normativa, sobre a economia, como aponta Natalino Irti: *"o mercado se define como unidade jurídica de relações de troca"* IRTI, Natalino. *Introdução ao livro Il Dibattito Sull'Ordine Giuridico Del Mercato*. Editori Laterza, 1999. Vide também discussão em SZTAJN, Rachel. *Teoria Jurídica da Empresa: Atividade Empresária e Mercados*. São Paulo: Atlas, 2010, Cap. 2.

para a partida final do torneio de *squash*, e, da mesma forma, é indiferente para tais relações se essa classificação se deu mediante uma combinação.

Antes que o caro leitor rapidamente despreze esse artigo depois de achar ultrajante estas afirmações, é claro que "esporte é *business*" e competições esportivas têm, evidentemente, repercussões patrimoniais de grande monta e, ainda que mediata e indiretamente, constituem parte de uma atividade econômica central à indústria de serviços e entretenimento.

A inexistência de uma relação direta e imediata entre o resultado da competição esportiva e seu impacto econômico, aqui, é que fundamentaria afastar a incidência das normas constitucionais de organização da ordem econômica sobre as competições esportivas em si.

Tanto assim o é que o ordenamento jurídico brasileiro, reconhecendo, de um lado, a importância da indústria do entretenimento e do esporte como atividade econômica[5], e, de outro, a necessidade de preservar a honestidade e higidez das competições, definiu como conduta criminosa, especificamente, a fraude no resultado de competição esportiva, conforme apontado acima, desde pelo menos 2010.

Inobstante essa objeção de primeira ordem à caracterização da combinação do resultado de jogos como cartel, examine-se também a de segunda ordem.

Para fazer isso, cabe de um lado relembrar o cerne do conceito de cartel e, de outro, observar panoramicamente as fontes de receita de pessoas envolvidas em competições esportivas[6], ou seja, os pontos de conexão entre essas pessoas e uma dada atividade econômica em sentido estrito.

Sobre a definição de cartel, não parece haver grandes disparidades entre as múltiplas definições oferecidas pela literatura especializada, pelos precedentes administrativos e judiciais e pelos órgãos de cooperação internacional, especialmente quando se discute a sua principal forma de atuação, que no exterior costuma ser referida como *hard core* e aqui os precedentes definiram como "cartéis clássicos".

5 Lei Geral do Esporte: "Art. 57. A ordem econômica esportiva visa a assegurar as relações sociais oriundas de atividades esportivas, e cabe ao poder público zelar pela sua higidez, em razão do relevante interesse social".

6 Mais precisamente, atletas, de um lado, e clubes/agremiações/entidades de prática desportiva etc.

Para o público em geral, o Cade define um cartel (clássico) da seguinte maneira:

> "Cartel é qualquer acordo ou prática concertada entre concorrentes para fixar preços, dividir mercados, estabelecer quotas ou restringir produção, adotar posturas pré-combinadas em licitação pública, ou que tenha por objeto qualquer variável concorrencialmente sensível.". (*Cartilha do Cade*, maio/2016)

A Organização para a Cooperação e o Desenvolvimento Econômico (OCDE) assim define os cartéis *hard core*:

> "*anticompetitive agreements, concerted practices or arrangements by actual or potential competitors to agree on prices, make rigged bids (collusive tenders), establish output restrictions or quotas, or share or divide markets by, for example, allocating customers, suppliers, territories, or lines of commerce*". (OCDE, *Recommendation of the Council concerning Effective Action against Hard Core Cartels*, jul/2019)[7]

Da perspectiva penal, é informativo o quanto decidido pelo Superior Tribunal de Justiça[8]:

> O crime contra a ordem econômica disposto no art. 4º, II, da Lei 8.137/90 é formal, ou seja, consuma-se com a simples formação de um acordo visando à dominação do mercado ou à eliminação da concorrência através da prática de uma das condutas descritas em suas alíneas. (Ar no RESP 1800334/SP, Rel. Ministro PACIORNIK, QUINTA TURMA, j. 9/11/2021)

Ou seja, observa-se que, sem grandes variações, os acordos entre concorrentes tratados como cartéis envolvem a suavização ou limitação de alguma variável de competição entre estes *no mercado*. Feita essa breve digressão, passe-se à análise das fontes de receita acima referida.

Para fins didáticos, considere-se de um lado um clube de futebol profissional de primeira divisão, e, de outro, um boxeador de primeira linha. Por extensão, esse raciocínio cabe para todas as modalidades esportivas profissionais, das corridas automobilísticas ao xadrez on-line e aos chamados *e-sports* do tipo *League of Legends*.

---

7 Outra definição de caráter internacional poderia ser a seguinte: *"A cartel is an anti-competitive agreement or concerted practice between two or more rival firms aimed at coordinating their competitive behaviour on the market or influencing other parameters of competition through practices that include but are not limited to: the direct or indirect fixing of prices or other trading conditions; the limitation or control of production, markets, technical developments or investment; the sharing of markets or sources of supply, including bid-rigging; restrictions of imports or exports, or a combination of these practices. Exchange of competitively sensitive information can also be treated as cartel conduct in certain circumstances."* FOUNTOUKAKOS, Kyriakos. *Cartel, Global Dictionary of Competition Law*, Concurrences, Art. 12240)

8 Cf. também os apontamentos de FURTADO, Regina Helena Fonseca Fortes. *Cartéis econômicos de núcleo duro in Enciclopédia jurídica da PUC-SP*. Disponível em: https://enciclopediajuridica.pucsp.br/verbete/434/edicao-1/carteis-economicos-de-nucleo-duro

No caso do clube de futebol, suas principais fontes de receita incluem bilheteria, direitos de transmissão, patrocínios e publicidade, venda de jogadores, *merchandising*, programas de sócios e, se for titular de um bom estádio, a receita de outros eventos ali realizados. No caso do boxeador, suas principais receitas decorrem das bolsas de luta, participação em *pay-per-view*, patrocínios e publicidade, e clínicas e cursos.

É evidente que o êxito nas competições esportivas, em ambos os casos, pode vir a afetar todas essas fontes de receita, e êxito em competições esportivas corresponde a bons resultados, ou seja, vitórias. Entretanto, não se pode concluir que um acordo entre participantes de uma disputa esportiva sobre o seu resultado equivale a um cartel tal como definido pelas autoridades no Direito brasileiro apenas em função dessa constatação.

Por exemplo, ainda que as receitas dos direitos de transmissão variem – pelo menos nos modelos de comercialização desses direitos predominantes no Brasil até o momento – em função do tamanho da audiência (torcida) de um clube, o aumento ou diminuição dessa audiência se dá apenas indiretamente em função das vitórias nas competições esportivas[9]; uma série de derrotas, ao contrário, pode sob certas circunstâncias (bons jogos, bons atletas carismáticos etc.) até mesmo aumentar as receitas de bilheteria ou *merchandising*.

O fato de haver uma combinação de resultado do jogo entre o Clube de Mévio e o Clube de Tício, para que o primeiro ganhe uma partida e o segundo receba um pagamento (a vulgarmente conhecida "mala preta"), não parece ter qualquer impacto direto em qualquer dessas receitas, atingindo muito mais claramente a integridade e higidez da competição, a relação desses clubes desonestos com os demais competidores e com a respectiva entidade de organização do esporte, do que os aspectos econômicos atinentes às decisões comerciais/empresariais dos clubes.

Uma ênfase é necessária aqui no que toca a essas decisões comerciais/empresariais *dos clubes*. A combinação dos resultados de jogos, é

9 Praticamente todos os grandes clubes de futebol do Brasil sofreram derrotas por longos períodos, chegando a cair de divisão, mas isso não necessariamente diminuiu o tamanho de suas torcidas.

claro, atinge frontalmente os aspectos e interesses econômicos de terceiros, como apostadores, casas de apostas e afins. Estes interesses de terceiros parecem irrelevantes da perspectiva de uma potencial acusação de cartelização, na medida em que são ou deveriam ser alheios à atuação do clube em relação às suas receitas.

Dessa perspectiva, poder-se-ia apenas cogitar de um cartel se houvesse acordo entre os atletas ou clubes quanto às variáveis de concorrência econômica diretamente relacionadas aos distintos mercados dessas diferentes fontes de receita, e mesmo assim com algumas ressalvas[10]: por exemplo, se o Clube de Mévio e o Clube de Tício firmam um acordo para que suas camisas sejam vendidas ao preço mínimo de R$ 200, faria sentido puni-los por cartel sabendo-se que os produtos não são intercambiáveis da perspectiva dos demandantes (torcedores)? Salvo questões políticas internas que podem ser deixadas de lado, deveria ser indiferente para o vascaíno o preço da camisa do Flamengo e *vice-versa*. Esse raciocínio por extensão poderia ser utilizado para os direitos de transmissão etc. etc.[11]

A prática de combinação de resultados em competições esportivas, embora reprovável e criminosa, geralmente possui apenas uma relação indireta e tênue com o desempenho econômico de atletas e clubes. Portanto, classificar essa prática como um ilícito de cartel, seja no âmbito administrativo, seja no criminal, parece um equívoco.

Entretanto, cabe apontar, à guisa de conclusão, que em esportes como tênis, natação e atletismo, em que as principais receitas dos atletas podem estar diretamente atreladas ao desempenho esportivo (colocação nos campeonatos), a combinação de resultados de partidas poderia resultar em efetiva partilha de receitas. Isso poderia ser comparado a arranjos de formação de cartel do tipo divisão de mercado, típicos em casos de fraudes em licitações, com a alocação prévia e rodízio de vencedores. Imagine-se um cenário em que tenistas alocam entre si títulos do *Grand Slam*.

10 E isso para não mencionar os infindáveis debates sobre os diferentes modelos de negociação de direitos de transmissão no campo antitruste, relacionados à venda conjunta ou individual desses direitos. Cf. Casos 08012.006504/1997-11, 08012.003048/2001-31, 08012.003048/2001-31 e 08700.004453/2019-48.

11 Sendo exatamente esta a variável que torna o tema tão complexo, cf. apontado na Nota 1 acima.

No entanto, essa hipótese, embora teoricamente viável e plausível como hipótese acadêmica, parece improvável de se verificar no mundo real do esporte de altíssimo rendimento; soa quase como uma impossibilidade. Por exemplo, a implementação desse acordo anticompetitivo exigiria que um número muito restrito de atletas/competidores conseguiria manter uma dominância esportiva perene tão significativa que fosse capaz de impedir outros competidores de alterar o resultado, além de demandar a possibilidade de ameaças e retaliações críveis em casos de descumprimento do acordo, isso para não se mencionar risco de perda de patrocínios etc.

Essas são condições que parecem extremamente improváveis de se verificar na prática, quase tão improváveis quanto uma vitória dos *Washington Generals*.

Uma perspectiva concorrencial das cláusulas de *non-compete* (não concorrência) em contratos de trabalho de atletas

Amanda Athayde
Maurício Guidi Fróes

As cláusulas de *non-compete* (não concorrência) são inseridas em contratos empresariais para impedir que o vendedor de um estabelecimento comercial faça concorrência com o comprador após a compra e venda. Esse impedimento pode vigorar por até 5 (cinco) anos (CC, art. 1.147). O objetivo principal dessa cláusula de não concorrência é a proteção do investimento realizado pelo comprador, preservando o valor do bem alienado.[1]

Tais cláusulas também são inseridas em contratos de trabalho com a finalidade de impedir que um colaborador migre para uma empresa concorrente ou comece um novo negócio naquele mesmo mercado. O objetivo principal dessa cláusula é impedir que esse colaborador transfira a concorrente conhecimento específico sobre vantagens competitivas de seu empregador, que obteve em razão da relação de trabalho. A cláusula de não-concorrência também busca preservar o investimento feito com treinamento de colaboradores.

A jurisprudência tem validado as obrigações de não-concorrência, desde que não impeçam o exercício de trabalho ou atividade

1 O entendimento do Conselho Administrativo de Defesa Econômica (Cade) acerca das regras de não concorrência em contratos empresariais é no sentido de que elas devem ter: (1) limitação do escopo – apenas abranger os mercados em que o alienante atuava; (2) limitação geográfica – incluir apenas o espaço de atuação do alienante e (3) limitação temporal – não podem, também, via de regra, ultrapassar cinco anos (em casos de joint venture, os cinco anos são contados a partir do término da joint venture). Súmula Cade 5/2009: É lícita a estipulação de cláusula de não-concorrência com prazo de até cinco anos da alienação de estabelecimento, desde que vinculada à proteção do fundo de comércio. Súmula Cade 4/2009: É lícita a estipulação de cláusula de não-concorrência na vigência de joint venture, desde que guarde relação direta com seu objeto e fique restrita aos mercados de atuação.

remunerada fora de um escopo bem determinado, e observem limitações geográfica e temporais, e estabeleçam contraprestação monetária proporcional à restrição imposta.

Segundo a Federal Trade Commission (FTC) dos Estados Unidos (agência homóloga ao nosso Conselho Administrativo da Defesa da Economia), essas cláusulas podem potencialmente: (a) limitar a inovação e o dinamismo empresarial; (b) impedir trabalhadores de buscar melhores condições de trabalho e remuneração; e (c) reduzir o acesso das empresas aos melhores talentos disponíveis. A FTC observa que, nos Estados Unidos, muitas cláusulas de *non-compete* estão ligadas a empregos de baixos salários, tornando essas cláusulas, na visão da autoridade norte americana, em sua grande maioria, injustificadas e anticompetitivas.

Outras cláusulas e acordos similares já foram e continuam sendo objeto de questionamento. No caso, as cláusulas/acordos de *no-poach* (não contratação), que são firmadas entre duas ou mais empresas empregadoras se comprometendo a não contratar ou recrutar trabalhadores uma das outras, de modo a eliminar a concorrência entre as empresas por determinados empregados[2], mesmo que elas não sejam concorrentes na dimensão produto[3].

O tema das cláusulas de *non-compete* e sua perspectiva concorrencial tem chamado a atenção recente das autoridades antitruste ao redor do mundo, conforme apresentado em artigos anteriores[4]-[5] destes autores sobre o tema. Esse tema insere-se em um contexto ainda mais amplo de debate sobre as interfaces entre o Direito antitruste e o Direito do trabalho.[6-7]

2 OECD (2019), Competition in Labour Markets, OECD Competition Policy Roundtable Background Note, https://www.oecd.org/daf/competition/competition-concerns-in-labourmarkets.htm.

3 Cf. Amanda Athayde; Juliana Domingues; Nayara Mendonça. O improvável encontro do direito trabalhista com o direito antitruste. Revista do Ibrac, 2018. v. 24, n. 2, p. 75.

4 ATHAYDE, Amanda. CURCIO, André Peyneau. GIUDI, Maurício Fróes. Revisão de acordos de leniência: anulação, rescisão ou repactuação?. Migalhas, 5 Mar. 2024. O que a regra que bane cláusula de não concorrência com trabalhadores nos EUA pode sinalizar para as empresas no Brasil. Migalhas, 3 Maio, 2024. https://www.migalhas.com.br/depeso/406495/o-que-regra-que-bane-clausula-de-nao-concorrencia-sinaliza-no-brasil

5 ATHAYDE, Amanda. PRATA, Manuela Mendes. CÚRCIO, André Peyneau. Cláusula de não concorrência: interfaces entre antitruste e Direito do Trabalho no Brasil e EUA. Conjur, 14 Fev. 2024. https://www.conjur.com.br/2024-fev-14/clausula-de-nao-concorrencia-interfaces-entre-antitruste-e-direito-do-trabalho-no-brasil-e-eua/

6 ATHAYDE, Amanda; DOMINGUES, Juliana. MENDONÇA, Nayara. O improvável encontro do direito trabalhista com o direito antitruste, Revista do Ibrac, 2018. Vencedor do 3º lugar no Prêmio Ibrac-TIM. In ATHAYDE, Amanda. Estudos em Direito da Concorrência. Kindle.

7 ATHAYDE, Amanda. DOMINGUES, Juliana Oliveira. SOUZA, Nayara Mendonça Silva. 10 anos da Lei 12.529/2011: os avanços no debate que resultaram na incontornável interface entre concorrência e trabalho. Revista de Defesa da Concorrência. Junho 2022. In ATHAYDE, Amanda. Estudos em Direito da Concorrência. Kindle.

Este artigo busca apresentar primeiras linhas para responder as seguintes perguntas: quais as nuances para as cláusulas de *non-compete* em contratos de trabalho de atletas?

Em termos trabalhistas, *durante a relação de emprego*, há uma clara e expressa vedação ao ato de concorrência com o empregador, hipótese de rescisão do contrato de trabalho por justa causa (art. 482, alínea "c", da CLT). Ainda em termos trabalhistas, *após a relação de emprego*, doutrina e a jurisprudência admitem a inclusão de cláusula de não concorrência no contrato de trabalho, ainda que não exista previsão expressa no ordenamento jurídico brasileiro. Os requisitos para determinar a validade das cláusulas de não concorrência visam a garantir que a restrição da liberdade de trabalho do empregado estivesse dentro da razoabilidade (e.g., legítimo interesse, delimitação material, razoabilidade temporal, compensação adequada e delimitação territorial).

Muitas vezes uma cláusula de não-concorrência, em uma relação de trabalho, não basta para proteger os interesses das empresas. Por vezes, as empresas oferecem uma série de incentivos ou desincentivos que, não apenas busquem evitar a migração de seus talentos para concorrentes, mas que assegurem que esses colaboradores permaneçam em seus empregados. Tais elementos podem vir inseridos dentro de planos de remuneração, incentivo ou previdência complementar regulares (normalmente condicionados a um determinado período de permanência, ou *vesting*) ou em acordos de retenção mais específicos.

Conforme dito, a jurisprudência tem admitido cláusulas de não-concorrência desde que com limitações, a fim de preservar a livre iniciativa (CF, art. 1°, IV) e a liberdade do exercício de qualquer trabalho, ofício ou profissão (CF, art. 5°, XIII).

A relação de trabalho dos atletas é regida não apenas pela CLT, mas também pelas disposições da Lei 9.615/98 (a chamada Lei Pelé). Nos termos dessa lei, são nulas as disposições contratuais que restrinjam a liberdade do trabalho desportivo, ou que sejam abusivas ou proporcionais (Lei 9.615/98, art. 27-C, III e IV).

Tais disposições legais, aliada à alta especialização dos atletas profissionais, tornaria inviável a adoção de cláusulas de não-concorrência em contratos de trabalho com atletas, ao menos cláusulas similares àquelas normalmente dispostas em contratos empresariais ou de trabalho com profissionais de outros setores.

Por outro lado, a Lei Pelé reconhece e valoriza todo o investimento realizado no treinamento e formação dos atletas e, diante disso, admite que contrato de trabalho desportivo contenha uma cláusula indenizatória desportiva, devida exclusivamente à entidade de prática desportiva à qual o atleta está vinculado, caso o atleta vá para outra entidade (Lei 9.615/98, art. 28, I a)). Na mesma linha, as entidades desportivas formadoras têm direito de preferência na primeira renovação dos contratos dos atletas de sua base (Lei 9.615-98, art. 29 §7°) e direito a uma indenização caso não consiga assinar o primeiro contrato com o atleta de sua base por oposição deste, ou quando este se vincular a outra entidade sem autorização de sua entidade formadora (Lei 9.615-98, art. 29 §5°).

Diante deste quadro, se cláusulas de não-concorrência não parecem prosperar em contratos de trabalho desportivos, há uma série de mecanismos semelhantes aos acordos de retenção que podem ser estruturados como partes de seus contratos. Tais disposições não restringem a liberdade do trabalho, mas restringem a possibilidade de o atleta deixar sua entidade formadora durante a vigência dos seu contrato.